Eike Brock / Maria-Sibylla Lotter (Hg.)
Besser geht's nur in der Komödie

VERLAG KARL ALBER

*Kultur-
philosophische
Studien*

Band 2

Herausgegeben von

Hans-Ulrich Lessing, Volker Steenblock †

Beirat

Gerald Hartung, Ernst Wolfgang Orth,
Frithjof Rodi, Jörn Rüsen, Gunter Scholtz

Eike Brock
Maria-Sibylla Lotter (Hg.)

Besser geht's nur in der Komödie

Cavell über die moralischen Register von Literatur und Film

Verlag Karl Alber Freiburg/München

Eike Brock / Maria-Sibylla Lotter (Eds.)
Only the Comedy does it better
Cavell on the moral registers of literature and film

The contributions of this book tie in with Stanley Cavell's psychoanalytically inspired studies of literature, drama and film as contributions of an anthropology of finitude. Cavell interprets artforms such as Shakespeare's tragedies, Hollywood comedies on remarriage and the melodramas of the Unknown Lady as experimental narratives of humans who are at odds with their finitude. His interpretations touch on the old philosophical question of the good life, which includes an analysis of a variety of failed attempts at life. For Cavell this includes an incapacity to be clear regarding one's own desires, demands and interests in a relationship with another person. This leads one to conflate one's own perspective with a general and supposedly impartial perspective of reason and to confuse one's personal trust with knowledge about someone else. This also prompts one to strife for an unattainable unity, which lets one experience the independence of another person as a threat or leads one to lose oneself in the relationship. Under the title »moral perfectionism« Cavell attempts to counter this by reconstructing a philosophical and artistic tradition that deals with the experience of a dissatisfying social and private reality. In this respect the genre of the comedy is of particular interest.

The Editors:

Eike Brock, PhD, teaches and researches issues at the limit of ethics and aesthetics at the Institute of Philosophy Ruhr University Bochum.

Maria-Sibylla Lotter, since 2014 ordinary Professor of Philosophy of modernity, ethics and aesthetics at the Institute of Philosophy Ruhr University Bochum. In 2010 she translated Stanley Cavell's *Cities of Words*. Several publications.

Eike Brock / Maria-Sibylla Lotter (Hg.)
Besser geht's nur in der Komödie
Cavell über die moralischen Register von Literatur und Film

Die Beiträge dieses Buches knüpfen an Stanley Cavells psychoanalytisch inspirierte Studien zu Literatur, Drama und Film als Beiträge zu einer Anthropologie der Endlichkeit an. Cavell interpretiert Kunstformen wie Shakespeares Tragödien, die Hollywood-Komödien der Wiederverheiratung und die Melodramen der Unbekannten Frau als experimentelle Narrative von Menschen, die mit ihrer Endlichkeit hadern. Dabei geht es um die alte philosophische Frage nach dem guten Leben, was die Analyse der Spielarten der Lebensverfehlung einschließt. Dazu gehört etwa die Unfähigkeit, sich über die eigenen Wünsche, Ansprüche und Interessen in der Beziehung zu einer anderen Person zu verständigen, was dazu führt, dass man die eigene Perspektive mit einer allgemeinen unparteiischen Sicht der Vernunft und persönliches Vertrauen mit Wissen über eine Person verwechselt, nach einer unerreichbaren Einheit strebt, die Selbstständigkeit der anderen Person als Bedrohung erlebt oder sich selbst in der Beziehung verliert. Dementgegen rekonstruiert Cavell unter dem Titel »moralischer Perfektionismus« eine philosophische und künstlerische Tradition, die sich mit der Erfahrung einer unbefriedigenden sozialen und privaten Wirklichkeit auseinandersetzt – wobei das Genre Komödie besondere Beachtung findet.

Die Herausgeber:

Eike Brock, Dr. phil., lehrt und forscht am Philosophischen Institut I der Ruhr-Universität Bochum zu ethisch-ästhetischen Grenzfragen.

Maria-Sibylla Lotter lehrt seit 2014 als ordentliche Professorin für Philosophie der Neuzeit, Ethik und Ästhetik am Institut für Philosophie I der Ruhr-Universität Bochum. 2010 übersetzte sie Stanley Cavells *Cities of Words*. Zahlreiche Veröffentlichungen.

Originalausgabe

© VERLAG KARL ALBER
in der Verlag Herder GmbH, Freiburg / München 2019
Alle Rechte vorbehalten
www.verlag-alber.de

Satz: SatzWeise, Bad Wünnenberg
Herstellung: CPI books GmbH, Leck

Printed in Germany

ISBN 978-3-495-49021-1

Inhalt

Eike Brock und Maria-Sibylla Lotter
Einleitung: Cavell über Komödie und Tragödie als Reflexionsformen von Endlichkeits(in)kompetenz 9

I Die Komödie als Medium ethischer Reflexion

Josef Früchtl
Ein Sinn für Gemeinschaftlichkeit und Streit.
Stanley Cavells Komödie der Demokratie 25

Lorenz Engell
Vom Genre als Medium zur Komödie als Philosophie 48

Maria-Sibylla Lotter
Schreckliche und weniger schreckliche Wahrheiten.
Die Wiederverheiratungskomödie als Paartherapie 67

Jochen Schuff
Komische Analysen der Ehe.
Zum Projekt von Cavells *Pursuits of Happiness* 91

Dimitri Liebsch
Gyges, Godard und die »comedy of self-reference«:
Zum Motiv der Grenzüberschreitung in Cavells Filmphilosophie . 112

Inhalt

II Gelingendes und verfehltes Leben im Lichte von Philosophie, Tragödie und Film

Michael Hampe
Das philosophische Leben.
Cavells moralischer Perfektionismus und Sokrates 141

Ludwig Nagl
Moralische Reflexion und Film: Cavells *Emersonian perfectionism* –
»a part of philosophy's quarrel with religion«? 170

Elisabeth Bronfen
Dem Tragischen ausweichen: Shakespeares *Winter's Tale* mit
Hitchcock's *Vertigo* und Finchers *Gone Girl* gelesen 206

Lars Leeten
Verleugnung des Unleugbaren.
Stanley Cavell und die Tragödie der modernen Moralität 229

Eike Brock
Hunger nach Unsterblichkeit.
Stanley Cavells *Coriolanus* 257

Siglenverzeichnis 282

Abbildungsnachweise 284

Autorenverzeichnis 285

Einleitung: Cavell über Komödie und Tragödie als Reflexionsformen von Endlichkeits(in)kompetenz

Eike Brock und Maria-Sibylla Lotter

I Cavells hybride Anthropologie der Endlichkeit

Die Beiträge dieses Bandes knüpfen an den Paradigmen setzenden Arbeiten des kürzlich verstorbenen Philosophen und Filmtheoretikers Stanley Cavell zu Literatur, Drama und Film als Formen existenzieller Reflexion über Grundfragen menschlicher Beziehungen an. Cavells Studien kreisen um Probleme, die darauf zurückführbar sind, dass die Protagonisten mit ihrer Endlichkeit und somit auch mit ihrer Menschlichkeit hadern.[1] Nichts ist nach Cavell menschlicher »als der Wunsch, seine Menschlichkeit zu verneinen oder sie auf Kosten anderer zu behaupten.«[2] Anders als es in der Philosophie bisher üblich war, nähert er sich diesem Problem jedoch nicht auf dem Wege einer (fach-)philosophischen Anthropologie, die allgemeine Betrachtungen zu einem zeitlos verstandenen menschlichen Wesen anstellt. Seine »Anthropologie der Endlichkeit«[3] besteht vielmehr in der Auseinandersetzung mit unterschiedlichen Spielarten der Verleugnung von Endlichkeit, deren Gestalt sich mit den Formen der Wissenschaft und den kulturellen Formen des Zusammenlebens wandelt. Dabei bedient Cavell sich einer hybriden und sehr viel komplexeren Methodik als den klassischen Methoden der analytischen Philosophie oder der Hermeneutik. Er entwickelt die Formen der Verleugnung der

---

[1] Vgl. Hierzu den Beitrag von Eike Brock in diesem Band. Vgl. auch Espen Dahl, *Cavell, Religion and Continental Philosophy*, Bloomington 2014, 13.
[2] AdV, S. 200.
[3] Vgl. Fergus Kerr, *Immortal Longings. Versions of Transcending Humanity*, London 1997, S. vii, 113–135; Stephen Mulhall, »Introduction«, in: ders. (Hg.), *The Cavell Reader*, Cambridge, Ma. 1996, S. 1; Espen Dahl, *Stanley Cavell, Religion and Continental Philosophy*, Bloomington 2014, S. 13, 66–80; Eike Brock, »Tragische Endlichkeitsverweigerung. Stanley Cavell liest Shakespeare«, in: Maria-Sibylla Lotter/Volker Steenblock (Hg.), *Ethik und Kunst*. Sonderband der *Zeitschrift für Didaktik der Philosophie und Ethik* (2015), S. 45–48.

Endlichkeit vermittelt über die Auseinandersetzung mit den Reflexionsmöglichkeiten, die sich historisch in verschiedenen Kunstformen in der Reaktion auf diese Problematik entwickelt haben; aber auch diese künstlerischen Reflexionsmöglichkeiten werden nicht auf dem Wege einer allgemeinen ästhetischen Theorie erarbeitet, sondern in je speziellen Studien zu Shakespeare oder zu den Hollywood-Komödien und Melodramen, in denen Cavell mal ästhetische, mal ethische, erkenntnistheoretische, sprachphilosophische oder auch psychoanalytische Perspektiven einnimmt.

Kurz, Cavells Anthropologie der Endlichkeit liegt nicht als kompakte Theorie vor, sondern als eine noch zu erschließende Summe von vielen kleinen Studien zu Dramen, Filmen und Literatur, die das breite Gebiet der menschlichen Möglichkeiten zwischen zerstörerischen und konstruktiven Formen der Lebensbewältigung abstecken.[4] Formen der Endlichkeits(in)kompetenz stellen etwa die selbstzerstörerischen Versuche dar, Anerkennung und Vertrauen in persönlichen Beziehungen durch Wissen zu ersetzen,[5] oder die Verwechslung der für menschliche Beziehungen notwendigen Selbstverständigung und Wertschätzung mit dem Streben nach Absolutheit und konventionellen Idealen der Vollkommenheit, durch die unsere moderne Kultur geprägt ist. Dazu gehört auch die Unfähigkeit, sich über die eigenen Wünsche, Ansprüche und Interessen in der Beziehung zu einer anderen Person klar zu werden und in ein Gespräch zu treten, das Raum lässt für die Entfaltung der jeweils eigenen Stimme der Gesprächspartner. Diese Unfähigkeit oder Unwilligkeit kann dazu führen, dass man die eigene Perspektive mit einer allgemeinen unparteiischen Sicht der Vernunft verwechselt, nach einer unerreichbaren Einheit strebt, die Selbstständigkeit und Differenz der anderen Person als Bedrohung erlebt oder sich selbst in der Beziehung verliert. Umgekehrt untersucht Cavell aber auch Prozesse der Selbstverständigung durch Auseinandersetzung mit anderen, in denen die Kompetenz erworben wird, die eigene Endlichkeit zu akzeptieren, feste Grenzen aber auch immer wieder zu überschreiten.[6] Solche Prozesse involvieren Tugen-

---

[4] Folgende Studien stellen (neben Espen Dahl, vgl. Anm. 1) Cavells Menschenbild in den Mittelpunkt: Peter Dula, *Cavell, Companionship and Christian Theology*, Oxford 2011; David Gern, *Wo ich ende und du beginnst. Getrenntheit und Andersheit bei Stanley Cavell*, Freiburg/München 2015.
[5] Vgl. dazu den Beitrag von Maria-Sibylla Lotter in diesem Band.
[6] Vgl. CHU 1, S. 12.

den, die für das Gedeihen von Gemeinschaften aller Art von Bedeutung sind: die Kompetenz zum Sich-Verständlich-Machen, den Willen zum Verstehen der Position des oder der anderen und endlich den Willen, das begonnene Gespräch auch in Zukunft fortzuführen, auch wenn eine zeitweilige Sprachlosigkeit zu entstehen droht. Insbesondere die Beziehung zwischen den Protagonisten der Wiederverheiratungskomödie, die Cavell in seinen Studien *Pursuits of Happiness* und *Cities of Words* untersucht, steht hier, wie Josef Früchtl in seinem Beitrag zu diesem Band herausarbeitet, nicht nur für ein Ideal der Freundschaft, sondern verkörpert auch die Leidenschaft für eine streitbare Demokratie. Das Bündel von Fähigkeiten, das in Cavells Studien als erforderlich für ein selbstbestimmtes Leben in einer demokratisch organisierten Gemeinschaft herausgearbeitet wird, könnte man im Rahmen einer Anthropologie der Endlichkeit als »Endlichkeitskompetenz«[7] bezeichnen. In Anlehnung an die aristotelische dreigliedrige Struktur der Tugend wäre die Tugend der Endlichkeitskompetenz als die Mitte zwischen den Extremen eines Vollkommenheitsstreben zu fassen, das auf der einen Seite in der Unfähigkeit besteht, menschliche Schwächen zu akzeptieren, und auf der anderen Seite in dem zynischen oder depressiven Verzicht auf die Hoffnung auf Verbesserung. Endlichkeitskompetenz besteht also darin, die eigene, unter dem Gesichtspunkt des moralischen Perfektionismus als mangelhaft wahrgenommene Endlichkeit gleichwohl anzunehmen, ohne den Anspruch auf ein humanes Leben aufzugeben. Es handelt sich weder um eine rein voluntative Einstellung, noch um eine rein kognitive. Endlichkeitskompetenz entspringt nicht allein schon der Summe des *Wissens* um die eigenen Schwächen und Voreingenommenheiten, um die unüberwindliche Getrenntheit von den Mitmenschen und um die Gefahren, die im menschlichen Miteinander angelegt sind, aber auch nicht allein dem guten Willen, der sich auf diese Einsichten stützt. Diese Fähigkeit kann sich nur im Prozess einer *Education sentimentale* entwickeln, die den leidvollen Erfahrungen des Scheiterns oder der Krisen wichtiger zwischenmenschlicher Beziehungen entspringt. Cavell sieht sie exemplarisch in der Wiederverheiratungskomödie vorgeführt, in der die Protagonisten dem Leiden

---

[7] Zum Begriff der Endlichkeitskompetenz vgl. Eike Brock, »Böse Ohnmacht. Die Geburt des Gespenstes aus dem Geiste des Ressentiments«, in: ders./Ana Honnacker (Hg.), *Das Böse erzählen. Perspektiven aus Philosophie, Film und Literatur*, Münster 2017, S. 13–40.

an ihren sozialen Beziehungen komischen Ausdruck verleihen und damit eine selbstbewusste Neugestaltung ihres Lebens einleiten.

II Endlichkeitskompetenz als Aufgabe des moralischen Perfektionismus

Cavells Überlegungen zum *moral perfectionism/moralischen Perfektionismus* können leicht missverstanden werden, wenn man sie nicht auf den Erwerb von Endlichkeitskompetenz bezieht. Angestrebt wird ja keinesfalls eine unbegrenzte Selbstvervollkommnung im Sinne des Erwerbs von kognitiven und moralischen Tugenden, sondern ganz im Gegenteil die Fähigkeit, sich die Begrenztheit des eigenen Wissens und Könnens, aber auch die unüberwindbare Getrenntheit von anderen einzugestehen, ohne in Zynismus oder Pessimismus zu verfallen. Endlichkeitskompetenz verbindet das Bewusstsein und die Akzeptanz der persönlichen und sozialen Grenzen mit dem Streben nach Überwindung von Hindernissen des Denkens und Fühlens, die durch die Melancholie der unerreichbaren Vollkommenheit, aber auch durch konventionelle Vorstellungen vom richtigen Leben bedingt sind. Ohne ein Bewusstsein der Unvollkommenheit, das Akzeptanz und Wertschätzung einschließt, wäre der moralische Perfektionismus stets in Gefahr, in einen konventionellen Idealismus und eine gewisse Feindlichkeit gegenüber den eigenen Schwächen und den Schwächen anderer umzukippen. Die Verwechslung von moralischem Perfektionismus mit dem Streben nach Vollkommenheit ist ja kein zufälliges Missverständnis, sondern eines, von dem jeder Perfektionismus naturgemäß bedroht ist: Die Möglichkeit, die Orientierung an Idealen der Gemeinschaft und der Erkenntnis mit der *Suche nach dem Absoluten* zu verwechseln, ist in der Suche nach Verbesserung immer schon angelegt, die schließlich durch die Unzufriedenheit mit der Welt und mit der eigenen Person motiviert ist. Nicht nur philosophische Denker sind der Versuchung ausgesetzt, sich auf eine Welt der reinen Ideen oder Begriffe als das eigentlich Wirkliche zu konzentrieren, was einen von den Unvollkommenheiten der realen Welt absehen lässt. Das kann zur Verkümmerung der Fähigkeit führen, das zu schätzen und zu genießen, was man im Miteinander tatsächlich erleben kann. Dementgegen steht der *moralische Perfektionismus* Cavells für eine philosophische und künstlerische Tradition, die sich mit der Erfahrung einer ungenügenden sozialen und privaten Wirklichkeit auseinandersetzt, ohne sie zu verachten und nach Kompensation in einer anderen jenseitigen Dimension zu streben.[8] Der ›moralische Perfektionist‹ im Sinne Cavells will eigentlich nur das sein, was er nach der konventionellen Vorstellung antiker wie moderner europäischer Gesellschaften angeblich schon *ist*, nämlich ein selbstständiges Mitglied einer Gemeinschaft, das im Austausch mit anderen sowohl in privaten als auch politischen Fragen seine *Stimme* zu Gehör bringt und selbst über sein Schicksal entscheidet. Er unterscheidet sich von konventionell denkenden Menschen also nicht durch anspruchsvollere Ideale, sondern durch seine Einschätzung, dass dieses Bild autonomer Personalität nicht der privaten und gesellschaftlichen Wirklichkeit entspricht: dass Menschen tatsächlich ihr Leben zu einem beträchtlichen Maße auf mehr oder weniger unverantwortliche Weise führen, ohne es bejahen zu können.

Endlichkeitskompetenz wäre demgegenüber die Fähigkeit, das eigene Leben zu bejahen, ohne seine Unvollkommenheiten zu leugnen. Cavell geht es um die Akzeptanz und Wertschätzung des Alltäglichen; eine Wertschätzung, die nicht im Sinne des sich Abfindens mit allen Übeln zu verstehen ist, sondern von der Wertschätzung dessen, was da ist, und von der Hoffnung und Bereitschaft zur Verbesserung getragen wird. Diese Fähigkeit ist von der Bereitschaft untrennbar, sich selbst einen bewussten Anteil an der Gestaltung des eigenen Lebens zuzuschreiben, es in seinen öffentlichen und privaten Dimensionen mit zu verantworten. In der antiken Ethik wurde die Selbstverständigung, die für ein gutes Leben erforderlich ist, auf eine Kultur der vernünftigen Auseinandersetzung zurückgeführt. Allein wer die richtigen Freunde hat, die ihn vernünftig beraten können, hat nach Auskunft des platonischen Sokrates eine realistische Aussicht zu begreifen, was für ein Leben für ihn gut wäre.[9] Auch Aristoteles bezeichnete die persönlichen Beziehungen, insbesondere die Freundschaften, als unverzichtbar hierfür.[10] Seit dem achtzehnten Jahrhundert hingegen verbindet sich das alte philosophische Programm der Überwindung der Vorurteile mit dem Ideal der epistemisch und moralisch autonomen Person, die sich nicht den Meinungen anderer anpasst, sondern ihren eigenen Erfahrungen und ihrer Urteilskraft vertraut. In Verbindung mit dem neuen methodischen Anspruch der

---

[8] Vgl. CHU; CoW.
[9] Vgl. Sokrates' Kommentar zum Mythos von ER vgl. Platon, Rep. 618b-d.
[10] Zu Aristoteles vgl. EN 1155a.

Philosophie, auch die Ethik auf allgemeinen Prinzipien aufzubauen, hat dies dazu geführt, dass die moderne Ethik die reale Bedeutung der persönlichen Beziehungen für die persönliche Entwicklung und Selbstverständigung weitgehend ausgeklammert hat. Sie abstrahiert allein schon deswegen von der Frage, welche Menschen einem dabei helfen können, sich selbst besser zu verstehen und mehr Selbstvertrauen zu entwickeln, weil sie überhaupt erst dort anfängt, wo alle Menschen gleichbehandelt werden, unabhängig von ihren Fähigkeiten und Unfähigkeiten, aber auch von der persönlichen Nähe und Ferne. Sie versteht das philosophische Programm der Befreiung von persönlichen Vorurteilen und Voreingenommenheiten als Aufforderung, eine unparteiische allgemeine Perspektive jenseits aller persönlichen Beziehungen und Verbindungen einzunehmen, mit Hilfe allgemeiner Maßstäbe wie des kategorischen Imperativs oder des utilitaristischen Prinzips des maximalen Nutzens. So ist mit Blick auf die realen intersubjektiven Voraussetzungen persönlicher Selbstverständigung eine Leerstelle der Reflexion entstanden, die mehr von der Kunst als der Philosophie besetzt wird.[11] Unter dem Gesichtspunkt des moralischen Perfektionismus, den Cavell insbesondere bei Emerson und Nietzsche herausarbeitet,[12] geht es hingegen wesentlich um die Frage, unter welchen Bedingungen sich überhaupt ein Selbst entwickeln kann, das Verantwortung für sein Leben übernehmen kann – was die Voraussetzung dafür ist, dass es sich ernsthaft moralische Fragen stellen kann. Cavell führt das Unzureichende an unserem Selbstverständnis und Verständnis der Welt nicht auf die allgemeine menschliche Verfassung zurück, sondern auf die gegebenen kulturellen und persönlichen (Un-)Möglichkeiten wechselseitiger *Verständigung*. Da die menschliche Gemeinschaft wesentlich eine der Worte, des anteilnehmenden Gesprächs und der politischen Auseinandersetzung ist, wird sie als nur scheinhaft empfunden, wo der Einzelne politisch und privat nur ungenügend mitreden bzw. mitbestimmen kann, wo er seinen Umgang mit anderen als etwas erlebt, das sich aufgrund eingeschliffener kultureller Gewohnheiten und so-

---

[11] Eine Ausnahme hiervon stellt Adam Smiths 1759 erschienene *Theory of Moral Sentiments* dar. Smith leitet die moralische Urteilskraft aus der erfahrungsgestützten Fähigkeit her, sich in die Perspektiven anderer hineinzuversetzen und auf dieser Grundlage die Perspektive eines unparteiischen Beobachters zu entwickeln.

[12] Vgl. Eike Brock, »›Scribo ergo sum.‹ Lesen und Schreiben als identitätsbildende Maßnahmen bei Friedrich Nietzsche und Stanley Cavell, in: *Nietzscheforschung* 25, 2018, S. 173–198.

zialer sowie psychischer Zwänge eher ereignet, als von ihm gestaltet zu werden.

Was wiederum die Denkweisen, die Cavell dem (als Endlichkeitskompetenz verstandenen) moralischen Perfektionismus zurechnet, von Formen des *Reformismus* unterscheidet, ist die Überzeugung, dass ihre Anliegen im Rahmen der kulturellen Möglichkeiten, die die jeweilige Gesellschaft bietet, stets nur *beschränkt* realisierbar sind. Insofern ist der Optimismus, der sich im moralischen Perfektionismus ausdrückt, immer mit einer gewissen Melancholie verbunden. Vor dem Hintergrund dieser grundlegenden Unabtrennbarkeit von optimistischen und pessimistischen Aspekten kann man jedoch *optimistische* und *pessimistische* Register in den Kunstgenres unterscheiden. Nach der *optimistischen* Variante, die Cavell in den Hollywoodkomödien realisiert sieht, stützt sich das Ideal moralischer Selbstverwirklichung durchaus auf reale Möglichkeiten im Leben, die im Prinzip jeder ergreifen kann, auch wenn er dabei einige Hindernisse zu überwinden hat. Das wichtigste Hindernis ist dabei eine Sicht der eigenen Persönlichkeit, die auf der konventionellen Verwechslung von abstrakten Idealen und konkreter Wirklichkeit beruht. Diesem konventionellen Moralismus entspricht die verbreitete Überzeugung, man sei schon eine moralische Person, die aus den besten Motiven heraus handelt und fähig sei, sich frei für das zu entscheiden, was sie will. Zu erkennen, dass dieses Selbstbild einer gewissen Blindheit sich selbst gegenüber geschuldet ist, setzt eine Fähigkeit zur Selbstkritik voraus, die die Person allein schwerlich entwickeln kann. Daher spielt die Auseinandersetzung mit anderen geliebten und geschätzten Personen eine zentrale Rolle. Die optimistische Variante des moralischen Perfektionismus, die gelingende Prozesse der Selbstkritik und Selbstakzeptanz zum Thema hat, wird von der Frühromantik, von Emerson und von Nietzsche in *Schopenhauer als Erzieher* verkörpert, wo Nietzsche davon spricht, das wahre Selbst des Einzelnen läge nicht *in ihm*, sondern *über* ihm, es müsse erst durch Ablösung von seinem konventionellen Selbstverständnis in der Auseinandersetzung mit anderen entwickelt werden.[13] Aber auch im Genre der Wiederverheiratungskomödie steht die Überwin-

---

[13] Vgl. Friedrich Nietzsche, *Schopenhauer als Erzieher*, Kritische Studienausgabe (KSA) 1, Berlin/New York ²1988, S. 340 f.; vgl. dazu Eike Brock, »›Scribo ergo sum‹; James Conant, *Friedrich Nietzsche. Perfektionismus & Perspektivismus*, Konstanz 2014, v. a. S. 167 f.

dung eines *konventionellen* Moralismus im Mittelpunkt. In den Kunstgenres, wo hingegen die *melancholische* Tendenz des *moral perfectionism* die Oberhand gewinnt, steht die Schwierigkeit im Mittelpunkt, das eigene Leben selbst zu gestalten, eine eigene Stimme geltend zu machen und Gehör zu finden. Wenn sich der Versuch, Liebe und Freundschaft zu finden, als unrealisierbar erweist, bleibt der Ausdruck auch in den Varianten einer gelungenen Emanzipationsgeschichte melancholisch, wie es typisch für das von Cavell untersuchte *Melodrama der unbekannten Frau* ist *(Stella Dallas; Now, Voyager)*.

III Besser geht's nur in der Komödie[14]: Die Wiederverheiratungskomödie als Utopie und narratives Experiment

Die Wiederverheiratungskomödie verkörpert exemplarisch einen utopischen Zug von Kunst, den Ernst Bloch einmal als »stellvertretend für ein noch nicht gewordenes Dasein der Gegenstände, für durchformte Welt ohne äußerlichen Zufall, ohne Unwesentliches, Unausgetragenes«[15] bezeichnet hat. Im Gegensatz zur christlichen Vision einer vollkommenen Welt, die nur möglich wird, indem diese Welt apokalyptisch gesprengt wird, geht es in dieser Form von Utopie um den Vorschein einer Wirklichkeit, die – aus äußeren Gründen – in ihrer reinen Form zwar nicht realisierbar sein mag, aber nicht auf eine andere, sondern diese Welt bezogen ist.[16] Sie zeigt die Möglichkeit von etwas Besserem als eine in der Welt und den sozialen Beziehungen liegende Möglichkeit an, deren Grad an Realisierbarkeit erst erprobt werden muss. Diese Erprobung findet unter vereinfachten Bedingungen statt. So betrachtet, könnte man die Wiederverheiratungskomödien der dreißiger und vierziger Jahre des letzten Jahrhunderts, an die auch neuere Filme mit realistischeren Stilelementen wie etwa *Toni Erdmann* anschließen,[17] auch als perfektionistische

---

[14] Der Titel wurde in Anlehnung an die Filmkomödie »Besser geht's nicht« (Regie: James L. Brooks) von 1997 gewählt.
[15] Ernst Bloch, *Das Prinzip Hoffnung*, Frankfurt a. M. 1959, S. 248.
[16] Vgl. ebd.
[17] Vgl. hierzu »Über emphatischen Möglichkeitssinn und andere komische Formen der ethischen Selbstverständigung, am Beispiel von *Toni Erdmann*«, in: *Moralische Bildung durch Empathie? Was für ein moralisches Wissen und Können vermitteln*

narrative Experimente bezeichnen. Der Ausdruck ›perfektionistisch‹ bezieht sich auf einen Prozess, in dem Protagonist und Protagonistin *falsche* oder bloß konventionelle Vorstellungen vom vollkommenen Leben überwinden und herausfinden, was ihnen wirklich wichtig ist. Den Begriff eines *narrativen Experiments* möchten wir hier in Anklang an den Begriff des Gedankenexperiments einführen. Er wäre auf Genres anzuwenden, die sich auf bestimmte Themen spezialisiert haben, die uns auch im Alltagsleben oder in der Politik beschäftigen, dabei aber analog zum Experiment in den Naturwissenschaften mit einem *reduzierten Setting* arbeiten.[18] So behandelt etwa der Western die Frage, was eine Gruppe von Menschen zu einer politischen Gemeinschaft macht, am Beispiel der Besiedlung Nordamerikas und greift dabei zeittypische Elemente wie die Vertreibung der indigenen Bevölkerung auf; aber er tut dies nicht mit Blick auf die volle kulturelle, soziale und ökonomische Komplexität des damaligen Südwestens, sondern durch Reduktion der Bestandteile auf gewisse Grundelemente wie die friedlichen Siedler, die Gewalttäter, die sich nicht an Regeln halten, die ökonomisch Mächtigen (großen Viehbesitzer), den Vertreter des Rechts, die Bürgerwehr etc.[19] Die Wiederverheiratungskomödie wiederum könnte man als ein narratives Experiment betrachten, das von der Frage ausgeht, wie Freundschaft und Liebe zwischen freien Personen möglich ist; oder anders formuliert, wie Vertrauen, Wertschätzung und Liebe zwischen Personen entstehen kann, die nicht (wie bei einem jungen gerade verliebten Paar) durch Leidenschaft getrieben sind, noch sich gegenseitig idealisieren, noch sich rein konventionell beziehen, sondern sich als verschiedene unabhängige Individuen erleben.[20]

Dem entsprechen die äußerlichen Elemente dieser Komödien. Wiederverheiratungskomödien handeln nicht wie die klassische Komödie von einem jungen Paar, das vertrackte Hindernisse (meist die

---

narrative und dramatische Techniken der Empathieerzeugung? In: Josef Früchtl/Philipp Theisohn (Hg.): *Zeitschrift für Ästhetik und Allgemeine Kunstwissenschaft* 1/ 2018, S. 26–45.
[18] Zur Problematik des *Genres*, das hier nicht im äußerlichen Sinne einer Summe von konstitutiven Elementen wie Kühe, Pferde, Western-Saloon etc. verstanden wird, sondern problembezogen und dynamisch, vgl. die Erläuterungen zum Genre in dem Beitrag von Lorenz Engell in diesem Band.
[19] Vgl. hierzu Robert B. Pippin, *Hollywood Western and American Myth. The Importance of Howard Hawks and John Ford for Political Philosophy,* New Haven 2010.
[20] Martin Hartmann spricht in einem ähnlichen Zusammenhang von »kooperativer Autonomie«. Vgl. Ders., *Die Praxis des Vertrauens,* Berlin 2011, S. 188.

Eltern) überwinden muss, um zusammenzukommen. Es geht vielmehr um die Trennung und Wiederfindung eines schon etwas älteren und erfahrenen Paars, also um Personen, die im Beruf und im Sozialleben schon einen gewissen Status erworben und somit etwas zu verlieren haben. Da sich das Paar schon lange kennt, ist das Element der ganz überwältigenden Erotik aus dem Setting ausgeschlossen, es geht mehr um die Erotik einschließende Freundschaft zwischen Mann und Frau. Die Protagonisten haben keine Kinder (wenn auch in *The Awful Truth* einen Hund), weswegen die Frage ihrer Trennung oder Verbindung als eine freie Entscheidung füreinander erscheint, die nicht durch Sorgepflichten beeinflusst wird. Aus demselben Grund werden beide Protagonisten stets als finanziell unabhängig (durch Erbe oder einträgliche Berufe) dargestellt, aber auch als überdurchschnittlich starke, intelligente und kreative Persönlichkeiten, die nicht psychisch oder physisch voneinander abhängig sind, sondern mit Blick auf die materiellen und psychologischen Rahmenbedingungen die Möglichkeit haben, ein Leben in selbstbestimmter Freundschaft zu führen. Die Geschichte handelt davon, wie dieses Paar in eine Krise gerät, die in der Regel etwas damit zu tun hat, dass gewisse Handlungen des Ehepartners, welche die eigenen Gefühle verletzen oder beunruhigen, auf konventionelle Weise beurteilt bzw. moralisierend verurteilt werden. Es geht also um eine Lebensphase, in der das Paar sich entscheiden muss, ob es sich endgültig trennt oder wieder zusammen sein will. Die Komödie beginnt in der Regel mit der Entfremdung und Trennung, auf die jedoch eine Reihe von erneuten Begegnungen folgen, in denen einer der Partner den anderen in seinem neuen Leben (oft mit einem neuen Partner) aufstört und irritiert (*The Philadelphia Story, The Awful Truth, The Lady Eve*[21]), wenn die Partnerin nicht schon selbst für Gelegenheit zur Verhinderung der neuen Beziehung sorgt *(His Girl Friday)*. Dann beginnt ein Bildungs- und Entbildungsprozess – der Bildungsprozess in der Wiederverheiratungskomödie schließt stets auch eine Entbildung von konventionellen Vorstellungen und Werten ein[22] –, der Voraussetzung dafür ist, dass beide sich

---

[21] *The Lady Eve* ist ein Sonderfall, insofern die zweite vermeintlich vertrauenswürdigere Partnerin innerhalb des Narrativs eine fiktive Person ist, die von der ersten gespielt wird, um sich an dem Protagonisten zu rächen.

[22] Die Idee der ›Entbildung‹ als Möglichkeitsbedingung von ›höherer‹ bzw. authentischer (nonkonformistischer) Bildung ist einer jener wesentlichen Bestandteile des moralischen Perfektionismus, auf die Cavell vor allem bei Emerson und Nietzsche (als Leser Emersons) stößt. Es ist insbesondere diese Idee, die Cavell in CHU dazu bewegt,

wieder annähern können. Dies aber ist nur möglich, wenn sie die Neigung überwinden, auf ihre Irritationen konventionell moralisierend zu reagieren *(The Philadelphia Story)*, und lernen, den anderen als eigenständiges Wesen zu schätzen, ohne sich dabei selbst aufzugeben. Dabei geht es auch um die Entwicklung oder die Wiederherstellung von Vertrauen, nachdem ein anfängliches Vertrauen durch Entdeckungen zerstört wurde, die nicht in Einklang mit den Vorstellungen von einem idealen Partner zu bringen sind. So war der Protagonist von *The Philadelphia Story* zum Ärger seiner Frau zum Alkoholiker geworden, in *His Girl Friday* hatte die Protagonistin die Konsequenzen aus der Erkenntnis gezogen, dass ihr Mann zur Gründung einer Familie vollkommen ungeeignet ist, da er den Journalismus über alles stellt, und sich einem Versicherungsvertreter zugewandt; in *The Awful Truth* hegt der Protagonist den Verdacht ehelicher Untreue, in *Adam's Rip* stellt er konsterniert fest, dass seiner Frau seine Würde sowie Recht und Ordnung schlicht egal zu sein scheinen, wenn es um die Durchsetzung ihrer feministischen Vorstellungen geht; in *The Lady Eve* erweist sich seine Verlobte als professionelle Falschspielerin ... In den anfänglichen Reaktionen auf diese unerwünschten Entdeckungen kommt etwas zum Ausdruck, was Stanley Cavell die Unheimlichkeit des Gewöhnlichen bzw. Alltäglichen nennt: das plötzliche Gewahrwerden, dass die Geliebte oder der vertraute Lebenspartner ein Eigenleben führt, und dass man diese Vereinzelung auch nicht überwinden kann. Seine Differenz und Fremdheit wird als Verrat und Vertrauensbruch empfunden. Man zieht sich gekränkt zurück und sucht Zuflucht bei einem neuen, besseren, idealeren Partner, in der Regel einem Partner, der im konventionellen Sinne äußerst vertrauenswürdig scheint. Allerdings handelt es sich bei diesem neuen hochanständigen Partner stets – für den Zuschauer erkennbar – um eine beschränkte Persönlichkeit, mit der die intensive Freude am Zusammensein, die durch eine starke wechselseitige Wertschätzung nicht nur der Gemeinsamkeiten, sondern auch der Verschiedenheit und Unberechenbarkeit komplexer Persönlichkeiten entstehen kann, nicht möglich ist. Mal ist es ein unselbstständiges Muttersöhnchen, ein Mann, der in Begleitung einer tyrannischen und vereinnahmenden Mutter auftaucht (wie in *His Girl Friday* und *The Awful Truth*), mal ein humorloser Streber (wie in

---

die Ausdrücke *Moral perfectionism* und *Emersonian perfectionism* synonym zu verwenden.

The Philadelphia Story) oder den Inbegriff gedankenloser Promiskuität *(The Lady Eve);* die neue Beziehung stellt also stets eine Form der Regression in ein von anderen gestaltetes, konventionell vorgeformtes und uninteressantes Leben dar. Um diese Regression zu überwinden, müssen die Helden der Wiederverheiratungskomödie gewisse Einstellungen hinter sich lassen. Das ist *erstens* die Illusion einer mythischen Verschmolzenheit mit dem anderen, die Meinungsunterschiede nicht zulässt; beide müssen lernen, ihre Beziehung *nicht* romantisierend als eine naturgegebene paradiesische Verbundenheit zu verstehen. *Zweitens* müssen sie ein Vertrauen entwickeln, das weder auf der Illusion einer solchen Ungetrenntheit basiert, noch auf dem Bewusstsein, alles über den anderen zu wissen. Und *drittens* müssen sie einen bloß konventionellen Moralismus ablegen, der mit einer abstrakten, romantisierenden Sicht des Partners verbunden ist. Dabei geht es nicht etwa darum, die Moral zu verabschieden und sich in ein Reich jenseits von Gut und Böse zu begeben, sondern darum, Verantwortung für das eigene Leben zu übernehmen, eine Persönlichkeit zu entwickeln, mit der sie dem anderen und sich selbst gerecht werden können, was auch bedeutet, sich gegenseitig einzugestehen, was man füreinander bedeutet.

Das verlangt, selbst ein anderer zu werden. Zu dem Prozess der Wiederannäherung und Neugewinnung des Vertrauens zum alten Partner gehören starke Elemente der Verfremdung besonders von Seiten der Frau, die in Verkleidungen und fremden Rollen auftritt und sich unerwartet benimmt. Dabei fallen die Protagonisten auf komische Weise aus ihrer Rolle, übernehmen jedoch auch selbst neue Rollen; das ist zentraler Bestandteil der Entwicklung, denn sie müssen lernen, ihren sozialen Status weniger ernst zu nehmen und Mut zur Lächerlichkeit zu entwickeln, um sich und den anderen neu wahrnehmen zu können. Die Komik, die als Formelement der Komödie dem Amüsement der Zuschauer dient, wird so innerhalb des Narrativs zum Ausdruck eines persönlichen Erkenntnis- und Entwicklungsprozesses.

In der Tragödie bleibt solche Erkenntnis und Entwicklung indes aus oder erfolgt erst viel zu spät – das Kind ist dann längst in den Brunnen gefallen.[23] Statt eines Entwicklungsprozesses führt die Tragödie einen

---

[23] Mustergültig etwa in *King Lear:* Der Verräter Edmund bereut seine Taten erst im Angesicht des Todes. Zwar entdeckt er seinem Bruder Edgar jetzt, den Befehl erteilt zu

Verwicklungsprozess vor Augen, in dessen Verlauf sich der tragische Held immer tiefer in ein Netz tragischer Konstellationen und heikler Relationen verstrickt. Das entscheidende Motiv solcher Verstrickung ist aber die Verweigerung von Selbsterkenntnis. Cavells Shakespeare-Lektüren legen allesamt den Finger darauf, wie die tragischen Helden davor zurückscheuen, ihre eigene Endlichkeit anzuerkennen. Damit weisen sie aber auch ihre eigene Menschlichkeit von sich und agieren konsequenterweise unmenschlich. Während die Tragödie bei Cavell also als Spiegel unserer (allzu menschlichen) Endlichkeitsinkompetenz dient, bietet ihm die Komödie das Feld, um lebenspraktische Einsichten in endlichkeitskompetentes Verhalten zu vermitteln. Genauer noch führt sie einen Bildungsprozess vor, an dessen Ende Endlichkeitskompetenz als Habitus steht. Tatsächlich geht es in Cavells Philosophie in moralischer Hinsicht genau darum: um Selbsterkenntnis und Selbsttransformation oder, mit einem Wort, um Charakterbildung. Der moralische Perfektionismus ist eine Art Schule der Charakterbildung, deren Klassenzimmer aus Büchern und Filmen besteht, bzw. aus einer ›City of Words‹. Eine City of Words ist ein Ort des freundschaftlichen Gespräches, an dem teilzunehmen Cavell seine Leserinnen und Leser ermutigt. Die Autorinnen und Autoren des vorliegenden Bandes sind Cavells Gesprächseinladung gefolgt und möchten vermittels ihrer Beiträge selbst wiederum dazu ermutigen, die Stadt der Wörter zu betreten, damit das philosophische Gespräch über das gute Leben im Sinne Cavells nicht abreißen möge.

---

haben, Cordelia und König Lear töten zu lassen; doch sein Geständnis kommt zu spät. Edgar findet nur mehr einen sterbenden Lear vor, der seine bereits verstorbene Tochter, Cordelia, in den Armen hält. Auch das in dieser Szene offensichtliche Liebesbekenntnis des Vaters gegenüber seiner Tochter erfolgt auf fatale Weise verspätet.

I Die Komödie als
   Medium ethischer Reflexion

Ein Sinn für Gemeinschaftlichkeit und Streit

Stanley Cavells Komödie der Demokratie

Josef Früchtl

Es ist gewiss ein Klischee, von der Philosophie zu sagen, sie stehe dem Gewöhnlichen prinzipiell abweisend gegenüber. Schon von Sokrates, dem abendländischen Gründungsvater, ist bestens bekannt, dass er gewöhnliche Gesprächspartner in alltägliche Themen verwickelt, um daraus weiterführende theoretische, aber vor allem ethisch-praktische Folgerungen zu ziehen. David Hume, Friedrich Nietzsche und John Dewey bieten in diesem Zusammenhang die auffälligsten modernen Beispiele. Keine philosophische Tradition allerdings hat das Gewöhnliche so ernst genommen und seine Bedeutung so variantenreich ausbuchstabiert wie diejenige, in die sich Stanley Cavell nachdrücklich stellt: die Tradition des späten Wittgenstein sowie die von Ralph Waldo Emerson und Henry David Thoreau, die man etwas verwirrend ›Amerikanischer Transzendentalismus‹ nennt. Die Innovation der von Wittgenstein vorgestellten *ordinary language philosophy* besteht ja in der genauen Analyse sprachlicher Ausdrücke mit Mitteln der Umgangssprache, um auf diese Weise die Philosophie von ihren alten metaphysischen und neuen wissenschaftlichen, sprich logisch-positivistischen Fixierungen zu kurieren. Diese theoretisch-therapeutische Strategie lässt sich mühelos verbinden mit dem erklärten Ziel des US-amerikanischen Transzendentalismus, das Emerson in die berühmten Worte fasst: »I embrace the common, I explore and sit at the feet of the familiar, the low.«[1] Cavell setzt sich ebenfalls freudig zu Füßen des alltäglich Vertrauten, ja, er feiert die Umarmung mit dem allgemein Bekannten, Einfachen, Gebräuchlichen mitunter in nicht minder emphatischen Worten als Emerson im romantischen Geist des frühen 19. Jahrhunderts. Er bietet insofern eine perfekte US-amerikanische Variante der Romantik. Welche Kultur, wenn nicht die US-amerikanische, sollte besser dazu prädestiniert sein, das Gewöhnliche zum Außergewöhnlichen zu erklären und vice

---

[1] »The American Scholar«, zit. in PoH Int., S. 14.

versa, mit all den dazugehörigen Ambivalenzen? Cavell zögert daher auch nicht, in diesen kulturellen Zusammenhang das Kino vehement mit einzubeziehen, das er ohne europäischen Dünkel als die adäquate Massenkunst des 20. Jahrhunderts begreift. Ihm gebührt inzwischen fraglos der Ehrentitel, Repräsentant einer *ordinary film philosophy* zu sein. Cavell verleiht diesem Zusammenhang schließlich auch noch einen politisch-philosophischen und speziell demokratietheoretischen Akzent. Allerdings nur andeutungsweise und indirekt. Dass der Film, vor allem die Komödie, eine Vision streitbarer Demokratie vorstellt, muss man als Leser von Cavells Schriften doch erst herausarbeiten. Der Zusammenhang zwischen Film, Komödie, demokratischer Lebensform und romantischer Veralltäglichung des Außeralltäglichen muss dementsprechend diskursiv erst klargestellt werden. Eben dies möchte ich im Folgenden versuchen. Im Film, der populärkulturell erneuerten und komödiantisch gefeierten romantischen Verschmelzung von Gewöhnlichem und Außergewöhnlichem, wird eine Leidenschaft für die Demokratie verhandelt.

I Cavells Stimmen

Anschließend an seinen verehrten Lehrer John L. Austin und abwägend kritisch gegenüber der Philosophie von Jacques Derrida bestimmt Cavell die Essenz seiner Philosophie als »a matter of reinserting or replacing the human voice in philosophical thinking.«[2] Das ist ein überraschendes und bereits insofern für Cavell typisches Statement. Die Stimme ist nämlich kein philosophischer Grundbegriff. Als Terminus wird sie in den einschlägigen Lexika nur ausnahmsweise geführt. Und dennoch steht sie, wenn man sich an Derridas inzwischen etwas ausgebleichte These erinnert, im Zentrum der Philosophie, sofern diese sich, gewiss nicht nur bei Derrida, einer massiven Kritik am sogenannten Logozentrismus ausgesetzt sieht, in dem sich, so speziell Derrida, zugleich ein Phonozentrismus verbirgt. Cavell verhält sich dieser Großthese gegenüber zurückhaltend. Er bemerkt die Attraktivität, die die Entdeckung des eigenen Wertes von performativen Äußerungen auf Derrida macht. Sprechakte wie »Ja (ich gehe mit der hier anwesenden Person den Bund der Ehe ein)«, »Ich taufe dieses Schiff auf den Namen *Queen E.*«, usw. kann man ja nicht zu-

---

[2] CT 1, S. 63.

reichend als Beschreibung eines Sachverhalts oder als Behauptung einer Tatsache begreifen. Sie können vielmehr, so Cavell, »als Angriff auf das gelten, was die Dekonstruktion unter der Bezeichnung des Logozentrismus angreift.«[3]

Doch Austin gilt Derrida als ein zu schwacher Bundesgenosse in einer antilogozentrischen Allianz. Denn Derrida ist in der Nachfolge Nietzsches an der großangelegten Enthüllung der Wahrheit als einer Illusion gelegen, während Austin sowohl an einer Kritik als auch Ausweitung des Rationalitätsanspruchs interessiert ist, wenn er die These unterbreitet, dass ein Wahrheitswert oder Geltungsanspruch für performative Äußerungen ebenso wesentlich ist wie für konstative. Mit dieser These lässt sich die einschlägig bekannte Behauptung des logischen Positivismus, dem der in Oxford lehrende Austin sich um die Mitte des 20. Jahrhunderts noch direkt gegenübergestellt sieht, zurückweisen, dass nicht-konstative Äußerungen, etwa aus dem Bereich der Ethik und der Ästhetik, nicht wahrheitsfähig seien. Aus der Sicht Austins und Cavells kommen Positivismus und Dekonstruktion demgegenüber gerade in ihren »Fluchten vor dem Gewöhnlichen« überein.[4]

Cavell hebt in der Philosophie aber nicht nur die Stimme des Gewöhnlichen, sondern, zweitens, auch die des Ich hervor. Zu den Textgenres der Philosophie gehört demnach nicht nur die *ordinary language* philosophy, sondern auch die Autobiographie. Cavell kann sich dabei auf berühmte Zeugnisse berufen,[5] unter dem Titel *A Pitch of Philosophy. Autobiographical Exercises* hat er seine eigenen diesbezüglichen Überlegungen vorgestellt. ›A pitch of philosophy‹ ist ein vieldeutiger Ausdruck, am ehesten übersetzbar mit: ein philosophischer Tonfall, ein philosophischer Zungenschlag, oder eine philoso-

---

[3] AS, S. 124, vgl. S. 111.
[4] AS, S. 130, vgl. auch S. 97.
[5] Auf Augustinus' *Confessiones*, diejenigen Rousseaus (die er allerdings nicht ausdrücklich nennt) und schließlich auf drei Zeugnisse des 19. Jahrhunderts, auf Nietzsches *Ecce homo*, Thoreaus *Walden* und Mills Schrift *The Subjection of Women*, die dieser zusammen mit seiner Frau verfasst hat, der er, fern jeglicher patriarchalen und eitlen Attitüde, Einfluss auch auf seine anderen Bücher zuerkennt (vgl. AS, S. 43, S. 50, S. 73). – Die Übersetzung von *A Pitch of Philosophy* ins Deutsche *(Die andere Stimme. Philosophie und Autobiographie)* lässt sich zurecht von der feministischen Spur leiten, die Cavell unter anderem mit Mill selber legt, darüber hinaus aber auch vom Titel eines Buches, das der feministischen Diskussion vor beinahe vier Jahrzehnten ein enormes Echo verschafft hat, Carol Gilligans *In a Different Voice* (Cambridge, Ma/London 1982), das ins Deutsche übersetzt worden ist mit: *Die andere Stimme*.

phischen Stimmlage, allesamt individuelle Variationen des Sprachgebrauchs. Das Wort *pitch* meint darüber hinaus ebenso die musikalische Tonhöhe wie den Marktstand und den Wurf beim Baseballspiel, gehört also in den Bereich der Musik, des Marktes und des Sports. Generell betont es das nicht dingfest zu Machende, Bewegliche, Transitorische, das ebenso zufällig ist, wie gekonnt sein will.

Der Ausdruck ›Stimme‹ verweist aber nicht nur auf die gesprochene Sprache der Alltagswelt und den individuellen Gebrauch der Sprache, sondern, drittens, auch auf den Bereich der Politik. Die Stimme fungiert hier als demokratisch-politische Metapher, die sich in den Worten Stimmrecht, Stimmzettel, Abstimmung etc. ausdrückt und das individuelle »Recht zu sprechen« meint.[6] Auch in diesem Kontext lässt sich Cavell allerdings wieder von der romantischen Betonung des Individualismus oder – er differenziert hier nicht weiter – der Authentizität leiten, die verlangt, sich der gesellschaftlichen Forderung nach Konformität entgegenzustellen. Wie, so die plausible Begründung, soll man ansonsten herausfinden, wofür man selber eigentlich steht?[7] Die demokratisch-politische Semantik der Stimme hat bei Cavell einen radikalisiert individualistischen und intermittierend anarchistischen Akzent, der sich in die amerikanisch-romantische Tradition des zivilen Ungehorsams stellt.

Neben der alltagssprachlichen, individualistischen und politischen Bedeutung weist der Begriff der Stimme bei Cavell schließlich, viertens, noch eine universalistische Konnotation auf. Wenn Cavell die Philosophie als den Anspruch charakterisiert, »für das Menschliche schlechthin zu sprechen«, bewegt er sich in der klassischen Tradition des Verständnisses von Philosophie. Seine Abweichung oder Variation setzt ein, wenn er diesen Universalitätsanspruch als »verallgemeinernden Gebrauch der Stimme« beschreibt und zudem die »Anmaßung« erkennt, die in diesem Anspruch steckt, nämlich »die arrogante Aneignung des Rechts, für andere zu sprechen«.[8] Diese Arroganz ist in ihrer Unvermeidlichkeit dem philosophischen Gebrauch des substantivischen Pronomens ›ich‹ immanent, das heißt, sie ist trotz des scheinbar illegitimen Gestus legitim. Eine Begründung da-

---

[6] AS, S. 112, vgl. auch S. 70.
[7] Vgl. ebd., S. 88; Emersons diesbezüglich berühmtes Zitat lautet: »Whoso would be a man, must be a nonconformist«, zit. in: Sandra Laugier: »The Ordinary, Romanticism, and Democracy«, in: MLN, Vol. 130, Nr. 5 (December 2015), S. 1048.
[8] AS, S. 11.

für steckt im Begriff des Exemplarischen, denn für Cavell – und wiederum nicht nur für ihn – ist dasjenige, was sich in der Ich-Form der Autobiographie ausdrückt, »repräsentativ«; »jedes Leben (ist) für alle anderen exemplarisch«; auch darin liegt also eine »Gemeinsamkeit« *(commonness)* der Menschheit.[9]

Cavell stützt sich, wenn auch nur selten explizit[10], auf Kants *Kritik der Urteilskraft*. Hier findet er nicht nur die Bedeutung des Exemplarischen, sondern auch die ihn leitende Metapher vorformuliert. Wer einen Gegenstand schön nennt, glaubt nämlich, so Kant, »eine allgemeine Stimme für sich zu haben«, und das bedeutet, so Kant weiter, dass man mit einem ästhetischen Urteil eine »Forderung«, genauer: ein »Ansinnen« an die anderen stellt, in das eigene Urteil »einzustimmen«.[11] Es ist diese paradoxe Struktur einer »subjektiven Allgemeinheit«, die Cavell auf die philosophische Begründungsform überträgt. Was transzendentalphilosophisch allein für das ästhetische Urteil gilt, gilt im Sinne von Cavells *ordinary language philosophy* auch für die philosophischen Urteile. Denn ein Philosoph, der sagt, dass ›wir‹ einen Begriff, zum Beispiel den des Schönen, des Spiels oder der Bedeutung, auf eine bestimmte Weise verwenden, sagt, dass alle, die diesen Begriff (recht) verstehen, ihn auf diese Weise verwenden müssen. Und für dieses Müssen hat er keine andere Evidenz als jene exemplarische, die Kant für die Geltung des Geschmacksurteils herausstellt. Das ästhetische Urteil ist insofern Modell des philosophischen. Es ist aber darüber hinaus – und das möchte ich nun in einem weiteren Schritt kurz belegen – auch Modell des demokratischen Urteilens.

II Die Kantische Frage, warum man über Ästhetisches streiten muss

Kants Theorie des ästhetischen Urteilens politisch, oder besser mit einer politischen Akzentuierung zu interpretieren, ist so alt wie die Theorie selber. Drei bekannte Interpretationsvorschläge haben sich

---

[9] Ebd., S. 35.
[10] »Kant's ›universal voice‹ is, with perhaps a slight shift of accent, what we hear recorded in the philosopher's claims about ›what we say‹« (MWM 3, S. 94).
[11] Immanuel Kant, *Kritik der Urteilskraft*, Werkausgabe Band X, Frankfurt a.M. 1977, S. 130 (B 26), vgl. S. 126 (B 20) und S. 156 (B 62).

herausgebildet: Im historischen Kontext der Französischen Revolution wendet als erster Friedrich Schiller den Gegensatz der kognitiven Vermögen (Einbildungskraft und Verstand) in einer gewagten Analogie politisch und sieht darin auch den Gegensatz sozialer Klassen. Hannah Arendt betont demgegenüber die Fähigkeit der ästhetischen Urteilkraft, sich an die Stelle von anderen zu versetzen; sie akzentuiert also die ästhetische Fähigkeit des imaginären, ja idealen *role taking*; ästhetisch urteilen ist hier eine Form von Empathie, das Verstehen eines intellektuellen Gefühls. Jacques Rancière schließlich folgt Schiller in der gesellschaftspolitischen Radikalisierung, wenn er den Gegensatz zwischen den Erkenntniskräften bzw. Klassen als den zwischen Exklusion und Inklusion beschreibt, zwischen denen, die bestimmen, was politisch möglich ist, und denen, die davon ausgeschlossen sind.[12] Ich möchte diesen Interpretationen einen vierten Vorschlag hinzufügen. Zum Modell von Politik, vor allem von demokratischer Politik, taugt das Ästhetische, weil es auf vorbildliche Manier die Spannung austariert zwischen Gemeinschaftlichkeit und Streit, schult in der Perspektive des Als-ob und schließlich eine (präsentative, kompensative und tranformative) Kommunikation von Gefühlen ermöglicht. Über die letzten beiden Punkte werde ich im Folgenden aus Zeit- und Platzgründen nicht sprechen. Ich möchte mich lediglich ein wenig auf den erst genannten Punkt konzentrieren, also auf das Verhältnis von Gemeinschaftlichkeit und Streit. Meine entsprechende These ist: In ästhetischen Dingen zu streiten bedeutet, die *Kommunitarisierung einer Konfrontation* zu ermöglichen.

Kant analysiert die argumentative Logik des ästhetischen Urteilens bekanntlich unter vier Aspekten. Im Zentrum aber steht, wie er selber sagt, der Aspekt der »subjektiven Allgemeinheit«. Demnach glaubt man nicht nur, sondern »muss« man »glauben, Grund zu haben, jedermann ein ähnliches Wohlgefallen zuzumuten«.[13] Ein ästhetisches Urteil ist, wie Kant in der Sprache seiner Zeit treffend sagt, ein »Ansinnen« an jeden zuzustimmen; sinnlich-ästhetisch zugemuteter Sinn.[14] Die Zustimmung ist im wörtlichen wie übertragenen Sinn eine Zumutung, ein kaum annehmbarer Vorschlag, der Mut auf bei-

---

[12] Vgl. Jacques Rancière, »The Aesthetic Revolution and its Outcomes. Emplotments of Autonomy and Heteronomy«, in: *New Left Review* 14 (2002), S. 133–151.
[13] Immanuel Kant, *Kritik der Urteilskraft*, S. 124 (B 18, §6).
[14] Ebd., S. 130 (B 25, §8).

den Seiten verlangt. Ein ästhetisches Urteil basiert demnach einerseits auf hypothetischer Zustimmung, denn es wird, ebenso wie das politische Urteil, formuliert aus der Perspektive, als ob Konsens (prinzipiell) möglich sei. Es basiert andererseits aber auch auf aktualer Zustimmung, denn da es Kants Überzeugung nach keine Triftigkeit von Gründen gibt, auf die man sich stützen könnte, bleibt einem nicht mehr als zu sagen, dass ein Gegenstand schön sei, und die Zustimmung oder Ablehnung der Gesprächspartnerin abzuwarten. Triftige Begründungen kann weder sie noch ihr Partner geben. Falls beide nicht übereinstimmen in ihrem Urteil, muss jeder für sich sein Urteil daraufhin überprüfen, ob es nicht doch auf subjektiven Vorlieben beruht. In diesem Sinne ist auch Kants Aussage zu verstehen, dass man um Zustimmung »wirbt«.[15] Es kann dies am Ende, so wichtig sie ist, keine nur wortreiche, sondern muss eine deiktisch-hinweisende und einladende Werbung sein nach dem Muster: ›Schau oder hör, bitte, noch einmal genau hin! Siehst du, hörst du, was ich meine: dass der Gegenstand schön, ästhetisch gelungen und anziehend ist?‹

Man kann nicht oft genug betonen, dass die im Spiel befindlichen Vermögen strikt *oppositionell* sind. Das eine tut, was das andere just nicht will. Die Einbildungskraft steht für »gesetzlose Freiheit«, der Verstand aber für logische »Gesetzmäßigkeit«. Die eine bringt, für sich genommen, »nichts als Unsinn« hervor, der andere lediglich logischen Sinn.[16] Der Widerspruch scheint nur nach der einen oder anderen Seite hin auflösbar: Entweder die Einbildungskraft produziert in ihrer zügellosen Freiheit Formen, die die vom Verstand geforderte Gesetzmäßigkeit *über*fordern, oder der Verstand schränkt die Einbildungskraft ein. Im Falle eines ästhetischen Objekts (der Natur, der Kunst, des Alltags) kommt es aber weder zu einer *Subordination*, noch bleibt es bei einer bloßen (statischen) *Kontradiktion*, sondern zu einer (dynamischen) *reziproken Stimulierung und Potenzierung* der oppositionellen Elemente. Das meint Kant mit ›Spiel‹.[17] Und da dieses Spiel zwischen unseren Erfahrungselementen stattfindet, da es also eines ist, das zwischen Elementen stattfindet, die – wie Affektion, Perzeption, Imagination, Kognition und Emotion – für menschliches Erkennen und Erfahren fundamental sind, ist es mög-

---

[15] Ebd., S. 156 (B 63, §19).
[16] Ebd., S. 257 (B 202 f., §50).
[17] Vgl. dazu auch Dieter Henrich, *Aesthetic Judgment and the Moral Image of the World*, Stanford, Cal. 1992, S. 51 f.

lich, vom Ästhetischen so zu sprechen, als ob es ein kognitiv begründeter Sachverhalt sei. Auf diese Weise kann Kant dann auch den schlichtenden Vorschlag unterbreiten, dass man über Geschmack zwar nicht »disputieren«, objektiv entscheiden, wohl aber »streiten«, das heißt bei ihm: versuchsweise einen Konsens ausfechten könne.[18] In einem ästhetischen Urteil behaupten wir etwas, was wir nicht beweisen können, aber in einer Weise, *als ob wir es beweisen könnten*. Denn das, was wir behaupten, führt einen *legitimen gefühlten* Anspruch auf verallgemeinerbare Geltung mit sich, einen Anspruch, der sich auf ein Gefühl gründet, das nicht bloß privat, das heißt subjektiv gültig, sondern auch allgemein gültig ist,[19] weil es aus dem Zusammenspiel, der unendlichen und lustvollen Interaktion verschiedener, einander gar entgegengesetzter Erkenntnis- und Erfahrungselemente erwächst, das des Weiteren indirekt einen Bezug aufweist zu den Dimensionen von (expliziter) Erkenntnis, Moral und Politik. In einer etwas altmodischen politischen Sprache ausgedrückt, kultivieren wir in ästhetischen Erfahrungen »eine gewisse Liberalität der Denkungsart«. Kant versteht darunter die »Unabhängigkeit des Wohlgefallens vom bloßen Sinnengenusse«.[20] Aber es ist offensichtlich, dass er damit auch auf die Bedeutung von Vorurteilslosigkeit und freier Gesinnung in einem weiteren Sinn verweist. Ästhetische Liberalität ist eine gelungene Balance zwischen Gemeinschaftlichkeit und Streit. Es ist der lustvolle und unendliche Versuch, einen Konsens auszufechten, das heißt, zwischen eigensinnigen Individuen Gemeinschaft zu erstreiten.

---

[18] Immanuel Kant, *Kritik der Urteilskraft*, S. 279 (B 233 f., §56). Kants »Auflösung der Antinomie des Geschmacks« (S. 280 ff., B 234 ff., §57) ist allerdings wenig überzeugend. Der Verweis auf den »transzendentale(n) Vernunftbegriff von dem Übersinnlichen« als mögliches »übersinnliche(s) Substrat der Menschheit« verdunkelt den Sachverhalt eher. Kant scheint hier mit einem »mysterious switch« von der subjektiven Zweckmäßigkeit der Natur für die Urteilskraft zur Idee des Übersinnlichen zu operieren (Werner S. Pluhar in seiner Übersetzung und Einleitung zu Kant's *Critique of Judgment*, Indianapolis/Cambridge 1987, S. 212, Anm. 6).

[19] Die Privatheit der Gefühle meint ihren Geltungsanspruch, nicht ihre Konstituiertheit. Dass auch die scheinbar privatesten Gefühlsäußerungen sozial konstituiert und insofern nicht privat sind, lässt sich mit Theorien wie denjenigen des späten Wittgenstein, Gadamers und Davidsons überzeugend begründen. Privat oder subjektiv gültig ist eine ästhetische Äußerung wie: »Barnett Newmans ›Who's Afraid of Red, Yellow and Blue?‹« – nehmen wir die Version III im Stedelijk Museum Amsterdam – »ist ein schlechtes Gemälde, denn ich habe in der Tat Angst vor der Farbe Rot.«

[20] Immanuel Kant, *Kritik der Urteilskraft*, S. 194 (B 116).

III Demokratischer Gemeinsinn

Die allgemeine Stimme, von der sich Cavell leiten lässt, nennt Kant an herausgehobener Stelle einen Gemeinsinn, den er aber sogleich vom gewöhnlichen, politisch-ethischen Gemeinsinn, dem sogenannten gesunden Menschenverstand *(sens commun)* der Aufklärung unterscheidet. Es gehört zu den Eigentümlichkeiten der Geschichte philosophischer Begriffe, dass die ›Verfallsgeschichte‹ des Begriffs des Gemeinsinns einsetzt, als seine begriffliche Klärung durch die Eingrenzung auf den ästhetischen Bereich, die Kant vornimmt, ihren Höhepunkt erreicht.[21] Für die politische Begriffsgeschichte gilt dies allerdings nicht. Während auch diesbezüglich festgestellt werden kann, dass sich als hohe Zeit des Begriffs des Gemeinsinns das 18. Jahrhundert heraushebt, erlebt das 20. Jahrhundert nach dem Zweiten Weltkrieg ein *revival* im Dienste der repräsentativen Demokratie.[22] Die Etappen dieser Geschichte lassen sich in wenigen Sätzen gerafft erzählen.

Anknüpfend an die epistemologische Bedeutung, die Aristoteles unter dem Begriff einer *koine aisthesis* vorschlägt, einer Instanz, die die Eindrücke der menschlichen fünf Sinne koordinieren soll, erhält der Begriff eine politisch-soziale und kulturelle Bedeutung in der römischen Stoa. Hier meint er zum ersten Mal jene Werte und Überzeugungen, die innerhalb einer Gemeinschaft meist unausgesprochen geteilt werden. Zu Beginn des 18. Jahrhunderts, nach der *Glorious Revolution*, wird dann in England und Frankreich eine Definition in Umlauf gesetzt. Shaftesbury (1709), Giambattista Vico (1725) und Thomas Reid (1764) sind die tonangebenden Theoretiker. Thomas Paine versetzt mit seiner berühmten Abhandlung von 1776 den *common sense* zum ersten Mal in den US-amerikanischen Kontext. Der *common sense* soll eine Antwort geben auf die Frage, die die Theoretiker der modernen Gesellschaft nicht mehr loslassen wird, nämlich

---

[21] Vgl. Alexander von Maydell/Reiner Wiehl, Art. »Gemeinsinn«, in Joachim Ritter (Hg.), *Historisches Wörterbuch der Philosophie*, Bd. 3 Basel/Stuttgart 1974, S. 243–245, hier S. 244.
[22] Sophia Rosenfeld, *Common Sense. A Political History*, Cambridge, Ma 2011, S. 244. Zu der im Text folgenden Geschichte des Begriffs vgl. wiederum ebd., S. 22 (zur Stoa), S. 24 (Shaftesbury, *Sensus Communis: An Essay on the Freedom of Wit and Humour*, 1709), S. 59 (Vico: *Scienza Nuova*, 1725), S. 71 (Thomas Reid, *An Inquiry into the Human Mind, on the Principles of Common Sense*, 1764), S. 136 (Thomas Paine, *Common Sense*, 1776).

»how to hold a heterogeneous society together with a minimum of force«.[23] Die Französische Revolution drängt die Relevanz des Begriffs zurück, die Schlüsselbegriffe sind nun Vernunft, Freiheit, Wahrheit und Nation. Robespierre und seine revolutionären Mitstreiter sind sich schmerzlich dessen bewusst, dass das Volk, in dessen Namen sie die Revolution durchführen, von Unwissenheit (um nicht zu sagen Dummheit) und Aberglaube behindert werden. Napoleon schließlich gelingt es, den revolutionären mit dem konterrevolutionären Impuls zu verknüpfen, das nunmehr sogenannte Volk erfolgreich zu mobilisieren, um eine Politik der Entmachtung des Volkes zu betreiben. Die Französische Revolution, so kann man heute sagen, wühlt zum ersten Mal jene populistische Kritik der Demokratie auf, die dann in den totalitären Staaten des 20. Jahrhunderts Massenwirkung erlangt.[24]

Populismus ist das Stichwort, das auch in unseren Tagen die politischen Gemüter bewegt. Die politikwissenschaftliche Diskussion über die Semantik dieses Wortes hat erst begonnen, es scheint aber plausibel, damit zumindest ein antielitäres und antidemokratisches Element zu verbinden: Sozialkritisch zieht der Populismus gegen ›das Establishment‹ zu Felde, jene ›Eliten‹ aus Politikern, Medienvertretern, Intellektuellen und Managern, die das hart arbeitende und brav Steuern zahlende Volk betrügen; antidemokratisch wird er in dem Maße, in dem er den Pluralismus, auf den gewiss nicht nur die repräsentative Demokratie baut, aus den Angeln hebt, der Konsequenz folgend, dass das Volk im Stande der Gewaltenteilung mit sich im Dauerstreit liege, nicht ›eins‹ sei.[25] Im Kontext des Gemeinsinns muss man sich dessen bewusst bleiben, dass dieser Begriff nicht davor geschützt ist, von einer populistischen Semantik vereinnahmt zu werden. Dies schon deshalb nicht, weil er, wie die Theorie des Kommunitarismus aus unserer Zeit, aus der Spannung mit der Idee des liberalen Verfassungsstaates und der Prinzipien von Vernunft und Autonomie entstanden ist; er repräsentiert die andere, eher kollektive Seite der demokratischen Medaille. Das aber heißt, dass er, wie der ihn politisch in Beschlag nehmende Populismus, sowohl einer der Pfeiler der Demokratie ist als auch eine ihrer permanenten Bedrohungen. Die Verbindung *(marriage)* zwischen Demokratie und

---

[23] Ebd., S. 24
[24] Vgl. ebd., S. 182, S. 193, S. 194, S. 220.
[25] Vgl. Jan-Werner Müller, *Was ist Populismus?*, Berlin 2016, v.a. S. 26, S. 55.

Populismus im Konzept des Gemeinsinn ist unvermeidlich ein »slippery subject«.[26]

Mit dieser Ambivalenz müssen wir politisch leben. Der Streit um das richtige, nicht populistisch dirigierte Verständnis von Demokratie ist insofern endemisch, der Streit darüber, wie eine demokratisch strukturierte Gemeinschaft sich selbst versteht. Die gute Nachricht ist, dass der *ästhetische* Gemeinsinn nicht so schlüpfrig ist wie sein politisches Gegenstück. Just in der Sphäre des Ästhetischen, in der es ansonsten ja, wie manche sagen, immer schlüpfrig zugeht, uneindeutig, alle festen Konturen verwischend, in einem frivolen Mix von Diskursformen, einem Durcheinander von Perspektiven, just hier also herrscht unter diesem Punkt Entwarnung. Der Grund dafür liegt im Status des Ideals, der dem Gemeinsinn hier zukommt. Kant erweist sich diesbezüglich nicht als so klar, wie wir ihn im Allgemeinen schätzen. Einerseits beschreibt er den Gemeinsinn als eine »Wirkung« aus dem Spiel unseres Erfahrungsvermögens, das heißt bei ihm unseres Kognitions- und Imaginationsvermögens, andererseits als eine »idealische Norm«, die ein »höheres Prinzip der Vernunft« uns als »regulatives Prinzip« vorgibt.[27] Grundsätzlich aber operiert er mit der Idee einer idealen Gemeinschaft, einer idealen Kommunikationsgemeinschaft,[28] deren Realisierung im Falle gelingender, das heißt ebenso subjektiv-idiosynkratischer wie intersubjektiv einvernehmlicher ästhetischer Urteile unterstellt werden muss. Das aber impliziert, dass sich im Bereich des Ästhetischen generell die Realisierbarkeit einer idealen, einer ideal streitenden Gemeinschaftlichkeit anzeigt.[29]

---

[26] Vgl. Sophia Rosenfeld, S. 6, S. 256.
[27] Vgl. Immanuel Kant, *Kritik der Urteilskraft*, einerseits S. 157 (B 64, § 20) u. S. 190 (B 111, § 29), andererseits S. 159 (B 68, § 22).
[28] Dies meine ich in einem Habermas erweiternden Sinn, denn die Kommunikation, der ›Streit‹, um den es bei Kant im Falle ästhetischer Urteile geht, kann sich, wie oben schon angesprochen, nicht nur auf Argumente, sondern muss sich auch auf evidenzgestützte Erfahrungen berufen, deren Artikulation auf rhetorische, literarische und deiktisch-gestische Qualitäten angewiesen ist. – Innerhalb der politikwissenschaftlich-philosophischen Diskussion hat in den vergangenen Dezennien vor allem die feministische Kritik an Habermas und Rawls für einen rhetorisch und narrativ erweiterten Begriff der Kommunikation plädiert, vgl. dazu Paul Hoggett/ Simon Thompson: »Toward a Democracy of the Emotions«, in: *Constellations*, Vol. 9/No 1 (2002), S. 111 f.
[29] Ich habe in dieser Richtung bereits in meinem Buch *Ästhetische Erfahrung und moralisches Urteil* (Frankfurt a.M. 1996, S. 423 ff.) argumentiert, ebenso später in *Vertrauen in die Welt. Eine Philosophie des Films* (München: Fink 2013, S. 189 ff.).

Das Konzept von ästhetischer Erfahrung als Vergemeinschaftung eines Streits (von internen Erfahrungselementen und – auf einer nachfolgenden Ebene – externen Erfahrungsdimensionen) verschränkt sich also dezidiert mit einer regulativen und mitunter utopischen Idee, die dem Konzept des Gemeinsinns allgemein auf diffuse Weise bereits eingeschrieben ist, sofern dieses vor allem drei bestimmende Konnotationen mit sich führt: erstens die aus der Umgangssprache bekannte Bedeutung, bei der Lösung von Problemen nicht individualistisch oder gruppenspezifisch vorzugehen, sondern »an das Gemeinwohl zu denken«; zweitens die von Kant und Hannah Arendt hervorgehobene Bedeutung, sich angesichts von Problemen innerhalb einer Gemeinschaft (manchmal der universalen Gemeinschaft der Menschheit) an die Stelle jedes anderen zu versetzen; und drittens die seit der römischen Stoa bekannte Bedeutung von Gemeinsinn als unhinterfragtem fundamentalen Sinn für evaluative Überzeugungen. Im Konzept des ästhetischen Gemeinsinns verbinden sich die beiden zuletzt genannten Konnotationen der wechselseitigen Perspektivenübernahme und des unhinterfragt geteilten Sinns auf spezifische Weise. Es beschreibt insofern einen *Sinn für Unparteilichkeit*,[30] eine Unparteilichkeit, deren Fundament nicht begrifflich-diskursiv, sondern nur durch ein Gefühl gesichert ist, stets erneut aus einer Praxis ästhetischer Erfahrung hervorgehend, in der das Fundament immer auch – im wörtlichen wie übertragenen Sinn – aufs Spiel gesetzt, weil einem Streit ausgesetzt wird. Es geht um ein ästhetisch-praktisch erwirktes Verständnis und einen streitbaren Sinn: zum Streit neigend und (wiewohl nicht streitsüchtig, so doch) kampfeslustig.

IV Komödie und Demokratie

Wenn ich die Beziehung zwischen Gemeinsinn, Streit und Demokratie betone, gebe ich zu verstehen, dass ich einer Konzeption von Demokratie zuneige, für die sich in der jüngeren Diskussion der Name einer »agonalen« oder – weniger dramatisiert – »kommunikativ-assoziativen Demokratie«# eingebürgert hat.[31] In diesem Rahmen geht

---

[30] Vgl. Immanuel Kant, *Kritik der Urteilskraft*, S. 117 (B 6, §2); Hannah Arendt, *Lectures on Kant's Political Philosophy*, Chicago 1982, S. 42.
[31] Zum agonalen, das heißt prinzipiell, aber nicht existenziell antagonistischen Kon-

es um die Auseinandersetzung zwischen Gruppierungen, die ihre Überzeugungen von einem kollektiven richtigen Leben durchsetzen wollen. Konfrontative Unterscheidungen zwischen ›wir‹ und ›sie‹, ›uns‹ und ›ihnen‹ sind hier konstitutiv, aber sie verhärten sich nicht zur bürgerkriegsähnlichen Konfrontation. Carl Schmitts berühmt-berüchtigter Antagonismus mildert oder transformiert sich hier zum Agonismus. Die politische Grundunterscheidung zwischen ›Freund‹ und ›Feind‹ weicht auf, indem der Andere als ›Gegner‹ die Arena betritt. Es gilt das politische und moralische Grundprinzip der Achtung des Anderen, auch und gerade weil er inhaltlich Prinzipien und Überzeugungen vertritt, die mit den eigenen unvereinbar sind.

Schmitts politische Philosophie geht, wie bekannt, aus seiner vehementen Kritik der Romantik hervor, die er, wie seit Hegel und Goethe üblich, als Hybris des weltenentwerfenden Subjekts begreift, und das bedeutet als Flucht aus der Wirklichkeit der gewöhnlichen Welt.[32] Cavell verkehrt diese Kritik in ihr Gegenteil. Genauer gesagt, bietet er eine profanisierte dialektische, nach seinem eigenen Verständnis eine humanistische Interpretation an, der zufolge Romantik beides ist, der Wunsch nach dem Außergewöhnlichen wie dem Gewöhnlichen, mit der Pointe, das Gewöhnliche wie etwas Außergewöhnliches zu sehen. Es geht nicht darum, das Außergewöhnliche als etwas Gewöhnliches zu sehen und ihm so seine Besonderheit zu entziehen, sondern umgekehrt darum, das Gewöhnliche als etwas Besonderes zu sehen.[33] Wenn Romantik also ein neues Verständnis des Subjekti-

---

zept des Politischen vgl. Chantal Mouffe, *The Democratic Paradox*, London/New York 2000 (Kap. 4); dies., *On the Political*, London/New York 2005; mit größerer Nähe zu einem deliberativen Konzept von Demokratie vgl. Bonnie Honig, *Political Theory and the Displacement of Politics*, Ithaca 1993; James Tully, *Strange Multiplicity: Constitutionalism in the Age of Diversity*, Cambridge 1995; William E. Connolly, *Why I Am Not a Secularist*, Minneapolis 1999; zum kommunikativ-assoziativen Konzept von Demokratie vgl. Seyla Benhabib, »Models of public space: Hannah Arendt, the liberal tradition, and Jürgen Habermas«, in: Craig Calhoun (Hg.), *Habermas and The Public Sphere*, Cambridge, Ma. 1992, S. 73–98; Susan Bickford, *The Dissonance of Democracy: Listening, Conflict, and Citizenship*, Ithaca 1996.

[32] Vgl. Karl Heinz Bohrer, *Die Kritik der Romantik*, Frankfurt a.M. 1989, S. 138 ff. (Hegel) u. S. 284 ff. (Schmitt).

[33] »Man könnte die Romantik als die Entdeckung bezeichnen, dass das Gewöhnliche eine außergewöhnliche Leistung ist. Nennen wir es die Leistung des Menschlichen« (AdV, S. 733); passend zur Definition des Novalis (aus *Aphorismen und Fragmente 1798–1800*): »Indem ich dem Gemeinen einen hohen Sinn, dem Gewöhnlichen ein geheimnisvolles Ansehen gebe, ... romantisiere ich es«. – Es sei bei dieser Gelegenheit daran erinnert, dass auch Thomas Mann einmal die Verbindung zwischen Novalis

ven meint, das heißt der Neuinterpretation der alltäglichen Welt, wie sie durch die individuelle Imaginationskraft unendlich weitergetrieben wird, um auf diese Weise die eigene Subjektivität auszudrücken, dann hat dieser Expressivismus die politische Implikation, die die Vereinigten Staaten von Amerika in einen Verfassungsrang erhoben haben: das Recht jeder und jedes Einzelnen, sich selbst, die eigene Idee von einem guten Leben zu verwirklichen; *the pursuit of happiness*.[34] Das ist Cavells romantisches Konzept von Demokratie. Demokratie meint nicht nur liberalistische Selbstbestimmung, sondern innerhalb dieses Rahmens auch individuelle Selbstverwirklichung. Sie meint im Sinne Isaiah Berlins nicht nur »negative«, sondern auch »positive« Freiheit, nicht nur die Freiheit des Bürgers von staatlich gesetzten Zwängen, sondern auch zur Verwirklichung selbstgesetzter Ziele. Romantisch ist sie, weil sie einen deutlich expressivistischen Akzent auf die positive Freiheit setzt.

Gibt es nun eine Kunstform, die am ehesten dieser Demokratie entspricht? Die Betonung, die Cavell philosophisch der Stimme verleiht, lenkt die Antwort auf drei Kunstformen: auf die Musik (vornehmlich die Oper), das Theater und schließlich den Film, die technologische, genauer technisch-dynamische Synthese von Musik und Theater (während die Oper die artifizielle Synthese bietet). Aber Cavell nobilitiert den Film demokratietheoretisch nicht dadurch, dass er ihn medienessenzialistisch oder ontologisch auf bestimmte Formen der Produktion (wie etwa der Montagetechnik) und Rezeption (wie etwa der schockhaften Erfahrung und der zerstreuten Aufmerksamkeit) hin untersucht, so wie das Walter Benjamin in den 1930er Jahren versucht hat. Cavell beschränkt sein Interesse diesbezüglich vielmehr auf bestimmte Genres, nämlich das Melodrama und die Komödie. Das Melodrama verhandelt dabei, gesellschaftspolitisch gesehen, das bittere Drama der scheiternden Emanzipation der Frau unter bürgerlich-zivilisierten Bedingungen,[35] die Komödie dagegen den Kampf der Geschlechter.

---

und Walt Whitman hergestellt hat, zwischen deutscher Romantik und amerikanischer Demokratie; beide Seiten bräuchten nämlich einander (vgl. Wolf Lepenies, *The Seduction of Culture in German History*, Princeton 2006, S. 56 ff.).

[34] Romantik bedeutet dann das Recht jedes Subjekts, »selbst über die Bedingungen zu befinden, unter denen es zufrieden wäre« (AdV, S. 738); vgl. Sandra Laugier: »The Ordinary, Romanticism, and Democracy«, S. 1049.

[35] Die namhaftesten Regisseure sind Douglas Sirk und Rainer Werner Fassbinder. Selbstverständlich gibt es auch, über Cavells Theoretisierung hinausgehend, masku-

An dieser Stelle wäre eine ausführliche Diskussion der Frage nötig, ob und gegebenenfalls wie die Komödie eine stärkere Affinität zur Demokratie aufweist als die Tragödie oder ihre bürgerliche, melodramatische Schwundform. Ich beschränke mich stattdessen auf einige bekräftigende Hinweise. Sie laufen allesamt auf das Argument zu, das Cavell mit Emerson umarmt, nämlich dass Komödie wie Demokratie sich um das Gewöhnliche und Niedere (»the common, the familiar, the low«) zentrieren und diese menschlich-soziale Sphäre im Gelächter sowohl einer anarchisch-demokratischen Bedeutungsebene als auch einer gewissen Selbstreflexion anbieten.

Das Argument wird im Wesentlichen schon von Aristoteles formuliert. Die Komödie bringt, wie er sagt, die »schlechteren« Menschen auf die Bühne,[36] also die Menschen zum einen in ihren anthropologischen, der *conditio humana* unterliegenden Schwächen, zum anderen, sofern sie, sozial und politisch gesehen, einer sozial niedrigen, nicht-aristokratischen Schicht angehören. Das zuletzt genannte Unterscheidungsmerkmal bewahrt sicher bis zum Ende des 18. Jahrhunderts seine Gültigkeit, diffundiert endgültig aber im 20. Jahrhundert. Die Hollywood-Komödien der Wiederverheiratung, denen Cavell sich widmet, bieten dafür ebenfalls einen Beleg. Die anthropologische Zuschreibung rückt dementsprechend noch mehr ins Zentrum der Aufmerksamkeit. Wenn es in der Komödie um menschlich-allzumenschliche Schwächen, oder neutral gesagt: Eigenheiten geht, geht es aber eigentlich um unsere Einstellung zu diesen Eigenheiten, also um Kultur und Moral. Und die Reaktion der Komödie darauf ist, diese Eigenheiten, von kulturellen und sozialen Unangepasstheiten bis zu moralischen Schwächen, dem Lachen und der Lächerlichkeit preiszugeben. Das kann allerdings auf unterschiedliche, sogar sehr unterschiedliche Weise geschehen. Zwei Reaktionen scheinen zentral: ein herablassendes und ein (wieder-)erkennendes, ein überlegenes und ein versöhnendes, ein spöttisches und ein humorvolles Lachen. Aber zu ihnen gesellen sich zwei weitere: ein entlastendes Lachen und eines, das auf Unvereinbares reagiert; ein erleichterndes Lachen und eines, das ein Missverhältnis

---

line Melodramen; *Jenseits von Eden* (1955, von Elia Kazan, mit James Dean) ist eines der berühmtesten, *Manchester By the Sea* (2016, von Kenneth Lonergan, mit Casey Affleck in der Hauptrolle) ist ein jüngeres Beispiel.
[36] Vgl. Aristoteles, *Poetik*, Stuttgart 1982, S. 9.

zum Ausdruck bringt. Zumindest vier Arten des Komischen sind also zu unterscheiden.[37]

Die erste ist die evidenteste und theoretisch geläufigste Art, zusammengefasst wird sie im Begriff der *Superioritätstheorie*. Im Lachen drückt sich demnach Überlegenheit aus über das Objekt des Lachens. Die Schwächen, über die wir lachen, sind die der anderen. Es ist dies ein zumindest der Tendenz nach aggressives Lachen, das politisch mit Vorliebe von totalitären Staaten funktionalisiert wird, was aber nicht heißt, dass es nicht auch eine nützliche Funktion in Demokratien erfüllt. Hier kommt es dann darauf an, negativ-aggressives (moralisch erniedrigendes) in positiv-aggressives Lachen zu überführen, ähnlich wie wir im Laufe der Zivilisation und der Erziehung lernen, die psycho-physisch eruptive Energie der Aggression in rationales Denken zu integrieren und Argumenten ›Biss‹ und ›Schärfe‹ zu verleihen.[38] Platon, Aristoteles und Thomas Hobbes sind als einschlägige Superioritätstheoretiker zu nennen, aber auch Henri Bergson, demzufolge das Verlachen zu begreifen ist als warnender Akt der Gemeinschaft an jene sozusagen ungelenken Einzelnen, die die zu leistenden sozialen Anpassungen nicht erbringen, sich daher »mechanisch« versteifen und lächerlich machen. Für einen Cineasten bieten Charly Chaplin und Buster Keaton diesbezüglich sogleich die exemplarischen Vorführungen, die auf ihre Weise wiederum zeigen, dass das Lachen über andere nicht schlichtweg moralisch überheblich, sozial erniedrigend und politisch ausschließend sein muss. Bergson selber spricht differenziert von einer »momentanen Anästhesie des Herzens«;[39]

---

[37] Ich beziehe mich im Folgenden auf John Morreal, der in dem Buch *The Philosophy of Laughter and Humour* (Albany 1987) drei Theorien des Lachens unterscheidet: die Superioritäts-, Inkongruenz- und Kompensationstheorie (letztere von ihm *relief* oder *release theory* genannt). Simon Critchley fügt in seinem Essay *On Humour* (London/New York 2002) zu Recht eine vierte Theorie hinzu, die Versöhnungs- oder Humortheorie. Bernhard Greiner arbeitet demgegenüber in seiner Studie *Die Komödie. Eine theatralische Sendung: Grundlagen und Interpretationen* (Tübingen/Basel ²2006), anknüpfend an Hans Robert Jauss, nur mit zwei Grundformen des Komischen, einer herab- und einer heraufsetzenden, was dazu führt, dass er den Sachverhalt übervereinfacht und etwa Kant die Superioritäts- und nicht die Inkongruenztheorie zuschreibt, Hegel ebenfalls generell die Superioritäts- und nicht die Versöhnungstheorie zuschreibt und Nietzsche (genauer dem Nietzsche der *Fröhlichen Wissenschaft*) schlicht der heraufsetzenden Grundform zuweist (vgl. ebd., S. 2 f., S. 92, S. 98).

[38] Vgl. Paul Hoggett/Simon Thompson, »Toward a Democracy of the Emotions«, S. 114.

[39] Zit. in Simon Critchley, *On Humour*, S. 87.

eine (nur) für einen Augenblick zugelassene moralisch-soziale Kälte und politische Feindschaft ist demnach ein notwendiges Element des Lachens über komische und komödiantische Figuren.

Die Superioritätstheorie deckt gewiss einen großen, wahrscheinlich den größten Bereich dessen ab, worüber Menschen lachen. Aber auch die *Inkongruenztheorie* hat etwas vorzuweisen. Das Lachen ist hier eine körperliche Reaktion auf semantische Ambivalenzen und logischen Unsinn, die unerwartete und daher plötzliche Auflösung einer Erwartung, ein Überraschungsspiel mit Konventionen. Kant, Sören Kierkegaard und Arthur Schopenhauer repräsentieren diese Theorie, aber auch Helmuth Plessner mit seiner berühmten philosophisch-anthropologischen Unterscheidung zwischen »ein Leib sein« und »einen Leib oder Körper haben«, die er mit dem anthropologischen Phänomen von Lachen und Weinen verknüpft. Das Lachen ist wie das Weinen eine körperliche Reaktion angesichts einer Situation, auf die wir sprachlich nicht reagieren können. Wir weichen auf eine andere Bedeutungsebene aus, auf der das »Leib sein« eine tragende Rolle spielt. Für die Kunstform des Theaters (aber auch des Films) hat das, wie Bernhard Greiner hervorhebt, zwei Konsequenzen. Zum einen ist für das Theater konstitutiv, dass es »die Bewegung von Zeichen, die ›auszudrücken‹ der Körper Instrument ist, und die Bewegung der Körper, die die Schauspieler sind, immer zugleich vorstellt.« Sprachliche und performative Bedeutung sind also gleichermaßen relevant. Speziell für die Gattungen der Komödie und der Tragödie aber ist die Konsequenz, dass sie die gedoppelten Bedeutungsebenen jeweils unterschiedlich betonen: Während die Tragödie die Hierarchie der Bedeutung oder des ›Ausdrucks‹ bekräftigt, verweigert sich die Komödie dieser Hierarchisierung. Die Betonung liegt hier nicht auf dem Text, sondern dem körperlich-performativen Geschehen auf der Bühne.[40] Die Komödie ist, so darf man dann sagen, in ihrer Semantik demokratisch-horizontal und anarchisch (nicht: anarchistisch) angelegt.[41] Sie unterläuft performativ die Bedeutungen, die sie selber anbietet, nimmt im Lauf der Ereignisse zurück, was sie selber vorstellt.

---

[40] Bernhard Greiner, *Die Komödie*, S. 5; zum Prinzip der Doppelung der Bedeutungsebenen als Prinzip des Theaters verweist Greiner auf Theoretiker wie Umberto Eco und Erika Fischer-Lichte.

[41] Zur Abgrenzung des Anarchischen vom Anarchismus – das Anarchische protestiert gegen jegliche *archè* (Herrschaft, Prinzip, Ursprung) und insofern auch gegen alle Hierarchien – vgl. Emmanuel Levinas, *Jenseits des Seins oder anders als Sein geschieht*, Freiburg/München 1992, S. 224.

Ihrem Erklärungsanspruch nach umfassend angelegt ist, drittens, die *Kompensationstheorie*, aber sie verbleibt völlig innerhalb einer abstrakt-mechanischen Ökonomie des Körperlichen und der Emotionen. Vorbereitet wird diese Theorie im 19. Jahrhundert bei Herbert Spencer, der das Lachen in seinem physischen Vorgang als eine befreiende Abfuhr von angestauter nervöser Energie erklärt. Berühmt aber wird diese Theorie durch Freuds Schrift über den *Witz und seine Beziehung zum Unbewussten* (1905). Der Witz, die Komik und der Humor schöpfen ihre Lust allemal aus einer Quelle, die seit der frühen Kindheit zunehmend verstellt und nur momentan im Lachen zu umgehen ist. Das Lachen erlaubt demnach die momentane Befriedigung eines (vor allem sexuellen und aggressiven) Triebes, den auszuleben die moralischen und rechtlichen Normen verbieten.

Freud legt in seiner Spätphase allerdings einen Text vor, der sich als Dokument auch für die vierte Theorie des Lachens und des Komischen eignet, die *Versöhnungs-* oder eigentliche *Humortheorie*. In dem kurzen Aufsatz »Der Humor« (1927) steht nicht mehr das mechanisch-hydraulische Erklärungsmodell im Hintergrund, sondern das sogenannte Strukturmodell oder Drei-Instanzen-Modell der Psyche mit der heutzutage bekannten Unterscheidung zwischen Es, Ich und Über-Ich. Der überraschende Argumentationszug, den Freud in diesem Kontext macht, besteht darin, das Über-Ich, die abstrakte Instanz der geltenden Normen, nicht strafend und feindlich auftreten zu lassen, sondern befreiend, erhebend, liebevoll und tröstend. In den kalauernd-witzigen Worten von Simon Critchley: »this super-ego is your amigo.«[42] Während man in der Superioritätseinstellung über andere lacht, sie als Kind nehmend und sich selbst als Erwachsenen, lacht man in der Einstellung des Humors über sich selbst. Der Erwachsene akzeptiert sich selber wieder als Kind, und das heißt für die menschliche Gattung, dass auch sie sich in ihrer Kleinheit akzeptiert. Im humorvollen Lachen gehen wir mit unserer menschlichen Begrenztheit oder *conditio humana* freundlich um.

Im Kontext der Diskussion um einen demokratisch geforderten Gemeinsinn erhält Freuds späte Theorie noch eine zusätzliche Bedeutung. Wenn wir über uns selber lachen, lachen wir nicht nur über uns als Individuen und Teil der Menschheit, sondern auch als Teil einer sozialen Gruppe. Humor und geistvoller Witz sind nämlich, so Shaftesburys Beobachtung, eine Form des *sensus communis*. In ihnen

---

[42] Simon Critchley, *On Humour*, S. 103.

enthüllt sich eine Tiefenschicht dessen, was wir an kulturellen (moralischen, sozialen, politischen) Werten teilen. So lachen ›die Bayern‹ über ›die Preußen‹ und vice versa, ›die Deutschen‹ über ›die Ostfriesen‹ oder wahlweise ›die Franzosen‹ und vice versa, und so lachen alle, die sich als Teil einer kleinen, aber unbesiegbaren Gemeinschaft, zum Beispiel irgendwo in der Bretagne, imaginieren, über ›die Römer‹ als Sinnbild des Imperialismus, und so weiter und sofort. Aber dieses superiore Lachen einer Wertegemeinschaft über eine andere führt ein wenn auch zumeist nur subtiles gegenläufiges Element mit sich. In diesem Lachen versichern wir uns nämlich dessen, was uns gemeinsam ist, nicht nur dadurch, dass wir uns einer anderen Gruppe gegenüberstellen – das ist die erste und gängige Variante –, sondern auch dadurch, dass wir uns davon zugleich, wenn auch in diesem Falle wiederum nur momentan, distanzieren – das ist die zweite Variante. Sie bedient sich vor allem der Methode der Inkongruenz, also des zweiten oben vorgestellten Modells. Jede unerwartete Wendung im Witz oder komischen Geschehen ist auch eine Wendung gegen den *sensus communis*. In diesem Sinn kann man sagen, dass das Lachen über Witze und komische Situationen auch einen »dissensus communis« anzeigt.[43] In diesem Lachen enthüllen sich Strukturen der Lebenswelt, weil es nicht nur dazu einlädt, sich mit ihnen blind zu identifizieren, sondern sich davon auch zu distanzieren. Letzteres ist gewiss eine schwächere Option, aber mit ihr lässt sich auch der Argumentationsfaden wieder aufnehmen, den Kant in der *Kritik der Urteilskraft* ausgelegt hat. Im Gelächter der Komik scheint, je mehr es von einer konkreten Gemeinschaft distanziert, eine ideale Gemeinschaft auf.

Die Demokratieaffinität der Komödie und, weiter gefasst, des Komischen besteht also darin, sich auf das zu fokussieren, was im sozial-kulturellen und anthropologischen Sinn gewöhnlich ist: die Kalamitäten (Verlegenheiten und unglücklichen Notlagen) der Menschen, sei es als Teilnehmer einer bestimmten Lebensform, sei es als Teil der Gattung. Das heroisch Außergewöhnliche, das Idealistisch-Erhabene, das erschütternde Leiden, das alles durchdringende Pathos,

---

[43] Ebd., S. 18, S. 78, mit Bezug u.a. auf Alfred Schütz *(Strukturen der Lebenswelt)* (S. 80) und auf Kant, teils explizit (S. 80), teils implizit (S. 90); Critchley schwächt am Ende die These von der emanzipatorischen und politisch progressiven Kraft des Humors zu Recht ab: »humour also indicates, or maybe just adumbrates, […] how things might be otherwise« (ebd.).

die Verstrickung in notwendige Widersprüche und den Tod im Dienste einer höheren Sache oder in der Anerkennung einer schicksalhaften Übermacht überlässt die Komödie gerne der Tragödie. Gewiss ist nicht zu leugnen, dass tragische Konflikte auch für die Demokratie konstitutiv sind, Konflikte, die sich aus gleichermaßen berechtigten Ansprüchen ergeben und daher unlösbar sind. Eben dies macht sie zu einer agonalen Demokratie. Aber diese Konflikte spitzen sich nicht zu auf Leben und Tod, jedenfalls nicht unter gewöhnlichen, nicht-revolutionären und nicht-bürgerkriegsähnlichen Zuständen. Die Dramen der streitbaren Demokratie, für die ich plädiere, sind anderer, milderer Art. Die Demokratieaffinität der Komödie besteht darüber hinaus aber auch darin, eine anarchisch-demokratische Semantik zu kultivieren, die nicht nur keine höhere, sondern überhaupt keine endgültige Bedeutung akzeptiert. Das Komische ist konstitutiv antidogmatisch. Und schließlich besteht die demokratische Affinität darin, dem Lachen in der Inkongruenz und im Humor eine selbstreflexive, noch einmal antidogmatische Wendung zu geben. Wer über sich selbst lachen kann, ist in einer Demokratie am richtigen Platz.

V Gelächter über den Kampf der Geschlechter

Werfen wir am Schluss einen Blick auf eine der Hollywood-Komödien, denen Cavells romantisch-demokratische Zuneigung gilt. *Adam's Rib*, unter der Regie von George Cukor 1949 uraufgeführt, gehört zu jenen Filmen, die man in Hollywood *sophisticated* oder *romantic comedies* nennt. Es wird in ihnen sehr viel gesprochen und geschwind gehandelt, im Einverständnis mit der Komödie generell, die ja nicht der Ort für schweigsame und tatenarme Charaktere ist, wiewohl auch diese Charaktere komisch und sogar komödiantisch wirken können; die Filme Aki Kaurismäkis bieten hierfür reichlich Anschauung. Slapstick-Komödien vor allem der Stummfilmzeit, mit dem unvergesslichen Buster Keaton vorneweg, betonen die ganz eigene Art von Aktion, die auf dem Körper und der Mimik beruht, genauer gesagt auf den Missgeschicken des Körpers, seiner Situationsfremdheit und einem entsprechenden mimischen Kommentar, der bei Keaton vollkommen stoisch sein kann. Cavells Komödien der Wiederverheiratung stehen demgegenüber dem Typus des Konversationsstücks nahe, das, wie bei George B. Shaw und Oscar Wilde, in höheren, das heißt wohlhabenden und gebildeten gesellschaftlichen

Kreisen spielt und sich in geistreichen Gesprächen ergeht. *Adam's Rib* wird vom deutschen Verleih ganz treffend übersetzt mit »Ehekrieg«, denn es geht in dem Film um den in einer Ehe ausgetragenen Geschlechterkampf, ein gesellschaftspolitisches Problem, in dem, wie immer, wenn es um wirkliche Veränderung geht, die eine Seite sich hart erkämpfen muss, was die andere längst hat und der nachdrängenden Seite verweigert.

Adam und Amanda Bonner, gespielt von Spencer Tracy und Katharine Hepburn, einem der Hollywood-Traumpaare der 1940er Jahre, sind, wie man zu Beginn des Films rasch sehen kann, ein glücklich verheiratetes Paar. Gespräche und Diskussionen nehmen allerdings sofort Fahrt auf, wenn die Gleichheit der Geschlechter als Reizthema auftaucht. Das geschieht auch in dem speziellen Fall, in dem eine Frau des versuchten Mordes an ihrem Ehemann angeklagt wird, nachdem sie ihn in flagranti mit einer Geliebten ertappt hat. Unbeholfen (sie musste erst noch die Bedienungsanleitung studieren) und verzweifelt hat sie mit einem Revolver um sich geschossen und dabei ihren Ehemann verletzt, nicht ohne sich, nachdem sie bemerkt hat, was sie angerichtet hat, sofort rührend komisch um ihn zu sorgen. Amanda, von Beruf Rechtsanwältin, übernimmt die Verteidigung der Frau, Adam, von Beruf Staatsanwalt, steht demgegenüber auf der Seite der Anklage. Er verliert den Fall, denn seine Ehefrau und berufliche Konkurrentin baut geschickt eine Verteidigungsstrategie auf, die sich auf die ungleiche Wahrnehmung der Geschlechter stützt. Hätte nicht eine Frau eine Waffe auf ihren Mann, sondern ein Mann auf seine Frau gerichtet, die ihn betrügt, würde es zu keinem Schuldspruch kommen, denn der Mann könnte sich auf das ungeschriebene Gesetz berufen, sein Heim zu verteidigen. Das gleiche Recht fordert die Rechtsanwältin nun für ihre Klientin.

Adam, der Vertreter des männlichen Geschlechts in einer uralten Tradition, wird in dem Film von seiner Frau ziemlich vorgeführt. Sie erweist sich immer wieder als die verbal schlagfertigere Anwältin. Einmal überschreitet sie diese Grenze der Verbalität sogar und gibt Adam der Lächerlichkeit und dem Spott preis, wenn sie eine Zeugin, eine frühere Gewichtheberin, im Gerichtssaal auffordert, ihr Können zu demonstrieren, und diese daraufhin den verdutzten Adam in die Luft hebt, wo er unbeholfen herum gestikuliert wie ein kleiner Junge. Im privaten Bereich überschreitet das Ehepaar die Aggressionsgrenze ebenfalls, nicht plakativ oder gar rüde, aber auch nicht mehr liebevoll. Während einer Massage, auf die das Ehepaar sich offenbar wechselseitig gut versteht, versetzt nämlich erst sie ihm einen kleinen Klaps auf den Hintern und dann er in Retour ihr, und auch noch etwas stärker, so dass ihr der Ärger – sie ist kurz vor einem Wutausbruch – ins Gesicht geschrieben steht.

Ihren Höhepunkt erreicht die Aggressionskurve, als Adam nach der Niederlage vor Gericht das juristische Argument seiner erfolgreichen Frau performativ gegen sie selber kehrt. Wissend, dass ein Freund des Hauses und aufdringlicher Verehrer Amandas, bei ihr zu abendlichem Besuch ist, überrascht er die beiden mit vorgehaltener Pistole. Wir haben es also mit dem *reenactment* der Szene zu tun, die wir anfangs auf Seiten der sich rächenden Frau gesehen haben. Aber Adam täuscht den Gewaltakt nur vor. Die Pistole ist aus Lakritz, und er beißt genüsslich hinein, als er sein Ziel erreicht hat, als nämlich seine Frau, erschrocken und angsterfüllt, sich nun auf jene Position beruft, die präzise die seinige vor Gericht war: dass niemand das Recht hat, das Gesetz in die eigenen Hände zu nehmen und somit zu brechen. Nach dieser Lektion bricht tatsächlich eine mit körperlicher Gewalt oder zumindest körperlichem Einsatz ausgetragene Auseinandersetzung zwischen den drei beteiligten Personen los, eine kleine körperliche Explosion der Emotionen, die der Film allerdings nicht zeigt. Er zeigt nur das Resultat in Gestalt zerzauster und furienartig durcheinander wirbelnder Figuren.

Der Film bringt also eigentlich zwei Ehen vor Gericht, diejenige der Angeklagten und ihres betrügerischen Mannes, und diejenige von Adam und Amanda Bonner, des Staatsanwalts und der mit ihm verheirateten Rechtsanwältin. In exemplarischer Zuspitzung kann man sagen, dass er die Institution, oder besser die bürgerliche Lebensform der Ehe, so wie sich nach dem Zweiten Weltkrieg in Amerika darstellt, vor Gericht bringt, und zwar auf eine so fulminante Weise, dass die Verhandlung mitunter, wie es im Film heißt, einer »Punch and Judy show«, einem Kaspertheater gleicht.[44] Die Ehe wird Gegenstand einer streitbaren Debatte und der Kinosaal zum erweiterten Gerichtssaal, in dem die Zuschauer, Männer und Frauen, verheiratet oder (noch) nicht, letztlich über sich selbst urteilen, allerdings auf ganz eigene Art, nicht juristisch ernst, sondern lachend: mal überlegen und spöttisch, mit einer sei es negativ-, sei es positiv-aggressiven Spitze gegen andere, das moralisch pochende Herz also für einen Augenblick anästhesierend, mal sich wiedererkennend und versöhnlich,

---

[44] Vgl. PoH 6, S. 192, S. 194 f., S. 198.

mal Erwartungen steigernd und sogleich durchkreuzend, und immer entlastend und befreiend.

Natürlich biegt das Paar im Film die drohende Scheidung am Ende noch ab. Adam eröffnet seiner Frau stolz, dass ihn die konservativ-republikanische Partei für ein Richteramt vorschlagen will. Seine freudigen Gesichtszüge verändern sich allerdings unheilahnend, als Amanda ihn scheinheilig fragt, ob die Demokraten ebenfalls schon einen Kandidaten – sie meint selbstverständlich eine Kandidatin – aufs Schild gehoben haben. Der Film bietet also ein *happy ending* – sonst wäre er keine Komödie. In diesem Ende bahnt sich aber auch schon wieder der nächste Konflikt an – sonst wäre es keine Komödie für streitlustige Demokraten.

Vom Genre als Medium zur Komödie als Philosophie

Lorenz Engell

Der folgende Beitrag möchte im Spiegel einiger zentraler Arbeiten Stanley Cavells das Verhältnis von Film und Philosophie betrachten. Er möchte zeigen, wie man mit Cavell von der Reflexion *über* Film und Filme zunächst zur Reflexion (etwa alltagsphilosophischer Probleme) *durch* Film und dann zum Film selbst *als* (nicht mehr reflexiven) Reflexionsprozess (über Film und Filme und alles andere) gelangen kann. In bestimmten Fällen, namentlich in der Komödie, die deshalb im Zentrum der folgenden Überlegungen steht, mag der Film dann sogar mit einem eigenen Anspruch neben die philosophische Reflexion treten. Dieser Anspruch ist dann allerdings selbst ohne Komik und Humor nicht zu haben.

I Genre

Eine Leitkategorie des Hollywoodfilms, seiner Produktion, Rezeption und Analyse, ist das Genre. Deshalb ist es vielversprechend, eine Philosophie des Films, die sich, wie diejenige Cavells, zentral auf den Hollywoodfilm einlässt und von ihm ausgeht,[1] einmal um Begriff und Phänomen des Genres herum zu rekonstruieren. Eine solche genreorientierte Philosophie des Films, würde man sie entfalten, könnte das Funktionieren des Hollywoodkinos in der Herausbildung, Fortentwicklung, Hybridisierung und Überschneidung und auch im Vergehen von Genres verfolgen, erklären und vor allem philosophisch perspektivieren. Sie könnte dann auch eine Diskussion um die Abgrenzung des Hollywoodfilms von anderen Formen des Genrekinos einerseits und vom Autoren- oder Arthouse-Kino andererseits philosophisch begründen. Sie würde aber auch – und darum geht es im Folgenden – umgekehrt mit dem Genre dem philosophischen Be-

---

[1] Vgl. TWV v. a. 5; s. a. ebd., 11.

griffshorizont eine ganz eigenartige und eigenwillig alltagsrelevante und alltagssituierte Kategorie hinzufügen, die sich nirgendwo so wie am Hollywoodfilm entlang entfalten lässt. Sie würde etwa die Vorstellungen von der Relation des Teils – nämlich der einzelnen Filme – zum Ganzen – nämlich des Genres – um einen spezifischen Fall bereichern. In diesem Sinn hat Stanley Cavell der etablierten (Film-) Genretheorie seiner Zeit eine hoch originelle eigene Philosophie des Filmgenres entgegengestellt. Über verschiedene Passagen seines Werkes verteilt und wieder aufgenommen, entwickelt sie sich über ein gutes Jahrzehnt zwischen dem Anfang der 1970er und dem Ende der -80er Jahre, ohne jedoch zu einer Gesamtsicht zusammengefügt worden zu sein.[2]

Die eingeführte Genretheorie der Zeit betrachtete ein Genre in erster Linie als einen Merkmalskatalog: Ein Film gehört demnach einem bestimmten Genre zu, wenn er eine hinreichende Anzahl von Merkmalen dieses Genres aufweist.[3] Als Merkmal können dabei sowohl Figurentypen – Sheriff, Gangster, Prinzessin, Hausfrau – und (historische, geographische oder soziale) Settings – Frontier, Chicago der 20er Jahre, europäischer Adel, Vorstadt der Jetztzeit – gelten wie auch visuelle Motive – Landschaft, Großaufnahme –, Ausstattungsmerkmale – Kostüm, Accessoires –, und stilistische Besonderheiten und in Sonderheit Handlungsmotive (Duell, Überfall, Verführung, Verlust). Mit der Zuordnung zu einem Genre ist ein Film also über weite Strecken festgelegt und genau diese Vorhersehbarkeit dient dazu, die Produktion von Filmen kalkulierbar und rationalisierbar zu machen, den kreativen Prozess zu segmentieren und zu reglementieren, die Erwartungen des Publikums zu steuern und zu bündeln und das Publikum so in Zielgruppen aufzusparten.[4] Dem entspricht schließlich eine allgemeine, durch und durch ideologische Regulierung des kollektiven Imaginären und der Phantasie- und Illusionsproduktion. Selbstverständlich gehört dazu auch ein wohl getaktetes

---

[2] TWV; PoH; CoF 4; PaC.
[3] Stephen Neale, *Genre*, London 1983; s.a. ders., »Questions of Genre«, in: *Screen* 31/1 (1990), S. 45–66; Thomas Schatz, »The Structural Influence: New Directions in Film Genre Study«, in: *Quarterly of Film Studies*, 2/2 (1977), S. 302–312; Andrew Tudor: »Genre«, in: ders., *Theories of Film*, New York 1973, S. 131–150; vgl. Lorenz Engell, *Bewegen Beschreiben. Theorie zur Filmgeschichte*, Weimar 1995, S. 310–319.
[4] Stephen Neale, »Genre«, S. 14 ff.; s.a. Timothy Jay Walker, *The Horror of the Other. Stanley Cavell and the Genre of Skepticism*, Iowa 1989, S. 5–23.

Spiel zwischen Erwartungserfüllung und kalkulierter Durchbrechung der Erwartung.

II Zyklus

Diesem Grundkonsens der Genretheorie des Films stellt Cavell eine andere Überlegung entgegen. Bereits in *The World Viewed* (1971) betrachtet er Genres als Werkzyklen, die sich wiederum im Medium des Films bewegen.[5] Damit gewinnt er zweierlei: Erstens geht er im Gebrauch des Begriffs des ›Zyklus‹ davon aus, dass die Werke nicht bloß nebeneinanderstehen, sondern Bezugnahmen aufweisen, schon im einfachen Fall etwa Fortsetzungscharakter haben können. Sie nehmen einander auf, sie verkörpern sogar ein Wissen voneinander. Sie sind in diesem Sinne dann auch als Varianten aufzufassen, sie entwickeln sich und führen einen fortgesetzten Dialog. Dies ist die entscheidende und folgenreiche Wendung bei Cavell: das Genre als einen Unterhandlungsprozess aufzufassen. Damit gewinnt das Genre erstens eine eigenständige Existenz jenseits seines bloßen Produktcharakters; so, wie etwa ein Gespräch als eigene Entität gelten kann, das mehr ist als die Summe der Einzelbeiträge, das sich von den Absichten der einzelnen Beteiligten verselbstständigt und das die Beteiligten seinerseits in Anspruch nimmt, nicht weniger als es deren Hervorbringung ist. Cavell rückt damit auch die Plastizität des Genres in den Vordergrund: Die Abweichungen der Einzelfilme von den Merkmalslisten und Konventionen sind es, die das Genre ausmachen, das sich fortlaufend – eben wie ein Gespräch – verändert, ja in eben dieser Veränderung besteht – und genau nicht in struktureller Petrifizierung und Kalkulierbarkeit.

Zum Zweiten aber wird mit dem Begriff des Mediums eine dritte Größe jenseits von Einzelfilm und Genre eingeführt. Ein Medium ist für Cavell, überraschend klar und überzeugend, etwas, durch das oder mit Hilfe dessen etwas erreicht oder erzielt, bewirkt, und ausgedrückt, entäußert, dar- und vorgestellt werden kann.[6] Bis heute ist dies eine einschlägige Definition. Ein Genre wäre damit ein Verhand-

---

[5] TWV 5, S. 36.
[6] Ebd., S. 32; allerdings führt Cavell den Medienbegriff im selben Atemzug auch im Sinne des Möglichkeitsraums (ebd.) und später im Sinne des bloßen Materials ein (ebd. 11, S. 68 ff.).

lungs-Prozess, der mit den spezifischen Mitteln des Films (nämlich, so sieht es Cavell: mithilfe automatischer Weltprojektionen; aber das soll hier nicht weiter verfolgt werden[7]) geführt wird.

Diesen Gedanken setzt Cavell in *Pursuits of Happiness* (1981) vor allem hinsichtlich des ersten Teils vom Genre als Aushandlungsprozess fort.[8] Was nämlich ein Genre, so Cavell nun, zusammenhält, ist der Gegenstand oder das Thema der Aushandlung. Genres organisieren nämlich Beiträge zu einer jeweils bestimmten moralischen oder philosophischen Thematik. Sobald eine Gruppe von Filmen unter direkter oder indirekter Bezugnahme an einer thematisch definierten Debatte Anteil hat, bilden diese Filme ein Genre. So diskutieren die Filme des von Cavell selbst erstmals stipulierten Genres der *remarriage comedy* – in engem zeitlichen Zusammenhang der 1930er und 40er Jahre – die Frage nach der Natur der bestehenden Liebesbeziehung und namentlich des Eheglücks[9] und noch genauer die Geltung des Satzes: Das Glück, das Du bekommen kannst, ist das Glück, das Du bereits hast.[10]

Hinzu kommt, so Cavell, dass diese Diskussion selbstverständlich unter ganz bestimmten Prämissen stattfindet, also Vorannahmen und Verlaufsbedingungen. Dazu gehören nicht nur Bedingungen des Zeitgeistes etwa hinsichtlich der Geschlechterverhältnisse und der Normerwartungen), sondern auch solche des Mediums, mit dessen Hilfe die Debatte geführt wird und die sie folglich konditionieren. Diese Prämissen und Konditionen jedoch, sowohl im Sinne der begrifflich-gesellschaftlichen wie der medialen Voraussetzungen, werden im Genre ebenfalls mitdiskutiert. Das Genre verhandelt und erprobt sich selbst immer mit und unterscheidet auch nicht (immer) zwischen der thematischen und der medialen Dimension der Debatte, die es selbst ist.[11]

---

[7] Vgl. dazu die präzise Zusammenfassung in Jochen Schuff, »Komische Analysen der Ehe. Zum Projekt von Cavells ›Pursuits of Happiness‹« (in diesem Band).
[8] PoH Int., S. 31.
[9] Vgl. dazu auch Maria-Sibylla Lotter, »Schreckliche und weniger schreckliche Wahrheiten. Die Wiederverheiratungskomödie als Paartherapie« (in diesem Band).
[10] PoH Int., S. 19.
[11] Ebd., S. 28; s.a. Lorenz Engell, »Leoparden küsst man nicht. Zur Kinematographie des Störfalls«, in: Lars Koch/Christer Petersen/Joseph Vogl (Hg.), *Störfälle* (*Zeitschrift für Kulturwissenschaften* 2/2011), Bielefeld 2011, S. 113–125.

Lorenz Engell

III Medium

Überraschend wendet Cavell sich dem Thema des Genres kurz darauf an einer ganz unvermuteten Stelle erneut zu, nämlich in seinem Text über das Fernsehen (1982), in dem auch er die Leitdifferenz von *viewing* und *monitoring* einführt.[12] Hier führt er den Zusammenhang von Genre, Zyklus und Medium noch einmal auf, entfaltet ihn aber in einer ganz anderen Weise als in *The World Viewed*. Nunmehr nämlich unterscheidet er den Zyklus als Variation über einem Schema vom Genre als Medium. Der Zyklus, wie Cavell ihn nunmehr auffasst, ist ein geschlossener oder zumindest abschließbarer Prozess, der eine endliche Zahl von Varianten über einem gegebenen Schema entfaltet. Das Schema kann dabei entweder von Anfang an gegeben sein oder aber zunächst unbekannt bleiben (und zwar für die Produktion nicht weniger als für das Publikum). In letzterem Fall dient die Anfertigung der Varianten der experimentellen Feststellung dessen, was das Schema ist. Ist das Schema ausbuchstabiert, sind alle weiteren Teile des Zyklus nur mehr Wiederholungen. Im ersteren Fall sind die Varianten Entfaltungen der (endlichen) Möglichkeiten des Schemas, und schließlich auch nur mehr Wiederholungen. Das Schema selbst, bekannt oder unbekannt, ändert sich nicht. Dies ist – und dafür benötigt Cavell seine gegenüber dem früheren Ansatz umgestellte Überlegung – der Fall bei den Serien des Fernsehens (sowie interessanterweise bei den Improvisationen des Jazz). Sie sind nämlich letztlich auf die Sistierung eines Stillstands durch Ausschluss von Abweichung hin ausgerichtet.[13]

Von der Serialität (und mithin Sterilität) des Fernsehens unterscheidet Cavell jedoch das Genre des Films als Medium: Als nicht auf Abschließbarkeit und Sistierung, sondern auf Offenhaltung oder Bewältigung eines Problems hin ausgerichteter Unterhandlungsprozess ist das Genre von jeglicher Schematisierung abgewandt; das Schema wäre selbst dasjenige, was mit jedem Beitrag zur Revision ansteht. Das Genre bewegt sich nun nicht mehr bloß im plastischen Medium des Films, sondern es ist selbst plastisch und ist selbst Medium.[14] Mit jedem hinzutretenden Film ändert sich, was das Genre sei. Ein Film gehört einem Genre nicht aufgrund bestimmter Merkmale an, wie sie

---

[12] CoF 4.
[13] Ebd., S. 70 f.
[14] Ebd., S. 67–70.

sich auf einer geschlossenen oder offenen Liste befinden, sondern deshalb, weil er sich auf bestimmte Filme bezieht und sie einbezieht, weil er sie aufnimmt, fortführt, variiert oder ihnen genau widerspricht; und weil er selber von anderen in dieser Weise unter Bezug genommen, einbezogen und abgestoßen wird. Und da zu den verhandelten Themen neben dem eigentlichen Gegenstand (wie die Natur der Liebesbeziehung oder der Ehe) stets auch die Bedingungen und Mittel der Debatte selbst zählen, lässt sich mit Cavell sagen, dass das Genre eine fortgesetzte plastische Verhandlung darüber sei, was denn dieses Genre sei; und dass die einzige Bedingung der Zugehörigkeit eines Films zu einem Genre sei, dass der Film an der Debatte darüber, was dieses Genre denn sei, teilnehme.

In seinem späteren Text über das Melodrama schließlich (1987) entwickelt Cavell den Gedanken, dass die verschiedenen Genres des Films auch zueinander in Beziehung stehen können.[15] Speziell vermutet er, dass es Genres als *adjacent genres*, Seitenstücke oder als benachbarte Auslagerungen anderer Genres geben könne.[16] Dies sei dann der Fall, wenn ein Genre dieselbe thematische Frage wie ein anderes Genre verhandele, aber aufgrund ganz anderer Prämissen oder unter ganz anderen Bedingungen (also: in einem anderen Medium, mithin: einem anderen Genre). So nimmt Cavell an, dass die Probleme der Wiederverheiratung nicht nur im Medium der Komödie als eben *remarriage comedy* unter der Bedingung des glücklichen Ausgangs verhandelt würden, sondern, im Medium des Melodramas, namentlich dem von ihm neu eingeführten Genres des *melodrama of the unknown woman* unter denjenigen des Scheiterns, der Gefahr und der Gewaltsamkeit. Dies schließt wiederum die melodramatische Exploration dessen ein, was diese Bedingungen, was Scheitern, Gefahr und Gewalt – und zwar speziell im Film – seien.

IV Komödie

Genres sind demnach die Diskussion der Bedingungen, denen diese Diskussion selbst gehorcht. Diese Bedingungen fallen jedoch je nach Genre sehr unterschiedlich aus. Das Melodrama mag der Komödie benachbart sein, aber es folgt divergierenden Grundannahmen und

---

[15] PaC; s.a. CT.
[16] PaC, S. 14; T. J. Walker, *The Horror of the Other*, S. 21 ff.

gehorcht anderen Bedingungen und verläuft deshalb anders und produziert von der Komödie völlig verschiedene und auch unterscheidbare Filme. Die Komödie jedoch behauptet eine Sonderstellung unter den Genres, und zwar nicht so sehr der verhandelten Themen wegen, sondern der verhandelten Bedingungen der Verhandlung wegen, kurz: aufgrund ihrer Medialität. Warum ist das so?

Die Komödie ist ein Medium im Cavell'schen Sinn: Sie dient dazu, ihr Publikum – zu welch weitergehenden Zwecken und mit welchem darüber hinausgehenden Sinn auch immer – zum Lachen zu bringen. Das Lachen aber ist eine Form der Verarbeitung von Unterschieden, von ihrer Reproduktion und Verstärkung über ihre Verkehrung und Aufhebung bis zu ihrer Paradoxierung. So jedenfalls sieht es die europäische Tradition, in der eine Theoretisierung des Lachens und der Komödie erfolgt. So nimmt Thomas Hobbes an, das Lachen sei die Handlung des Überlegenen, beispielsweise des Hübschen, des Reichen oder des Beliebten und Konformisten, der sich über den Unterlegenen, beispielsweise den Hässlichen, Armen, Unbeliebten und Außenseiter amüsiere und erhebe.[17] Noch viel später fasst Charles Darwin in diesem Sinne das Komische als etwas Unangemessenes oder Unvorhergesehenes, das ein Überlegenheitsgefühl im Lacher errege.[18] Für Rabelais dagegen ist es umgekehrt die Darstellung des Mächtigen als Lächerlichem und Ohnmächtigen, also die Bewegung der Umkehr bestehender Differenz, die das Lachen bewirke.[19] Wenn Immanuel Kant das Lachen versteht als »Affekt aus der plötzlichen Verwandlung einer gespannten Erwartung in Nichts«,[20] dann legt es erneut eine Inkommensurabilität oder Inkongruenz frei; für Kant diejenige zwischen »gespannter Erwartung« und »Nichts«. Inkongruenz und Unangemessenheit misst auch Schopenhauer dem Komischen bei, mit einer für uns interessanten Wendung, die das Verhältnis von Theorie (oder Philosophie) und wirklichem Leben betrifft: Das Komische ist die Rache, die wir an der Vernunft nehmen, wenn wir erkennen, dass ihre Begriffe den subtilen Unterschieden der

---

[17] Thomas Hobbes, *Leviathan*, Harmondsworth/London 1981, S. 125.
[18] Charles Darwin, *The Expressions of Emotion in Man and Animal*, Chicago 1965, zit. n. Vittorio Hösle, *Woody Allen. Versuch über das Komische*, München 2005, S. 18.
[19] Michail Bachtin, *Rabelais und seine Welt. Volkskultur als Gegenkultur*, Frankfurt a. M. 1987.
[20] Immanuel Kant, KU, B 225; vgl. Vittorio Hösle, *Woody Allen*, S. 39; S. 25.

Wirklichkeit nicht angemessen sind.[21] Schließlich – ein letztes Beispiel – beschreibt Henri Bergson die komische Situation in ihrer Funktion als gesellschaftliche Immunisierung gegen Trägheit und überbordende Routine, die so den sozialen wie den individuellen Organismus lebendig, wandlungsbereit und veränderungsoffen halte,[22] also als nicht mit sich selbst identisch, als nicht schematisch. Und was nach Bergson für die Gesellschaft gilt, den lebendigen Sozialorganismus, gilt umso mehr für das Genre: Eine stagnierende oder sklerotisierte Gesellschaft ist immerhin noch Gesellschaft, wenngleich erstarrt; aber ein Genre ohne Debattenfortgang ist keines mehr. Allenfalls wiederum im Medium des Komischen, als Parodie, wie ein schweigendes Gespräch ohne Beiträge; oder mit identisch sich wiederholenden Beiträgen, wäre es überlebensfähig.

Als prozedurales Mittel kann die Komödie auf der Basis dieser Theorietradition deshalb als Operation der Abstoßung und Abstandnahme gelten, von der bloßen Differenzsetzung über die Umkehrung zur Vereinbarung des Unvereinbaren, vom Unterschied über den Widerspruch zur Paradoxie. Und zugleich sind, den oben mit Cavell beobachteten Grundzügen des Genres als Medium folgend, Abständigkeit, Unvereinbarkeit und Paradoxie auch die Verhandlungsgegenstände der Komödie. Sie macht lachen und behandelt zugleich seine Bedingungen. Diese Bedingungen jedoch sind, wie wir mit Cavell gesehen haben, wiederum solche, die die Medialität des Genres schlechthin, jedes Genres nämlich, ausmachen: solche der Abweichung, der Nicht-Identität, der Plastizität. Insofern ist die Komödie mehr als ein Genre unter anderen: Sie ist das Medium der Genrehaftigkeit, das Medium der Genres.

V Wissen

Diese These kann durch eine flankierende Überlegung gestützt werden, die uns schließlich wieder zu Cavell zurückführen wird. Denn nicht nur die Theoriebildung weiß, und auch nicht nur die Produktion und das Publikum wissen, dass es Genres gibt. Das Wissen um das Genre ist keines, das sich allein in Menschen und ihren Schriften

---

[21] Ebd., S 25 f.
[22] Henri Bergson, *Das Lachen. Ein Essay über die Bedeutung des Komischen*, Darmstadt 1988, S. 17.

niederschlüge, als Wissen um andere Filme und die Beziehungen zu ihnen verkörpert es sich, so nimmt Cavell an, auch in den Filmen selbst. Insofern kann man sagen, dass das Genre auch das Wissen eines Films um seine Beziehungen zu anderen Filmen ist. Das privilegierte Mittel jedoch, dieses Wissen zu zeigen und zu veranschlagen ist genau seine ostentative Missachtung und Distanzierung bis hin zu Negation: die Abweichung von den Festlegungen des Genres, die Absehung von den entsprechenden Regulierungen, die Durchkreuzung der Erwartung. Die darin wirksame Absetzbewegung ist bereits die Grundform der Reflexion eines Films auf sein Genre, denn jede Abstandnahme muss sich auf das, wovon sie abweicht, zunächst einmal beziehen. Eine besonders plakative und wirksame Form der Verkörperung des Wissens um das Genre durch einen Film ist folglich die Genreparodie, die nichts anderes ist als die Wendung oder die Rekonstruktion eines Genres im Medium der Komödie. Auch deshalb kann die Komödie angesehen werden als das Genre aller Genres, als deren Medium. Ohnehin ist, aus verschiedenen Gründen, die mit der Grundkonstitution des Komischen als Beobachterkategorie zu tun haben – schon Bergsons Stolpern ist ja komisch nicht für den, der stolpert, sondern für den, der das sieht[23] – die Komödie dasjenige Genre, in dem der Film sich am stärksten selbst beobachtet und also in Distanz zu sich treten kann. Die Komödie ist, wie Cavell völlig überzeugend festhält, das Genre, in dem Genres und quer zu ihnen das Genre als Prinzip der Medialität beobachtet wird und in Abstand genommen werden kann. Ohnehin schon eine Abweichungskategorie, wird das Genre – und damit seine Medialität oder gar Medialität überhaupt – im Medium der Komödie noch ein weiteres Mal überboten, dezentriert und gestört.

Dazu nun fügt sich bestens, dass ausgerechnet im Kern der *remarriage comedy* Cavells ein Film fungiert, der auf gar keinen Fall dazu gezählt werden kann, einfach deshalb, weil er überhaupt nicht von einer Wiederverheiratung handelt, nämlich Howard Hawks' *Bringing Up Baby* (1938).[24] Vielmehr inszeniert er genau nicht die (gegen alle oder doch manche Widerstände) schließlich gelingende Liebe zweier schon lange füreinander Bestimmter oder Erwählter, sondern den Triumph der aufregenden neuen Begegnung über die routinierte bestehende Beziehung. Eben diesem Umstand aber ver-

---

[23] Ebd., S. 18.
[24] PoH 3.

dankt sich wenn schon nicht geradezu die Möglichkeit des ganzen Genres, so doch die Möglichkeit der Freilegung des im Film verkörperten Wissens (vom Genre). Denn gerade dieser Film, der in den meisten seiner übrigen Züge perfekt in Cavells Genrebestimmung der *remarriage comedy* passt – eben mit der Ausnahme, dass er genau keine ist –, erweist die Plastizität wie die Erkennbarkeit und Selbstbewusstheit des Genres. So wie *Bringing Up Baby* eine Sonderstellung innerhalb des Genres behauptet, das dadurch möglicherweise erst möglich wird, so steht es auch um die Sonderstellung der *remarriage comedy* innerhalb der *screwball comedy* deren Untergenre sie ist,[25] und weiter deren Eigensinn innerhalb der Komödiengenres, und schließlich der Komödie als Medium des Genres und als Genre der Medialität.

VI Witz

Diese Sonderstellung des komischen Genres als Medium kann auch von einer ganz anderen Seite her aufgeschlossen und bestätigt werden, wenn man einen anderen, ergänzenden Medienbegriff beansprucht. Medien sind nämlich nicht nur in Cavells Sinn als Instrumente des Hervorrufens, Bewirkens und Ausdrückens zu fassen, sondern auch als Möglichkeits- und Bedingungsräume; als – eben mediale – Umgebungen, die es möglich oder sogar wahrscheinlich machen, dass etwas Bestimmtes sich ereignet (und etwas anderes nicht), ein bestimmtes Verhalten sich einstellt oder sogar bestimmte Objekte entweder sich zeigen oder entstehen.[26] Wir können die Komödie in diesem Sinne begreifen als ein Medium, das das Lachen wahrscheinlich macht oder das Auftreten von Witzen ermöglicht. Und auch darin mobilisiert die Komödie zugleich eine abstandnehmende Gegenbewegung, indem sie nämlich zugleich erstens den Witz möglich oder wahrscheinlich macht und zweitens diese Operation ihrerseits als Witz ausführt.

Jedenfalls kann man dies vor dem Hintergrund der psychoanalytischen Theorie des Witzes bei Freud zeigen. Der Witz oder das Komische ist bei Freud aus dem Aufbau und dem Zusammenspiel des psychischen Apparates in seinen drei Schichten des Ichs, des Es,

---

[25] Ebd. Int., S. 28 ff.
[26] TWV 5, S. 32.

und des Über-Ichs zu erklären.[27] Umfasst das Ich alles bewusste Handeln und Erleben der Person, so bleiben das Es und das Über-Ich unbewusst. Dies gilt einmal für das Es als Gesamtheit der das Verhalten steuernden und Handlung veranlassenden Triebbedürfnisse und Trieblagen, über die das Ich nichts weiß, die es aber dennoch steuern; und zum anderen für das Über-Ich als Aufsichtsinstanz, das die bewussten Handlungen und Empfindungen des Ich reglementiert, Bewertungen und Zensurvorgängen unterwirft nach Kriterien, die durch Erziehung und Disziplinierung eingeschliffen werden und die – eben vor- und unbewusst – verhindern, dass die Triebsteuerung allein die Oberhand in der Führung des Ich behauptet.

Dieser Grundapparat nun wird, so Freud, im Witz, wie ihn die Komödie systematisch mobilisiert, irritiert.[28] Der Witz nämlich koppelt etwas Bewusstes an etwas Unbewusstes und namentlich dem Es Zugehöriges. Und dies geschieht nach Freud geradezu ohne Rekurs auf bestimmte Inhalte (die Inhalte von Witzen sind oft völlig absurder Natur) allein durch die Form des Witzes. Durch diesen Weg durch das Unbewusste jedoch, so weiter Freud, werde das Bewusstsein gleichsam untertunnelt. Auf dem witzhaften Weg durch das Unbewusste gelangt nämlich ein Gedanke schneller von einem bewussten Datum zu einem anderen, ebenfalls bewussten Datum als durch eine ausführliche, durch das Bewusstsein hindurchführende Gedankenbewegung oder Argumentation. Zwei bewusste Daten stehen so scheinbar unvermittelt, tatsächlich aber untertunnelt, nebeneinander; das Bewusstsein steht neben sich und weiß – zunächst: Jeder Witz ist erklärbar, allerdings dann genau nicht mehr witzig – nicht recht, warum, es fühlt sich umgangen. So ist – um ein berühmtes Beispiel zu zitieren, das Freud bei Heinrich Heine vorfindet – die Formulierung eines armen Schluckers, der warum auch immer bei den Rothschilds zum Diner eingeladen war, es sei dort »ganz famillionär« zugegangen, witzig, weil sie in der Zusammenziehung von ›familiär‹ und ›Millionär‹ eine ausführliche vernünftige Formulierung ersetzt.[29] Die bei einer solchen Abkürzung aufgesparte psychische Energie, sagt Freud, entlade sich sodann im Lachen.

Das Zusammenziehen des Bewussten mit dem Unbewussten er-

---

[27] Sigmund Freud, *Der Witz und seine Beziehung zum Unbewußten*, Frankfurt a. M. 1992, S. 23–250.
[28] Ebd., S. 189 ff.
[29] Ebd., S. 29; S. 34 ff.

folgt nach Freud in wesentlich zwei Operationen, die im Übrigen beide auch für die Traumarbeit von zentraler Bedeutung sind.[30] Die eine ist die Verdichtung – so, wie sie im obigen Beispiel am Werke ist –, die andere ist die Verschiebung, in der eine Nebensache zur Hauptsache oder eine Eigenschaft auf einen anderen Träger verschoben wird. Das Entscheidende nun an der Komödie mit ihrer medialen Möglichkeit zur Anhäufung und überschießenden Produktion solcher Operationen ist, dass hier – im Gegensatz zur Traumarbeit – Verdichtungs- und Verschiebungsprozesse ihrerseits wiederholt, kombiniert und aneinander gekoppelt und so zum operativen Thema von Witzen werden können. So erzielt, um beim für Cavell wichtigen Beispiel zu bleiben, die Verdichtung in *Bringing Up Baby* einen komischen Effekt durch ihre Umkehr, wenn nämlich der Leopard sich tatsächlich als zwei Leoparden entpuppt und dennoch – wir sehen niemals beide zugleich – derselbe bleibt. Und wie in vielen Komödien wird durch den *running gag* (»I'll be with you in a minute, Mr. Peabody« ruft die Hauptfigur in einer ganzen Reihe komischer Szenen, gleichsam als deren Abschluss, dem verblüfft zusehenden Peabody zu) die Bewegung der Verschiebung (der Bemerkung in nahezu beliebige Kontexte oder Szenen) selber verschoben. Sie wird aus ihrer Verborgenheit als unbewusst funktionierende Grundoperation des Mediums der Komödie herausgehoben und thematisch gemacht, dabei jedoch unverdrossen erneut eingesetzt. Die Operationen des Witzes werden so verdoppelt und nebeneinander gestellt, und die Komödie als Genre und Medium des Lachens bezieht ihren Witz daraus, dass sie ihre eigene Witzproduktion für einen Witz (das Wiederauftauchen derselben Formulierung an anderer Stelle) nutzt.

VII Humor

Damit aber gehört das Medium der Komödie in einen Spezialbereich, nämlich den der Abständigkeit zu sich selbst. Auch von der psychoanalytischen Theoriebildung her betrachtet erweist sich also die Komödie als ein Genre, das auf Selbstabständigkeit, auf Selbstdistanzierung beruht. Genauer gefasst ist sie dasjenige Genre, in dem die operative Selbstdistanzierungsbewegung, die überhaupt ein Genre

---

[30] Ebd., S. 39–45; S. 67–70; S. 172–193; Sigmund Freud, *Die Traumdeutung*, Frankfurt a. M. 1991, S. 285–313.

als Medium ausmacht, zum ausgeflaggten (und ihrerseits zur Selbstabstandsnahme freigegebenen) Funktionsprinzip und zum Thema wird.

Freud hält für diese Selbstdistanzierung, jenseits seiner Überlegungen zum bloßen Witz, den Begriff des Humors bereit.[31] Andere und anderes (Filmfiguren, Millionäre, Leoparden, Witze oder ganze Komödien) in komische Distanz zu sich selbst und zu uns zu setzen ist nämlich etwas völlig anderes, als sich unmittelbar zu sich selbst distanziert zu verhalten. Die Leitunterscheidung zwischen dem *ridens* und dem *ridiculus*, also Subjekt und Objekt des Komischen, bleibt in den obigen Beispielen wie überhaupt beim mechanischen Witz trotz des Umwegs über das Unbewusste und der anschließenden Verunsicherung gerade intakt, weil sie durch das Lachen wieder hergestellt werden kann. Witze über Abwesende, z. B. Schwächere oder ohnehin Verachtete, mögen komisch sein oder nicht, sie funktionieren anders als solche, in denen die Lachenden in Abstand nicht zu anderen, sondern zu sich selbst gebracht werden. Dieser letztere Weg kennzeichnet für Freud in besonderer Weise den Humor.[32]

Auch im Humor wird das Verhältnis des Bewussten zum Unbewussten ins Spiel gebracht. Diesmal jedoch betrifft es, so Freud, nicht das Ich und das Es, sondern das Über-Ich und das Ich. Im Humor nämlich werde, so Freud, das Ich plötzlich entführt oder entrückt, über sich hinausgeführt und in die Lage versetzt, auf sich selbst herab zu blicken wie ein Vater (ohnehin die Inkarnation der Über-Ich-Figur) auf ein Kind; sich gleichsam selbst zu erwischen, Fehlleistungen, Ungeschicklichkeiten oder Eigenwilligkeiten, und dann über sich selbst – wie gutmütig auch immer – zu lachen. Deshalb gehören womöglich Figuren kindischer Erwachsener und erwachsener Kinder zum komischen Figurenrepertoire. Ohne aus sich herauszutreten (alle drei Schichten gemeinsam bilden ja erst den psychischen Apparat und damit die Individualität der Person), gelangt im Humor die Person dennoch in sich selbst in Abstand zu sich selbst.

Spekulativ können wir, wenn wir von der psychischen Individualität umschalten auf das Genre der Komödie, sogar weitergehen und feststellen, dass das Ich der Komödie sogar in der Lage ist, statt nur auf sich selbst aus der überlegenen Sicht des Über-Ich zu blicken,

---

[31] Sigmund Freud, »Der Humor«, in: ders., *Der Witz und seine Beziehung zum Unbewussten*, S. 253–258.
[32] Ebd., S. 256.

das Über-Ich seinerseits anzublicken, auf Augenhöhe, und in eine nicht hierarchische, gleichsam seitliche Distanz zu ihm zu bringen. Die Komödien Woody Allens etwa halten dafür etliche Beispiele bereit.[33] Und im Beispiel von *Bringing Up Baby* kann man annehmen, dass die abschließende Heirat genau nicht zwischen seinem Helden und dessen Über-Ich-Figur stattfindet, sondern zwischen zwei Personen, die gerade in ihrer Aufsichtsfunktion über die jeweils andere ständig in die Hilflosigkeit geraten, die genau das Licht und die Leitung, die sie sein wollen, selbst erst noch benötigen und einander gerade nicht zur Verfügung stellen können.

Ein Genrefilm ist, so haben wir oben mit Cavell entwickelt, eine Suche nach den Regeln des Genres. Sie findet statt mit dem Mittel der Verletzung der Regeln dieses Genres, das als Medium dadurch nur in der Distanz zu sich selbst überhaupt existiert. Sie ist folglich auf den fortlaufenden Aushandlungsprozess zwischen den Filmen angewiesen, die das Genre als Medium auf- und ausmachen und in dem sie sich bewegen. Die Komödie jedoch verdichtet und verschiebt diesen Vorgang so, dass das mediale Verhältnis zwischen den Ebenen des Genres und des einzelnen Films (analog zu demjenigen zwischen Regelwerk und Fall oder wie beim Humor das Über-Ich und das Ich) sich verdichtet und verschiebt: Nicht erst das Medium der Komödie, sondern bereits der komische Film führt die Verhandlung und existiert nur als Verhandlung dessen, was ihn selbst ausmacht. Ohne aus sich herauszutreten, auf sich selbst überlegen herabzuschauen oder dies überhaupt zu vermögen, sind Komödien dennoch je in sich selbst im Abstand zu sich selbst. Der komische Film wird selber Medium, nicht erst die Komödie als Genre, und damit zur Verhandlung dessen, was diese Medialität ausmacht. Wir können damit genre- und medientheoretisch bestätigen, dass sowohl dem komischen Genre als auch dem komischen Film eine gewisse philosophische Grundhaltung oder die Übernahme einer der Philosophie analogen Funktion und Leistung – auch vor und außerhalb aller Philosophie – eignet, wie dies bereits Simon Critchley in seiner Schrift über den Humor vorgeschlagen hat.[34] Die Verhandlung nämlich der je eigenen Bedingungen und Möglichkeiten und Bedingungen der Möglichkeit, speziell

---

[33] Lorenz Engell, »Unter Aufsicht. Medium und Philosophie in Woody Allens Filmkomödie ›Annie Hall‹, in: *Zeitschrift für Medien- und Kulturforschung* 2/2 (2010), S. 149–167.
[34] Simon Critchley, *Über Humor*, Wien 2004, S. 54 ff.; S. 64 ff.; S. 74–77.

derjenigen, unter denen diese Verhandlung ihrerseits stattfindet, wird als eine der Grundleistungen gesehen, die die Philosophie erbringt, insofern sie sich – so die Formulierung Heideggers – charakteristischerweise in den Fragen, die sie stellt, selbst (in) Frage(n) stellt oder sich – als experimentelle Philosophie, so die Formulierung Lyotards – auf der Suche nach den Regeln befindet, denen diese Suche selbst gehorcht.[35]

VIII Materialität

Andererseits aber ist die Komödie völlig unphilosophisch, nicht nur, weil es in der Philosophie, anders als in der Komödie, nichts zu lachen gibt. Letztere ist kognitiv gegründet, erstere hingegen affektiv. Die Komödie mag philosophisch relevante Probleme verhandeln oder illustrieren, wie dies ja auch in den inhaltistischen Ansätzen der angloamerikanischen *film philosophy* immer wieder herausgestellt wird.[36] Auch sie kann sich im Übrigen dabei natürlich auf Cavell berufen, der ja eben die inhaltliche Frage nach der Natur der Liebesbeziehung ins Zentrum des Genres der *remarriage comedy* rückt, auch wenn wir hier eine andere Lesart Cavells bevorzugt haben, die auf die operativen und relationalen Grundlagen des Genres als Entität, des Films als Medium und speziell des Komischen abzielt.[37] Aber allein schon die Tatsache, dass ein ernsthafter philosophischer Gegenstand in einer Filmkomödie und überhaupt als Film und mit den Mitteln des Films diskutiert wird, nicht zum Zweck der Erkenntnis, sondern dem der Belustigung, nicht kognitiv, sondern affektiv gegründet, könnte, wenn wir erneut Critchley folgen, in der Unangemessenheit von Zweck (philosophisch relevante Diskussion) und Mittel (Film, Komö-

---

[35] Martin Heidegger, *Was ist Metaphysik?*, Frankfurt a. M. 1981, S. 24; Jean Francois Lyotard, *Philosophie und Malerei im Zeitalter ihres Experimentierens*, Berlin 1986, S. 51–78.

[36] So etwa bei Ian Jarvie *The Philosophy of Film*, London 1987; oder auch in den Beiträgen des Bandes: Rupert Read/Jerry Goodenough (Hg.): *Film as Philosophy. Essays on Cinema after Wittgenstein and Cavell*, Houndsmiths 2005. Anders dagegen, nämlich mit einer genuin medienphilosophischen, nicht-inhaltistischen und auch deshalb zurecht terminologisch gekennzeichneten Herangehensweise an Filmphilosophie: Daniel Frampton, *Filmosophy*, London 2006 sowie natürlich grundlegend bei Gilles Deleuze, *Le cinéma, t. 1: L'image-mouvement*, Paris 1983; ders., *Le cinéma t. 2: L'Image-temps*, Paris 1985.

[37] PoH Appendix, S. 272.

die) Anlass zur Komik geben.[38] Denn die Überbrückung der Differenz zwischen dem Immateriellen und dem Materiellen (oder dem Reflexiven und Kognitiven und dem Irreflexiven und Affektiven) gehört – so weiter Critchley – zu den Grundlagen des Komischen. Bei Freud etwa bindet sich der Witz ausschließlich an das Material der Sprache.[39] Bergsons berühmtes Beispiel vom Stolpern bindet den komischen Effekt an das Medium des menschlichen Körpers.[40] Situationskomik findet im Medium der Szene statt, die Karikatur entfaltet sich im Medium der Graphik, der Slapstick mit seiner Vorliebe für Verfolgungsjagden und verzögerte Reaktionen sowie für die Exzesse der Zerstörung von Dingen entfaltet sich im Material des Films als zeitbasiertes Bild, in dem, wie schon Erwin Panofsky es bemerkte, ein ständiges Wechselspiel der Formulierung von Raum in der Zeit und von Zeit im Raum stattfindet.[41]

Das bedeutet, dass alle komischen Operationen, wie diejenigen der Gleichbehandlung des Ungleichen, der Verkehrung und der Paradoxierung, der Verschiebung und Verdichtung, und der für das komische Genre entscheidenden Operation der Abstandnahme, situiert sind, unter konkreter materieller Bedingung und in einem Material stattfinden. Und dieses Material ist nicht neutral, sondern es ist der Möglichkeits- und Bedingungsraum der Operation, es prägt der Operation seine eigenen Eigenschaften und Möglichkeiten auf, sodass etwa die Verschiebung in jedem Material oder jedem Medium anders ausfällt. Die Einkleidung oder Entfaltung des ›reinen‹ Gedankens (falls es so etwas überhaupt gibt) oder einer ›reinen‹ Operation, beispielsweise einer angeblich körperlosen logischen Operation, aber auch der Verschiebung oder Verdichtung, in ein Material, in dem sie sich vollzieht und verwirklicht, verändert diesen Gedanken und spezifiziert die Operation. Ebenso gilt dies für die Situierung einer ›reinen‹ gedanklichen Operation in einer materiellen Lage oder einem materiellen Medium. Und damit kommen wir auch auf Cavell zurück. Gerade dies nämlich, ihre Situiertheit etwa in der Materialität und

---

[38] Simon Critchley, *Der Humor*, S. 58–63; S. 72 f.; zur Diskrepanz zwischen Komödie und existenzieller Seriosität des Liebesproblems in der *remarriage comedy* s. a. Maria-Sibylla Lotter »Schreckliche und weniger schreckliche Wahrheiten« (in diesem Band).
[39] So spricht Freud etwa vom »Material von Worten« (Sigmund Freud, »Der Witz«, S. 48).
[40] Henri Bergson, *Das Lachen*, S. 75 f. führt sogar die Wortkomik, also den Witz, auf das Moment des Szenischen zurück.
[41] Erwin Panofsky, *Stil und Medium im Film*, Frankfurt a. M. 1999.

Gewohnheit des Alltags, ist das, was Cavell an der Populärkultur und namentlich am Hollywoodfilm so interessiert, die er deshalb entgegen allem Verachtungs- und Verwerfungsgestus für ein ausgezeichnetes Medium philosophischer Reflexion hält.[42]

Mehr noch: Die Komödie unterliegt nicht nur dieser Bedingung der Materialität, sie verkörpert sie ihrerseits. Eine Vielzahl komischer Effekte nämlich bezieht sich geradezu ausdrücklich auf die materiellen Bedingungen, in denen die komischen Operationen stattfinden. Nicht nur wird etwa, wie oben beschrieben, die Operation der Verschiebung ihrerseits verschoben und dadurch markiert, sondern das Material, in dem sie stattfindet, wird so organisiert, dass es selbst, statt transparent und unbemerkbar zu bleiben als bloßes Substrat, seinerseits thematisch wird. Critchley vermutet, dass dies der Grund sei für die Beliebtheit und Dankbarkeit des Obszönen für komische Effekte, da es bevorzugt an das Sexuelle und damit an den Körper gebunden sei.[43] Ebenso kann man aber sagen, dass in Gesten und Grimassen der Körper als Trägermaterial sich anmelde und dass im Witz die Sprache selber zur Sprache komme, bisweilen sogar, wenn der Witz darauf angewiesen ist, in bestimmter Weise vorgetragen oder intoniert zu werden, das Sprechen, die Stimme. Zudem müssen Witze, um zu funktionieren, oftmals in dafür geeigneten Kommunikationssituationen vorgebracht werden, während sie in anderen völlig versagen. Indem der Witz hier und jetzt komisch ist, ein andermal aber nicht, thematisiert er auch dieses Hier und Jetzt, auf das er angewiesen ist. Die Komödie, und besonders die Filmkomödie, und hier wiederum besonders die Situationskomödie, deren Untergenre die *screwball comedy* ist, ist mit nichts so sehr befasst wie mit der Herbeiführung und Motivierung von Situationen, in denen sich das Komische entfalten kann und die dadurch selber komisch werden.

IX Reflexivität

Den materiellen, den biologischen, technisch-medialen oder ästhetisch-materialen Körper, den es einnimmt und bewohnt, auf den es

---

[42] Vgl. dazu Joseph Früchtl, »Ein Sinn für Gemeinschaftlichkeit und Streit. Stanley Cavells Komödie der Demokratie« (in diesem Band); TOS 10 (»The Ordinary as the Uneventful«); s. a. TWV 5, S. 29f.
[43] Simon Critchley, *Über Humor*, S. 60ff.

angewiesen ist und den es thematisiert, kann das Komische nicht verlassen und nicht ignorieren. Darin vor allem unterscheidet es sich, so nimmt erneut Critchley an, von der Philosophie, die, genau umgekehrt, darauf angewiesen ist, die materiellen Bedingungen, denen sie unterliegt, nicht mit zu thematisieren, sondern von ihnen abzusehen.[44] Medientheoretisch sind Komödie und Philosophie daher polar: Die Philosophie führt die Transparenz des medialen Materials, seine Neutralität und Irrelevanz auf; die Komödie dagegen dessen Opazität und Relevanz. Die Philosophie verlässt die materielle und affektive Ebene (oder behauptet, dies zu können) und nimmt die materiellen Phänomene so in Betracht, wie sie sich von außerhalb oder von oben – wie vorhin das Über-Ich – darstellen. Dagegen bewegt sich die Komödie im Material und organisiert es von innen heraus so um, dass es sich selbst aufbringt, stört, gegen sich wendet eben wie im komischen Stolpern oder Abstand von sich nimmt wie im Humor oder eben im Prozess des Genre-Werdens überhaupt, der das Genre selbst ausmacht.

Daraus ergibt sich eine besondere Beziehung philosophischer und komischer Reflexivität (oder Pseudo-Reflexivität). Zur Reflexion gehört notwendigerweise der Reflexionsabstand, die Abstraktion, die Absehung, die sich gerade im Austritt aus den materiellen Bedingungen und in der Einnahme eines höheren Betrachterstandpunktes von einer zweiten Ebene aus auszeichnet. Das gilt für philosophische Reflexion und lässt sich auch medientheoretisch wenden: Die Medien der Reflexion bleiben für die philosophische Reflexion unerheblich, transparent, oder sie werden mit ihr – wie das etwa für die Sprache angenommen werden kann – identifiziert. Anders dagegen und komplizierter liegen die Dinge im Genre-Medium des Komischen. Medien können nämlich nicht nur transparent bleiben, wie sie es offenbar für die Philosophie tun, oder opak werden, wie sie es für eine Medienanalyse tun würden, sondern auch reflexiv, wie wir es für das Genre des Komischen festgestellt haben.[45] (Das Glas oder das Wasser, durch das man hindurchsehen, das man selbst inspizieren, in dem man aber auch sich und anderes spiegeln kann, ist deshalb ein idealtypisches Medium.) Diese Reflexivität ist keine ›reine‹ Operation,

---

[44] Ebd., S. 68.
[45] Lorenz Engell, »Bilder des Wandels. Zur Möglichkeit einer Medien-Philosophie am Beispiel der Philosophie des Films«, in: Katerina Krtilova et al. (Hg.), *Za filosofii nové doby. Prispevky k filosofii médií*, Praha 2007, S. 79–96.

sondern sie bleibt ihrem Medium (im Beispiel: dem Spiegel, dem Wasser) verhaftet.

Ebenso bleibt, auch wenn es reflexionsanaloge Funktionen aufweist und reflexionsartige Leistungen erbringt, das Komische dennoch und gerade darin unhintergehbar an die Ebene des Materiellen und Irreflexiven gebunden und kann davon auch nicht absehen. Seine Abstandnahme (von sich selbst) findet daher nicht als Einnahme eines höheren, abstrakten Standpunkts statt, auf einer Meta-Ebene, sondern in ein- und derselben, der materiellen Ebene. Deshalb haben wir oben von einem »seitlichen Abstand« gesprochen, so wie Christiane Voß vorschlägt, dies mit dem Begriff der »Reflexivität« zu fassen.[46] Gotthard Günther hat für die innerlich-äußerliche, transzendent-immanente, nämlich in den materiellen Objekten verfasste und dennoch mit Abständigkeit und seiner Meinung nach sogar mit Subjektivität versehene Instanz einen dritten Term neben Subjektivität und Objektivität verlangt, den er als Information, als Kommunikation und insbesondere eben als Reflexivität bezeichnet und den wir hier und darin Cavell folgend durch denjenigen des Mediums (des Genres, der Komödie) belegen würden.[47]

So erweist sich die Komödie schließlich sogar in diesem einen Punkt – neben eben der Tatsache, dass sie komisch ist – der philosophischen Reflexion gegenüber als tendenziell überlegen. Denn während diese immer darauf angewiesen ist, ihre Situativität, Materialität und Medialität zu ignorieren und zu überwinden, von ihr abzusehen und sie allenfalls eigens und von außen zu semantisieren, gilt für die Komödie das Umgekehrte: Sie kann nur funktionieren unter der Maßgabe, Situation, Material und Medium immer schon sichtbar zu halten und daher in ihnen und mit ihnen (statt über sie) zu arbeiten.

---

[46] Christiane Voß, »Auf dem Weg zu einer Medienphilosophie anthropomedialer Relationen«, in: *Zeitschrift für Medien- und Kulturforschung*, 2/2 (2010), S. 170–184.
[47] Gotthard Günther, *Das Bewußtsein der Maschinen. Eine Metaphysik der Kybernetik*, Krefeld/Baden-Baden 1963, S. 38–42.

Schreckliche und weniger schreckliche Wahrheiten

Die Wiederverheiratungskomödie als Paartherapie

Maria-Sibylla Lotter

I Einführung[1]

Auf welche Einstellung zur Wahrheit kommt es in den Paarbeziehungen und intensiven Freundschaften an, ohne die, wie Aristoteles sagte, ein glückliches Leben nicht möglich ist? Die Frage mag schräg klingen, sind doch Freundschaften und Paarbeziehungen nach dem vorherrschenden Verständnis keine wissenschaftlichen Kooperationen zum Zwecke des Erkenntnisgewinns, sondern Lebensgemeinschaften, die auf Empathie, gemeinsamen Interessen, gegenseitiger Wertschätzung und der Lust am Zusammensein basieren. Die emotionale Qualität ist jedoch gar nicht von der kognitiven und kommunikativen abtrennbar, wie schon der Ausdruck ›sich gut verstehen‹ zeigt, der die Voraussetzung und besondere Qualität einer solche Beziehung bezeichnet. Er steht nicht für die Fähigkeit, Beliebiges zu kommunizieren, sondern vor allem für die Möglichkeit, sich untereinander über das austauschen zu können, was einem wichtig ist, sich nicht verbergen zu müssen, was nicht primär kommunikative und kognitive Intelligenz, sondern wechselseitige Wertschätzung voraussetzt. Die durch Sympathie getragene Kommunikation schafft einen Raum, in dem man *offen* und *unverstellt* sein kann, sich auf andere Weise zeigen und Probleme ansprechen kann, die in beruflichen Kontexten unaussprechlich wären. Stanley Cavell hat Freundschaften und Paarbeziehungen daher auch als einen Zugang zur Welt bezeichnet, eine Möglichkeit, sich in ihr heimisch zu fühlen.[2] Das Gefühl, dass der andere für mich die Heimat darstellt, den Zugang zur Welt, mit dem ich vertraut bin, kann mit Erwartungen an eine prinzipiell

---

[1] Für hilfreiche Kommentare zu einem Entwurf dieses Aufsatzes danke ich Michael Hampe und Martina Herrmann.
[2] Zu diesem Aspekt vgl. David Gern, *Wo ich ende und du beginnst. Getrenntheit und Andersheit bei Stanley Cavell*, Freiburg/München 2015, S. 259.

grenzenlose Offenheit verbunden sein, die dann jedoch zwangsläufig Enttäuschungen mit sich bringen, wenn er der Intimität Grenzen zieht. Noch heftiger kann die Enttäuschung erlebt werden, wo sich herausstellt, dass es Grenzen der Intimität gab, wo man sie nicht vermutete, oder gar, dass man sich grundlegend über das Ausmaß der gegenseitigen Offenheit getäuscht hat. Das gilt insbesondere für Paarbeziehungen, d.i. spezifische Formen von Freundschaften, die das Begehren einschließen, vom anderen begehrt zu werden, was sie verletzbarer macht als nichterotische Freundschaften. Da dieses Begehren nicht nur mit Wünschen nach intensiver Verbundenheit und grenzenloser Verlässlichkeit, sondern auch nach erotischer Exklusivität verbunden ist, werden Lügen und andere Täuschungsmanöver zur Verdeckung eines Seitensprungs als besonders verletzend empfunden. Sie können eine Eigendynamik des Misstrauens auslösen, die auch stabile Beziehungen zerstören kann.

Das wirft die Frage auf, wie es möglich ist, dass bestimmte Formen des Wissens oder der Wissenssuche in Paarbeziehungen andere Formen des Wissen quasi außer Kraft setzen können: Wie kann es sein, dass das Wissen oder auch allein schon der Verdacht bezüglich vereinzelter Vorgänge wie einer Affäre das auf langjährige Erfahrung gestützte Wissen um die Zuneigung und die exklusive Vertrautheit mit dem Partner aushebeln können? Es scheint irrational, dass mitunter langjährige Erfahrungen vertrauten Zusammenseins und solidarischer Unterstützung gegenüber einem einzelnen mutmaßlichen Täuschungsmanöver gar nicht mehr zu zählen scheinen. Die Angst, grundlegend getäuscht worden zu sein, scheint sich dann so in den Vordergrund zu drängen, dass die positiven Erfahrungen, die vielleicht einen viel größeren Anteil an der Beziehung haben, aus dem Blick geraten.

Was das Vertrauen in solchen Fällen irreparabel zu zerstören scheint, kann nicht allein die Vermutung sein, dass der andere einen mit Blick auf bestimmte Tatsachen belogen hat; eine einzelne Lüge kann schwerlich eine langjährige Geschichte von guten gemeinsamen Erfahrungen der gegenseitigen Zuwendung und solidarischen Unterstützung in den Lebenskrisen überwiegen. Es kann nur die dadurch ins Licht getretene *Möglichkeit* sein, dass er prinzipiell dazu in der Lage ist und auch jederzeit wieder bereit sein könnte, wenn es seinen eigenen Wünschen und Interessen entspricht – eine Fähigkeit, die mehr als jede andere seine Andersheit und Getrenntheit von einem selbst anzeigt. Das ist ein existentieller Vertrauensverlust, der in der christlichen Tradition in Gestalt des Satans sogar eine religiöse Gestalt angenommen hat. Dass der Satan im Johannesevangelium als »Vater der Lüge« bezeichnet (und umgekehrt die Lüge verteufelt) wird, bezieht sich auf die Eigenständigkeit, die ihn seit je gegenüber den anderen Engeln ausgezeichnet hat: seine Fähigkeit zur Abwendung von der Gemeinsamkeit und den normativen Erwartungen (im Falle des Teufels vom göttlichen Willen), zur Ausbildung eines Eigenwillens und zur Verfolgung eigener Pläne. Kurz, die Lüge steht nicht für einen beliebigen Norm- und Vertrauensbruch unter anderen, sondern wird – zumindest in unserer Kultur – mit der Abwendung, dem Treuebruch, der Unüberwindbarkeit von Getrenntheit schlechthin assoziiert.[3] Das Existentielle an der Angst davor, belogen und betrogen zu werden, zeigt sich darin, dass sie weder durch Erfahrungen, noch durch Worte und Versicherungen ausgeräumt werden kann. Jedes versichernde Wort, jede freundliche Zuwendung kann ja dadurch bedingt sein, dass der andere einem ein falsches Bild von seiner Zuneigung und seiner Verbundenheit vermitteln, einen in Sicherheit wiegen möchte. Das ist der Punkt, wo die *Skepsis* tief in das Alltagsleben hineinwirken, seine Sicherheit zerstören kann.

Diese existentielle Angst vor der Enttäuschung unseres Vertrauens, von der sich diese Skepsis nährt, entspringt letztlich einem Bedürfnis nach Verschmelzung mit dem Partner, das nicht an spezielle kulturelle Rollenmodelle gebunden zu sein scheint. Ein symbiotisches Bild der leidenschaftlichen Liebe legt jedenfalls schon Platon im *Symposium* dem Dichter Aristophanes in den Mund: die Vorstellung einer Verschmelzung unselbstständiger Einheiten zu einer vollkommenen kugelförmigen Ganzheit. Wenn der andere als die andere Hälfte einer geistigen und körperlichen Ganzheit verstanden wird, dann kann vielleicht allein schon das Offenkundigwerden seiner Getrenntheit, seiner Selbständigkeit und Andersheit wie ein Verrat erscheinen. Wenn wir von dem symbiotischen Bedürfnis als einer grundlegenden menschlichen Neigung ausgehen, dann erschüttert

---

[3] In vielen anderen Kulturen, insbesondere der chinesischen, ist dies nicht so; die Fähigkeit des Menschen zu täuschen, wird etwa in *The Dark Forest* aus der Science Fiction-Trilogie von Cixin Liu als die wichtigste Überlebensfähigkeit des Menschen betrachtet, die ihn letztlich sogar eine geistig und technisch weit überlegene Kultur von Aliens besiegen lässt; dies steht in einer langen Tradition der Hochschätzung von Strategemen in der chinesischen Kultur. Vgl. hierzu Harro von Senger, »Die List im chinesischen und im abendländischen Denken: ›Zur allgemeinen Einführung‹«, in: ders. (Hg.). *Die List*, Frankfurt a. M. 1999, S. 9–49.

vielleicht schon die mit dem Verdacht einer Lüge oder Täuschung offenkundig werdende Möglichkeit, dass der Partner ein anderer, von einem unabhängiger Mensch ist, der seinen eigenen Interessen und Neigungen nachgeht, die Vertrauensgrundlage der Beziehung, auch wenn es dafür keinen hinreichenden rationalen Grund gibt. Kurz, bei Freundschaft und Liebe scheint sich zumindest in der Verbindung mit Erotik ein Bedürfnis nach Symbiose und Verschmelzung zu entwickeln, das die entgegengesetzte Gefahr mit sich bringt, dass die Beziehung sozusagen nach innen kollabiert, weil die Partner als einzelne individuelle Wesen einander nicht mehr präsent sind, den anderen sozusagen mit sich selbst verwechseln. Daraus ergibt sich die ebenfalls existentielle Herausforderung an Paarbeziehungen, den Partner als von einem unabhängigen Menschen schätzen zu lernen und ihm gleichwohl vertrauen zu können. Es stellt sich die Frage, auf welche kognitive Grundlage sich dieses Vertrauen stützt. Vertrauen geht stets über das hinaus, was man als Tatsache weiß, kann aber auch nicht als grundlose Zuversicht gefordert werden; rationales Vertrauen stützt sich vielmehr auf das, was man gemeinsam erlebt hat und daher weiß.

Eine damit verwandte Herausforderung an ein Wissen, das kein Wissen über vereinzelte Tatsachen ist, stellt mit Blick auf Freundschaften und insbesondere Paarbeziehungen auch die Frage dar, wie man denn überhaupt weiß, mit wem man zusammen sein will. Diese Frage ist alles andere als trivial, weil sie nicht nur eine Einsicht in die eigenen Wünsche involviert (über die man sich leicht täuschen kann), sondern auch den Glauben, dass die eigenen Gefühle erwidert werden, dass man auf die Zuneigung der geliebten Person vertrauen kann. Da die Angst, in der Liebe enttäuscht zu werden, auch die Wahrnehmung der eigenen Wünsche verzerren kann, ist die Einsicht, mit wem man zusammen sein möchte, alles andere als trivial. Sie verlangt Mut und ein auf Erfahrungswissen gestütztes Vertrauen, das der Einzelne nicht isoliert erzeugen kann, sondern nur in der Kommunikation mit dem Partner.

Um diese Problematik kreist das von Stanley Cavell entdeckte Genre der Wiederverheiratungskomödie, das in der von Cavell vorgenommenen Auswahl (Hitchcocks *Mr. und Mrs. Smith* etwa gehören nicht dazu) Narrative entwickelt, in denen die Protagonisten auf komische Weise lernen, die emotionalen Hindernisse zu überwinden, die ihren Verschmelzungswünschen und Ängsten vor Abweisung entspringen, und ihre Verschiedenheit und Getrenntheit zu würdigen. Ich möchte der Frage nach dem angemessenen Umgang mit der Wahrheit im Folgenden am Leitfaden der Wiederverheiratungskomödie *The Awful Truth* unter Regie von Leo McCarey (1937) nachgehen, in der die Frage nach dem Wert der Wahrheit oder auch nach dem Wert der Frage nach der Wahrheit, und welcher Wahrheit, in der Paarbeziehung aufgeworfen wird. Cavell hat diese Komödie nicht zufällig als: »the tracking of the comedic to its roots in the everyday« bezeichnet,[4] denn hier wird der Einbruch der Skepsis in das Alltagsleben und die Wiedergewinnung des Vertrauens in der Partnerschaft als ein Bildungsprozess reflektiert, in dem die Komik eine unverzichtbare Rolle für die Kommunikation spielt. *The Awful Truth* gehört zu den Filmen, die zwar als Komödien hochgeschätzt, aber gerade deswegen, wie Cavell diagnostiziert hat, in ihrem Reflexionsniveau chronisch unterschätzt werden: Der große Erfolg der oskargekrönten Screwballkomödie war wohl vor allem ihrer vordergründigen Situationskomik geschuldet. In der New York Times schrieb B. R. Crisler damals: »To be frank, The Awful Truth is awfully unimportant«.[5] Seine Besprechung ist insofern prototypisch für die von Cavell oft beklagte intellektuelle Unterschätzung seiner geliebten Screwball-Komödien, als sie gar nicht als Verriss gemeint war, sondern den Film als eine Komödie würdigen sollte, die nicht über die verbale und nonverbale Kommunikation, sondern ihre infantilen Gags funktioniert: »The mercurial Mr. McCarey [...] shocks us with a comedy in which speech is subsidiary, and maturity exists only to be deflated into abject juvenility.«

II *The Awful Truth*

Der Film beginnt in einem Sportclub in New York, wo Jerry Warriner unter einer Bräunungslampe liegt. Einem Sportsfreund gegenüber erklärt er, er müsse den Schein wahren, da seine Frau schließlich davon ausginge, dass er die letzten zwei Wochen im sonnigen Florida verbracht habe: »Well, I'm gonna be tanned and Lucy's not gonna be embarrassed. And what wives don't know won't hurt them.« Für seinen Bekannten hört sich das so an, als wolle Jerry vor seiner Frau eine

---

[4] PoH 7, S. 239.
[5] B. R. Crisler, 5.11.1937, http://www.nytimes.com/movie/review?res=9d51a0c0 1339f.932a25754c3bf67

Affäre verbergen (»pulled a fast one on the little wife«), was Jerry nicht dementiert. Er stellt sich nicht nur als Schürzenjäger, sondern zugleich als weltgewandter Philosoph vor, der über den Wert der Wahrheit bzw. des Wissens für das Leben nachgedacht hat, indem er die Allgemeingültigkeit dieser Universalformel auch noch ausdrücklich durch ihre Umkehrung bekräftigt: »And what you don't know won't hurt you.« Führen wir uns noch einmal vor Augen, was Jerry seinem Sportsfreund in dieser rasanten Anfangsszene mehr oder weniger direkt zu verstehen gibt: Er lässt durchschimmern, dass er 1. seine Frau bezüglich seiner Urlaubspläne belogen hat, 2. was sein Sportsfreund offenbar so verstehen soll (sonst hätte Jerry es ja dementiert), dass er sie betrogen hat, und 3. dass es nur darauf ankommt, den Schein zu wahren und sich (bzw. den Partner) vor einem Wissen zu schützen, das einen verletzen könnte. So wird der Zuschauerin gleich zu Beginn vorgegaukelt, sie wisse etwas, was die ahnungslose Ehefrau nicht weiß: Der Mann ist anscheinend ein routinierter Schürzenjäger, der seine Freunde dabei auch noch zu Komplizen macht. Entsprechend wird sie erwarten, dass sich jetzt ein komisches Eifersuchts-Drama anschließt, in dem die Ehefrau ihrem Mann auf die Schliche kommt, zumal die Szene damit endet, dass Jerry diverse Freunde auffordert, ihn nach Hause zu begleiten und sich nach ein paar Stunden mit ihm zu absentieren, was in dem Kontext nur so verstanden werden kann, dass er ein Alleinsein mit seiner möglicherweise doch misstrauischen Frau vermeiden möchte.

Die durch die erste Szene aufgebaute Erwartung, dass es sich bei der »schrecklichen Wahrheit«, die der Filmtitel ankündigt, um eine Affäre Jerrys handelt, wird, wie es sich für eine gute Komödie gehört, enttäuscht. Im Laufe der Filmerzählung klärt sich nie auf, welche Tatsachen der Protagonist in der ersten Szene überhaupt verschleiern will – außer dass er nicht in Florida war und dass er dafür einen Grund haben musste, den seine Frau nicht wissen soll. Der vermeintliche Mangel an Kohärenz, den der Rezensent der New York Times offenbar als Anzeichen für die Oberflächlichkeit eines komischen, aber ansonsten »furchtbar belanglosen«[6] Filmnarrativs verstanden hat, kann jedoch im Lichte einer Deutung, die den Film ernst nimmt und nach dem Sinn und Zweck jeder Szene im Filmganzen fragt, nur als ein geschicktes Täuschungsmanöver verstanden werden: Die Anfangsszene stellt nicht etwa die Wahrheitsfrage (mit wem hat Jer-

---

[6] Ebd.

ry ...), die der Film dann beantwortet, sondern führt die Zuschauer gezielt in die Irre, indem sie eine klischeehafte, aber falsche Version dieser Frage präsentiert. Dass die Frage, ob Jerry in seinem vermeintlichen Florida-Urlaub überhaupt je eine Affäre gehabt hat, später gar kein ernsthaftes Thema mehr ist, kann daher, da die Erwartung in der ersten Szene ja nun einmal aufgebaut wurde, auch als eine indirekte Aussage des Films verstanden werden: dass diese Frage für das Paar nicht von entscheidender Bedeutung ist und es auf eine andere Art von Wahrheit ankommt.

Aber zurück zum Narrativ: Die in der ersten Szene durch das Täuschungsmanöver des Protagonisten aufgebaute Erwartung wird in der zweiten auf klassisch-komische Weise enttäuscht, indem die anfangs höchst selbstbewusst hinausposaunte Weisheit – was Du nicht weißt, kann Dir auch nicht wehtun – unverzüglich auf die Probe gestellt wird. In der zweiten Szene muss Jerry, als er in Begleitung einer Gruppe von Sportsfreunden und -freundinnen zuhause ankommt, nämlich zunächst feststellen, dass seine Frau Lucy gar nicht da ist; zu seiner Verlegenheit wird er von einer weiblichen Begleitung spöttisch darauf hingewiesen, dass auch die Briefe von gestern noch ungeöffnet sind. Während er seinen Freunden Drinks serviert, nimmt er die Attitüde des Mannes von Welt an, dem nichts ferner liegt als seiner Frau zu misstrauen:

I wish Lucy would go out and get some fun for herself now and again. It would do her good. That's the trouble with most marriages today. People are always imagining things. The road to Reno is paved with suspicions. And the first thing you know, they all end up in a divorce court.

Genau das passiert, als Lucy schließlich gutgelaunt und aufgedonnert in Begleitung ihres nicht unattraktiven Gesangslehrers erscheint, dessen Name Armand ihn schon als prototypischen French Lover zu qualifizieren scheint, und die späte Heimkehr nonchalant mit einem am Vorabend auf der Rückfahrt von einem festlichen Anlass liegengebliebenen Auto erklärt, weswegen ihnen nichts anderes übrig geblieben sei, als in einem äußerst unkomfortablen Gasthof auf dem Lande zu übernachten. Und jetzt muss Jerry erleben, wie ihm der amüsierte Armand in einem Ton, der von Ironie schwer unterscheidbar ist, die Haltung zuschreibt, die er vorher für sich selbst in Anspruch genommen hat: Er wird als weltgewandter Ehemann von »kontinentalem Geist« gelobt, der über kleinliches Misstrauen erhaben sei. Es bahnt sich eine komische Eskalation an; Jerrys Freunde

ziehen es vor zu gehen, er wird gegenüber Armand zunehmend ausfällig. Als dieser geht, zieht er Lucys Zuneigung und Treue in Zweifel:
»Perhaps our marriage doesn't mean anything to you? ... Perhaps you have no sentiment left for me?«

Als er ihr ihr ›Verhalten‹ vorwirft, weist Lucy darauf hin, dass sie nichts getan hat, was irgendeiner Rechtfertigung bedarf:

I haven't any behavior to justify. I've just been unlucky, that's all. You've come home and caught me in a truth and it seems there's nothing less logical than the truth.
Worauf Jerry entgegnet: Hmm, a philosopher, huh?
Lucy: You don't believe me.
Jerry: *Oh, how can I believe you?* ›The car broke down.‹ *People stopped believing that one before cars stopped breaking down.*
Lucy: Well, his car's very old.
Jerry: Well, so's his story.

Jerry weigert sich also zu glauben, was sie von ihrem Abend berichtet, mit der Begründung, das sei eine »alte Geschichte«; oder mit anderen Worten, er wirft ihr vor, dass diese Geschichte nach konventionellen Kriterien unwahrscheinlich klingt. Jetzt ist es Lucy, die auf die Bedeutung des Vertrauens in der Ehe zu sprechen kommt:

»I've told you the truth about all this, Jerry. Don't you see that there can't be any doubt in marriage? The whole thing's built on faith. If you've lost that, well, you've lost everything.«

Jerry hat sich jedoch schon in eine Haltung der Anklage hineingesteigert, aus der er nicht mehr herauskommt. Er erklärt melodramatisch, niemandem mehr vertrauen zu können: »Oh, I haven't any faith left in anyone.«

Die Unverhältnismäßigkeit von Jerrys Reaktion lässt sie ebenso töricht wie komisch erscheinen – sowohl aus *epistemischen Gründen*, aus *Gründen des Respekts und der Klugheit*, als auch aus *moralischen* Gründen der Fairness und Gerechtigkeit. Epistemisch, weil Jerry keinen zwingenden Grund hat, eine Untreue anzunehmen, da schließlich eine Erklärung für das nächtliche Ausbleiben geliefert wurde, zumal weder Lucy noch Armand so wirken, als hätten sie ein schlechtes Gewissen. Aus Gründen des Respekts und der Klugheit, da es einen für eine Ehe äußerst destruktiven Affront darstellt, ohne triftigen Grund die Worte des Partners in Zweifel zu ziehen. Und moralisch, weil Jerry ja selbst seiner Frau einen Urlaub in Florida vorgespiegelt hatte, was sie nur als ein Manöver zur Verdeckung einer Affäre verstehen kann. Er wirft seiner Frau also genau das Verhalten vor, das er selbst gegenüber seinen Freunden für sich in Anspruch genommen hatte.

Kurz, im Lichte dieser Gründe erscheint Jerrys Verhalten äußerst irrational. Dieser Eindruck, den der Zuschauer zwangsläufig gewinnen muss, wirft wiederum ein neues Licht auf die erste Szene: Entweder ist Jerry ein Heuchler, der von seiner Frau Einschränkungen fordert, zu denen er selbst nicht im geringsten bereit ist und die auch seinen öffentlichen Erklärungen widersprechen; ein Schwächling, der außerstande ist, das, was er verkündet, auch konsequent auf sich selbst anzuwenden; oder er hat zu Beginn nur so getan, als hätte er vor seiner Frau etwas zu verbergen, und wollte mit seinen Sprüchen etwas ganz anderes verdecken. Da die Protagonisten von Wiederverheiratungskomödien im Kontrast zu den Helden der alten Komödie nicht als moralisch schlechtere Menschen angelegt sind, als es dem Selbstverständnis der Zuschauer entspricht, sondern eher als Identifikationsfiguren, kommt eigentlich nur die zweite Deutung in Frage, was die Frage aufwirft, warum er sich bemüht, bei seinen Freunden den Eindruck eines Don Juans hervorzurufen, dem alle Frauen zu Füßen liegen. Und wenn man nach einem gemeinsamen Beweggrund für das Image, das er hier aufzubauen versucht, und für seinen Ausraster Lucy gegenüber sucht, legt einem der Film den Verdacht nahe, dass seine Behauptung, niemandem mehr trauen zu können, einem Mangel an Selbstvertrauen entspringt und nicht erst dem speziellen Verdacht, Lucy könne mit Armand am Vorabend nicht nur das Auto und Wirtshaus, sondern auch das Bett geteilt haben. Der Film legt mit den Kameraschwenken auf die Gesichter und Blicke von Jerrys Freunden aber auch noch eine dritte Deutung nahe, denn man fragt sich, ob Jerry überhaupt auf die Idee gekommen wäre, Lucys Bericht in Zweifel zu ziehen, hätte er nicht seine Freunde mit nach Hause gebracht und sich angesichts von deren Reaktionen auf das Auftreten seiner Frau mit dem Gesangslehrer bloßgestellt gefühlt. Die ersten beiden Szenen lassen Jerry jedenfalls als eine Person erscheinen, die sehr auf ihr Image in der Peergroup bedacht ist, weswegen es durchaus denkbar scheint, dass es nicht der verspätete Auftritt seiner Frau in männlicher Begleitung, sondern erst dessen konventionelle klischeehafte Interpretation und der damit verbundene Gesichtsverlust ist, der bei ihm grenzenloses Misstrauen auslöst. Im Lichte dieser Deutung, die durch die Aufmerksamkeit nahegelegt wird, die die Kamera den Reaktionen der Freunde und Jerrys Reaktionen auf diese widmet, erscheint die spätere Entwicklung des Paares wie eine Wiederaneignung ihrer Beziehung als einer, die von ihnen beiden bestimmt wird und nicht von ihrer sozialen Umwelt.

Kommen wir zu Jerrys melodramatischer Erklärung seines vollkommenen Vertrauensverlustes in die Welt und die Menschen zurück. Damit formuliert Jerry indirekt die Frage, auf die der Film dann schließlich auch eine Antwort gibt: was es denn eigentlich bedeutet, einander in der Ehe zu vertrauen, und worauf dieses Vertrauen basiert.

Eine verbreitete konventionelle Antwort auf diese Frage lautet: Vertrauen bedeutet, sich darauf verlassen zu können, dass der Ehepartner keinen Ehebruch begeht, worunter der Bruch eines stillschweigenden Versprechens verstanden wird, das die Exklusivität von Intimität und insbesondere Sexualität betrifft. Frage: Wann kann man sich darauf verlassen? Antwort: Wenn man dem Ehepartner vertraut. Aber was bedeutet es, zu vertrauen?

Wenn man Vertrauen mit objektivem Wissen bzw. mit objektiver Wahrscheinlichkeit verwechselt, dann bedeutet es, über hinreichende Informationen darüber zu verfügen, was der Ehepartner tut. Genau diese Antwort gibt Jerry später mit hyperbolischer Ironie in einer skurrilen Szene, in der er aufgefordert ist, als Ex-Mann der zukünftigen Schwiegermutter seiner Frau Auskunft über deren Integrität als Ehefrau zu geben:

»Never did I have to ask, ›Lucy, where have you been? What were you doing?‹ I always *knew*.« Allein schon der Umstand, dass Jerry diese Behauptung in Form einer komischen Übertreibung gegenüber einer lächerlichen Figur äußert, der Karikatur einer misstrauischen, übergriffigen und kontrollsüchtigen Schwiegermutter, entwertet die Behauptung, Vertrauen zwischen Ehepartnern könne darin bestehen, jederzeit zu wissen, was der andere tut. Sie kann in diesem Kontext nur als Verwechslung von Vertrauen mit (misstrauischer) Kontrollsucht erscheinen. Die subtile Ironie der Szene liegt darin, dass auch der Protagonist dieser Verwechslung noch unmissverständlich erlegen ist, wie seine hinter dem Rücken gekreuzten Finger Lucy signalisieren sollen; ungeachtet seiner Ironie ist er sich noch nicht klar darüber geworden, dass es in der Tat nicht auf das ankommt, was er hier mit scheinbarer ironischer Distanzierung behauptet, sondern auf etwas ganz anderes.

Kommen wir zu der Entwicklung im Anschluss an die Szene zurück, in der Jerry Lucy erklärt, sein Vertrauen in die Menschen verloren zu haben. Der sich anschließende rasante verbale Schlagabtausch führt zu einem unvergesslichen Anruf beim Scheidungsanwalt, der, während er gleichzeitig auf wenig liebevolle Weise seine verärgerte Ehefrau abwehrt, erfolglos für die Schönheit der Institution der Ehe plädiert, und schließlich zu einer Szene vor dem Scheidungsrichter, in der es um das Sorgerecht für den gemeinsamen Terrier Mr. Smith geht, wo sich Lucy mit einer List durchsetzt und Jerry Besuchsrecht erwirkt. Nachdem das Gericht dem Antrag auf Scheidung nachkommt, die jedoch erst nach Ablauf einer Frist von 90 Tagen rechtsgültig werden soll, beginnen beide neue Beziehungen, was sie nicht daran hindert, sich wechselseitig störend in das neue Leben der Partner einzumischen. Lucy flirtet mit Daniel, einem reichen, aber ungehobelten Ölmillionär aus Oklahoma in Begleitung der erwähnten stereotyp-possessiven Mutter, die Lucy zu durchschauen glaubt und die Szenen nicht nur mit der üblichen Schwiegermutterkomik anreichert, sondern auch der Frage, auf welches Wissen bzw. welche Wahrheit es hier eigentlich ankommt, eine weitere Variante hinzufügt. Dass Lucy ungeachtet der für die Zuschauer klar ersichtlichen Disharmonien zwischen ihrer Persönlichkeit und der des neuen Partners wähnt, sich in Daniel verliebt zu haben, folgt der üblichen Logik der Wiederverheiratungskomödie. Wie Lucy es formuliert: »He's sweet and thoughtful ... sane and considerate. I was married to one who was insane and inconsiderate.« Gegenüber ihrer skeptischen Tante Patsy besteht sie darauf, jetzt endlich ihre wahren Gefühle entdeckt zu haben:

Well, I'm serious about Daniel and I like him. I like him very much. I'm all through with Jerry. He doesn't mean a thing to me. I don't love him, and what's more, I probably never did. I'm sure I never loved him and now I hate him. And that surprises you, doesn't it? I hate Jerry Warriner and I like Daniel Leeson very very much and I hope he's just crazy about me because I think he's the finest man I ever met.

Die Attraktivität des neuen Partners ist also vor allem dadurch bedingt, dass er das Gegenteil des alten zu sein scheint (Man könnte auch in Anlehnung an Nietzsche sagen: Der Grund der Zuneigung ist nicht die positive Wertschätzung des neuen Partners, sondern das Ressentiment gegenüber dem alten). Es folgt eine skurrile Szene in einem Nachtclub, wo Lucy und Daniel auf Jerry und seine neue Freundin, die Nachtclubsängerin Dixie Belle stoßen. Jerry bemüht sich mit geheuchelter Freundlichkeit, Daniels Mangel an großstädtischer Kultiviertheit und Raffinesse zu entblößen, indem er ihn animiert, Lucy zur Teilnahme an einer wettkampffähigen Jitterbug-Vorführung zu nötigen, was eher nicht ihrem Geschmack entspricht, während Dixie Belle die Gesangsnummer »My Dreams are Gone with the Wind« vorführt, bei der mit jedem Refrain der Titelzeile ihr Rock durch einen von unten kommenden Luftstrahl immer höher gewirbelt wird und sie ihn festhalten muss, bis sie schließlich diese Versuche demonstrierter Schamhaftigkeit aufgibt und ihre Unterwäsche entblößt; so endet der Abend für alle, insbesondere für Jerry mit einer Peinlichkeit. Szenen wie diese haben im Film nicht nur die Oberflächenfunktion, die Komik des Unpassenden auszukosten, sondern vermitteln gleichzeitig auch ein *Wissen, das die Protagonisten mit den Zuschauern teilen*, ohne es sich in diesem Stadium des Filmnarrativs eingestehen zu können: dass Jerry und Lucy ganz offenkundig viel mehr gemeinsam haben und sich viel besser verstehen als mit ihren neuen Begleitern.

Während Jerry an die Ernsthaftigkeit von Lucys Beziehung zu Daniel offenbar nicht ganz glauben kann, nimmt er eine von ihm zufällig #mitgehörte telefonische Verabredung Lucys mit Armand zum Anlass für einen Versuch, sie in Flagranti zu ertappen. Das gibt Anlass zu Szenen wie einem Jiu-Jitsu Wettkampf mit dem Diener von Armand, der versucht, den Eindringling an der Tür zu dessen Wohnung aufzuhalten, und einer anschließenden Szene, in der Jerry in Armands zum Konzertsaal umarrangierten Übungsraum hineinpoltert, wo er sich der vor einem gediegenen bürgerlichen Publikum singenden Lucy gegenübersieht. Obgleich Jerry sich instantan zusammenreißt und würdevoll Platz nimmt, gewinnt die innere Anspannung hinter der vermeintlichen Souveränität, mit der er auf seinem Stuhl den Anschein von Entspanntheit zu wahren versucht und zu kippeln beginnt, schnell die Oberhand: Stuhl und Tisch stürzen unter lautem Gepolter zur empörten Fassungslosigkeit des distinguierten Sitznachbarn um, was die lächelnde Lucy inmitten ihrer Arie jedoch nicht im geringsten zu behindern, sondern eher zu amüsieren und gesanglich zu inspirieren scheint. Weit davon entfernt, sich ihres Ehemanns zu schämen, den Armand anschließend als »very funny husband« bezeichnet, gesteht sie im Anschluss an diese Szene ein, dass sie sich getäuscht habe, als sie glaubte, ihren Mann nicht mehr ausstehen zu können; denn wie sie gegenüber ihrer Tante Patsy argumentiert, würde Jerry sich nicht so absurd benehmen, wenn ihm nichts mehr an ihr läge. Ist das so zu verstehen, dass Jerry ihr dadurch, dass er sich unfreiwillig zum Narren machte, zu verstehen gegeben hatte, wie wichtig sie ihm immer noch ist? Ermöglichte er es ihr mit diesem Signal, auch ihre eigenen Gefühle für ihn wieder akzeptieren zu können? Das ist anzunehmen, aber wie die Blicke zeigen, die sie wechseln – ihr Amüsement trifft auf sein erstauntes und verwundertes Gesicht, ohne den Ausdruck der Peinlichkeit und Beschämung, die er eigentlich angesichts einer derartigen sozialen Blamage empfinden müsste –, geht es auch darum, dass sie hier eine Erfahrung teilen, an der die soziale Umgebung keinen Anteil hat, die gemeinsame Erfahrung einer Situation, die unendlich peinlich ist und gerade deswegen zum Lachen einlädt; und gerade das ist etwas, was sie beide immer verbunden hat, die Fähigkeit, dem Leben seine komische Seite abzugewinnen.

So scheint zunächst eine Wiederannäherung des Paares möglich, die jedoch durch eine Kette komischer Verwechslungen und Unglücke verhindert bzw. hinausgezögert wird. Das beginnt damit, dass Armand, der Lucy auf ihre Bitte hin aufsucht, um die geeignete Taktik zu besprechen, wie Jerrys Misstrauen ausgeräumt werden könnte, sich in ihrem Schlafzimmer verstecken muss, da Jerry erscheint, um sich bei Lucy für seinen skandalösen Einfall in ihre Matinee zu entschuldigen; es entspinnt sich die unvergessliche Szene, wo Jerry mit dem Terrier Suchen spielt, dieser jedoch nicht nur sein Quietschtier, sondern auch den von Lucy verborgenen Hut Armands hinter einem hohen Spiegel aufspürt, diesen zu Fall bringt und dem falschen Mann den falschen Hut apportiert; als Daniel und seine Mutter wiederum erscheinen, entschließt Jerry aus Rücksicht auf Lucy, sich im Schlafzimmer zu verstecken, wo er Armand trifft und das Rätsel des Hutes sich aufklärt ...

Nachdem die Wiederannäherung unter großem Gepolter gescheitert ist, wendet Jerry sich einer diesmal hochbürgerlichen Dame aus bester Gesellschaft zu. Am Vorabend des Tages, an dem die Scheidung rechtsgültig wird, kommt es schließlich zum dramatischen Wendepunkt, nachdem Lucy Jerry für einen kurzen Abschiedsbesuch aufgesucht hatte und von diesem gegenüber seiner neuen Verlobten am Telefon als Schwester ausgegeben wurde.

Ein paar Stunden später sucht sie Jerry in einem eher aufdringlichen Outfit bei einer distinguierten Abendgesellschaft im Landhaus seiner neuen Verlobten auf, wo sie sich als seine vulgäre Schwester aus ausgesprochen schlechtem Hause ausgibt, ihn damit also auch in den Ruf eines Hochstaplers bringt; in Anbetracht des Umstands, dass er hier sozial blamiert wird, ist Jerrys Mienenspiel nicht selbstver-

Abb. 1 Lucy als Dixie Bell

ständlich, das anzeigt, dass er ihr Verhalten mit Verblüffung und anfänglichem Erschrecken, aber auch mit einer Art Neugierde verfolgt. Als Höhepunkt outet sich Lucy als Nachtclubtänzerin und imitiert, scheinbar betrunken, die Nummer von Dixie Belle, während Jerrys Miene von Verwirrung und Bestürzung zu etwas anderem wechselt, einem komplizenhaften Amüsement.

Hier tritt eine ganz andere Lucy zutage, die vielleicht mit Ausnahme ihres subtil schalkhaften Auftritts beim Scheidungsrichter bislang hinter der distinguierten Dame aus bester New Yorker Gesellschaft weitgehend verborgen geblieben war: eine schalkhafte Lucy, die es überhaupt nicht zu kümmern scheint, was andere von ihr denken könnten, die jedenfalls nicht die geringsten Skrupel zeigt, die feine, aber langweilige und sehr konventionelle Gesellschaft mit einem unpassenden Auftritt zu verwirren. Und Jerrys Gesichtsausdruck zeigt jetzt noch viel deutlicher als bei seinem Auftritt in ihrer Matinee an, dass dies eine Art von Humor ist, die er zu schätzen weiß und die sie beide teilen. Als Jerry mit seiner allem Anschein nach betrunkenen »Schwester« die Gesellschaft verlassen hat und sie im

Auto nach Hause bringen will, spielt sie die Rolle der Betrunkenen weiter, indem sie einen höllischen Krach mit dem Autoradio und der Hupe erzeugt. Der Lärm lockt zwei Polizisten auf Motorrädern an, die Lucy zu unfreiwilligen Zeugen eines vermeintlichen Unfalls macht (sie lässt heimlich das Auto durch Lösen der Handbremse die Böschung hinunterrollen), weswegen ihnen nichts anderes übrig bleibt, als die beiden zum nahegelegenen Landhaus ihrer abwesenden Tante zu bringen. Dort nächtigen sie schlaflos in übergroßen Nachthemden in angrenzenden Zimmern, deren Tür aufgrund eines kaputten Schlosses immer wieder vom Wind geöffnet wird, was Jerry durch Öffnen des Fensters zu unterstützen versucht, zum rituellen Ruf einer Schwarzwälder Kuckucksuhr und gewissen Störmanövern einer Katze, bis Jerry sich kurz vor Ablauf der Frist, die der Scheidungsrichter bis zur Rechtswirksamkeit der Scheidung eingeräumt hat, zu seiner Verwirrung auf ihrer Seite der Tür wiederfindet. Jetzt glaubt er ihr schließlich, als sie ihm erklärt, dass nicht ihr Tun, sondern seine Interpretation ihres Tuns sie beide auseinandergebracht hat. Er macht klar, dass er einiges dazu gelernt habe und kein »Idiot« mehr sei, fügt auf die Nachfrage »no more doubts?« jedoch in einem Gestus der Unentschlossenheit hinzu, es gebe allerdings noch eine Sache, die ihm Sorgen bereite. Und während der Zuschauer darauf wartet, dass er sie erneut auffordert, ihm jetzt doch endlich ehrliche Auskunft zu geben, was denn damals an jenem Abend mit Armand ..., öffnet sich erneut das Schloss der Tür, was Jerry auf die richtige Idee bringt: »This darn lock«.

III Komik und Wahrheit

The Awful Truth zieht alle Register der klassischen Komik der Inkongruenz, die, wie schon Cicero formulierte, »dann gegeben ist, wenn etwas anderes gesagt wird, als was wir erwarten«[7] (aber auch dann, wenn etwas anderes passiert, als wir erwarten). Der Film arbeitet nicht nur mit der Inkongruenz zwischen einer aufgebauten Verhaltenserwartung und dem, was tatsächlich passiert. Komisch ist auch die den ganzen Film durchziehende Diskrepanz zwischen dem, was fairerweise als moralisches Fehlverhalten zuzurechnen wäre, und dem, was innerhalb des Filmnarrativs als moralisches Fehlverhalten

---
[7] Cicero, *De Oratore*, Stuttgart, S. 373.

zugerechnet wird. Denn während es Jerry ist, der in der ersten Szene seinen Freunden zu verstehen gibt, dass er seine Frau betrogen hat und sie damit hinter ihrem Rücken demütigt, ist es Lucy, die immer wieder (von Jerry und Daniels Mutter) als Lügnerin und Betrügerin betrachtet wird, obgleich sie nur »bei einer Wahrheit ertappt« wurde, wie sie in der zweiten Szene sagt. Mit Blick auf den Titel bilden Anfang und Ende der Filmgeschichte aber auch eine kategoriale Inkongruenz: Während das Publikum in der ersten Szene die Erwartung aufbaut, es ginge darum, eine Tatsachenwahrheit herauszufinden, ist die »schreckliche Wahrheit«, die beide Protagonisten entdecken, anderer Art. Aus der Perspektive Jerrys besteht sie in der Einsicht, dass das, was er für eine schreckliche Tatsache hielt, mit schrecklichen Folgen für seine Ehe, eine Ausgeburt seines eigenen Misstrauens war, und dass nicht Lucy, sondern er selbst diese Folgen zu verantworten hat: dass er »verrückt war«, dort nach Gewissheit zu streben (hat sie oder hat sie nicht mit Armand …), wo Vertrauen angebracht gewesen wäre, und dafür den Preis der Trennung von der Frau zu zahlen, mit der er ja eigentlich zusammen sein wollte. Für beide besteht sie aber auch schlicht in der Akzeptanz des Umstands, dass sie trotz eines unterschwelligen und nicht ganz geklärten Problems in der Beziehung, das darin zum Ausdruck kam, dass Jerry seinen obskuren Urlaub nahm und offenbar das Bedürfnis verspürte, Lucy gegenüber seinen Freunden zu demütigen, zusammengehören, auch wenn sie dies eine Zeitlang nicht mehr einsehen wollten: dass sie ein ungleich stimmigeres Paar bilden, sich viel besser verstehen, sich wechselseitig viel mehr schätzen und sich miteinander viel besser amüsieren können als mit irgendeinem der im Film vorgeführten anderen potenziellen Partner. Und das ist ein Wissen, über das beide eigentlich immer schon verfügen, ohne es jedoch in ihrer Gekränktheit eingestehen zu können. Der Zuschauer *erkennt* es ebenfalls spätestens in der Nachtclub-Szene, und er erlebt es in jeder Szene neu, wo beide mit anderen Partnern auftreten. Auch Daniel scheint es zu merken, als er Lucy zu Beginn ihrer Bekanntschaft fragt, »Are you sure that you don't like that fellow?« Das wirft die Frage auf, warum die Protagonisten es seit ihrem Streit in der zweiten Szene nicht mehr zu wissen scheinen, oder warum sie es vielleicht wissen, aber es sich gleichwohl nicht eingestehen wollen, warum sie sozusagen nichts mehr von diesem Wissen wissen wollen.

Wie kommt es dazu, dass wir bezüglich wichtiger Dinge in unserem Leben – und die Frage, mit wem man sein Leben verbringen will, gehört zweifellos zu den wichtigsten – etwas wissen können, ohne es zu wissen? Oder – wie man im Falle von Jerry und Lucy annehmen muss, denn sie wussten ja schließlich schon, dass sie zusammengehören – wie kommt es dazu, dass man sich selbst täuscht über das, was man weiß?

Ich möchte die Frage zunächst auf die Motive der Selbsttäuschung beziehen. Im Falle von Lucy liegt die Antwort auf der Hand: weil Jerrys irrationales und beleidigendes Verhalten für sie die Grenze des Erträglichen in einer Paarbeziehung überschritten hatte. Es ist unerträglich, wenn der Partner einem signalisiert, dass die Glaubwürdigkeit dessen, was man erzählt, von der objektiven Wahrscheinlichkeit im Lichte konventioneller Interpretationen abhängt. Als Armand sie nach Jerrys skandalösem Auftritt amüsiert auf ihren »funny husband« anspricht, wird ihr jedoch deutlich, dass sie Jerrys verrücktes Benehmen nicht als die Zumutung betrachtet, die es öffentlich darstellt, sondern eher als eine unbeabsichtigte Liebeserklärung. Und sie merkt, dass sie froh darüber ist, was bedeutet, sich einzugestehen, dass sie Jerry immer noch irgendwie liebt, und nicht nur trotz, sondern auch wegen seiner Verrücktheit. Wie sie zu Tante Patsy sagt: »I can't marry [Daniel] because I'm still in love with that crazy lunatic and there's nothing I can do about it ... I tried to forget Jerry.«

Die wechselseitige Spiegelung der ersten und der zweiten Szene im Filmnarrativ deutet darauf hin, dass die eigentliche Antwort auf die Frage nach den Motiven der Selbsttäuschung bei Jerry zu suchen ist, denn es ist er, und nicht sie, bei dem allein die Vorstellung, sie könnte eine Affäre haben, ein grenzenloses Misstrauen auslöst. Warum? Rückblickend im Lichte der zweiten Szene betrachtet, legt die Anfangsszene, in der Jerry gegenüber seinen Freunden das Image eines Schürzenjägers aufbaut und sich eher herablassend über seine Frau äußert, die Vermutung nahe, dass sein Misstrauen mit einer mangelnden Selbstsicherheit in der Beziehung zusammenhängt, dass er sich Lucy unterlegen oder zu wenig von ihr begehrt fühlt.[8] Dass er seine Freunde mit nach Hause bringt, denen er Anlass gegeben hat, Lucy mitleidig-spöttisch als ahnungslose betrogene Ehefrau zu betrachten, kann daher nur als Versuch einer quasi verdeckten Demüti-

---

[8] Hier schließe ich mich Cavells Deutung an (PoH 7, S. 244 f.), wonach es Jerry darum geht, sich wie ein begehrenswerter Mann zu fühlen, und er seiner Frau letztlich vorwirft, ihn nicht genügend zu begehren. Vgl. hierzu auch die Darstellung von David Gern, *Wo ich ende und du beginnst*, S. 299.

gung verstanden werden; aus der Asymmetrie im Bewusstsein der eigenen Attraktivität für den Partner, die diesen Demütigungsversuch mutmaßlich motiviert, erklärt sich auch, warum er überhaupt nicht damit umgehen kann, seinerseits in eine demütigende Situation zu geraten. Während Lucys erste Frage in der zweiten Szene lautet, ob *er sie* vermisst habe (während sie ihm durch ihre Heimkehr mit Armand deutlich zu zeigen scheint, dass sie ihn jedenfalls nicht besonders vermisst hat), scheint seine geplante Abwesenheit darauf angelegt zu sein, ihr deutlich zu machen, dass *seine* Anwesenheit nicht selbstverständlich ist; als hätte sein vermeintlicher Florida-Urlaub vor allem dem Zweck gedient, dass *sie ihn* vermisst. Und während sie, als sie ihm in der zweiten Szene die Orange zuwirft, nicht besonders erschüttert wirkt, so als könne sich die unbeantwortete Frage, warum er sie getäuscht hat, gar nicht auf ihr Vertrauen und Selbstvertrauen auswirken, ist er außerstande, ihre durchaus plausible Erklärung zu akzeptieren, obgleich er selbst nie eine Erklärung abgibt, was er in den zwei Wochen gemacht hat.

Die Frage, wie es möglich ist, etwas zu wissen und (aus gewissen psychologischen Motiven) doch nicht zu wissen, hat jedoch auch eine epistemische Seite. Solche Selbsttäuschungen bleiben unverständlich, wenn man sie nur mit den Begriffen von Wissen und Glauben oder in den Termini der Wahrnehmungssprache wie ›erscheinen‹ oder ›sehen‹ beschreibt.[9] Wenn wir jedoch davon ausgehen, dass Erkennen nicht ein rein passives Aufnehmen ist, sondern einen aktiven Akt erfordert, sich etwas auch deutlich zu machen, dann kann man Selbsttäuschung oder zumindest eine Form von Selbsttäuschung als ein motiviertes Fehlen dieses Aktes verstehen. Cavell bezeichnet das, was hier fehlt, als *acknowledment:* Man *gesteht sich etwas nicht ein*, was einem durchaus irgendwie bekannt ist. *Acknowledgement* ist, wie Lars Leeten in seinem Beitrag herausarbeitet, mit Blick auf Sachverhalte im Sinne von Eingeständnis zu verstehen,[10] mit Blick auf Personen passt aber auch der häufiger verwendete Begriff Anerkennung. Während Anerkennung im Deutschen in der Regel eine positive Wertung im Sinne von Würdigung, Wertschätzung bedeutet, kann *acknowledgement* jedoch auch das Eingeständnis von etwas durchaus

---

[9] Vgl. Herbert Fingarette, *Self-Deception*, London 2000, S. 33.
[10] Bei der Übersetzung von *acknowledgement* als Eingeständnis folge ich Lars Leeten (vgl. »Verleugnung des Unleugbaren. Stanley Cavell und die Tragödie der modernen Moralität« in diesem Band).

negativ Bewertetem einschließen. Der Begriff bezieht sich aber nicht auf eine rein epistemische Verdeutlichung, sondern bezeichnet eine Reaktion auf eine andere Person, mit der eine bestimmte soziale Beziehung bestätigt oder eingerichtet wird. So kann ich beispielsweise wissen, dass ich zu spät gekommen bin: Ich erinnere mich, dass ein Treffen um 17:00 Uhr abgemacht war, und der Blick auf die Uhr zeigt mir, dass es 17:40 Uhr ist. Wenn ich die Diskrepanz zwischen der abgemachten und der wirklichen Zeit meines Erscheinens aber nicht nur weiß, sondern sie mir *als Verspätung eingestehe*, dann erkenne ich es als einen Fehler meinerseits gegenüber der Person, die auf mich warten musste, was Folgen hat wie die, dass ich ihr eine Erklärung abgebe, mich entschuldige und/oder mich in Zukunft bemühe, pünktlicher zu sein.[11] Dasselbe gilt für das Bewusstsein sozialer Beziehungen wie Freundschaft und Feindschaft. Mir einzugestehen bzw. anzuerkennen, dass jemand mein Feind ist, geht über die passive Wahrnehmung meines eigenen Widerwillens gegen diese Person oder die Kenntnisnahme eines mir gegenüber feindseligen Verhaltens hinaus; ich muss es auch mir selbst oder dem anderen gegenüber auf irgendeine Weise *ausbuchstabieren*.[12] Wenn in Shakespeares *King Lear* etwa Kent zu Oswald sagt: »Ich kenne dich. Du bist ein Schurke, ein Sklave, ein Speichellecker ...«, dann drückt das »ich kenne Dich« nicht ein bloßes Wissen von Tatsachen aus, sondern ist eine Form des Ausbuchstabierens und zugleich ein sozialer Akt der Anerkennung dieser Person als eines persönlichen Feindes: Es wird etwas aufgezeigt, das vorher schon irgendwie da, aber eben noch nicht ausbuchstabiert war, und damit ein soziales Verhältnis etabliert, das in diesem Fall nur auf eine Prügelei hinauslaufen kann. Sich etwas einzugestehen bzw. jemanden als jemanden in einer bestimmten Beziehung zu mir anzuerkennen, ist also nicht unbedingt mit einer positiven Wertschätzung verbunden: Man kann seinen Feind ebenso wie seine Freundin anerkennen; auch ein Ausdruck von Verachtung ist eine soziale Anerkennung.[13] *Acknowledgement* im Sinne Cavells in-

---

[11] Hier greife ich ein Beispiel von David Gern, *Wo ich ende und du beginnst*, S. 113 auf.

[12] Den Begriff des *Ausbuchstabierens* entlehne ich Herbert Fingarette, *Self-Deception*, S. 40 f.

[13] Es geht um den Dialog zwischen Oswald und Kent in *King Lear*: »OSWALD: Why dost thou use me thus? I know thee not./KENT: Fellow, I know thee./OSWALD: What dost thou know me for?/KENT: A knave; a rascal; an eater of broken meats; a base, proud, shallow, beggarly, three-suited, hundred-pound, filthy, worsted-stocking knave;

volviert jedoch stets eine persönliche Reaktion auf diese Kenntnis, die unterschiedliche Grade der emotionalen Intensität, der Reflexion und des Handelns einschließen kann:

> acknowledgement ›goes beyond‹ knowledge, not in the order, or as a feat, of cognition, but in the call upon me to express the knowledge at its core, to recognize what I know, to do something in the light of it, apart from which this knowledge remains without expression, hence perhaps without possession.[14]

An anderer Stelle weist Cavell darauf hin, dass das fehlende Eingeständnis von etwas, das durchaus präsent ist, ebenfalls präsent ist, nämlich als ein zumindest vages Bewusstsein von Unstimmigkeit, Oberflächlichkeit oder mangelnder Klarheit:

> A ›failure to know‹ might just mean a piece of ignorance, an absence of something, a blank. A ›Failure to acknowledge‹ is the presence of something, a confusion, an indifference, a callousness, an exhaustion, a coldness.[15]

Wenn etwa Lucy auf Daniels skeptische Frage, ob sie ihren Ex wirklich nicht mehr mag, antwortet: »Like him? You saw the way I treated him, didn't you?«, dann präsentiert sie Daniel (und den Zuschauern) weniger ein Argument, als eine Weigerung, sich ihre wirklichen Gefühle einzugestehen. Was jedoch in persönlichen Beziehungen nie möglich ist, ist die Einnahme einer rein neutralen sozusagen wissenschaftlichen Perspektive, in der *acknowledgement* quasi durch Wissen oder objektive Wahrscheinlichkeit ersetzt wird.[16] Wenn dies scheinbar geschieht, dann handelt es sich in Wahrheit um einen sozialen Akt der *Verweigerung von Anerkennung*. Eine solche Verweigerung von Anerkennung durch die Anwendung von Wissens- und Wahrscheinlichkeitskategorien bildet in *The Awful Truth* den unmittelbaren Anlass zur Scheidung, als Jerry Lucys Erklärung ihrer Verspätung in der zweiten Szene mit der Begründung in Zweifel zieht, es handle sich um eine »alte Geschichte«, was ja nichts anderes bedeutet als zu sagen, er glaube ihr nicht, weil ihre Erklärung im Lichte konventioneller Vorstellungen unwahrscheinlich erscheint.

---

a lily-livered, action-taking knave, a whoreson, glass-gazing, super-serviceable finical rogue; one-trunk-inheriting slave ...«
[14] CoR, S. 428.
[15] MWM 9, S. 264
[16] Vgl. hierzu auch Herbert Schwaab, *Erfahrung des Gewöhnlichen. Stanley Cavells Filmphilosophie als Theorie der Populärkultur*, Münster 2006, S. 163.

Wenn Jerrys Verweigerung von Anerkennung darin besteht, dass er die Erklärung seiner Frau im Lichte konventioneller Klischees auf ihrer Wahrscheinlichkeit hin in Frage stellt, dann kann der Prozess der Überwindung dieser Verweigerung nur darin bestehen, dass er lernt, sich einzugestehen, was er auf nichtkonventionelle Weise weiß und ihr dies auch zu verstehen zu geben. Dies ist typisch für die explizite verbale Kommunikation in dieser Komödie: Was gesagt wird, verbirgt nicht nur etwas, was nicht gesagt wird; es gibt stets eine zweite tiefere Ebene der Kommunikation, wo dieses Nichtthematisierte eingestanden oder auch nicht eingestanden wird, wobei das Eingeständnis bedeutet, es auch im Bewusstsein zu kommunizieren, dass der andere – und nur der andere – versteht, was man meint. Der Prozess der Wiederverheiratung, in dem das Paar wieder zusammenfindet, vollzieht sich daher stückweise als Eingeständnis dieses Wissens – ein Selbstverhältnis, das in diesem Fall insbesondere einen Bildungs- bzw. Erkenntnisprozess des Mannes involviert. Diese Erziehung kehrt gewissermaßen die Richtung des Skeptizismus um. Während der Skeptizismus das, woran wir nicht zweifeln, in Zweifel zieht, geht es bei dem Erkenntnisprozess der Protagonisten der Wiederverheiratungskomödie darum, das einzugestehen, was sie eigentlich wissen, aber mit ihrer Scheidung geleugnet haben: dass sie einander lieben und zusammen sein wollen.

Diese Anerkennung setzt ein Vertrauen voraus, das nicht einseitig herstellbar ist, sondern wechselseitiger Signale bedarf. Ein verbales »ich liebe Dich« würde nur Misstrauen auslösen, wo schon Misstrauen herrscht. In einem solchen Fall muss der Partner zeigen, dass er dies nicht nur sagt, sondern auch wirklich meint – und dies kann er nur über geeignete Handlungen ausdrücken. Wo sie angezweifelt wird, muss sich die Liebe in dem Preis kundtun, den die Protagonisten bereit sind zu entrichten; und dieser Preis kann in einer Welt, in der es nicht um Geld geht (weil es vorhanden ist), aber durchaus um sozialen Status und Ansehen, nur in der Bereitschaft bestehen, dieses Ansehen aufs Spiel zu setzen, sich in den Augen anderer lächerlich zu machen, sich wechselseitig zu zeigen, dass der andere einem wichtiger ist als das, was man von ihnen denken könnte. In der Wiederverheiratungskomödie steht die Bereitschaft, sich in eine lächerliche Rolle zu begeben, die für eine sozial ängstliche und konventionelle Person den gesellschaftlichen Tod bedeuten würde, für das, was im Action-Triller die Bereitschaft zur heroischen Selbstaufopferung oder Selbstgefährdung wäre: Sie ist sowohl ein Akt der

Selbstüberwindung als auch der Liebeserklärung. Mit der Freiheit zur Lächerlichkeit, die sich die Protagonisten nehmen, um gemeinsam ihren Spaß zu haben, beweisen sie gleichzeitig, dass sie lieben und der Liebe würdig sind.

Dies wird besonders deutlich in der Szene, in der Lucy sich als Jerrys Schwester ausgibt und auf ihre Weise die Gesangsnummer von Dixie Belle im Nachtclub imitiert. Während die Vorführung darauf angelegt ist, bei der Familie von Jerrys Verlobten mindestens die Peinlichkeit zu erzeugen, die Dixie Belle damals unbeabsichtigt bei ihnen erzeugt hatte, erlebt Jerry diese ironische Wiederholung einer eher lächerlichen halberotischen Nummer nun als etwas ganz anderes: Indem seine Frau sich bewusst für eine so groteske Darbietung entscheidet, die ein absolutes No-Go im Kontext einer bürgerlichen Abendgesellschaft darstellt, signalisiert sie ihm nicht nur, dass sie vor nichts zurückschreckt, um die Beziehung mit seiner neuen Verlobten zu stören – was übersetzt werden kann in die Mitteilung, dass sie nicht auf ihn verzichten möchte, dass sie ihn immer noch liebt und mit ihm zusammen sein möchte. Sie lässt durch die übermütige Präsentation ihrer Nummer, die sie ganz offenkundig genießt, auch die Register eines Humors spielen, von dem beide wissen, dass sie ihn teilen; eines Humors, der nicht nur einen wichtigen Aspekt ihrer wechselseitigen Anziehung und Wertschätzung ausmacht, sondern sie auch als Komplizen von ihrer gesellschaftlichen Umgebung abhebt. Nur wenn man dies als die Mitteilung nimmt, die der Protagonist empfängt, kann es plausibel erscheinen, dass er keinerlei Versuch unternimmt, sich von den peinlichen Ausführungen und dem betrunkenen Benehmen seiner angeblichen Schwester zu distanzieren, sondern ihr, wie die Kamera im Close-Up zeigt, mit einem von Befremden über Staunen in bewunderndes Amüsement übergehendem Mienenspiel zuschaut.

IV Schluss

Welche Antwort gibt uns die Wiederverheiratungskomödie *The Awful Truth* auf die anfänglich aufgeworfene Frage, warum bestimmte Wahrheiten oder bestimmte Formen des Verdachts für Paarbeziehungen »schrecklich« sein bzw. ein zerstörerisches Misstrauen auslösen können? Und welche Therapie legt der Film uns nahe? Die Frage nach der schrecklichen Wahrheit wurde bei der Interpretation des Films, angelehnt an Cavells Überlegungen zum Verhältnis von *knowledge* und *acknowledgement*, in die leitende Frage übersetzt, auf welche Art von Wissen es in Paarbeziehungen ankommt, und welche Verwechslungen bzw. existentielle Missverständnisse mit Blick auf die relevanten Formen des Wissens hier zu überwinden sind. *The Awful Truth* wurde als ein reflexives Narrativ zum Thema Wahrhaftigkeit und Vertrauen in Paarbeziehungen untersucht, in der der Protagonist im komischen Wechselspiel mit der Protagonistin einen emotionalen Lernprozess im Sinne von Cavells Deutung des moralischen Perfektionismus durchmacht. Dieser ist mehrdimensional. Einerseits überwindet Jerry im Verlauf seiner *education sentimentale* eine gewisse persönliche Schwäche oder männliche Unsicherheit in der Beziehung zu Lucy, die sich im Film darin äußert, dass er zu Beginn versucht, in den Augen seiner Peergroup ein Macho-Image als Schürzenjäger aufzubauen, der seine Frau nicht ernst nimmt. Er lernt, seine Beziehung zu Lucy von dem abzugrenzen, was konventionell oder in den Augen der Peergroup zählt und sie dadurch anfangs einem Misstrauen ausgesetzt hatte, das nicht ihrer Beziehung, sondern konventionellen Klischees entspringt. Dieser emotionale Bildungsprozess ist nicht durch rein intellektuelle Einsichten wie die Anfangs von Jerry verkündeten Weisheiten á la »What you don't know ...« erreichbar, da Jerrys Konventionalität tief in seine eigenen Gefühle hineinreicht, von denen er überwältigt wird. Die Eifersucht, die ihn zu seinem irrationalen Verhalten veranlasst, scheint lange Zeit sein Handeln zu bestimmen. Wie in der zweiten Szene aber auch subtil angedeutet wird, wird dieses Gefühl, auch wenn es als konventionelles Muster kulturell angelegt ist, bei Jerry erst durch die Reaktionen seiner sozialen Gruppe (die spitzen Bemerkungen der Freundin, die ihn auf die ungeöffnete Post hinweist, die Blicke seiner Begleitung) sozusagen getriggert.[17] Im Griff der Eifersucht kann er gar nicht anders, als es für äußerst wichtig zu halten, Gewissheit bezüglich der Beziehung zwischen Lucy und Armand zu erhalten, indem er nach Beweisen sucht. Es ist aussichtslos, eine Person, die sich in einer solchen emotionalen Verfassung befindet, mit rationalen Gründen davon zu überzeugen, dass das kein sinnvolles Unterfangen ist. Dies kann er nur begreifen, indem er lernt, sich einzugestehen, was er eigentlich weiß: dass Lucy sich mit niemandem so subtil verständigen und so wohlfühlen kann,

---

[17] Zu diesen sozialen Auslösern von Gefühlen vgl. Ronald de Sousa, *Die Rationalität des Gefühls*, Frankfurt a. M. 2009, S. 410.

wie mit ihm, dass sie emotional auf denselben Wellen schwingen, da sie beide, trotz seiner Unsicherheit, auf komplizenhafte Weise einen Humor teilen, durch den sie sich in allen Lebenssituationen immer wieder auf lachende Weise verbinden können. Im Lichte dieses Wissens, das aber erst eingestanden werden muss, erscheint die Frage, ob Lucy einmal eine zufällige Nacht mit einem anderen verbracht hat, als vollkommen irrelevant, da die Exklusivität ihrer Beziehung dadurch gar nicht bedroht werden kann. Was für die Zuschauer sichtbar ist, aber erst am Schluss wieder von beiden eingestanden wird, ist der Umstand, dass beide eigentlich immer miteinander kommunizieren, wenn sie etwas tun oder mit anderen sprechen. Und dadurch bekommt das, was getan oder gesagt wird, eine Bedeutung, die nur für sie ersichtlich ist und sie zu Komplizen macht. Jerry wird sich seiner Liebe zu Lucy wieder bewusst – und er bringt sie ihr zu Bewusstsein –, indem er sich vor den Gästen ihrer Matinee lächerlich macht. Und indem Lucy sich absichtlich vor seinen zukünftigen Schwiegereltern lächerlich macht, gibt sie ihm zu verstehen, dass sie in ihrem freien Handeln immer noch ständig auf ihn bezogen ist. Indem sie das, was gewöhnlich jeder vermeidet, absichtlich tun, es mit Freude und Spaß tun, bekunden sie öffentlich ihren Willen, das eigene Leben selbst zu gestalten, es miteinander zu gestalten, es sich nicht durch die Sensationslust sogenannter Freunde oder die Angst vor dem Ansehensverlust entfremden zu lassen. Damit wird die Wiederverheiratungskomödie zur Utopie der Kommunikation zwischen zwei Personen, die keiner Symbiose bedürfen, um einander voll zu vertrauen, sondern sich wechselseitig als selbstständig wahrnehmen, als frei, und sich damit auch gegenseitig die Freiheit verleihen, ihre Unsicherheiten zu überwinden.

Komische Analysen der Ehe

Zum Projekt von Cavells *Pursuits of Happiness*

Jochen Schuff

Aus Cavells filmphilosophischem Grundlagenwerk *The World Viewed* findet sich des Öfteren ein Satz zitiert, der an seinem Ursprungsort wie eine beiläufige Randbemerkung daherkommt: »Apart from the wish for selfhood (hence the always simultaneous granting of otherness as well)«, schreibt Cavell dort, »I do not understand the value of art.« Und weiter: »Apart from this wish and its achievement, art is exhibition.«[1] Dass als Gegenbegriff zur Kunst hier der der Ausstellung aufgebaut wird, das reine Spektakel des Zeigens, das ist nicht zuletzt Cavells theoretischer Allianz mit Michael Fried geschuldet, dem berüchtigten Kritiker der ›Buchstäblichkeit‹ und der ›Theatralität‹ in der Kunst. Um diese Kritik am Theater einer oberflächlichen Kunst und ihrer oberflächlichen Rezeption ist es mir hier aber nicht zu tun.[2] Wichtig ist mir vielmehr, dass Cavell in dieser Passage die Dialektik von Selbstsein und Andersheit geradezu im Zentrum der Kunst ansetzt. Dass er das quasi zur Seite hin bemerkt, heißt nicht, dass es sich nicht um einen ganz zentralen Befund handelt. Ich nehme an, dass sowohl die theoretische Anschlussfähigkeit des zugrundeliegenden Gedankens als auch die aphoristische Offenheit der Bemer-

---

[1] TWV 2, S. 22. Das Zitat findet sich prominent etwa bei Martin Seel, »Aktive Passivität. Über die ästhetische Variante der Freiheit«, in: ders, *Aktive Passivität. Über den Spielraum des Denkens, Handelns und anderer Künste*, Frankfurt a. M. 2014, S. 240–265, hier: S. 241; Josef Früchtl, *Vertrauen in die Welt. Eine Philosophie des Films*, München 2013, S. 207; Thomas Hilgers, *Aesthetic Disinterestedness. Art, Experience and the Self*, New York/London 2017, S. 10.

[2] Vgl. Michael Fried, »Kunst und Objekthaftigkeit«, in: Gregor Stemmrich (Hg.), *Minimal Art. Eine kritische Retrospektive*, Dresden/Basel 1995, S. 334–374; zu diesem Zusammenhang sowie zu den Konvergenzen zwischen Cavells und Frieds Theorien kritisch Juliane Rebentisch, *Ästhetik der Installation*, Frankfurt a. M. ⁶2014, S. 21–78; vgl. auch Diarmuid Costello, »On the Very Idea of a ›Specific‹ Medium: Michael Fried and Stanley Cavell on Painting and Photography as Arts«, in: *Critical Inquiry* 34/2 2008, S. 274–312.

kung zu den Gründen zählen, aus denen man sich jenen Nebensatz so gerne zu eigen macht.

Der ursprüngliche Kontext dieser Bemerkung über die Kunst ist allerdings Cavells Nachdenken über das Kino. Cavell diskutiert in *The World Viewed* das Medium des Films einerseits im Kontext des kunsttheoretischen Modernismus und andererseits im Kontext seiner in vorangehenden Arbeiten gestellten Diagnose eines umfassenden, alltäglichen Skeptizismus. Beide Linien der Untersuchung laufen, auf in komplexer Weise zusammenhängenden Wegen, auf Fragen der *Anerkennung* hinaus.[3] Kunst ist nicht mehr selbstverständlich – und daher muss sich jedes Werk der Anerkennung *als Kunst* preisgeben, indem es an der Definition und Innovation seines Mediums weiterarbeitet. Und das Wissen um die Welt und die Anderen in ihr ist keines, das sich theoretisch begründen und argumentativ verteidigen lässt, es findet auf einer anderen Ebene, derjenigen nämlich einer *vorgängigen* Anerkennung, seine Grundlage – der Anerkennung einer gleichermaßen radikalen Getrenntheit und radikalen Abhängigkeit vom Anderen.[4] Moderne, Skeptizismus und Anerkennung – damit sind die Themen genannt, die seit je, und programmatisch in *The Claim of Reason* (dt. *Der Anspruch der Vernunft*) Cavells Philosophie in ihrem Innersten um- und antreiben.[5] Die Konstellation dieser Grundbegriffe bestimmt auch Cavells Perspektive auf die Kunst. So findet sich in dem anfangs zitierten Satz in der Tat der Fluchtpunkt von Cavells Film- und Kunsttheorie: In der Kunst geht es um das Verhältnis von Selbst und Anderen in dem Spiegel, den künstlerische Werke und Medien (und im Zentrum von Cavells Interesse immer wieder das Kino) für dieses Verhältnis im Zusammenspiel ihrer Formen und Inhalte bilden.

Ich werte das als ersten Anhaltspunkt dafür, warum sich Cavell in seinem auf *The World Viewed* folgenden Buch zum Film, *Pursuits*

---

[3] Hervorragende Einführungen in *The World Viewed* sind: William Rothman, Marian Keane, *Reading Cavell's* The World Viewed. *A Philosophical Perspective on Film*, Detroit 2000; Élise Domenach, *Stanley Cavell, le cinéma et le scepticisme*, Paris 2011; Lisa Trahair, »Being on the Outside. Cinematic Automatism in Stanley Cavell's The World Viewed«, in: *Film-Philosophy* 18 (2014), S. 128–146.

[4] Für diese Argumentation grundlegend ist Cavells Aufsatz »Knowing and Acknowledging« (MWM 9 bzw. UG I 1).

[5] Vgl. dazu Jay M. Bernstein, »Cavell's Transformations of Philosophy. Aesthetics, Modernism, Literature«, in: Richard Eldridge (Hg.), *Stanley Cavell*, Cambridge 2003, S. 107–142.

of Happiness, ausgerechnet mit einer Reihe von Filmen auseinandersetzt, deren Fokus eine Verhandlung der Ehe bildet. Cavell bespricht in diesem Buch sieben Filme aus den Jahren 1934 bis 1949, die nicht so sehr auf eine Hochzeit, sondern vielmehr auf eine zweite Hochzeit, eine Wiederverheiratung, zulaufen (in einem nicht sehr strengen Sinn, denn gar nicht alle Filme erfüllen überhaupt dieses Kriterium). Für Cavell stellt diese Reihe von Filmen ein eigenes Genre dar – *The Hollywood Comedy of Remarriage* –, dessen Instanzen für ihn zu den hervorragendsten und geradezu philosophischen Produktionen des klassischen Hollywood gehören.[6] Das ist mehr als eine beliebige Themenwahl, nämlich zugleich ein Statement darüber, was das Kino an Reflexion zu leisten vermag. Einige Gründe für diese Behauptung und ihre theoretische Relevanz möchte ich hier zusammentragen. Zunächst ist das überhaupt die Darstellung der Liebesbeziehung. Im Lichte des Eingangszitats lässt sich die Ehe als exklusive Paarbeziehung als das zentrale Feld der Konfrontation von Selbst und Anderem verstehen. Darüber hinaus spiegeln sich aber die Prozesse von bedeutsamer Konversation und Kunstrezeption wechselseitig: »A work one cares about«, so Cavell, »is not so much something one has read as something one is a reader of; connection with it goes on, as with any relation one cares about.«[7] Und nochmals darüber hinaus hat das nicht nur private, sondern rundheraus politische Bedeutung. Das bringt schon die vieldeutige Anspielung des Buchtitels zum Ausdruck – *Pursuits of Happiness* –, die gleichermaßen auf das Happy End als klassische Trope der Filmromanze, wie auf die Suche nach dem Selbst und auf die amerikanische Unabhängigkeitserklärung verweist. Am ausdrücklichsten führt alle diese Themen die Interpretation von *The Philadelphia Story*[8] zusammen, die in dieser Hinsicht das Zentrum des Buchs bildet.

Meine kurze Exposition macht schon die Überfülle von Themen deutlich, die sich in *Pursuits of Happiness* und von diesem Buch aus eröffnen. Mir geht es hier aber nicht um einen Überblick über dessen verschiedene Assoziationen und Denkbewegungen. Die folgenden Überlegungen sind mein Versuch, den philosophischen Leitmotiven

---

[6] Cavells Begriff des Genres ist kontrovers, ebenso die Kriterien dafür, welche Filme Cavell in *Pursuits of Happiness* in das Genre der *remarriage comedies* einschließt und welche nicht. Ich werde das hier nicht diskutieren; vgl. PoH Int. S. 26–34.
[7] TWV 1, S. 13.
[8] *The Philadelphia Story* (DT: *Die Nacht vor der Hochzeit;* R: George Cukor, USA 1940).

des Buchs auf die Spur zu kommen. Dabei werde ich die ethischen und ästhetischen Verläufe sichtbar machen, die Cavells Untersuchung der Ehe mithilfe des Films (oder mithilfe von Filmen) aus meiner Sicht entwirft. Es wird sich zeigen, dass das ethische und das ästhetische Feld hier untrennbar verwoben sind: Wo die von Cavell aufgeführten Filme über die Ehe philosophieren, indem sie das in Bewegtbild und Ton verhandeln, da legen sie gerade ebenso etwas über das Medium des Films frei (über die Art und Weise, uns etwas zu erzählen, indem es für einen Bildträger dargestellt wird) – und umgekehrt: Wo die Filme ästhetisch ganz bei sich sind, da zeigen sie gerade so sehr die wechselseitige Bezogenheit, wie sie sich im Wesen einer Ehe ausdrückt, die ihrem Begriff gerecht wird. Dass das nicht eine Geschichte der Konstruktion, sondern vielmehr eine der De- und Rekonstruktion ist, das macht schon die naheliegendste Beobachtung deutlich, dass für Cavell die Ehe ihre ästhetische Abhandlung vorzüglich im Modus der Komödie findet. Diese Art *komischer Analyse* ist augenscheinlich, und ist auch für Cavell ganz explizit, letztlich eine Kritik der (Institution der) Ehe: »I draw the moral that a critic of such films as *Adam's Rib* [...] is bound to be a critic of marriage, of marriage as projected and criticized by the films themselves.«[9] Und so scheint mir in den ›Lektüren‹ dieser Filme aus den Dreißiger- und Vierzigerjahren des 20. Jahrhunderts, die Cavell in dessen späten Siebzigern geschrieben hat, eine durchaus zeitgemäße Moral hinsichtlich der Struktur und der Prozessualität von Liebesbeziehungen zu finden zu sein – auch im Hinblick auf die abnehmende gesellschaftliche Verpflichtung zum Heiraten einerseits und die vielfältige Umdeutung der Rechtsform (und des Begriffs) der Ehe andererseits. Der Schlüssel zu alledem ist die Wiederholung, der stetige Neuanfang. Man kann, um das hier schon einmal vorwegzunehmen, in Cavells Verständnis nicht einfach *verheiratet sein* – denn weder Gesetz noch Sexualität noch auch die Reproduktion vermögen das sicherzustellen. Das ist in meiner Sicht die radikale Konsequenz, die sich aus Cavells Überlegungen ergibt. Denn damit eine solche Beziehung glücken und dauerhaft bestehen kann, muss man den Mut aufbringen, sie wieder und wieder zu riskieren und neu zu beginnen, und zwar nicht zuletzt indem man lernt, dass der oder die Andere stets das bleibt, was er oder sie ist – gerade indem und insofern er oder sie sich

---

[9] PoH 6, S. 214. *Adam's Rib* (DT: *Ehekrieg;* R: George Cukor, USA 1949) ist der jüngste der in *Pursuits of Happiness* diskutierten Filme.

laufend verändert. Das Motiv der Scheidung und der Wiederverheiratung, das das verbindende Element der Komödien ausmacht, steht für genau diese Dynamik des Scheiterns und Neuansetzens. Allerdings, so werde ich zeigen, erfasst Cavell mit dieser Bestimmung der Ehe nicht nur die Ehe im rechtlichen Sinn, sondern jede gelingende Form von Liebesbeziehung.

I Die Realität des Filmischen

Das alles findet hier nicht einfach als Theorie der Ehe, sondern im Rahmen der Diskussion einer spezifischen medialen Form des Erzählens, nämlich derjenigen des Films, statt. Ich werde daher zunächst knapp in Erinnerung rufen, wie Cavell das Kino grundsätzlich philosophisch bestimmt. Insbesondere die Perspektive auf den Film, die Cavell zuvor in *The World Viewed* ausgearbeitet hat, bildet für die Portraits der Ehe, die den Stoff von *Pursuits of Happiness* ausmachen, den theoretischen Hintergrund.

Das Kino ist für Cavell grundlegend ein Modus der Erfahrung, und zwar sowohl der ästhetischen als auch der biografisch-existenziellen Erfahrung. Genau genommen sind die biografische Bedeutung des Umgangs mit und der oft auch geteilten Erfahrung von Filmen und die ästhetische Bedeutung ihrer Tonbildwelten gar nicht sauber zu trennen. Cavell verbindet daher die theoretische Befragung des Mediums immer mit der persönlichen Erinnerung an einzelne Filmwerke. Das legt schon nahe, dass Filme und ihre Erzählungen so nicht allein als Konstruktionen einer fiktionalen Realität verstanden werden, sondern ebenso sehr als Teil der erlebten Wirklichkeit selbst. Eine Welt, in der wir uns mit bewegten Bildern uns selbst deutlich machen, ist eine durch die Bilder, Töne und Worte des Kinos mitgestaltete Welt.[10] Diese Durchdringung ist die eine Seite.

Der zweite, dazu komplementäre Punkt ist der *Automatismus* des Kinos: Der Film erzeugt seine Welt automatisch, mittels einer Apparatur. Das gilt sowohl für die Aufnahme als auch für die Präsentation; beide arbeiten mit Mechanismen, die die Welterzeugung sicherstellen. Daraus folgt für Cavell aber nicht eine technizistische Sicht der Dinge. Denn letztlich und entscheidend sind es die Folgen und Verläufe dieser automatischen Organisation, die ästhetisch rele-

---

[10] Vgl. TWV 6 und 17, S. 154f.

vant werden. Daraus ergibt sich die weitere Facette des Automatismus, dass die Figuren und Landschaften des Films ihr eigenes Leben entwickeln, dessen Anmutung zwischen gespenstisch und hyperreal changiert. Wie automatisch bilden sich daraus Wiederholungen, Muster, Formen: Mythen, Typen und Genres.[11]

Aus dieser quasi natürlichen Herausbildung der ästhetischen Errungenschaften des Filmmediums folgen wiederum die entscheidenden Konsequenzen für die Relation zwischen dem Film und den anderen Künsten. Denn der Film bildet vor, wie sich auch die anderen und traditionellen Künste in der Ära des Modernismus selbst zu organisieren haben – vor allen Dingen nämlich in der Anerkennung automatischer, improvisierter und willkürlicher Arbeitsverfahren.[12] Diese letzte Bedeutung von Automatismus bezeichnet also die Anerkennung einer Reihe von künstlerischen Verfahren, die damit zu tun haben, ein Werk zu Ende bringen zu müssen, wo seine Produktion nicht mehr an äußeren Konventionen festgemacht werden kann. Die Künstlerin muss sich zum richtigen Zeitpunkt sozusagen der Entscheidung *überlassen*, dass ihr Werk abgeschlossen ist – und also sich selbst in Distanz zu ihm bringen.[13]

Schließlich spiegeln sich die Aspekte der Distanz, die sich in unterschiedlichen Hinsichten in den Produktionsbedingungen des Kinos wie der gegenwärtigen Künste finden, in den Verhältnissen der Aufführung des Films wider. Die Leinwand des Kinos ist für Cavell zugleich Bildträger und Grenzmarkierung. Um zu demonstrieren, wie eng das miteinander verknüpft ist, nutzt er in seiner Beschreibung die Doppelbedeutung des englischen Ausdrucks screen: »What does the silver screen screen? It screens me from the world it holds – that is, makes me invisible. And it screens that world from me – that is, screens its existence from me.«[14] Auf dieser Leinwand findet sich eine *Projektion*, wie Cavell mit ungebrochenem Sinn für Mehrdeutigkeit herausstellt, nämlich gleichermaßen ein Bild aus Licht wie ein Entwurf, die Vorzeichnung einer Welt, die sich vor unseren Augen bildet. Das Kippbild des Kinos zeigt uns unsere Welt aber als eine Welt, deren Zugang abgeschirmt ist – durch den Bildschirm der Leinwand.

---

[11] Vgl. ebd. 5.
[12] Vgl. dazu auch MWM 7.
[13] Vgl. zu den verschiedenen Bedeutungen des Automatismus bei Cavell auch Lisa Trahair, »Being on the Outside«.
[14] TWV 3, S. 24.

Unsere Position ist demgegenüber die der Zuschauerin, die sich in der Betrachtung der für sie unzugänglichen Welt auf der anderen Seite wiederfindet – und von dort aus die Welt dennoch als die ihre wiedererkennt. Das ist ein durchaus gespenstisches, unheimliches Erscheinen der Dinge und Menschen.[15]

Nun ist das Unheimliche, so denkt das Cavell auf den Spuren Freuds, in Wirklichkeit das, was uns immer schon allzu nahe ist. Was uns nämlich in den Strukturen des Kinos begegnet, ist ein Blick auf den alltäglichen Skeptizismus, der das Weltbild der Moderne bestimmt. Weniger eine philosophische Doktrin drückt das für Cavell aus, als vielmehr eine grundlegende Weltverunsicherung, »die ständige Bedrohung für das Denken und die Kommunikation, daß sie nur menschlich sind, nichts mehr als natürlich für uns«.[16] Das Kino bringt das deswegen so prägnant zum Ausdruck, weil hier die Welt, die sich zeigt, tatsächlich unserer Verfügung entzogen ist: »Film is a moving image of skepticism: not only is there a reasonable possibility, it is a fact that here our normal senses are satisfied of reality while reality does not exist – even, alarmingly, *because* it does not exist, because viewing is all it takes.«[17] Damit aber macht uns der Film unsere generelle Haltung zur Welt sichtbar. Dieses Sichtbarmachen, auch hier denkt Cavell auf Freuds Linie, ist schon Teil der Lösung: »Movies convince us of the world's reality in the only way we have to be convinced, without learning to bring the world closer to the heart's desire […]: by taking views of it.«[18]

Das Kino, so also die knappe Pointe meiner knappen Zusammenfassung, ist ein Spiel aus phänomenaler Nähe und konstitutiver Distanz, aus (in Martin Seels Worten) Bewegung und Bewegtsein,[19] aus Anziehung und Abstoßung, aus Sich-Verlieren und Sich-Wiederfinden. Cavell koppelt diese Spannungen und Konvergenzen an die technischen Verfahren des Kinos und an die ästhetische Valenz seines

---

[15] Vgl. TWV 4; Lisa Åkervall »Die Gespenstigkeit der Kinoerfahrung«, in: Kathrin Thiele/Katrin Trüstedt (Hg.), *Happy Days. Lebenswissen nach Cavell*, München 2009, S. 288–291.
[16] AdV, S. 108.
[17] TWV 18, S. 188f.
[18] Ebd. 14, S. 102.
[19] Vgl. Martin Seel, »Bewegtsein und Bewegung, Elemente einer Anthropologie des Films«, in: ders, *Aktive Passivität. Über den Spielraum des Denkens, Handelns und anderer Künste*, Frankfurt a.M. 2014, S. 285–306.

Erfahrungsraums zugleich. Die übergreifende Polarität des Kinos aber ist die Struktur von Andersheit und Wiedererkennen, letztlich also die Struktur der Anerkennung, deren Verhandlung Cavell, wie wir zu Beginn gesehen haben, überhaupt im Zentrum der Kunst lokalisiert. Das Kino fügt dem in seiner besonderen Kombination aus sinnlichem Bezug und sinnlichem Entzug eine eigene Note hinzu. Es ruft in seiner Struktur die Muster der Liebesbeziehung auf.[20]

Dabei geht es nicht zuletzt um die Passung von Fantasie und Realität, die Auseinandersetzung insofern mit den eigenen Fantasien, die beim Verstehen des Filmischen aktiviert werden. Einer der Filme, die Cavell in *Pursuits of Happiness* diskutiert, *It Happened One Night*,[21] hält für dieses Verhältnis selbst ein prägnantes Bild parat. Das flüchtige Liebespaar in spe verschanzt sich im Lauf der Filmhandlung in einem einfachen Motelzimmer. Als Garantie der außerehelichen Privatheit hängt der Mann (Clark Gable) eine Decke zwischen den beiden Betten auf, die zwar die Sicht verdeckt, aber die Silhouette der Frau (Claudette Colbert) sichtbar lässt. Wie das Kino mit dem Schirm der Leinwand, so deutet das Cavell, distanziert diese Vorrichtung den Anderen – die Andere – und lenkt gerade so die Aufmerksamkeit auf die Wirksamkeit der Fantasie:

> The barrier works, in short, as sexual censorship typically works, whether imposed from outside or from inside. It works – blocking a literal view of the figure, but receiving physical impressions from it, and activating our imagination of the real figure as we watch in the dark – as a movie screen works.[22]

Das ist eine für Cavell ganz typische Deutung: Der Film hält in der Inszenierung seiner Handlung eine Metapher dafür parat, wie das Kino als künstlerische Form überhaupt funktioniert.

---

[20] Vgl. dazu Gertrud Koch, »Man liebt sich, man liebt sich nicht, man liebt sich. Stanley Cavells Lob der Wiederverheiratung«, in: Kathrin Thiele/Katrin Trüstedt (Hg.), *Happy Days. Lebenswissen nach Cavell*, München 2009, S. 279–287, hier S. 285; Josef Früchtl, *Vertrauen in die Welt*, S. 197 ff. Auf einem anderen theoretischen Fundament argumentiert für die amouröse Struktur des Kinos Christiane Voss, *Der Leihkörper. Erkenntnis und Ästhetik der Illusion*, München 2013, S. 217–263.
[21] *It Happened One Night* (DT: *Es geschah in einer Nacht*; R: Frank Capra, USA 1934).
[22] PoH 2, S. 82.

II Die Form der Komödie

Es ist aus dieser Perspektive konsequent, die amouröse Struktur des Films am Genre des Liebesfilms weiter zu untersuchen, sodass sich Aspekte der Form und Aspekte des Inhalts in einer vielschichtigen Form ineinander finden und spiegeln. Eine besondere Bühne unseres Skeptizismus, insofern er die Existenz des Fremdpsychischen bezweifelt, sind offensichtlich Erzählungen, die intime menschliche Beziehungen verhandeln, und bevorzugt noch Liebesbeziehungen. »Wenn ein Bild menschlicher Intimität«, so schreibt Cavell später in »Die Unheimlichkeit des Gewöhnlichen«, »nennen wir es Ehe oder Heimischwerden, fiktionales Äquivalent dessen ist, was die Philosophen der Alltagssprache als das Gewöhnliche bezeichnen – nennen wir dies das Bild des Alltäglichen als des Heimischen –, dann sollte sich die Bedrohung des Gewöhnlichen, die die Philosophie als Skeptizismus bezeichnet, in den häufigsten Bedrohungen widerspiegeln, denen sich in der Fiktion die verschiedenen Formen der Ehe gegenübersehen, nämlich in bestimmten Formen des Melodramas und der Tragödie.«[23]

Man kann Cavells Explikation des Kinos als Modell und Verdeutlichung unserer umfassend skeptizistischen Position zur Welt und zu den Anderen in ihr plausibel finden, und man kann sogar die Idee seiner therapeutischen Wirksamkeit akzeptieren – was im Groben die zentralen Thesen von *The World Viewed* einkauft –; nicht ohne Weiteres klar wird jedoch, was daran vergnüglich oder unterhaltsam, geschweige denn komisch sein könnte. Man mag, wie es Cavell ja auch nahelegt, in diesem Zusammenhang eher an Melodramen oder Tragödien denken. Dass es ausgerechnet Komödien sind, die Cavell als exemplarisch für die Herausbildung und Perfektionierung der Medien des Kinos ins Zentrum der Betrachtung stellt, mag also verwundern.

Tatsächlich ist es die Bedeutung einer besonderen Form des Zwiegesprächs, der *alltäglichen Konversation*, und zwar gerade in ihrer rasant choreografierten Überspitzung, die für Cavell eine Unterart der *screwball comedies* der Dreißiger- und Vierzigerjahre als paradigmatisches Phänomen des Kinos heraushebt. In deren Mittelpunkt steht jeweils das verbale Schaufechten eines Paares, das über den Streit und also die Verteidigung eigenständiger Positionen zu

---

[23] UG I 2, S. 107.

einer Einheit findet. Deswegen stehen im Zentrum der *remarriage comedies*, auch das ist Cavell wichtig, jeweils zwei Stars – Persönlichkeiten wie Barbara Stanwyck, Cary Grant und Katherine Hepburn –, die die Handlungen und Äußerungen ihrer Figuren auch zu schultern vermögen:

> Since the sound of argument, of wrangling, of verbal battle, is the characteristic sound of these comedies – as if the screen had hardly been able to wait to burst into speech – an essential criterion for membership in that small set of actors who are featured in these films is the ability to bear up under this assault of words, to give as good as you get [...].[24]

Der Weg zum Verständnis dieser Komödien, so viel wird schon deutlich, führt über die Bedeutung des Streits: »The exchanges of comedy span the quarrels of romance and the tirades of matrimony, arguments of desire and of despair. So essential are these arguments to the genre of remarriage that it may be taken above all to pose the problem: What does a happy marriage *sound* like?«[25] Die tatsächlich urkomische Übersteigerung all dessen, ein Schauspiel der Ehe im Inneren eines der Filme, deren Thema sie ja ist, findet sich wieder in *It Happened One Night*. Dort mimen die beiden Protagonisten Ellie Andrews und Peter Warne – dargestellt, wie gesagt, von Claudette Colbert und Clark Gable – in ihrem Motelzimmer gegenüber der Polizei, die auf der Suche nach ihnen ist, ein ganz gewöhnliches Ehepaar (ein Status, den sie selbst ja noch nicht erreicht haben – wir Zuschauer ahnen aber schon, dass sie sich auf dem Weg dahin befinden) – und zwar indem sie ein hitziges Wortgefecht anzetteln. Sie bringen die sichere und stabile Verbindung der Ehe gerade dadurch überzeugend zum Ausdruck, dass sie einen Streit austragen. »As if there may be a bickering«, deutet das Cavell, »that is itself a mark, not of bliss exactly, but say of caring. As if a willingness for marriage entails a certain willingness for bickering.«[26] Der Zank wird hier als Übersteigerung dessen deutlich, was eine funktionierende Beziehung ausmacht. Das ist in zwei Hinsichten kein Zufall. Auf den wichtigen (ersten) Aspekt der Bedrohung, oder des drohenden Scheiterns, komme ich im nächsten Abschnitt ausführlich zu sprechen. Zunächst will ich aber auf den (zweiten) Aspekt des Zwiegesprächs, der Konversation eingehen, der in der Szene, stellvertretend für die verbale Ausprägung der Komö-

---

[24] PoH 2, S. 86.
[25] Ebd.
[26] TWV 13, S. 86.

dien insgesamt, deutlich wird. Den paradigmatischen Vorschlag, solche Formen des Gesprächs – das Geben und Nehmen der Konversation, dessen Extremform das Wortgefecht ist – als grundlegende Bedingungen für die Ehe zu begreifen, findet Cavell in John Miltons Traktat über die Ehescheidung. Dort wird als Kern einer funktionierenden Ehe die Aufrechterhaltung einer »meet and happy conversation« bestimmt, womit Milton zumindest auch den anhaltenden Dialog der Partner versteht – »this pure and more inbred desire of joyning to it selfe in conjugall fellowship a fit conversing soul (which desire is properly call'd love)«.[27]

Es ist in diesem Sinne weniger das konkret Komische daran, als vielmehr die Form der Komödie, als Behälter und Ermöglichung und Bühne einer koordinierten und choreografierten und inszenierten Form des alltäglichen Sprechens, die für die ethische, und gar politische Bedeutsamkeit dieser paradigmatischen Form des Hollywoodkinos einsteht. Die Form der Komödie, das meint: sich diese Utopie der Konversation nicht nur als zwischenmenschliche, sondern durchaus auch als gesellschaftliche Utopie vorstellbar zu halten. Und das drückt eine bestimmte Art der Haltung aus:

An answer is being given to an ancient question concerning whether the comic resides fundamentally in events or in an attitude toward events. In claiming these films to enlist on the side of attitude here, I am assuming that sanity requires the recognition of our dependence upon events, or happenstance.[28]

Die Komödie komponiert sich aus Widerfahrnissen, zu denen ihre Protagonisten sich verhalten müssen – sie tun das charakteristischerweise mit einer nur ihnen zugänglichen Logik, die wiederum ganz unbeabsichtigte neue Ereignisse in Gang bringt. Von den Filmen, die Cavell in *Pursuits of Happiness* diskutiert, ist *Bringing Up Baby*[29] das schönste Beispiel für diese – in dem Fall durch verschiedene Statthalter des Animalischen präzise verstärkte[30] – Komik des Ereignisses. Der Film geht von der Fantasie aus, Arbeit und Liebe verheiraten zu

---

[27] John Milton, »The Doctrine and Discipline of Divorce«, in: ders., *Prose. Major Writings on Liberty, Politics, Religion, and Education*, Chichester 2013, S. 116, 118f.
[28] PoH 7, S. 237f.
[29] *Bringing Up Baby* (DT: *Leoparden küßt man nicht*; R: Howard Hawks, USA 1938).
[30] Vgl. dazu auch Angela Keppler, »Tiere als kommunikative Störfälle«, in: Christian Meier/Ruth Ayaß (Hg.), *Sozialität in Slow Motion. Theoretische und empirische Perspektiven*, Wiesbaden 2012, S. 661–677.

können. Dieser Illusion hängt der etwas schusselige Paläontologe Dr. David Huxley (Cary Grant) an, der vorhat, seine Assistentin zu heiraten. In diese Idee der Ordnung bricht das Chaos ein: Die Millionenerbin Susan Vance (Katherine Hepburn), zwei Leoparden und das hyperaktive Hündchen der Erbtante führen über eine Verkettung von Ereignissen und einen Besuch in Connecticut dazu, dass die Unordnung der Liebe (in Gestalt von Susan) die Oberhand gewinnt und die Mühen der Arbeit – vorerst zumindest – in sich zusammenfallen (in Gestalt eines Dinosaurierskeletts).

In einer gleichermaßen knappen wie fulminanten Relektüre von Cavells Deutung dieses Films arbeitet Lorenz Engell die Dialektik von Wiederholung und Störung als das heraus, was Genre und Form der Komödie gerade dadurch konstituiert, dass es sie immer wieder nicht erfüllt und weitertreibt. *Bringing Up Baby* ist die im Hinblick auf ihre Komik zentrale *remarriage comedy*, obwohl oder gerade weil in ihr gar keine Wiederverheiratung vorkommt. Es ist sicher der bei weitem komischste der sieben Filme in *Pursuits of Happiness*. Er legt damit – sozusagen metakomisch – frei, wie seltsam es ist, »dass ein kompliziertes Problem wie die Natur der Liebesbeziehung im Gewand der Komödie verhandelt wird.«[31] Die Liebe aber entwickelt sich hier genau wie in den anderen Instanzen von Cavells Genre nicht, indem sie in eine Ordnung gegossen wird – durch Recht, Sexualität oder Kinder –, sondern indem sie der Wiederholung standhält. Der Fokus auf die Wiederholung ist entscheidend. Wiederholung, das meint in *Bringing Up Baby* die Mittel, von denen dieser Film geradezu manisch Gebrauch macht: Störung, Verdoppelung, Parodie. »Nur in der Komödie«, so Gertrud Koch, »können Wiederholungen, wie die Reprisen in der Musik, eine Form bilden, in der am Ende die Wiederholung das Gelungene ist.«[32] Die Komödie ist, so gesehen, die Form der Reflexion der Liebesbeziehung, weil sie gerade so wie diese den allfälligen Störungen und Krisen mit der Macht der Wiederholung begegnen kann, wenn sie gelingt.[33]

---

[31] Lorenz Engell, »›Leoparden küsst man nicht‹. Zur Kinematographie des Störfalls«, in: *Zeitschrift für Kulturwissenschaften* 2/2011, S. 113–124, hier: S. 122.
[32] Gertrud Koch, »Man liebt sich, man liebt sich nicht, man liebt sich«, S. 284.
[33] Vgl. Lorenz Engell, »›Leoparden küsst man nicht‹«, S. 123.

III Die Ehe vom Scheitern aus bestimmt

Das Gelingen ist aber gerade das Problem. Nicht das Geben und Nehmen des Zwiegesprächs allein bestimmt die Tonlage in den Komödien, denen sich Cavell widmet. Die Konversation zeigt sich in deren Dialogen und ihrer Inszenierung zudem stets als fragiles Gleichgewicht. Die zentrale Drohung, die über all diesen komischen Ereignissen schwebt, ist schließlich die der Scheidung, also des Endes der ehelichen Beziehungen. Das ist die maximale Störung, die die Alltäglichkeit der Liebesbeziehung betreffen kann, nämlich ihr Abbruch. Einige der Paare in den Filmen sind davon tatsächlich direkt betroffen, sie müssen sich entsprechend wiederfinden. Andere durchleben eine Krise, die die Drohung der Scheidung mehr oder weniger offen ins Spiel bringt – oder ihr Zusammenfinden stellt ohnehin eine stetige Krise dar. In jedem Fall geht es den in Frage stehenden Filmen nicht einfach um eine Darstellung von Liebesbeziehungen, sondern um eine Analyse von Liebesbeziehungen aus der Perspektive ihres Abbruchs oder ihres Scheiterns.

Miltons Traktat über die Ehescheidung spielt daher in Cavells Lektüren der *remarriage comedies* nicht zufällig eine zentrale Rolle – ich habe das bereits erwähnt. Für die Betrachtungen über die Ehe, die Cavell aus den Filmen extrahiert, ist dessen Perspektive vom Ende aus ganz entscheidend. Für Milton hat das eine politische Schlagseite. Ehen müssen geschieden werden dürfen, so sein Argument, weil es niemandem nutzt und sogar immensen Schaden bringt, wenn der Staat seine Bürgerinnen und Bürger zur Aufrechterhaltung einer häuslichen Gemeinschaft zwingt, die nichts als Unglück produziert. Nun kann aber eine reformierte Form der Ehe, deren Versprechen nicht unter allen Umständen bindend sein muss, allein durch interne Eigenschaften positiv bestimmt werden. Und tatsächlich zeigen sich in Miltons Argumentation auf der anderen Seite substanzielle Bedingungen der ehelichen Gemeinschaft. Das Versprechen der Ehe oder seine juristische oder gar religiöse Verpflichtung stehen für Milton hinter dem tatsächlichen Glück und der tatsächlichen Gemeinschaft der Ehe zurück; gleichermaßen ist die Ehe auch nicht durch die sexuelle Gemeinschaft oder die gemeinsamen Nachkommen als Form definiert. Aus Miltons Forderung nach der Legalisierung der Ehescheidung ergibt sich als Substrat ganz allein die partnerschaftliche und wechselseitige *Konversation* der Eheleute. Er kann das aus seiner

Argumentation heraus sogar als theologische Gründungsfigur der Ehe behaupten:

It is not good, saith he, *that man should be alone; I will make him a help meet for him.* From which words so plain, lesse cannot be concluded, nor is by any learned Interpreter, then that in Gods intention a meet and happy conversation is the chiefest and the noblest end of mariage: for we find here no expression so necessarily implying carnall knowledge as this prevention of lonelines to the mind and spirit of man.[34]

In der Konsequenz stellt sich in der komödiantischen Übersteigerung das alltägliche Gespräch (und, wie wir gesehen haben, sogar das innige Gezänk der Partner) nicht nur als Bindemittel der Ehe, sondern als Form des sozialen Zusammenhalts überhaupt heraus, wie Cavell auf Miltons Linie erläutert: »So it seems that a criterion is being proposed for the success or happiness of a society, namely that it is happy to the extent that it provides conditions that permit conversations of this character, or a moral equivalent of them, between its citizens.«[35]

In Cavells Sicht arbeiten die Filme, die in *Pursuits of Happiness* zusammengestellt und als Genre definiert sind, sich genau an dieser Bestimmung der Ehe ab: Wie sieht das aus, und wie hört sich das an, wenn eine Ehe sich findet, nicht weil sie *geschlossen* wird, sondern weil sich die Ehepartner im Angesicht ihrer Trennung *wieder*finden? Tatsächlich ist das eine Blickrichtung, die zu den einschlägigen Figurationen des Kinos im Kontrast steht. Während das klassische Happy End die Partner erst in die Liebesbeziehung entlässt, deren Bedingungen und Gestaltung ganz im Vagen, weil im Futur bleiben, sehen wir hier der Ehe in ihrem sozusagen eigentlichen Vollzug zu. Die Filme verhandeln so das Konstitutive der Liebesbeziehung, was Cavell vorerst als die Berechtigung der Ehe beschreibt: »I understand these film comedies to be participating in such a conversation with their culture. The general issue of the conversation might be formulated this way: granted that we accept the legitimacy of divorce, what is it that constitutes the legitimacy of marriage?«[36]

In Cavells Betrachtungen zur Ehe in diesen Komödien ist die Thematik des *moralischen Perfektionismus* angelegt, die als eigentliches Thema seinen späteren Arbeiten vorbehalten ist.[37] Jedenfalls ist

---

[34] John Milton, »The Doctrine and Discipline of Divorce«, S. 116.
[35] PoH Int., S. 32.
[36] Ebd. 4, S. 151.
[37] Vgl. dazu v. a. CoW bzw. CW.

die Ehe hier etwas, dessen eigentliches Wesen erst erreicht werden muss, oder anders formuliert: Ihr Wesen kommt in ihrem Vollzug erst zum Vorschein. Die Ehe, mit anderen Worten, ist eine *Utopie*. Was für eine Art von Utopie? Die jeweils gleichermaßen politische, weil individuelle Instanziierung des *pursuit of happiness*. Am deutlichsten formuliert Cavell diesen Zusammenhang in der Betrachtung von *The Philadelphia Story*. Die Ehe, zu der sich die Protagonisten dieses Films finden sollen und letztlich auch finden, ist, wie es im Film immer wieder heißt, »of national importance«.[38] Das liegt am Reichtum und der gesellschaftlichen Stellung von Tracy Lord (Katherine Hepburn), die zunächst in zweiter Ehe einen Aufsteiger heiraten will, im Lauf der Handlung dann aber zu ihrem Exmann C. K. Dexter Haven (Cary Grant) zurückfindet. So bedeutend scheint die geplante Hochzeit, dass eigens Zeitungsreporter losgeschickt werden, um über sie zu berichten, die dann ebenfalls in die amourösen Verwicklungen verstrickt werden. Zwischen den drei Kandidaten – dem Bräutigam, dem Reporter (James Stewart) und dem Exmann – entscheidet sich Tracy erst im letzten Moment. Dafür erhält die Öffentlichkeit Bericht, was eigentlich verhindert werden sollte: Der Film endet in einer spektakulären Reihe von *stills*, die wie ein Fotoalbum anmuten – man kann das, wie Cavell deutet, als Hinweis auf die entstehenden Pressefotos verstehen, aber auch als Stillstellung, und damit Offenlegung, des Filmmediums.[39] Die ›nationale Bedeutung‹ hat aber noch einen tieferen Sinn. Denn *The Philadelphia Story* bringt selbst ihre Ereignisse in Zusammenhang mit einer Stadt, die für die Geschichte der USA von entscheidender Bedeutung ist. Dass das keine reine Koinzidenz ist, machen die Anfangstitel des Films deutlich: Philadelphia ist der Gründungsort der Vereinigten Staaten, der Ort, an dem die Unabhängigkeitserklärung verfasst wurde, welche das Recht auf eben den *pursuit of happiness* festschreibt, der Cavell als Leitmotiv seiner Deutungen der *remarriage comedies* dient. Daran erinnert die *Liberty Bell*, die in den Bildtafeln des Vorspanns unter anderen historischen Sehenswürdigkeiten der Stadt auftritt, als sei sie die Hochzeitsglocke für die Eheschließung, um die es dann gehen soll. Diese Verschaltung von privater Suche nach dem Glück und politischer Be-

---

[38] Vgl. dazu auch Sandra Laugier, »›Importance of Importance‹ – Cavell, Film und die Bedeutung von Bedeutsamkeit«, in: Kathrin Thiele/Katrin Trüstedt (Hg.), *Happy Days. Lebenswissen nach Cavell*, München 2009, S 299–316.
[39] Vgl. PoH 4, S. 159f.

deutung führt wieder auf Miltons Traktat über die Scheidung zurück, in dem die Ehe ebenfalls als von ›nationaler Bedeutung‹, nämlich nicht nur als Analogie, sondern als Fundament eines funktionierenden Staates repräsentiert wird: »He who marries, intends as little to conspire his own ruine, as he that swears Allegiance: and as a whole people is in proportion to an ill Government, so is one man to an ill mariage. […] For no effect of tyranny can sit more heavy on the Common-wealth, then this houshold unhappines on the family. And farewell all hope of true Reformation in the state, while such an evill as this lies undiscern'd or unregarded in the house.«[40]

Insofern Milton das Aufrechterhalten einer »meet and happy conversation« als eigentliches Funktionieren der Ehe herausstellt, deren Fehlen oder Verlust deswegen auch eine Scheidung legitimiert, legt auch er das Gewicht auf das stete Neuansetzen eines gelingenden Gesprächs, das die Grundlage der Gemeinschaft erzeugt. Das macht das Paar zu einem eigenen Ort – wieder: einer *Utopie* – wechselseitiger Erziehung zu der Person, die man eigentlich ist.[41] Wie also *Bringing Up Baby* im Reigen der *remarriage comedies* für die Form der Komödie einsteht, so verkörpert *The Philadelphia Story* das utopische Potenzial des Genres. Hier, mehr noch als in den anderen Filmen, ist die eigentliche Ehe am Ende buchstäblich eine zweite Ehe, die im Angesicht der Makel des Anderen (und der Anderen) gewählt wird. Cavell macht klar, dass dieses stetige Sich-Wiederfinden im Anderen, die Utopie einer funktionierenden Auseinandersetzung, die moralische Aussicht ist, die die *comedies of remarriage* als Ensemble bereithalten: »Our genre emphasizes the mystery of marriage by finding that neither law nor sexuality (nor, by implication, progeny) is sufficient to ensure true marriage and suggesting that what provides legitimacy is the mutual willingness for remarriage, for a sort of continuous reaffirmation, and one in which the couple's isolation from the rest of society is generally marked; they form as it were a world elsewhere.«[42]

---

[40] John Milton, »The Doctrine and Discipline of Divorce«, S. 108f.
[41] Vgl. zu diesem Motiv bei Cavell insgesamt jüngst Andrew Norris, *Becoming Who We Are. Politics and Practical Philosophy in the Work of Stanley Cavell*, Oxford 2017.
[42] PoH 4, S. 142.

IV Kritik der Ehe und Ethik der Wiederholung

In einer Zusammenschau von Cavells Arbeiten zum Film kommt Daniel Shaw auf das Bild der Ehe in den *comedies of remarriage* zu sprechen:

> In an era of economic hardship, and rising divorce rates, skepticism about the viability of marriage was on the rise at the time these films were made. Films of this type (where couples break apart and come together again, as if fated to do so) are uniquely able to affirm the institution of marriage, and celebrate its ability to sustain romantic love.[43]

Mir scheint das Gegenteil der Fall zu sein: dass es gerade nicht um eine Festschreibung und Rettung der *Institution der Ehe* angesichts ihrer zunehmenden Infragestellung geht, nicht in den Filmen selbst, und noch weniger in den Interpretationen, die Cavell aus ihnen entwickelt. Die Ehe ist, wie wir gesehen haben, gerade nicht durch Institution oder Konvention bestimmt; diese Einsicht zieht sich durch die Lektüren der unterschiedlichen Filme. Das bedeutet nicht, dass hier die Ehe als Institution vollständig abgewickelt werden soll. »Es ist ein Merkmal von Wiederverheiratungskomödien, dass sie uns flüchtige Einblicke in zum Scheitern verdammte Ehen oder Ehegefängnisse geben«, schreibt Cavell noch gute zwanzig Jahre später in *Cities of Words*,

> [u]nter den komödiantischen Rahmenbedingungen [führe] dies jedoch nie dazu, dass das intelligente und gewinnende Paar, mit dem wir uns gewöhnlich identifizieren, auf die Idee kommt, die Institution der Ehe selbst sei zum Scheitern verdammt. Ebenso wenig gelangen ich oder die meisten meiner Freunde zu dieser Schlussfolgerung.[44]

In einem Aufsatz mit dem Titel »Two Cheers for Romance« bringt Cavell explizit die romantische Idee der Ehe gegen ihre feministischen Kritikerinnen in Stellung. Die Kritik an der Ehe, die Cavell dort referiert, richtet sich gegen ihr Ideal als romantische Liebesbeziehung: Denn diese beerbe die arrangierte Ehe mit einer noch durchdringenderen Domestizierung der (weiblichen) Lust. Obwohl Cavell das für einen berechtigten Punkt hält, schließt er für ihn die Möglichkeit einer konstruktiven Reform und Erweiterung der romantischen

---

[43] Daniel Shaw, »Stanley Cavell on the Magic of Movies«, in: *Film-Philosophy* 21/1 (2017), S. 114–132, S. 121.
[44] CW Einf., S. 46.

Ehe nicht aus. Diese feministische Kritik, so kann man das lesen, zielt nicht auf den Minimalgrund der Ehe als Konversation unter Gleichen, auf den Cavell mithilfe der Anregungen der Filmkomödien hinauswill.[45] Nun ist das nicht die einzige, wahrscheinlich nicht einmal die differenzierteste und stichhaltigste Kritik an der Institution der Ehe. Tatsächlich aber sind sich auch die verschiedenen Kritikerinnen und Kritiker der Ehe nicht einig darüber, ob die Institution durch Reform verändert werden kann oder als solche verworfen werden muss.[46]

Die eigentliche Kritik liegt hier darin, dass sich die größte Ambivalenz an Cavells Vorschlag rein immanent ergibt. Denn wenn die institutionelle Festschreibung nicht das Wesentliche der Ehe betrifft, die Form der ehelichen Gemeinschaft also gar nicht über die Rechtsform und ihre Konsequenzen in Pflichten und Ansprüchen bestimmt ist – welche Rolle spielt dann überhaupt der offizielle Status der Ehe für die Ehe in Cavells Sinn? In Wirklichkeit bleibt dafür kein Raum. Cavells Befund ist, wie wir gesehen haben, dass sich eine ernstzunehmende Liebesbeziehung nicht über Gesetz, Sexualität oder Nachkommen, sondern ausschließlich über die anhaltende Bereitschaft zum Neubeginn, zum Scheitern und Wiedergewinnen, legitimiert. Das gilt natürlich für jede seriöse und öffentlich gelebte Liebesbeziehung, ganz unabhängig davon, ob sie durch den letztlich doch immer juristisch festgelegten – und darüber hinaus historisch kontaminierten – Begriff der Ehe erfasst wird. Die Paare, die in den *remarriage comedies* um ihre gleichberechtigte Beziehung streiten, sprengen ja gerade das überkommene Bild der Ehe.

Eine Konsequenz in Cavells Lesart ist, dass der Akt des Heiratens ebenso wenig der springende Punkt der Beziehung ist wie der Status, der sich aus ihm ergibt; nichts kann hier überhaupt von Vornherein etwas an der Beziehung bestimmen, entscheidend ist und bleibt ihre Gestaltung. Das Symbol des Glücks ist deswegen auch nicht der Anfang der Beziehung, also etwa das Hochzeitsfest, sondern allein der Mut des steten Neubeginns. Cavell macht die narrative Verschiebung, die das mit sich bringt, ganz explizit:

---

[45] Vgl. CoF 10, S. 153–159.
[46] Vgl. für einen knappen Überblick über Formen der Kritik an der Ehe als Institution Clare Chambers, *Against Marriage. An Egalitarian Defence of the Marriage-Free State*, Oxford 2017, S. 11–31.

Komische Analysen der Ehe

[…] I have pointed several times to the absence, or the compromise, of the festival with which classical comedy may be expected to conclude, say a wedding; I have accounted for this compromise or subversion by saying variously that this comedy expects the pair to find happiness alone, unsponsored, in one another, out of their capacities for improvising a world, beyond ceremony. Now I add that this is not to be understood exactly or merely as something true of modern society but as something true about the conversation of marriage that modern society comes to lay bare. The courage, the powers, required for happiness are not something a festival can reward, or perhaps so much as recognize, any longer. Or rather, whatever festival and ceremony can do has already been done. And wasn't this always true?[47]

Das Glücken der Liebesbeziehung hängt nicht an den Versprechungen der Konvention und des Rituals, sondern an der wechselseitigen Fähigkeit und Bereitschaft, gemeinsam eine Welt zu entwerfen und zu beleben. Die Möglichkeiten moderner Gesellschaftsordnung und auch die Möglichkeiten ihrer Selbstanzeige – etwa in der Filmkomödie – bringen alternative Formen der Liebesbeziehung ins Spiel. Die modernistische Figur, die Cavell hier einträgt, besagt zusätzlich, dass diese zeitgenössischen Formen das freilegen, was immer schon die Essenz der Ehe war. Das meint gerade nicht das Versprechen und seine Feier, schon gar nicht das Leben traditioneller Rollenmodelle, sondern den Mut zur alltäglichen Konfrontation mit dem Objekt – und damit stets auch mit dem *Subjekt* – der Liebe.

In Cavells kritischem Blick auf die *remarriage comedies* wird dieses Motiv des Findens als Wiederfinden[48] überdeutlich. »Das Charakteristikum der von Cavell so genannten ›Remarriage Comedy‹ ist«, resümiert Engell, »dass ein Paar zuerst auseinander, dann aber wieder zusammengerät. Die Logik des Genres lautet: ›Alles, was Du bekommen kannst, ist das, was Du immer schon gehabt hast.‹«[49] Was sich in der Zusammenschau der Filminterpretationen in *Pursuits of Happiness* am deutlichsten herausschält – und zwar sowohl insofern sie Komödien sind als auch insofern sie vom Wiederheiraten handeln –, ist eben dieses Motiv der Wiederholung, des Neuanfangs, des zweiten Anlaufs, des steten Neuansetzens der Konversation. Das Bild der Liebesbeziehung, das damit entworfen wird, ist schon im Herzen der Filme selbst eines, das die Bedeutung des Wiederbeginns im Angesicht der Finalität der Krise betont. Außerdem sind die Filme im

---

[47] PoH 7, S. 239.
[48] Auch dieser Gedanke hat Wurzeln bei Freud, vgl. ebd. 4, S. 149.
[49] Lorenz Engell, »›Leoparden küsst man nicht‹«, S. 122.

Ensemble als Variationen über dieses Thema zu lesen; sie sind ja auch deswegen Instanzen eines Genres, wie Cavell das konzipiert, weil sie eine thematische Einheit bilden. Cavell, so verstehe ich das, begründet die Bedeutsamkeit dieses Samples von Filmen mit der Betonung der Konversation, des Gesprächs, des schwungvollen Dialogs, der Auseinandersetzung, und also letztlich des Spiels der Sprache in ihnen:

In those films talking together is fully and plainly being together, a mode of association, a form of life, and I would like to say that in these films the central pair are learning to speak the same language. (Of course this is learning to hear, to listen, as if loving and honoring were already grasped in the correct or relevant mode of obeying, the traditional promise of which is marriage.)[50]

In den immer hinreichend wiedererkennbaren ebenso wie immer hinreichend neuartigen filmischen Variationen, die ein Genre konstituieren, kommt noch einmal auf andere Weise die Bedeutung der Wiederholung zum Tragen. Wo sich Liebesbeziehungen über Krise und Neuanfang konstituieren, bestimmt sich die Bedeutung des Films über die De- und Rekonstruktion von narrativen Mythen und ästhetischen Genrebedingungen.[51] So laufen in Cavells Darstellung ästhetische und ethische Reflexionslinien des Kinos zusammen. Meiner Welt in einer Projektion wiederzubegegnen, die mich gleichzeitig in einer charakteristischen Distanz zu ihr hält, das ist der Modus, in dem die Erzählungen des Kinos ästhetisch bedeutsam werden können. Das hat, wie wir zu Beginn gesehen haben, etwas damit zu tun, dass es auch hier um den Wunsch nach dem eigenen Selbst und der damit verbundenen Anerkennung der Andersheit des Anderen geht. In den Komödien taucht diese ästhetische Figur praktisch parallel als ethische Figur auf. Zunächst einmal betrifft das die Auseinandersetzung mit der ständigen und umfassenden Bedrohung des lebensweltlichen Skeptizismus. Die Wiederholung setzt dem die Figur des Alltäglichen, Gewöhnlichen, entgegen, in dessen Bahnen Getrenntheit und Aufeinanderverwiesenheit anerkannt werden können. »Die Ehe wird«, so fasst Cavell in »Die Unheimlichkeit des Gewöhnlichen« die Lehren der *remarriage comedies* noch einmal neu, »als die Szene präsentiert, in der sich zeigt, dass Glück in gegenseitiger Anerkennung von Getrenntheit bestehen kann; nicht Jahre, die vergehen (bis

---

[50] PoH 2, S. 88.
[51] Vgl. dazu Lorenz Engell, »›Leoparden küsst man nicht‹«, S. 117 f.

der Tod uns scheidet), sollen in Aussicht stehen, sondern die gewollte Wiederholung der Tage, der Wille zur Alltäglichkeit (bis unser wahrer Geist uns gegenseitig unlesbar wird).«[52]

Die Bereitschaft, sich immer wieder neu zu riskieren und immer wieder neu einzulassen, führt zur Anzeige des Selbst im Anderen zurück, wie sie Cavell zu Beginn dieses Textes für die Kunst behauptet hat. Die ethischen und die ästhetischen Verläufe, die Cavell in *Pursuits of Happiness* anhand des Hollywoodkinos der 1930er und -40er Jahre zusammenführt, sind jeweils Verkörperungen von Wiederholung und Variation. Das hat nicht so sehr damit zu tun, dass sich Filme wiederholt anschauen lassen,[53] sondern vielmehr damit, dass sie sich als Objekte der Kunst in der wiederholenden Aufnahme von Elementen wie in deren Konfrontation mit Neuem der *Anerkennung* als Kunst preisgeben müssen. Kunstwerke begründen ihren Wert, ihre Bedeutsamkeit und ihre Identität in ihrer notwendigen Auseinandersetzung mit und Absetzung von anderen Werken, anderen Genres und Formen. Das ist die Stelle, an der sie in ihrer formalen Konstitution die Anerkennungsbeziehungen widerspiegeln, die uns auch als Menschen konstituieren. So sind die Kinofilme, die Cavell in *Pursuits of Happiness* betrachtet, Instanzen – und Reflexionsinstanzen – einer tieferen Bedeutsamkeit der Kunst:

> Comedies of remarriage typically contain not merely philosophical discussions of marriage and of romance, but metaphysical discussions of the concept that underlines [sic] both the classical problem of comedy and that of marriage, namely, the problem and the concept of identity – either in the form of what becomes of an individual, or of what has become of two individuals.[54]

---

[52] UG I 2, S. 110.
[53] Diese Idee der Wiederholung findet sich bei Gertrud Koch, »Man liebt sich, man liebt sich nicht, man liebt sich«, S. 285 ff.
[54] PoH 1, S. 54 f.

Gyges, Godard und die »comedy of self-reference«

Zum Motiv der Grenzüberschreitung in Cavells Filmphilosophie

Dimitri Liebsch

Zu den vielen eigenwilligen Formulierungen Stanley Cavells, die einen nachhaltigen Eindruck bei mir hinterlassen haben, zählt eine, die er zur Charakterisierung des eigenen Denkens verwendet hat, nämlich »allowing the thinking to have its head«.[1] Cavell überschreibt mit dieser Formulierung ein Idiom, das üblicherweise ausdrückt, jemandem, einer Person ihre Freiheit zu lassen. Dass Cavells Kontrafaktur das Denken an die Stelle dieser einen Person setzt, lässt sich als Empfehlung für ein freies, noch suchendes Denken lesen, das nicht nur auf dem Weg zu einem zuvor gesteckten oder gar bereits gefundenen Ziel ist. Ich werde im Folgenden versuchen, dieser Empfehlung nachzukommen. Damit ist nicht nur die Wahl des Motivs angesprochen, da Grenzüberschreitung natürlich die Suche nach Grenzen impliziert, sondern auch die Positionierung gegenüber Cavell – denn es wird darum gehen, die Herausforderungen seines Denkens ebenso anzunehmen wie sich einiger seiner Zumutungen zu erwehren.

Wer dem Motiv der Grenzüberschreitung bei Cavell nachspürt, wird häufig und auf unterschiedlichen Ebenen fündig. Hierzu gehören seine wiederholten Versuche, den Zusammenhang zwischen der akademischen Philosophie und den Dingen wiederzugewinnen, über die seiner Auffassung nach gewöhnliche Menschen nicht umhin können nachzudenken: ob wir wissen können, wie die Welt an sich ist, ob andere das Wesen unserer Erfahrung kennen, ob etwa Bildung relevant für die Lösung der Probleme ist, die der moderne Mensch erzeugt hat, und Ähnliches mehr.[2] Ohne diese angestrebte Verknüpfung von ausdifferenzierter Wissenschaft und Lebenswelt vollständig auszublenden, gilt mein Interesse allerdings Grenzüberschreitungen,

---

[1] TWV 1, S. 12.
[2] Vgl. TOS 1, S. 9.

die im Umfeld von Cavells Filmphilosophie anzusiedeln sind.³ Insbesondere geht es hier um die Grenzen zwischen Welt, Film und Publikum (und um die Rolle, die Kamera und Leinwand dabei spielen), um die Grenze zwischen Philosophie und Film, zwischen traditionellem und modernem Film sowie um entsprechende Modi der Grenzüberschreitung. Wie ich zeigen werde, sind diese Grenzen und Grenzüberschreitungen nicht unabhängig voneinander, sondern ineinander verschränkt zu begreifen.

I   Die ontologische Grenze

Eine grundsätzliche Auseinandersetzung mit den Grenzen zwischen Welt, Film und Publikum bieten vor allem, aber nicht ausschließlich Cavells erstes Buch über den Film, *The World Viewed. Reflections on the Ontology of Film* von 1971, und »More of ›The World Viewed‹«, der Essay, mit dem er acht Jahre später die Neuauflage des Buches ergänzte. Die dort vorgelegte Filmontologie, mit deren problematischen Details ich mich später noch ausführlicher befassen werde, speist sich aus drei Quellen.

Zu ihnen zählt die persönliche Erfahrung des Kinogängers Cavell, der eine Zeitlang viel und regelmäßig ins Kino ging,⁴ wobei Erfahrung aus mehreren Gründen nicht von Erinnerung zu trennen ist:⁵ Sei es, weil Cavell seinerzeit beispielsweise noch nicht die jüngeren technischen Speichermedien wie Video oder CD zur Verfügung standen, um unabhängig vom Angebot der Kinos oder des Fernsehens Filme sehen, geschweige denn um Filmszenen wiederholt betrachten zu können; oder sei es, weil er sich in *The World Viewed* über eine Phase der Entfremdung hinweg und angesichts von neuen Filmen und Rezeptionsmodi die frühere Erfahrung erinnernd zu vergegenwärtigen sucht. Cavell lässt in diesem Zusammenhang keinen Zweifel daran, dass Erinnerung kein neutrales Speichermedium darstellt.

---

³ Um keine Missverständnisse aufkommen zu lassen: ›Filmphilosophie‹ heißt hier – wie so oft – nur Philosophie des fiktionalen Films; Dokumentar- und Zeichentrickfilm spielen auch für Cavell keine Rolle.
⁴ Vgl. TWV Pref.
⁵ Zur Bedeutung der Erinnerung bei Cavell vgl. grundsätzlich Herbert Schwaab, *Erfahrung des Gewöhnlichen. Stanley Cavells Filmphilosophie als Theorie der Populärkultur*, Münster 2010, S. 66–72.

Filme zu erinnern, nicht richtig zu erinnern oder gar zu vergessen, ähnele dem Umgang mit unseren Träumen.[6]

Darüber hinaus sind zwei Quellen zu nennen, die nicht der heiklen, weil bisweilen durchaus produktiven Instanz der Erinnerung ausgesetzt waren, sondern identisch reproduziert werden konnten, nämlich die Texte zweier Autoren. Unter sie fällt der Essay, den Ernst Panofsky nach mehr als einem Jahrzehnt an Vorarbeiten schließlich 1947 als »Style and Medium in the Motion Pictures« veröffentlichte. In ästhetischer Hinsicht vertrat Panofsky die Einschätzung, dass der Film über tendenziell stabile Typen der Narration und über eine ebensolche Ikonographie der Charaktere verfüge[7] und dass der Film neben Architektur, Karikatur und Design »the only visual art entirely alive«[8] sei. Cavell greift diese Impulse auf. Unter den Titeln von »myths« und »types« widmet er sich ausführlich Mustern, die er für konstitutiv für die Erzählung und die Figuren im Film hält.[9] Ferner behauptet er: »For the blatant fact about film is that, if it is art, it is the one live traditional art, the one that can take its tradition for granted.«[10]

Der zweite und für Cavells Filmontologie noch wichtigere Autor ist der Filmkritiker André Bazin, dessen Aufsätze »Ontologie de l'image photographique« (1945) und »Peinture et cinéma« (nach 1950) für unseren Zusammenhang einen besonderen Stellenwert besitzen. Sie erörtern grundsätzliche Fragen der Medialität, indem sie sich mit technisch induzierten Unterscheidungen wie der zwischen dem Rahmen des Gemäldes einerseits und der Begrenzung bzw. den Rändern des auf Fotografie basierenden Films andererseits befassen.[11] Cavell variiert diese Unterscheidung folgendermaßen:

You can always ask, of an area photographed, what lies adjacent to that area, beyond the frame. This generally makes no sense asked of a painting. [...] The world of a painting is not continuous with the world of its frame; at its frame, a world finds its limits. We might say: A painting *is* a world; a photograph is *of* the world.[12]

---

[6] Vgl. TWV 1, S. 12.
[7] Vgl. Ernst Panofsky, »Style and Medium in the Moving Pictures«, in: Daniel Talbot (Hg.), *Film. An Anthology*, Berkeley, Ca. ⁷1959, S. 15–32, v.a. S. 24 f.
[8] Ebd., 16.
[9] Vgl. TWV 5–10.
[10] Ebd., 1, S. 15.
[11] Vgl. André Bazin, *Was ist Film?*, Berlin 2004, S. 39; S. 225 f.
[12] TWV 3, S. 24 f.

Im Gegensatz zum Gemälde, das demnach *eine* Welt für sich wäre, soll es sich also beim Foto um einen Ausschnitt aus *der* Welt handeln. Oder anders: spezifisch für das Gemälde wäre ästhetische Kohärenz gegenüber der Welt, spezifisch für das Foto hingegen die ontologische Kontinuität mit der Welt.

Was für eine Filmontologie entwickelt Cavell nun vor dem Hintergrund dieser ästhetischen und technischen Voraussetzungen? Er bringt sowohl seine Erfahrung als Kinogänger wie auch seine Lektüren von Panofsky und Bazin mit dem philosophischen Problem des Skeptizismus in Verbindung – eines jener Probleme, worüber (wie er bekanntlich wenig später ausführen wird) gewöhnliche Menschen nicht umhin könnten nachzudenken. In der akademischen Variante lautet dieses Problem: Seit Shakespeare und den Anfängen der modernen Epistemologie bei René Descartes und John Locke stellen die Welt und das Bewusstsein der anderen eine problematische Größe für uns dar, wir sind von beiden distanziert.[13] Angesichts dessen ist für Cavell eine lebendige traditionelle Kunst, also eine Kunst mit einem ungetrübten Verhältnis zur Welt, ein Sonderfall, wohingegen die nicht mehr traditionelle, moderne Malerei schon seit Jahrhunderten darum kämpft, den verlorenen Bezug zur Realität wiederherzustellen, was sie (auch) zu einem reflexiven Umgang mit ihrer eigenen Tradition nötigt.[14] Die traditionelle Kunst des Films begreift Cavell *vice versa* als eine, deren Bezug zur Welt nicht durch die Subjektivität eines Künstlers vermittelt, sondern durch die Kamera bzw. den Automatismus der Fotografie garantiert ist und die ihre Tradition mit ihren *myths* und *types* fortschreiben kann. Insofern stellt der Film einen Einspruch gegen den Skeptizismus dar.

Es liegt allerdings auf der Hand, dass Foto und Film nicht identisch sind und der Film daher aufwendiger beschrieben werden muss denn als ein simpler Anwendungsfall der Fotografie. Was Cavells Bestimmung des Films als »a succession of automatic world projections«[15] in diesem Zusammenhang deutlich macht, ist zum einen eine gewissermaßen quantitative Differenz zwischen Foto und Film; der Film beinhaltet kein einzelnes Foto, sondern eben eine Folge *(succes-*

---

[13] Vgl. MWM 10, S. 323f.
[14] Vgl. hier und im Folgenden TWV More of TWV, S. 195. – Cavell verwendet zumeist das englische Adjektiv *modernist*, nicht *modern*. Da es offenkundig auf eine nachmimetische Kunst zielt, gebe ich es, dem deutschen Sprachgebrauch entsprechend, mit ›modern‹ wieder.
[15] Ebd., 11, S. 72f.

sion). Zum anderen deutet sie auf ein besonderes, ein vom Foto abweichendes Dispositiv, nämlich die Präsentation jener Folge im Kino *(projections)*; und an diesem Punkt stoßen wir auf eine ontologische Grenze, wie sich an einer zentralen Passage aus The World Viewed zeigen lässt:

> The world of a moving picture is screened. [...] A screen is a barrier. What does the silver screen screen? It screens me from the world it holds – that is, makes me invisible. And it screens that world from me – that is, screens its existence from me. That the projected world does not exist (now) is its only difference from reality.[16]

Wie lässt sich diese Passage erläutern? Das grundlegende Problem für ihr Verständnis und ihre Übersetzung ist, dass das von Cavell verwendete englische Wort *screen* mehrdeutig ist. Als Substantiv bezeichnet es die ›Filmleinwand‹, als Verb bedeutet es einerseits ›projizieren‹ oder ›zeigen‹ und andererseits ›abschirmen‹. Die sprachlich suggestivere *eine* Frage »what does the silver screen screen?« im Englischen ist daher in der gängigen deutschen Übersetzung in *zwei* Fragen zerlegt worden: in »was zeigt die Filmleinwand?« und in »was schirmt sie ab?«[17] Die Leinwand können wir als Grenze verstehen, auf die die Welt projiziert und womit die Welt sichtbar gemacht wird. Zugleich trennt uns die Leinwand von der Welt und macht wiederum uns für diese unsichtbar. Der letzte der oben zitierten Sätze bringt schließlich den Grund ins Spiel, weshalb die projizierte Welt nach Cavell für uns nicht erreichbar ist: Als projizierte Welt ist diese Welt bereits *(now)* vergangen.[18] Das ist zumindest insofern einleuchtend, als die klassische Projektion im Kino eben keine Übertragung in Echtzeit ist.

Die Figur, die Cavell als Sinnbild für dieses Dispositiv des Kinos ins Spiel bringt, entstammt der antiken Mythologie; und es ist sinnvoll, sich dazu die fragliche Textpassage ebenfalls *in extenso* vor Augen zu führen. Cavell erläutert in ihr, inwiefern das Kino den Wunsch befriedigt, die Welt ungesehen sehen zu können:

> This is not a wish for power over creation (as Pygmalion's was), but a wish not to need power, not to have to bear its burdens. It is, in this sense, the reverse of the myth of Faust. And the wish for invisibility is old enough.

---

[16] Ebd., 3, S. 24.
[17] NP II 1, S. 130.
[18] Wie Cavell hier übrigens mit einer weiteren Anleihe bei Bazin, und zwar aus »Théâtre et cinéma« von 1951 behauptet (vgl. André Bazin, *Was ist Film?*, S. 184f.).

Gods have profited from it, and Plato tells it in Book II of the *Republic* as the Myth of the Ring of Gyges. In viewing films, the sense of invisibility is an expression of modern privacy or anonymity.[19]

Wir können diesen Sätzen mehreres entnehmen. Cavell sieht in der Figur des Gyges erstens den Wunsch nach Dispens verkörpert – nach Dispens von Macht und Handlung. Im Zentrum des Mythos findet sich zweitens ein Ring, der die Figur unsichtbar macht. Obwohl Cavell mit Platons *Politeia* eine antike Quelle für den Mythos angibt, reklamiert er drittens für seine Figur und ihren Ring, dass sie Relevanz in der Moderne bzw. für ein modernes Gefühl der Unsichtbarkeit besitzt. Hier begegnen wir erneut dem Problem des Skeptizismus. Wir haben gesehen, dass Cavell den Film in *produktions*ästhetischer Hinsicht als Einspruch gegen den Skeptizismus verstehen will, da es sich bei ihm um eine – gewissermaßen unzeitgemäße – traditionelle Kunst handelt. In *rezeptions*theoretischer Hinsicht hingegen sieht Cavell im Film eine Entsprechung zum Skeptizismus, da das Publikum zu der im Film projizierten Welt und den sie bewohnenden Menschen ebenfalls keinen unproblematischen Zugang hat, sondern von ihnen abgegrenzt bleibt. Insofern kann er behaupten: »Film is a moving image of skepticism.«[20]

II Überschreitungen der ontologischen Grenze

Auffallenderweise begegnet uns die ontologische Grenze in und nach *The World Viewed* nicht nur direkt als ein behauptetes Faktum. Verstreut über viele Publikationen Cavells zum Film stoßen wir auf sie auch indirekt in der Beschreibung von Konstellationen, denen gemäß diese Grenze zwar ein Hindernis darstellt, in der Rezeption aber quasi überschritten werden kann. Oder etwas ausführlicher: Die Welt und die anderen sind vor dem Hintergrund des Skeptizismus keine schlichten Gegenstände des Wissens, vielmehr verlangen sie laut Cavell danach, akzeptiert *(accepted)* bzw. anerkannt *(acknowledged)* zu werden.[21] Dass die Anerkennung der anderen dabei politische Implikationen besitzt, macht er in »More of ›The World Viewed‹« deutlich: »The anarchism of movies is already contained in the condition

---

[19] TWV 6, S. 40.
[20] Ebd., More of TWV, S. 188.
[21] MWM 10, S. 324.

of viewing unseen. For the *polis* can be affirmed only in present speech, the members live for one another, each explicit, the city gathered within earshot of itself.«[22] Cavells Gyges steht nun gemäß der ontologischen Grenze vor einer schwierigen Aufgabe. Er muss in der Filmrezeption die Welt akzeptieren und die anderen (womöglich noch in deren Gegenwart) anerkennen, er ist aber zugleich von allem und allen auch in der zeitlichen Dimension getrennt. Die Lösungen, die Cavell für diese Aufgabe anbietet, sind in einem noch näher zu bestimmenden Sinne nur quasi Lösungen – es sieht nur so aus, *als ob* in ihnen die ontologische Grenze überschritten werden könne. Mindestens vier Konstellationen habe ich in Cavells Beschreibungen ausfindig machen können, die Raum für derartige Grenzüberschreitungen lassen. Sie finden sich in der Disposition des Fans sowie in einer besonderen Art des Schreibens, aber auch aufgrund einer besonderen Form und eines besonderen Themas des Films.

Auf die erste Konstellation stoßen wir im Zusammenhang mit Cavells Versuch, sich über die Rolle seiner persönlichen Erfahrung klar zu werden. Filme sind uns im Zauber der aktuellen Rezeption gegeben, einem Zauber, den Cavell bekanntlich mit dem Mythos von Gyges zu erfassen versucht. Darüber hinaus, und damit kommen wir auf die erste Quelle von Cavells Filmontologie zurück, sind uns Filme, die wir bereits gesehen haben, in der Erinnerung gegeben – wie verzerrt oder treffend auch immer. Zum Ausmaß, das diese Erinnerung annehmen kann, heißt es in den ersten Sätzen des Vorworts von *The World Viewed*:

> Memories of movies are strand over strand with memories of my life. During a quarter of a century (roughly from 1935 to 1960) in which going to the movies was a normal part of my week, it would no more have occured to me to write a study of movies than to write my autobiography.[23]

Damit fällt die Grenze zwischen Rezipient und Film, allerdings nur in einem ganz spezifischen Sinne. Mir gelingt zwar immer noch nicht der Eintritt in das Filmgeschehen, ich werde nicht etwa von Humphrey Bogarts Rick Blane oder Ingrid Bergmans Ilsa Lund in *Casablanca* bemerkt. Als passionierter Kinogänger oder Filmfan kann ich Filme aber, wie der hier sehr passende deutsche Ausdruck lautet: ›erinnern‹.

---

[22] TWV More of TWV, S. 215.
[23] Ebd. Pref., S. xix.

Anders gesagt, im Medium der Erinnerung können Filme Bestandteil der Biographien derer werden, von denen sie gesehen wurden.[24]

Die zweite Konstellation ist, wie Cavells eigenes Beispiel zeigt, mit derjenigen des Fans durchaus vereinbar. Gemeint ist hier ein Schreiben über Filme, das zwischen Wissenschaft und Rezension angesiedelt ist, nämlich eine bestimmte Form von *criticism*. Zwar ist der Film nach Cavell bekanntlich anarchisch, da sich seine Rezeption nicht als Reden und Zuhören unter Anwesenden vollzieht. Den eigenen *criticism* bezeichnet Cavell in *Pursuits of Happiness. The Hollywood Comedy of Remarriage* (1981), seinem zweitem Buch über den Film, gleichwohl als Fortführung eines Gesprächs (»natural extension of conversation«); und hier entfaltet er das Programm dieses *criticism* unter dem Titel »Words for a Conversation«.[25] Für die Bezeichnung von Cavells *criticism* als Gespräch lassen sich zwei Gründe anführen. Einerseits wendet Cavell sich schon in *The World Viewed* gegen ein Schreiben über den Film, das sich nicht auf den Film und auf die eigene Erfahrung des Films einlässt und ihn stattdessen ausschließlich durch die Filter von Theorie und technischem Vokabular zu erfassen sucht.[26] Andererseits versteht Cavell gelungenen *criticism* als Ersatz für eine Begleitung, die mit ins Kino käme, um vor oder nach dem Besuch das zu tun, wozu Filme einladen – nämlich über sie zu reden.[27] Wenngleich sowohl die Filmrezeption als auch das Schreiben eine Form »einsamen sozialen Handelns« darstellen,[28] empfiehlt Cavell also in beiden Fällen zumindest eine an der Interaktion unter Anwesenden ausgerichtete Haltung oder einen dementsprechenden Stil.

Das Auftauchen der dritten Konstellation ist überraschend, da in ihr nicht die Rezipienten, sondern die Filmemacher eine zentrale Rolle übernehmen. Können sich Filmemacher überhaupt mit der Figur des Gyges identifizieren lassen? Cavells Antwort lautet: ja – für ihn sind die Filmemacher schlicht die ersten Rezipienten eines Filmes.

---

[24] Vgl. dazu auch ebd. 19, S. 154: »We involve the movies in us. They become further fragments of what happens to me, further cards in the shuffle of my memory, with no telling what place in the future.«
[25] Im Deutschen etwa »Wortwechsel für ein Gespräch« (vgl. PoH Int., v. a. S. 7).
[26] TWV Pret., S. xxii ff; ebd. 1, S. 12.
[27] PoH Int., S. 38 f.
[28] Vgl. Niklas Luhmann, *Soziale Systeme. Grundriß einer allgemeinen Theorie*, Frankfurt a. M. 1984, S. 580 f. – Wer in Begleitung ins Kino geht oder in einem auch nur mäßig besetzten Kinosaal sitzt, ist natürlich nicht alleine. Auch sein/ihr Handeln ist allerdings insofern ›einsam‹, als es nicht im direkten Austausch mit den Machern des Films steht.

Schwieriger ist zu verstehen, warum die ontologische Grenze überhaupt ein Problem für Filmemacher sein sollte. Immerhin behauptet Cavell ja von ihnen, dass sie mit der Kamera ein Instrument zur Hand haben, das einen automatischen Bezug zur Welt garantiert. Bei einer gründlichen Lektüre von *The World Viewed* fällt jedoch auf, dass Cavell gelegentlich durchaus der Auffassung ist, dass genau dieses Problem für Filmemacher besteht. Dann ist es nicht schon die Technik der Kamera, sondern erst die Haltung des Filmemachers, die es der Welt ermöglicht, sich zu zeigen: »To satisfy the wish for the world's exhibition we must be willing to let the world as such appear.«[29] Leider macht Cavell nur spärliche Angaben darüber, was dies konkret bedeutet, in welchen künstlerischen Verfahren und Filmen sich diese Haltung also manifestiert. Sein Hinweis auf Martin Heideggers *Sein und Zeit* (1927) hilft hier nicht weiter, da Heidegger selbst den Film zu keiner Zeit als Mittel begriff, in dem sich die Welt hätte zeigen können.[30] Festzuhalten ist, dass Cavell bisweilen, aber nicht immer in der Selbstreferenz von Filmen einen Narzissmus und ein Hindernis für das Sich-Zeigen der Welt lokalisiert; in derartigen Fällen lenkt der Film gewissermaßen von der Welt ab.[31] Darüber hinaus gibt es in *The World Viewed* einen beiläufigen Hinweis, anhand dessen sich doch noch ein einschlägiges formales Verfahren entdecken lässt:

Early in its history the cinema discovered the possibility of *calling* attention to persons and parts of persons and objects; but it is equally a possibility of the medium not to call attention to them but, rather, to let the world happen, to let its parts draw attention to themselves according to their natural weight. This possibility is less explored than its opposite. Dreyer, Flaherty, Vigo, Renoir, and Antonioni are masters of it.[32]

Was Cavell hier unternimmt, ist die Wiederaufnahme und Fortführung einer Unterscheidung, die Bazin in »L'évolution du langage cinématographique« (1951–1955) – teils sogar schon unter Berufung

---

[29] TWV 19, S. 159. – Damit geht auch eine Verkomplizierung einher, die den Film als traditionelle Kunst betrifft. Wenn nicht mehr jeder Film die Welt zeigt, zählt auch nicht mehr jeder Film zur traditionellen Kunst. Mit diesem Problem werde ich mich später noch befassen.

[30] Im Gegenteil, laut Heidegger ist der Film zusammen mit dem »Funk« dafür verantwortlich, dass dem modernen Menschen »Hören und Sehen […] vergeht« (Martin Heidegger, »Die Kehre«, in: ders., *Die Technik und die Kehre*, Stuttgart [10]2002, S. 37–47, hier: S. 46).

[31] Vgl. dazu beispielsweise TWV 17, S. 127, S. 131 ff.

[32] Ebd. 3, S. 25.

auf dieselbe Regisseure – traf: die Unterscheidung zwischen einem Kino der Montage und einem Kino der langen Einstellung. Bazin favorisierte das Kino der langen Einstellung, freilich ohne dem der Montage die Legitimität abzusprechen.[33] Cavell schließt sich dem insofern an, als mit seinem beiläufigen Hinweis nicht die Montage, sondern die lange Einstellung als das Prozedere kennzeichnet, das es der Welt ermöglicht, sich zu zeigen. Es ist also ein formales Mittel, mit dem die Filmemacher sich quasi auf die Welt hin bewegen.

Auf eine vierte Konstellation stoßen wir auffallenderweise erst in Cavells Texten zum Film nach *The World Viewed*. In ihnen hat eine Verlagerung stattgefunden, denn an die Stelle einer Anerkennung (der Welt) durch die *Form* des Films, wie sie durch die lange Einstellung ermöglicht werden soll, ist Cavells großes Thema getreten: die Anerkennung (der anderen) als *Inhalt* des Films. Cavell analysiert es anhand des Unterhaltungskinos aus dem Hollywood der 1930er und 1940er Jahre, wobei er an der Qualität der berücksichtigten Filme keinen Zweifel lässt. Er vergleicht ihre Substanz mit der des Theaters in der Shakespeare-Zeit, und er lokalisiert in ihnen das Optimum des US-amerikanischen Films.[34] Im Zentrum seiner Aufmerksamkeit steht die Modellierung zweier komplementärer Genre, denen er die Titel ›Wiederverheiratungskomödie‹ und ›Melodrama der unbekannten Frau‹ gibt. Entscheidend ist in beiden das Gespräch als das Medium, in dem mit dem Gegenüber um Anerkennung gerungen wird und in dem zugleich auch eine Reflexion über das Gespräch stattfindet.[35] Mit dem Konzept der Wiederverheiratungskomödie erschließt Cavell in *Pursuits of Happiness* ein Spielfeld, das die Ästhetik des 19. Jahrhundert noch räumte – so etwa Georg Wilhelm Friedrich Hegel, der das Versanden des Individuums im Alltag der Ehe mit nicht eben geringem Sarkasmus kommentierte:

Mag einer auch noch soviel sich mit der Welt herumgezankt haben, umhergeschoben worden sein, zuletzt bekommt er meistens doch sein Mädchen und irgendeine Stellung, heiratet und wird ein Philister so gut wie die anderen auch; die Frau steht der Haushaltung vor, Kinder bleiben nicht aus, das angebetete Weib, das erst die Einzige, ein Engel war, nimmt sich ungefähr ebenso aus wie alle anderen, das Amt gibt Arbeit und Verdrießlich-

---

[33] Natürlich verwendet auch das Kino der langen Einstellung immer noch Montage als Operation, aber in niedrigerer Frequenz als das Kino der Montage (vgl. André Bazin, *Was ist Film?*, S. 90–109).
[34] Vgl. TOS 1, S. 10; CW Einf., S. 40.
[35] Vgl. PoH Int., S. 7; CT Int., S. 5.

keiten, die Ehe Hauskreuz, und so ist der ganze Katzenjammer der übrigen da.[36]

Sich wieder zu verheiraten, wie Cavell es anhand jener Komödien herausarbeitet, heißt, den Faden dort aufzunehmen, wo Hegel ihn hat abreißen lassen: aus dem Alltag heraus sich und den oder die andere wiederzugewinnen. Cavells drittes Buch zum Film, *Contesting Tears. The Hollywood Melodrama of the Unknown Woman* (1996) steht in etwas anderer Weise ebenfalls unter dem Vorzeichen des Wiedergewinnens, und zwar ist es der Aufwertung einer lange als *tear jerker* verschrienen Gruppe von Filmen gewidmet, denen er Einsichten in das Scheitern von Anerkennung und in den Umgang damit abgewinnt. Bei alldem begegnen wir stets dem Filmfan Cavell, der sich in seinem vierten Buch über den Film, in *Cities of Words. Pedagogical Letters on a Register of the Moral Life* (2004) noch einmal diesen Komödien und Melodramen, die Bestandteil seines Lebens geworden sind, mit etwas anderer Akzentsetzung stellt.[37] Anerkennung ist in dieser Konstellation etwas, an dem das Publikum zwar nicht teilhat, aber dessen glückende oder scheiternde Performanz es zumindest rezipieren kann.

Die ontologische Grenze stellt in meinen Augen sowohl in *The World Viewed* als auch den späteren Texten Cavells zum Film eine Art bleibender Irritation dar: Einerseits ist sie *de facto* nicht zu überschreiten, andererseits bietet uns Cavell mindestens vier Konstellationen an,[38] die alle darauf zielen, das mit dieser Grenze verbundene Skandalon zumindest im übertragenen Sinne zu überwinden. Gyges bleibt zwar weiterhin isoliert, aber als Fan kann er Filme inkorporieren; im Schreiben über sie vermag er sich am Modell der Interaktion zu orientieren; als Filmemacher ist es ihm möglich, sich bei der Wahl der Form gegenüber der Welt zu öffnen; und schließlich ist er imstande, sich mit dem Inhalt von Filmen auseinanderzusetzen und bei ge-

---

[36] Georg Wilhelm Friedrich Hegel, *Vorlesungen über die Ästhetik 2*, Werke, Bd. 14, Frankfurt a. M. 1970, 220.
[37] Wie für die Figur des Gyges stützt sich Cavell auch für den Titel seines vierten Buches auf Platons *Politeia* (592a-b) und betont damit noch einmal die Relevanz des Gesprächs für sein Denken: Der sogenannte Idealstaat wird dort als Polis apostrophiert, die nur in den Reden *(logoi)* der Beteiligten besteht.
[38] Die wenigen und rätselhaften Bemerkungen, die Cavell dem Phänomen des Stars und seiner eigentümlichen Präsenz für das Publikum widmet, lassen vermuten, dass hier noch eine weitere, eine fünfte Konstellation vorliegen könnte (vgl. TWV 4, S. 27 ff.).

eigneten Fällen zu beobachten, wie Anerkennungsprozesse zwischen Anwesenden ausgetragen werden.

III Philosophie und Film

Neben der ontologischen Grenze ist für Cavells Arbeiten als zweite Grenze diejenige zwischen Philosophie und Film relevant. Überschritten wird auch sie in mehrfacher Weise. Ich werde im Folgenden zwischen Modi unterscheiden, die sich auf Institutionen beziehen, und Modi, in denen das Verhältnis von Verfahren (oder Methode) und Gegenstand zur Debatte steht.

Für die Modi, die sich auf Institutionen beziehen, ist es sinnvoll, die Geschichte des Verhältnisses zwischen Philosophie und Film zu berücksichtigen. Von wenigen Ausnahmen abgesehen hat sich die Philosophie gegenüber dem Film erstaunlich lange abgeschottet, wenn sie ihn nicht sogar bekämpft hat.[39] Dass der Film seit den 1970er Jahren, also rund 80 Jahre nach seiner ersten Vorstellung, sich doch noch allmählich zu einem approbierten Thema in der Philosophie entwickelt hat, ist zumindest teilweise soziologisch begründet worden:

By then there was at least one generation of philosophers who had grown up going to the movies in their neighborhood playhouses, and also a second generation who had access, through television, to a wide selection of the history of their own national and/or regional cinema traditions.[40]

Zwar lässt sich Cavell der genannten ersten Generation zurechnen – das allein würde aber seiner Bedeutung nicht gerecht. Mit seinen umfangreichen Publikationen ist er nicht einer unter vielen, sondern ein Wegbereiter gewesen und hat wesentlichen Anteil daran gehabt, die Disziplin Philosophie für den Gegenstand Film überhaupt zu öffnen. Was das heißt, lässt sich gut an einem nur auf den ersten Blick unbedeutenden Detail illustrieren. In der *Dialektik der Aufklärung* (1944)

---

[39] Vgl. dazu ausführlich Dimitri Liebsch, »Zum Verhältnis von Philosophie und Film«, in: Birgit Leitner/Lorenz Engell (Hg.). *Philosophie des Films*, Weimar 2007, S. 34–53.
[40] Noël Carroll, *The Philosophy of Motion Pictures*, Oxford, Malden, Ma. 2008, S. 1f. – Es zählt zur Ironie der Wissenschaftsgeschichte, dass die Philosophie den Film erst für sich entdeckt, als er seine Rolle als Leitmedium schon an das Fernsehen verloren hat. Auch hier: Eule der Minerva.

konnten Theodor W. Adorno und Max Horkheimer noch einen Regisseur wie Orson Welles diskreditieren, weil ihnen seine »Verstöße gegen die Usancen des Metiers« nicht weit genug gingen.[41] Cavell hingegen vertritt – wie er schon in »More of ›The World Viewed‹« sagt – die Sache Hollywoods.[42] Und er zeigt dabei, dass bereits das *Metier* philosophisch satisfaktionsfähig ist. Zu ergänzen bleibt, dass sich Cavell nicht allein um eine Öffnung der Institution Philosophie im Allgemeinen bemüht hat, sondern auch im besonderen Fall um die Öffnung einer Organisation, wie der Anhang zu *Pursuits of Happiness* dokumentiert. Dort legt er unter dem Titel »Film in the University« Überlegungen zu einem Curriculum an der Harvard University vor, das Film und Philosophie aufeinander bezieht.[43]

Wenn wir uns den Modi der Grenzüberschreitung widmen, in denen das Verhältnis von Verfahren und Gegenstand zur Debatte steht, bietet es sich an, anstelle von ›Filmphilosophie‹ der Deutlichkeit halber von ›Philosophie des Films‹ zu reden.[44] Für diese Rede sind zwei Lesarten möglich, denn es kann sich um einen *genitivus obiectivus* oder um einen *genitivus subiectivus* handeln. Im ersten Fall, dem *genitivus obiectivus*, sind Philosophie und Film in der Regel klar voneinander abgegrenzt: Unter der Philosophie des Films ist dabei ein philosophisches Verfahren zu verstehen, das sich dem Gegenstand Film widmet. Im zweiten Fall, dem *genitivus subiectivus*, lässt sich eine derartige Grenze nur schwerlich ausfindig machen, denn gemeint ist nun eine dem Film eigene Philosophie. Mit seiner Behauptung »film exists in a state of philosophy«[45] ist Cavell auch im zweiten Fall einer der Wegbereiter; und mittlerweile gibt es eine breite Diskussion über die dem Film eigene Philosophie.[46] Eine in dieser Diskussion häufig geäußerte Kritik lautet, dass sich unter dem Titel einer dem Film eigenen Philosophie nichts anderes verberge als eine Illustration von bereits bestehender Philosophie mithilfe von Filmen.

---

[41] Max Horkheimer/Theodor W. Adorno, *Dialektik der Aufklärung. Philosophische Fragmente*, Frankfurt a. M. 1969, S. 137.
[42] TWV More of TWV, S. 218: »I have felt impelled to make the Hollywood case […].«
[43] Vgl. PoH Append.
[44] Vgl. zum Folgenden Dimitri Liebsch, »Philosophie und Film«, in: ders. (Hg.), *Philosophie des Films. Grundlagentexte*, Paderborn 2005, S. 7–26, hier: S. 11 f.
[45] PoH Int., S. 13.
[46] Überblicke bieten beispielsweise das Themenheft *Thinking Through Film. Film as Philosophy* des *Journal of Aesthetics and Art Criticism* 64/1 (2006) oder Robert Sinnerbrink, *New Philosophies of Film. Thinking Images*, London/New York 2011.

Gyges, Godard und die »comedy of self-reference«

Illustrationen dieser Art gibt es in der Tat, die Kritik trifft auf Cavell meines Erachtens jedoch nicht zu. Die prägnanteste Formulierung hat Cavells Programm einer dem Film eigenen Philosophie in *Contesting Tears* gefunden:

[…] to my way of thinking the creation of film was as if meant for philosophy – meant to reorient everything philosophy has said about reality and its representation, about art and imitation, about greatness and conventionality, about judgment and pleasure, about skepticism and transcendence, about language and expression.[47]

Beispiele für dieses Programm finden sich in den Texten nach *The World Viewed* zuhauf. In dem bereits erwähnten Curriculum stoßen Buster Keatons Stummfilme mit Heideggers »Weltlichkeit der Welt« zusammen, und zwar mit der erfrischenden Aufforderung, nicht etwa nur Keaton, sondern auch *Sein und Zeit* neu zu überdenken; mithilfe von Leo McCareys Komödie *The Awful Truth* (1937) lotet Cavell das humoristische Potential von Platons Ontologie und insbesondere seiner aporetischen Reflexionen über das Eine aus; und in den Paaren der Wiederverheiratungskomödie und natürlich ihren Gesprächen lokalisiert Cavell allgemein, um noch ein letztes Beispiel zu nennen, ein »Sinnbild moralischen Austausches«, das zu einer produktiven Kritik an Kants Begriff der Maxime führen soll.[48] Cavell lässt also die herkömmliche Grenze zwischen dem Verfahren Philosophie und dem Gegenstand Film hinter sich, spricht dem Film eine eigene Philosophie zu und setzt sie in Beziehung zur bestehenden verschriftlichten Philosophie.

Wenden wir uns nun den eingangs erwähnten problematischen Details der Filmontologie Cavells zu, also seiner Philosophie des Films im Sinne eines *genitivus obiectivus:* Eine prekäre Grenzüberschreitung findet hier insofern statt, als Cavell den Gegenstand Film gemäß einem philosophischen Interesse modelliert, das dem Film fremd ist. Das wird an der Marginalisierung all jener Charakteristika des Films in *The World Viewed* deutlich, die nahelegen, Film könne etwas anderes sein als nur ›gesehene Welt‹. Um welche Charakteristika handelt es sich dabei? Das erste auffallende Charakteristikum ist die *mise en scène*, also das In-Szene-Setzen dessen, was aufgenommen werden soll. In ihr wird vor allem festgelegt, *was* vor der Kamera

---

[47] CT Pref., S. xii. – Statt von »reorientation« der Philosophie durch den Film, spricht Cavell ebenfalls von einer »juxtaposition« beider (vgl. PoH Int., S. 10–13).
[48] Vgl. PoH Append., S. 271ff. und CW 7, S. 171ff.; ebd. 20, S., 409ff.

und *wie* es dort positioniert wird; sie betrifft beispielsweise Schauspieler, Requisite, Licht oder Kulisse. (Auch) wegen der *mise en scène* ist der Film nicht schon hinreichend dadurch bestimmt, dass er *von der Welt* ist, denn die *mise en scène* beinhaltet Entscheidungen und Handlungen von Subjekten. Aufgrund solcher Interventionen ist die von Cavell behauptete ontologische Kontinuität von Aufgenommenem und Welt erheblichen Verwerfungen ausgesetzt. Angesichts der Episode zum antiken Babylon in David W. Griffiths *Intolerance* (1916) können wir beispielsweise nicht mehr fragen, welche Teile von Babylon an diejenigen Teile angrenzen, die wir im Film sehen – wie Douglas Lackey angemerkt hat, waren es nur die Studios von Hollywood in Los Angeles, die an den Filmset von *Intolerance* grenzten.[49] In Verbindung damit steht das zweite Charakteristikum, nämlich die Fiktionalität der von Cavell herangezogenen Filme. Cavell begründet seinen Verzicht, Fiktionalität eigens zu thematisieren, mit der Behauptung, die Frage nach der Fiktionalität sei gegenüber der Frage nach dem Medium des Films nachrangig.[50] Das ist in dieser Form nicht plausibel. Cavell setzt das Medium des Gemäldes bekanntlich von demjenigen des Films ab, indem er das Gemälde als *eine Welt* und das Foto als *von der Welt* beschreibt. Soweit der fiktionale Film auf Fotografie beruht, lässt er sich zwar in der Tat als *von der Welt* bezeichnen, qua Fiktion ist er aber zugleich *eine Welt*. Der fiktionale Film ist also ein Zwitter; und das legt nahe, Fiktion bereits auf medialer Ebene bzw. als Bestandteil der medialen Ebene zu berücksichtigen.[51] Obwohl Cavell in *The World Viewed* ein ganzes Kapitel »Sights and Sounds« nennt, wird er der Multimodalität des Films – dies ist das dritte Charakteristikum – nicht gerecht. Symptomatisch für dieses Defizit ist Cavells Versuch, in Jean-Luc Godards Science Fiction *Alphaville* (1965) das Schwarzweiß des Films für dessen »futurische Qualität« verantwortlich zu machen.[52] Die Aufnahmen von Godards

---

[49] Vgl. Douglas Lackey, »Reflections on Cavell's Ontology of Film«, in: *Journal of Aesthetics and Art Criticism* 32 (1973) S. 271–273, hier: S. 273.
[50] TWV More of TWV, S. 209f.
[51] Deswegen scheitert auch der Versuch von William Rothman und Marian Keane, Cavell gegen die Kritik von Lackey zu verteidigen (vgl. William Rothman/Marian Keane, *Reading Cavell's ›The World Viewed‹. A Philosophical Perspective on Film*, Detroit, Mi 2000, S. 68f.). Wer nicht akzeptiert, jenseits der Kader von *Intolerance* lediglich auf die Studios Hollywoods zu stoßen, muss sich auf *eine Welt* berufen, nämlich die der Babylon-Episode; und die ist nun einmal nicht *von der Welt*.
[52] TWV 13, S. 84.

Kameramann Raoul Coutard sind zwar von exquisiter Kühle und Abstraktion, die angesprochene Qualität wird aber erst von Godards dramaturgischer Chuzpe im Umgang mit der Tonspur gestiftet. Erst durch die Kommentare aus dem *off* und die Dialoge realisieren wir, dass da nicht etwa einfach jemand mit einem handelsüblichen Ford Mustang durch das Paris der 1960er Jahre fährt (obwohl natürlich genau das der Fall ist), sondern einer mit einem »Ford Galaxy« durch die Zukunftsstadt »Alphaville«. Coutards Aufnahmen mögen also durchaus *von der Welt* sein, in einem multimodalen Film wie *Alphaville* bestimmt aber nicht zuletzt die Tonspur, was wir in ihnen sehen. Das vierte und letzte stiefmütterlich behandelte Charakteristikum ist die Montage. Es ist befremdend, dass Cavell zu keiner Zeit zu erkennen gibt, dass für ihn bei der Unterscheidung von Fotografie und Film nicht nur eine quantitative, sondern auch eine qualitative Differenz im Spiel ist. Noch in »More of ›The World Viewed‹« beschreibt er den Film lediglich als Folge *(succession)* der Aufnahmen, die von der Welt angefertigt werden.[53] Damit verfehlt er die Ambivalenz und den Reichtum seiner Inspirationsquelle Bazin, der – ungeachtet seines tatsächlichen oder vermeintlichen Realismus' – für alle Formen der Montage festhielt: »Sie schaffen einen Sinn, den die Bilder nicht schon objektiv enthalten, der allein aus ihrer Beziehung hervorgeht.«[54] In anderen Worten: Auch wenn jede einzelne Aufnahme eine (externe) Referenz auf die Welt beinhaltet, so ist der Film demnach nicht einfach eine Folge von (externen) Referenzen auf die Welt; der Sinn, der durch die Montage von Aufnahmen (also durch filminterne Referenzen) entsteht, ist *nicht* schon durch die Welt gegeben.[55] – Welchen Effekt hat es nun, auf diese Weise insgesamt vier entscheidende Charakteristika des Films wie *mise en scène*, Fiktionalität, Multimodalität und Montage zu marginalisieren? Ein sehr auffallender Effekt besteht darin, dass auf diese Weise jene Komplikationen

---

[53] Ebd. More of TWV, S. 201.
[54] André Bazin, *Was ist Film?*, S. 92.
[55] Dieses Problem bleibt auch in der Auslegung Elisabeth Bronfens bestehen, bei der nicht mehr von *der* Welt die Rede ist: »Aufgrund des Bildausschnitts sowie des Schnitts und der Montage erhalten wir Fragmente einer Welt, die wir zusammenfügen müssen.« (Elisabeth Bronfen, *Stanley Cavell*, Hamburg 2009, S. 210) Zwar betont sie zu Recht die aktive Rolle der Rezipienten, blendet darüber aber die internen Referenzen des Films aus, der uns seinerseits schließlich nicht in Bruchstücken vorliegt, sondern als zeitliche Gestalt (vgl. dazu Maurice Merleau-Ponty, »Le cinéma et la nouvelle psychologie«, in: *Les temps modernes* 3 (1947), S. 930–943, hier: S. 937).

verschwinden, denen Cavells Behauptung ansonsten ausgesetzt wäre, die im Film projizierte Welt sei für uns vergangen. Alexander Sesonske hat anhand eines von Cavell selbst diskutierten Beispiels, nämlich François Truffauts *Jules et Jim* (1962), vergeblich versucht, eine derartige vergangene Welt zu rekonstruieren.[56] Wären wir wirklich Jules und Jim begegnet, oder nur Henri Serre und Oskar Werner, den Schauspielern, die sie verkörpern? Hätten wir sie in der erzählten Zeit der Fiktion angetroffen, also im ersten Drittel des 20. Jahrhunderts, oder erst während der Dreharbeiten zum Film Anfang der 1960er Jahre? Und wenn während der Dreharbeiten: Wie hätten wir unter den *takes* von Coutard, dem Kameramann der *Nouvelle Vague* schlechthin, die richtigen, später ausgewählten ausfindig machen oder gar die richtige Reihenfolge der Einstellungen erspüren können – entspricht doch die Reihenfolge, in denen Einstellungen gedreht werden, meist nicht der Reihenfolge der Einstellungen im fertigen Film? Und wo und wann wären wir auf George Delerues Filmmusik zu *Jules et Jim* gestoßen? Kurz, wir haben Schwierigkeiten diese vergangene Welt außerhalb des Films überhaupt denken zu können. Nicht minder auffallend ist ein weiterer Effekt dieser Marginalisierung. Er besteht darin, die komplexe Struktur des Films so zu vereinfachen, bis ihre Beschreibung kaum noch von einer Beschreibung von Fotografie zu unterscheiden ist. Das wirft ein neues Licht auf Cavells Behauptung, dass die im Film projizierte Welt für uns vergangen sei. Bei dieser Behauptung handelt es sich offenkundig um nichts anderes als um das klassische Credo der Fotografie: Was wir auf einem Foto sehen, muss sich *vorher* vor einer Kamera befunden haben. Das wiederum sagt uns aber nichts oder nicht genug über den Film. – Wenn sich mit Cavells Beschreibung Film nun nicht adäquat erfassen lässt, wozu dient sie aber dann? Die Antwort darauf ist einfach. Sie versucht aus dem Film *in toto* einen Beitrag zum Skeptizismus-Problem und zum Ringen um einen gefährdeten Zugang zur Welt zu machen (wozu sich die Fotografie deutlich besser geeignet hätte). Anders gesagt: Sie unterwirft den Film einem philosophischen Interesse, das dem Film als solchem fremd ist.[57] Hier findet eine Überschreitung

---

[56] Vgl. Alexander Sesonske, »The World Viewed«, in: *The Georgia Review* 28/4 (1974), S. 561–570, hier: S. 565. – Cavell antwortet auf die Fragen und Einwände Sesonskes in »More of ›The World Viewed‹« nur mit dem etwas diffusen Hinweis auf die mythische Verfassung des Films (vgl. TWV More of TWV, S. 210 ff.).
[57] Ich vertrete also das Gegenteil von Stephen Mulhalls Einschätzung, der mit Blick auf Cavells Filmontologie behauptet: »[…] skepticism is not simply a topic by certain

der Grenze zwischen Philosophie und Film statt, die zu Lasten des Films bzw. zu Lasten eines adäquaten Verständnisses seiner geht.

Mein Resümee zu den Grenzüberschreitungen zwischen Film und Philosophie fällt infolgedessen heterogen aus. So sehr Cavells Engagement für eine institutionelle Öffnung der Philosophie und für die dem Film eigene Philosophie zu begrüßen ist, so kritisch sind einige Aspekte seiner Filmontologie zu bewerten. Die philosophischen Interessen hinter seiner Filmontologie führen zu einer verzerrten Beschreibung des Filmes und tendenziell zu seiner Identifizierung mit der Fotografie. Kritisch zu bewerten sind daher ebenfalls Cavells Vorstellungen zum Dispositiv des Kinos: Die Leinwand mag weiterhin eine ontologische Grenze sein – dasjenige, wovon sie Gyges abgrenzt, lässt sich nur schwerlich einfach als Welt bezeichnen. Cavells Plädoyer für ein Kino der langen Einstellung ist in diesem Zusammenhang zu guter Letzt noch einer Revision zu unterziehen: Wenn wir in diesem Kino, zumal in seinem Umgang mit der Zeit, ›mehr Welt‹ begegnen, so stoßen wir in der Regel zugleich auf eine ausgeklügeltere *mise en scène*, deren Organisation z. B. bei Regisseuren wie Jean Renoir oder Carl Theodor Dreyer starke Vorbilder im Theater hat – wir stoßen also zugleich auf ›mehr Kunst‹.

IV Traditioneller und moderner Film

Bei den letzten Grenzüberschreitungen ist die Grenze zwischen traditionellem und modernem Film involviert. Für ihre Darstellung werde ich einerseits die Verschiebungen skizzieren, die sich bei Cavell im Verhältnis zwischen Tradition und Moderne beobachten lassen, und mich andererseits mit einer Form der Grenzüberschreitung befassen, bei der sich Cavell für das Verständnis des traditionellen Films offenkundig auf den modernen Film stützt.

Am Anfang von *The World Viewed* vermittelt Cavell in seiner Filmontologie gelegentlich den Eindruck, dass er den Film insgesamt als traditionelle Kunst begreift, die im Gegensatz zur Malerei noch

---

films but an issue that is central to any real understanding of our relation to the medium of cinema.« (Stephen Mulhall, *Stanley Cavell. Philosophy's Recounting of the Ordinary*, Oxford 1994, S. 223) Dass es sehr wohl bestimmte Filme zum Thema Skeptizismus gibt, davon legen Cavells Analysen zur Komödie und zum Melodrama Zeugnis ab.

nicht von Problemen der Moderne angekränkelt ist, also noch nicht durch ein schwieriges Verhältnis zur eigenen Tradition, durch Subjektivität, Reflexivität und den Narzissmus der Selbstreferenz bestimmt wird. Bei Gelegenheiten wie diesen, wenn Cavell – wie oben erwähnt – Film als »the one live traditional art« tituliert, erscheint der Film als traditionelle *Gattung*. Dieser Eindruck wird im fortlaufenden Text von *The World Viewed* überlagert durch den Hinweis darauf, dass der Film seine Zeit als traditionelle Kunst schon hinter sich gelassen hat:

> »Within the last decade film has been moving into the modernist environment inhabited for generations by the other major arts, within which each art has had to fight for its survival, to justify its existence in its own way.«[58]

Wenn wir in Rechnung stellen, dass *The World Viewed* 1971 erstmalig publiziert worden ist, dann können wir grob die 1960er Jahre als diese Dekade identifizieren; in ihr lokalisiert Cavell das Ende verbindlicher *myths* and *types*. Hier erscheint der Film als Gattung, bei der auf eine traditionelle *historische Phase* eine moderne folgt. Während Cavell für den traditionellen Film bekanntlich das goldene Zeitalter Hollywoods der 1930er und 1940er Jahre als exemplarisch in Anschlag bringt, diskutiert er als Beispiel für den modernen Film am ausführlichsten Godard, und zwar bezeichnenderweise vor allem als schlechtes Beispiel. Godards Arbeiten hält Cavell bis auf wenige Ausnahmen für überschätzt und konstatiert, dass sie ihm kein Vergnügen bereiten.[59] Auch daran wird deutlich, dass Cavell keine neutrale historische Unterscheidung verfolgt, sondern deren Phasen als der Gattung Film mehr oder weniger entsprechend bewertet – und die moderne Phase entspricht der Gattung in seinen Augen offenkundig weniger. Cavells Unterscheidung hat noch vor Erscheinen der erweiterten Ausgabe von *The World Viewed* massive Einwände auf sich gezogen, die in erster Linie filmhistorisch motiviert gewesen sind und etwa auf die fehlende Berücksichtigung des frühen sowjetischen

---

[58] TWV 10, S. 60.
[59] Als Ausnahmen zählen zunächst nur *Alphaville* und Godards Erstling von 1960 *À bout de souffle* (vgl. ebd. 13, S. 84; S. 96 ff.). Dazu gesellt sich später noch das Remake der biblischen Geschichte *Je vous salue, Marie* (1985). Mit der Wertschätzung dieses Films (vgl. CoF 12) ändert Cavell freilich nicht seine Haltung zu Godard, sondern prämiert lediglich einen Film, der Motive einer Wiederverheiratungskomödie beinhaltet: das Ringen um Anerkennung, insbesondere Josephs, nachdem Marie von wem auch immer schwanger geworden ist ...

Films gezielt haben.[60] Einen ähnlichen Einwand macht sich Cavell (vermutlich unabsichtlich) selbst. Im Zusammenhang mit seiner Weigerung, in filmischer Selbstreferenz eine ernsthafte Errungenschaft der modernen Phase zu sehen, geht er anhand von drei Beispielen auf die ältere – wie er sie nennt – »comedy of self-reference« ein, in denen der Film als Film thematisiert wird.[61] So träumt sich Buster Keaton in *Sherlock jr.* (1924) als eingeschlafener Filmvorführer in den Film, den er vorführt. Das Chaos von H. C. Potters und Edward F. Clines *Hellzapoppin'* (1941) wartet u. a. mit der Suggestion eines verrutschten Filmstreifens auf, sodass das Bild in zwei Teile zerfällt, aus denen heraus die Figuren miteinander interagieren. Und in W. C. Fields' *Never Give a Sucker an Even Break* aus demselben Jahr wird aus dem Drehbuch des Films vorgelesen, den wir gerade sehen. Mit diesen Fundstücken aus der Komödie der Selbstreferenz kann Cavell einige Prätentionen des ernsthaften modernen Films auf Innovation erfolgreich unterlaufen. Zugleich gräbt er aber seiner Unterscheidung historischer Phasen das Wasser ab: Wenn sich schon in der traditionellen Phase moderne Merkmale wie Selbstreferenz nachweisen lassen, dann ist die Unterscheidung zwischen traditionellem und modernem Film zur Unterscheidung von historischen Phasen ungeeignet. Sowohl die Einwände von außen als auch das Problem der Selbstreferenz führen dazu, dass Cavell in »More of ›The World Viewed‹« seine Unterscheidung historischer Phasen aufgibt und unter Vorbehalt durch eine Unterscheidung von zwei *Qualitäten* ersetzt: Demnach gibt es entweder seit Beginn der Filmgeschichte in jedem Film Modernes und Traditionelles, oder moderner Film hat schon immer neben traditionellem Film existiert.[62] Es ist allerdings nicht eindeutig, ob Cavell Konsequenzen daraus zieht, dass sich die Handhabung der Grenze zwischen Tradition und Moderne verkompliziert, weil sie sich nicht mehr *en bloc* an der Gattung oder der historischen Phase, sondern nur im Blick auf freier flottierende Qualitäten festmachen lässt. Immerhin behauptet er abschließend: »My feeling is that none of these modifications need weaken my insistence on film as the last traditional art, but on the contrary that each would

---

[60] Rosalind Krauss, »Dark Glasses and Bifocals, a Book Review«, in: *Artforum* 12/9 (1974) S. 59–62, hier: S. 60.
[61] Vgl. TWV 16, S. 125 f.
[62] Vgl. TWV More of TWV, S. 219

be a way of explaining that insistence.«[63] Den Film damit als traditionelle Gattung restituieren zu wollen, wäre argumentativ unhaltbar, auf diese Weise eine Vorliebe für Traditionelles innerhalb der Gattung Film zu proklamieren, hingegen deutlich unproblematischer.

Die Grenze zwischen Tradition und Moderne ist in Bezug auf den Film jedoch nicht nur schwer zu ziehen, Cavell verwendet darüber hinaus auch einen Impuls aus dem modernen Film, um grundsätzlich zu bestimmen, was traditioneller Film ist. Um das nachvollziehen zu können, müssen wir uns zunächst wieder der ontologischen Differenz zuwenden – oder genauer gesagt: der von Cavell erwähnten Quelle für den Mythos von Gyges, dem zweiten Buch von Platons *Politeia*. Dort lässt Platon in einem fiktionalen Gespräch seinen Bruder Glaukon den Mythos des Hirten Gyges erzählen, der einen magischen Ring gefunden hat. Als Gyges bemerkt, dass der Ring seinen Träger unsichtbar macht, legt er ein eigentümliches Verhalten an den Tag, das Glaukon folgendermaßen beschreibt:

Als er dieses innegeworden, habe er sogleich bewirkt, unter die Boten aufgenommen zu werden, die der König um sich hielt, und so sei er gekommen, habe dessen Weib zum Ehebruch verleitet, dann mit ihr dem König nachgestellt, ihn getötet und die Herrschaft an sich gerissen.[64]

Auch die Götter, die laut Cavell ja von ihrer Unsichtbarkeit profitieren, finden in dieser Erzählung eine wenig schmeichelhafte Erwähnung, und zwar in Glaukons Vergleich, dass der Träger des Rings sich verhalten habe »wie ein Gott unter Menschen«.[65] Die Lehre aus diesem Mythos ist einfach. Beobachtet-Werden ist konstitutiv für moralisches Handeln und soziale Ordnung. Wer nicht beobachtet werden kann, verhält sich amoralisch. Der weitere Verlauf der *Politeia* stellt – wie auch die Reprise des Mythos in ihrem letzten Buch zeigt[66] – den Versuch dar, diese Lehre zu widerlegen und sie durch eine Lehre von einer nicht extern, sondern intern motivierten Moral zu ersetzen. Platons Gyges ist also amoralisch und nicht an Anerkennung interessiert, während Cavell den Film und die Filmrezeption zunehmend mit dem Projekt eines *moral perfectionism* zu verbinden sucht;[67] und Pla-

---

[63] Ebd.
[64] Platon, *Politeia* 359c (zit. nach Platon, Werke, Bd. 4, Darmstadt 1971, S. 103).
[65] Ebd.
[66] Ebd., 612b.
[67] Vgl. dazu den Überblick in CW Einf., S., 32–41.

Gyges, Godard und die »comedy of self-reference«

tons Gyges ist derjenige, der ungesehen handelt und die Macht usurpiert, während Cavells Filmrezipienten vor Macht zurückschrecken, Handlungen vermeiden und ungesehen sehen wollen. Angesichts dessen müssen wir Cavell nicht nur einen sehr freien Umgang mit seinen Quellen attestieren,[68] sondern außerdem abstreiten, dass Platons Gyges als Sinnbild für den Film und die Filmrezeption in Cavells Verständnis brauchbar ist. Damit stellt sich wiederum die Frage, woher denn, wenn nicht aus der *Politeia*, die eigentümliche Idee des ungesehenen Sehens stammt. Ich werde im Folgenden Gründe dafür nennen, dass sich der Impuls für diese Idee der ersten Einstellung aus Godards *Le mépris* (1963) verdankt – was bedeutet, dass sich der Impuls für Cavells Filmontologie einer Einstellung verdankt, die Cavell erstens nicht explizit erwähnt, die zweitens aus einem modernen Film stammt und deren Regisseur er drittens nicht besonders schätzt. – *Le mépris* beginnt (ausgerechnet) mit einer langen Einstellung, während der die üblicherweise schriftlich fixierten *opening credits*, die Informationen über das am Film beteiligte Personal, den Regisseur, die Schauspieler, den Kameramann usw., als Kommentar aus dem *off* gesprochen werden. In den zwei Minuten dieser ungeschnittenen Einstellung bewegt sich allmählich eine Filmcrew auf die Zuschauer zu (vgl. zum Folgenden die Abbildungen 1 bis 4). Zu dieser Crew gehören ein Kameramann, der von keinem anderen als von Coutard dargestellt wird, eine Person, die den Kamera-Dolly auf Schienen in den Bildvordergrund schiebt, ein Kabelträger, ein Tontechniker und ein weiteres Crew-Mitglied, eine – wie wir später noch lernen werden – Übersetzerin. Möglicherweise wird letztere während der langen Kamerafahrt von der für uns sichtbaren Kamera gefilmt, vielleicht auch nicht. Die für uns sichtbare Kamera ist zunächst lediglich ein Detail am rechten Bildrand und wird allmählich fast bildschirmfüllend. Am Ende der Einstellung kippt sie erst um 90 Grad nach links zur Seite und dann um einige Grad nach unten, bis wir uns ihrem Doppel-

---

[68] Dasselbe ist in seiner Behauptung der Fall, das Konzept des Sehens in *The World Viewed* verdanke sich Jean-Jacques Rousseaus »Lettre à M. d'Alembert« (vgl. TWV Pref., S. xxii f.). Tatsächlich beinhaltet der Brief nur eine kulturrevolutionäre Attacke, die den (passiven) Theaterzuschauer durch den (aktiven) Teilnehmer an Sportveranstaltungen ersetzen, und eine Phantasie der Überwachung, die die Bälle für die Jugend dem »wachen Auge der Öffentlichkeit« unterstellen will (vgl. Jean-Jaques Rousseau, »Brief an Herrn d'Alembert«, in: ders., Schriften, Bd. 1, Frankfurt a.M./Berlin/Wien 1978, S. 333–474, hier: S. 462–465). Davon hat zum Glück nichts Eingang in Cavells Buch gefunden.

Dimitri Liebsch

objektiv wie einem mechanischen Augenpaar gegenüber sehen. Wobei ›gegenüber‹ letztlich nicht der passende Ausdruck ist, weil wir uns nicht auf Augenhöhe mit ihr befinden, sondern von oben herab angeschaut werden. Wir befinden uns in einer Position der Unterlegenheit, wir sind ertappt und sichtbar geworden. – Wie lässt sich nun plausibel machen, dass diese Einstellung den Impuls für Cavells Idee des ungesehenen Sehens darstellt? Erstens ist *Le mépris* gerade als moderner Film die richtige Wahl, denn Cavell macht aus dem nostalgischen Zuschnitt seiner Filmontologie keinen Hehl. Es ist ja die nicht zuletzt durch neue Filme entstandene Entfremdung, woraufhin sich Cavell früherer Erfahrungen zu vergewissern sucht. Zweitens kennt Cavell den Film. Auf eine Einstellung aus *Le mépris*, die eine nackte

Abb. 1–4 *Le mépris*. Jean-Luc Godard

Brigitte Bardot und einen einigermaßen angezogenen Michel Piccoli zeigt, kommt er in *The World Viewed* zweimal zu sprechen und registriert dabei Godards Kritik an unserem »taste for mild pornography«.[69] Drittens geht der von Cavell erwähnten Einstellung mit Bardot und Piccoli in *Le mépris* unmittelbar die lange Einstellung

---

[69] Vgl. TWV 13, S. 95; ebd. 17, S. 129. – Mit eben diesen vier Worten beschreibt Panofsky – allerdings affirmativ und ohne kritischen Unterton – einen der wirkmächtigen Archetypen des frühen Films (vgl. Ernst Panofsky, »Style and Medium in the Moving Pictures«, S. 18).

mit der Filmcrew voraus. Jene beschreiben zu können, ohne diese nicht auch zur Kenntnis genommen zu haben, ist unwahrscheinlich. Darüber hinaus räumt Cavell ja ein, dass für seine Filmontologie ähnlich wie beim Umgang mit Träumen die Erinnerung, die falsche Erinnerung und das Vergessen relevant sind. Dazu gehören auch Verdrängung und Spuren des Verdrängten. Vor diesem Hintergrund lassen sich viertens mehrere Spuren der langen Einstellung aus *Le mépris* in *The World Viewed* finden. So imaginiert Cavell, wie eine Filmcrew beim Filmen gefilmt wird, um hinzuzufügen, dass das Wesentliche dabei nicht erfasst werden könne: »One can feel that there is always a camera left out of the picture: the one working now.«[70] Wir stoßen damit auf eine – freilich nicht als solche gekennzeichnete – Beschreibung der ersten Einstellung aus *Le mépris;* und wir stoßen darüber hinaus auf eine Verbalisierung des dort von Godard elegant inszenierten performativen Widerspruchs, der Coutard im selben Moment als Kameramann *im Film* zeigt, in dem er ihn als Kameramann *des Films* nennt. Die letzte und entscheidende Spur der langen Einstellung lässt sich schließlich in Cavells Beschreibung der Filmrezeption festmachen. Sie ist die traditionelle Position, die in Godards Film ihre moderne Negation findet. Oder genauer und unter Berücksichtigung der Chronologie von Film und Buch: Die erste Einstellung des modernen Films *Le mépris* stellt 1963 exakt das in Frage, was Cavell 1971 in *The World Viewed* für das Publikum des traditionellen Films behauptet wird, nämlich ungesehen sehen zu können.

Bei der komplizierten und mehrfach revidierten Grenzziehung zwischen traditionellem und modernem Film lässt sich Cavell anmerken, dass er zwar einerseits (und abermals mit Blick auf Hollywood) die Sache des traditionellen Films zu vertreten versucht, andererseits für die dazu benötigten Mittel mehrfach die Grenze zum modernen Film überschreitet. So führt er mit der Komödie der Selbstreferenz Filme aus der traditionellen Phase gegen Filme aus der modernen Phase ins Feld, nobilitiert damit allerdings nicht einfach die älteren Filme, sondern deren spezifisch moderne Merkmale. Ähnlich, nur etwas komplexer, verhält es sich bei der zentralen Idee des ungesehenen Sehens. Wir können den Impuls für sie bis in einen modernen Film zurückverfolgen und dürfen daher Cavells Haltung in ihrer Gebrochenheit nicht selbst als traditionell identifizieren. Cavells Sensus

---

[70] TWV 17, S. 126.

für den traditionellen Film ist der eines Modernen – wie ja schon nach Immanuel Kant auch die Natur erst in einer Phase der Künstlichkeit interessant wird.[71]

V Schluss

Um die Grenzüberschreitungen Cavells abschließend kurz Revue passieren zu lassen, bietet sich zur Pointierung ein Ausgang von der Grenze zwischen Philosophie und Film an. Cavells Arbeiten haben in institutioneller Hinsicht einen enorm wichtigen Anteil daran, die Grenzen der Philosophie für den Film durchlässiger gemacht zu haben. Probleme entstehen im Zusammenhang mit seiner Philosophie des Films im Sinne eines *genitivus obiectivus* allerdings dann, wenn er den Gegenstand Film gemäß einem (dem Film fremden philosophischen) Interesse am Skeptizismus modelliert. Diese *theoretische* Grenzüberschreitung macht in *The World Viewed* aus der ontologischen Grenze des Films allgemein eine Grenze zur Welt, identifiziert den Film tendenziell mit der Fotografie und versucht – nicht eben erfolgreich – den traditionellen Film als einen Film ohne Selbstreferenz zu privilegieren. In struktureller Hinsicht ähnelt dieser Teil der Cavell'schen Filmphilosophie dem etwa zeitgleichen Zugriff der ›Grand Theory‹, die in den 1970er und 1980er Jahren in der US-amerikanischen Filmwissenschaft den Film zwar nicht mit einem philosophischen, aber mit einem psychoanalytischen und kulturalistischen Interesse überformte.[72] Verwunderlich ist diese Ähnlichkeit nicht zuletzt deshalb, weil Cavell, der Filmfan, gegenüber theoretischen Imprägnierungen durchaus die Berufung auf die eigene Erfahrung mit und das eigene Vergnügen an Filmen aufbietet. Fruchtbar wird sein Interesse am Skeptizismus in den im Folgenden feiner justierten Publikationen, die sich weniger dem Film insgesamt und der Skepsis gegenüber der Welt im Allgemeinen widmen, sondern vor allem einzelne Filme analysieren, soweit sie sich – wie die Filme aus den Gen-

---

[71] Friedrich Schiller wird diese Einsicht aus §54 der *Kritik der Urteilskraft* als das »sentimentalische« Interesse am »Naiven« popularisieren (vgl. Friedrich Schiller, *Über naive und sentimentalische Dichtung*, in: ders., Theoretische Schriften, Bd. 8, Frankfurt a. M. 1992, S. 706–810).
[72] Zur Kritik an der ›Grand Theory‹ vgl. David Bordwell, »Contemporary Film Studies and the Vicissitudes of Grand Theory«, in: ders./Noël Carroll (Hg.), *Post-Theory. Reconstructing Film Studies*, Madison, Wc. 1996, S. 3–36, v. a. S. 6–12.

res der Wiederverheiratungskomödie und des Melodramas der unbekannten Frau – der Anerkennung der anderen widmen. Ebenfalls produktiv wirkt sich jene Grenzüberschreitung *praktisch* aus, nämlich u. a. als Anregung dazu, Filme nachhaltig zu inkorporieren oder sich im Schreiben über den Film am Regulativ des Gesprächs zu orientieren. Mit der Entwicklung einer Philosophie des Films im Sinne eines *genitivus subiectivus* betritt Cavell darüber hinaus insofern Neuland, als er sogar die Vorgabe von Maurice Merleau-Ponty überschreitet, der lediglich eine Analogie zwischen der Philosophie und dem Film konstatierte.[73] Cavells Verständnis einer dem Film eigenen Philosophie impliziert mehr, es sieht auch die Möglichkeit einer kritischen Grenzüberschreitung vor, also die Möglichkeit, anhand eines Films bestehende Philosophie in Frage zu stellen und zu korrigieren. Wie gezeigt, kann ein solcher Film durchaus von Godard stammen, selbst wenn die Berufung auf diesen und das Bekenntnis, Fan seiner Filme zu sein, im Zusammenhang mit dem Denken Cavells ein wenig wie das Eingeständnis eines *guilty pleasure* aussieht.

---

[73] Vgl. Maurice Merleau-Ponty, »Le cinéma et la nouvelle psychologie«, S. 942 f.

II Gelingendes und verfehltes Leben im Lichte von Philosophie, Tragödie und Film

Das philosophische Leben

Cavells moralischer Perfektionismus und Sokrates

Michael Hampe

I   Erziehung von Erwachsenen als Zweck der Philosophie

Das Englische *education* kann ›Erziehung‹ oder ›Bildung‹ bedeuten. Für Stanley Cavells Aufgabenbestimmung der Philosophie spielt bekanntlich die Idee einer, wie es in den Übersetzungen in der Regel heißt, *Erziehung* von Erwachsenen eine bedeutende Rolle. Er schreibt in *The Claim of Reason*:

I may feel that my foregone conclusions were never conclusions *I* had arrived at, but were merely imbibed by me, merely conventional. I may blunt that realization through hypocrisy or cynicism or bullying. But I may take the occasion to throw myself back upon my culture, and ask, why we do what we do, judge as we judge […] It is inconvenient to question a convention; that makes it unserviceable, it no longer allows me to proceed as a matter of course; the paths of action, the paths of words, are blocked … What I require is a convening of my culture's criteria, in order to confront them with my words and life as I pursue them … and at the same time to confront my words and life as I pursue them with the life of my culture's words … It seems to me a task that warrants the name of philosophy. It is also the description of something we might call *education* … In this light, philosophy becomes the *education of grownups* … And for grownups this is not natural growth, but *change* is a *conversion* of our natural reactions; so it is symbolized as *rebirth*.[1]

Dass Cavell von »education of *grownups*« spricht und erläutert, diese »education« sei nicht »natürliches Wachstum«, sondern »Veränderung«, »Konversion« und werde als »Wiedergeburt« symbolisiert, spricht dafür, dass er hier einen radikaleren Transformationsprozess

---

[1] CoR, S. 125 (Hervorh. MH).

meint, als den, der gewöhnlich mit dem Begriff der ›Bildung‹ gekennzeichnet wird, und den er durch die Philosophie in Gang gesetzt und befördert sehen will. Bildung ist ein Vorgang, der nicht nur Kinder und Jugendliche betreffen kann, sondern den wir auch bei den Entwicklungsprozessen, die Erwachsene noch durchlaufen können, realisiert sehen, während wir ›Erziehung‹ für die beabsichtigten Veränderungen reservieren, denen noch nicht erwachsene Menschen unterworfen werden. ›Erziehung von Erwachsenen‹ hat deshalb anders als ›education of grownups‹ einen merkwürdigen Klang. Doch ›Bildung‹ scheint ein zu *schwacher* Begriff für das, was Cavell als Aufgabe der Philosophie in der oben genannten Passage vorschwebt. Denn für Cavell geht es bei der umgestaltenden Wirkung derjenigen Philosophie, die er mit dem Begriff des ›moralischen Perfektionismus‹ belegt und der er sich selbst verschrieben hat, darum, ein »Gefühl« und einen »Zustand der Gefangenschaft« hinter sich zu lassen und sich auf eine »Selbstbefreiung« zuzubewegen, auf eine »Lebensweise«, die die richtige, vernünftige ist.[2] Diese Bewegung kann in einer Entscheidung für eine Individualität kulminieren, die Cavell im Anschluss an Platon und Aristoteles als die »Wahl« meines eigenen Lebens charakterisiert hat. Die Person, die sich einem Lern- oder Bildungsprozess unterwirft, auf ihn einlässt, tut dies nach Cavell letztlich in der Hoffnung, sich irgendwann selbst in dem System, in dem sie gebildet worden ist, zum Ausdruck bringen zu können.[3]

›Gefangenschaft‹ meint hier das ›unvernünftige‹ Verhältnis zur Konvention, den Zustand, in dem mir meine Worte und mein Leben noch nicht als zu mir *gehörig* oder von mir gewählt vorkommen. Es geht, wie immer in bildungsphilosophischen Debatten, um das Verhältnis von Allgemeinem und Individuellen: Hat die einzelne Person

---

[2] CW 17, S. 349.
[3] »The allegory (for learning a language in Augustine, quotes at the opening of Wittgenstein's *Philosophical Investigations;* MH) comes to rest with the child, who has taken language upon himself/herself—this unshiftable individual necessity, or necessity of individuality (emphasized in both Plato and in Aristotle as eventually my *having to choose my life*, take it upon myself), is the sense I get from Augustine's saying that he had »trained (his) mouth« to repeat the sounds he heard. And the purpose of all this energy and theft (I am vividly, even graphically, on my own in training my mouth) is that it allows him to »express (his) own desires.«« Stanley Cavell, »Philosophy as the education of grownups«, in: Naoko Saito/Paul Standish (Hg.), *Stanley Cavell and the Education of Grownups*, New York 2012, S. 27 (Hervorh. MH). Vgl. auch Urs Hofer, *Auf der Suche nach der eigenen Stimme. Stanley Cavells Philosophie als Erziehung von Erwachsenen*, Zürich 2016.

Das philosophische Leben

die Möglichkeit, sich für ihre Lebensweise zu *entscheiden*, sie sich als ihre anzueignen, oder wird sie in sie *hineingezwungen*? Ist Erziehung ein Prozess, der die Fähigkeit fördert, sich das, was Menschen miteinander potentiell verbindet, wie Empathie- und Argumentationsfähigkeit, aber auch bestimmte Lebensweisen, anzueignen oder werden wir alle lediglich dazu *abgerichtet*, bspw. die Allgemeinheit des besseren Arguments und die begrenzte Allgemeinheit bestimmter Sitten anzuerkennen? Für Cavell scheint es eine *Umkehrmöglichkeit* zu geben von einem Leben, in dem ich unfreiwillig in die betreffenden Allgemeinheiten geraten oder gezwungen worden bin, zu einem, in dem die einzelne Person ihr Verhältnis zum Allgemeinen nicht mehr als eine Brauchbarmachung und Zurichtung deuten muss. Paradigmatisch symbolisiert ist diese Umkehr von einem Leben in der Gefangenschaft der Konvention zur selbstgewählten Existenz für Cavell in Platons Höhlengleichnis.[4] Dort findet nach einer Befreiung ja eine Umkehrung (Konversion) zum Licht statt. Platons *Staat*, in dem sich dieses Höhlengleichnis findet und den Popper als den geistigen Ursprung des Totalitarismus deutete,[5] ist für Cavell ein Schlüsseltext, um seinen moralischen Perfektionismus zu verstehen. Die Tätigkeit des Sokrates in seinen Gesprächsgemeinschaften ist für Cavell der Anfang dessen, was er in einem positiven Sinne und mit Anspielung auf die aufklärerische Tradition der Erziehungsphilosophie mit ›Pädagogik‹ meint, wenn er seinem Buch *Cities of Words* den Untertitel ›Pädagogische Briefe‹ (›Pedagogical Letters on a Register of the Moral Life‹) gibt.

Die Begriffe ›Erziehung‹ und ›Bildung‹ sind im Deutschen sowohl vom Begriff der ›Therapie‹ wie auch von dem der ›Sorge‹ abzugrenzen. Doch weil für Cavells methodisches Philosophiekonzept die Gespräche und Geschichten des platonischen Sokrates sehr relevant sind, und in ihnen ›Therapie‹ und ›Sorge‹ eine wesentliche Rolle spielen,[6] können diese Begriffe hier nicht ausgeblendet bleiben.

Das griechische Pendant zu Erziehung und Bildung ist *paideia*, ursprünglich auch ein Wort, das die Betreuung von Kindern und Jugendlichen bezeichnet. Doch Platon glaubt, dass die Philosophie in einer Erziehung derer, die die »Fürsorge für den Staat« übernehmen

---

[4] Das diskutiert er in CW 14 ab S. 314.
[5] Karl R. Popper, *Die offene Gesellschaft und ihre Feinde. Band I: Der Zauber Platons*, Bern/München 1958.
[6] Vgl. Platon, *Apologie* 29d-30b, (»tes psyche epimeleisthai«)

sollen, eine wesentliche Rolle spielt. Diese sind aber Erwachsene und auch sie müssen – und hier werden die platonischen Wurzeln von Cavells Denken besonders deutlich – eine *Konversion* durchmachen. Denn um die Staatsoberhäupter zu erziehen, seien Menschen »ans Licht« heraufzubringen so wie in der Sage einige »aus der Unterwelt zu den Göttern hinaufsteigen«. Dazu sei eine »Umlenkung der Seele« *(psyches periagoge)* nötig, »welche aus einem gleichsam nächtlichen Tage zu dem wahren Tage des Seienden jene Auffahrt antritt, welche wir eben die wahre Philosophie nennen wollen«.[7] Der Übergang von der Nacht zum Tag erinnert an das *Erwachen*, auf das wir bei der Deutung dieser Umkehr später noch einmal zu sprechen kommen werden.

Auch die sokratische Vorstellung, dass sich *jeder* Mensch, unabhängig von seinen etwaigen Ambitionen auf ein Staatsamt, eher um die eigene Seele zu *sorgen* habe, als um den sozialen Erfolg in den etablierten kulturellen und politischen Verhältnissen, und das Bestreben von Sokrates als Philosoph, anderen zur Einsicht in die Notwendigkeit dieser Sorge zu verhelfen und sie bei deren Realisierung zu unterstützen, steht Cavells Anti-Konventionalismus, wie er im obigen Zitat zum Ausdruck kommt, nahe. Oder umgekehrt: Cavells an Emerson anknüpfende Konventionalismuskritik ist als eine Neuauflage der sokratischen Kritik an der realen Stadt deutbar – eine Kritik an den von Sokrates vorgefundenen *wirklichen* Gemeinschaften zwischen den Menschen, die ihm ungerecht und ungerechtfertigt erschienen und die er durch eine bessere Stadt aus Wörtern ersetzen will, die er in seinen Gesprächsgemeinschaften erzeugt. Der moralische Perfektionismus von Cavell traut nicht nur der Philosophie des Sokrates zu, Menschen, erwachsene einzelne Personen, ›grundlegend‹ zu verändern, sie von ihren Täuschungen zu therapieren. Sondern Cavell hält die sokratische Methode auch in der Philosophie der Gegenwart für realisierbar, wenn vielleicht auch nicht durch ein Verhalten wie es Sokrates als der notorische Dialogpartner auf den Plätzen Athens an den Tag gelegt hat. Seine »pädagogischen Briefe« sind als ein solcher Versuch deutbar, mit seinen Lesern (bzw. den Hörern seiner Vorlesung, denn das waren diese Briefe ursprünglich) eine Verbindung herzustellen, die eine erzieherische ist, doch eine zwischen erwachsenen Menschen, und die eine neue, nicht einfach durch Konventionen ›gesteuerte‹ Lebensweise erlaubt.

---

[7] Platon, *Der Staat* 521c.

Doch rückt die Vorstellung, der Philosophie sei es möglich, neue Lebensweisen zu initiieren, diese nicht in die Nähe der Religion? Sind Platons und Cavells Reden von der ›Umkehr‹ *(conversion)* und ›Wiedergeburt‹ nicht religiös zu verstehen? Erscheint uns entsprechend Sokrates beispielsweise in der *Apologie* nicht wie ein religiöser Eiferer, der glaubt, die Stadt mit seinen Gesprächen eigentlich zu retten und nicht zu belästigen, oder im *Phaidon* nicht wie ein Religionsstifter, der seine Jünger in der letzten Stunde noch einmal um sich versammelt? Hat er seine Anhänger nicht zu einer bestimmten Lebensweise *bekehrt*, die eben in diesem erwägenden Gespräch, das er bis zum Ende seines Lebens führt und das nicht in einer realen Stadt in einem realen Gefängnis stattfindet, sondern in einer Stadt aus Wörtern, die er für besser (vernünftiger, freier) hält als die aus den Häusern aus Stein? Ist Sokrates also eine Art religiöser Lebenslehrer, der andere dazu bekehren wollte, wie er selbst auf ihre innere Stimme zu hören und ihr Leben im Einklang mit dieser Stimme zu führen und nicht einfach so, wie ›es sich gehört‹? Und sind nicht auch umgekehrt Jesus und Buddha, sofern sie andere von neuen Lebensweisen mit Geschichten und Argumenten, wie sie auch Sokrates hätte erzählen können, zu überzeugen versuchten, als *Philosophen* deutbar?[8] Vielleicht sind die Vorstellungen, dass Philosophie eine rationale und argumentative Vorform von Wissenschaften sei, Religion dagegen irrational, kultisch und eine existentiell ernst genommene Poesie, viel zu einfach, weil sie der Vielfalt religiöser und philosophischer Erscheinungsformen, gerade wenn es, wie bei Cavell auch, um die Etablierung von Lebensweisen oder Lebenseinstellungen geht, nicht gerecht werden.

Doch der oben genannte Anspruch an die Philosophie ist auch deshalb erstaunlich, weil er die Beschäftigung mit Philosophie dann als etwas ansehen muss, was mit ganz anderen Zielen verbunden ist, als denen, die in den Bildungs- oder Ausbildungsprozessen angestrebt werden, die in den philosophischen Instituten der heutigen Universitäten ablaufen. Denn die akademische Philosophie will Menschen zwar ausbilden oder bilden. Sie will sie zu bewussteren, vielleicht

---

[8] Im Anschluss an Pierre Hadots *Philosophie als Lebensform. Geistige Übungen in der Antike*, Berlin 1997, stellt Frédéric Lenoir ähnlich wie der späte Foucault über den Begriff ›Lebenslehrer‹ *(maitres de vie)* in seinem Buch *Sokrates. Jesus. Buddha: Die Lebenslehrer*, München 2010, einen solchen Zusammenhang von Philosophie und Religion her.

kritischeren und mündigeren Menschen machen. Vielleicht will sie ihnen auch so genannte ›Schlüsselqualifikationen‹ wie die Fähigkeit zu analytischem Denken vermitteln. Doch in kaum einer Studienordnung wird das Ziel verzeichnet sein, durch das Philosophiestudium Menschen zu der richtigen Lebensweise konvertieren zu wollen. *Change, conversion* und *rebirth* benennen Entwicklungsziele, die viel anspruchsvoller sind als alles, was durch ›Bildung‹ und ›Ausbildung‹ in einer modernen Hochschule realisierbar ist. Ja, eine Unterrichtskommission, die eine Studienordnung in einer Universität zu erarbeiten hätte, würde jemanden, der ›Umkehr‹ und ›Wiedergeburt‹ als Ziele der Philosophie festschreiben wollte, wohl für nicht ganz bei Trost betrachten. Wer die Philosophie der Gegenwart auf diese Ziele festlegen will, würde aber nicht nur die akademische Philosophieausbildung zumindest implizit als eine ziemliche laue Veranstaltung kritisieren. Er müsste sich auch ganz unabhängig von den gegenwärtigen Lehrinstituten fragen lassen, ob er die Philosophie nicht prinzipiell hoffnungslos überschätzt, ja in die Nähe zum Sektierertum rückt. Die Antwort auf diese Frage könnte sein, dass auch die sokratische Sorge um die eigene Seele schon auf viel ›mehr‹ hinauslief als die Ausbildungsbemühungen der Sophisten, die die städtische Jugend in ihrem Streben auf einer politischen Laufbahn durch eine gute Rhetorikausbildung zu unterstützen versuchte. Die moderne Universitätsphilosophie wäre in dieser Perspektive eine Rückkehr zur sophistischen Ausbildung und (wie Cavell meint) eine Degradierung der ursprünglichen Ansprüche an die Philosophie, wie sie Platon und sein Sokrates noch formuliert. Insofern könnte der Kontrast zwischen Cavells Philosophieverständnis und dem der modernen akademischen Philosophie kein neuer sein, sondern einer, der bereits am Ursprung der europäischen Philosophie zwischen der Sophistik und der Sokratik gegeben war und den Cavell in seinem Verhältnis zur akademischen Philosophie wiederaufleben lässt.

Doch heute – so mag man auf diese Diagnose antworten, dass die Philosophie immer schon in der Kritik stand, sich entweder existentiell zu *überfordern* oder sich als eine bloß logisch rhetorische Ausbildungsveranstaltung zu *erniedrigen* – wissen wir mehr über die Entwicklungs- und ›Umkehr‹«-Möglichkeiten von Menschen. Angesichts der uns bekannten inneren biologischen und äußeren Komplexitäten, in denen sich Menschen nun einmal entwickeln, kann man bezweifeln, ob von *irgendeiner* pädagogischen Institution, sei es die der Philosophie oder eine andere, Erziehungsziele überhaupt kalkulierbar sind, egal ob sie bescheiden oder ehrgeizig gefasst werden. So besuchten Ludwig Wittgenstein und Adolf Hitler, beide 1889 geboren, zur selben Zeit dieselbe Realschule in Linz. Vermutlich hatte diese Schule klare Erziehungsziele. Doch die Lebensläufe des Diktators und des Philosophen verliefen sehr verschieden, wie die Lebensläufe von Schülern, die in dieselbe Schule gehen, überhaupt.⁹ Das mag an den unterschiedlichen biologischen Veranlagungen und den unterschiedlichen sozialen Gegebenheiten in den Elternhäusern liegen, die sie die erzieherischen Einflüsse unterschiedlich aufnehmen lassen, und an den unzähligen Ereignissen und Begegnungen, die nicht durch die Erziehungsinstanzen kontrollierbar und beeinflussbar sind. Die Bemühungen von noch so vielen und guten Lehrern können vielleicht durch eine fatale Begegnung außerhalb der Schule, die jemanden zu einem Verbrechen verführt, zunichte gemacht werden. Und vielleicht macht es irgendeine neurologische Disposition unmöglich, dass eine Schülerin oder ein Schüler sich so auf ein Bildungsangebot konzentrieren kann, dass es seine beabsichtigte verändernde Wirkung entfaltet. (Platon berücksichtigt dieses Problem in seinem *Staat* insofern, als er dort die Menschen nach den unterschiedlichen Veranlagungen ihrer Seelen unterschiedlichen Ausbildungsgängen zuordnet.) Kann und soll sich die Philosophie angesichts dieser Einsichten wirklich zu einer Erziehungsinstanz aufschwingen, die ›höhere‹ und ›gewissere‹ Entwicklungs- oder gar existentielle ›Verwandlungsprozesse‹ bewirken kann? Stehen nicht schon die vormodernen Erfahrungen von Platon mit dem Tyrannen in Syrakus und die von Seneca mit seinem Schüler Nero einem solchen hohen Anspruch an die Philosophie entgegen? Um diese Fragen diskutieren zu können, ist es hilfreich, noch einmal auf die so genannten klassischen Bildungskonzepte zu schauen, die ja mit großem Enthusiasmus auf eine Verbesserung des Menschen abzielten.

II Bildungsverständnisse

Das klassische Bildungsverständnis der Neuzeit ist anders als das platonische kritisch gegen die Vorstellung gewandt, Menschen seien zu bestimmten äußeren Zwecken *abzurichten*, was sie beispielsweise zu nützlichen Staatsdienern macht. Platon lässt seinen Sokrates von

---
⁹ Ich danke Konrad Liessmann in Wien für diesen Gedanken.

einer reflektierten Person *überhaupt* erwarten, dass sie sich um ihre Seele kümmert. Er macht es darüber hinaus aber auch zum Kriterium geeigneter Staatsführer, dass sie es bei dieser Sorge um sich, wie wir gesehen haben, soweit bringen, dass sie ihre Seele dem Licht zuwenden, die Idee des Guten schauen. In der Moderne bedeutet Menschen zu ›bilden‹ dagegen, sie »nicht zu äussren Zwecken ziehn.«[10] Der Drill von Männern zu guten Soldaten ist in diesem Sinne ebenso wenig Bildung wie die Ausbildung von Juristen, die es ihnen erlaubt, das Richteramt adäquat auszuüben. Der Staat hat zwar ein berechtigtes Interesse an der Ausbildung von kompetenten Bürgern, die es erlauben, die in ihm notwendigen Institutionen wie Gerichtsbarkeit, Militär, Verwaltung zu erhalten. Doch Menschen sind im klassischen Bildungsverständnis ›mehr‹ als nur Bürger, die für eine bestimmte Funktion im Staat ausgebildet werden müssen. Sie sind potentiell freie Wesen, die jedoch einer Bildung bedürfen, um sich dieser Freiheit bewusst zu werden und ein Leben aus diesem Bewusstsein der Freiheit heraus führen zu können. Auch die Erkenntnis der äußeren Welt im wissenschaftlichen Sinne ist in einem solchen, aus dem Bewusstsein der Freiheit geführten Leben zu vollziehen. Deshalb ist auch wissenschaftliche Erkenntnis diesem Verständnis nach nicht Mittel zu einem bestimmten, etwa vom Staat gesetzten Zwecke, wie der Verbesserung des Gesundheitssystems, sondern ein selbstzweckhafter Vollzug innerhalb eines selbstzweckhaften Lebens. Entsprechend geht es bei Humboldt in der universitären Bildung darum, bei Menschen das, »was nur der Mensch durch und durch in sich selbst finden kann, die Einsicht in die reine Wissenschaft«, durch einen »SelbstActus« zu fördern.[11] Dabei soll jedoch – anders als bei Cavell – eine von der Allgemeinheit der staatlichen Gemeinschaft unterschiedene Universalität, die mit Begriffen wie ›Menschheit‹ (bei Kant) oder ›Geist‹ (bei Hegel) bezeichnet wird, sich im einzelnen Menschen *konkretisieren* oder (im Falle von Kant) in ihm und durch ihn *voran*gebracht werden. Die Menschheit als die Idee einer Gemeinschaft von freien und gleichzeitig natürlichen Wesen, die ihr Leben jedoch nicht allein durch Naturnotwendigkeiten gestalten, ver-

---

[10] Wilhelm von Humboldt, »Ideen zu einem Versuch, die Gränzen der Wirksamkeit des Staats zu bestimmen« (1792), in: ders., *Schriften zur Anthropologie und Geschichte. Werke in Fünf Bänden*. Band I, Darmstadt ³1980, S. 142 f.
[11] Wilhelm von Humboldt, »Litauischer Schulplan, in: ders., *Schriften zur Politik und zum Bildungswesen. Werke in fünf Bänden. Band IV*, Darmstadt 1960, S. 191.

wirklicht sich in der einzelnen gebildeten Person und kann durch sie nach Kant sogar weiterentwickelt werden. Wobei bei Kant die *Richtung* dieser Weiterentwicklung, des moralischen ›Fortschritts‹ klar und keiner weiteren Auseinandersetzung mehr würdig zu sein scheint. Sie besteht in der Vervollkommnung der Menschheit auf einem Weg »zu einem künftigern glücklichern Menschengeschlechte«.[12] Bildung ist in diesem Sinne ein allgemeiner *kultureller* Prozess, der über die Entwicklungen von Menschen als Naturwesen und als politische Mitglieder eines Staates hinausgeht. Der gebildete Mensch kann sich im Namen der Menschheit oder seiner Kultur gegen natürliche wie auch politische Determinanten des Lebens wenden. Wenn Menschen aufgrund einer Naturkatastrophe zu verhungern drohen, so kann eine gebildete Person diese Situation als *menschenunwürdig* bezeichnen, weil sie andere Menschen in ihrem Handeln auf die bloße Selbsterhaltungsfunktion zu reduzieren droht. Wenn in einem Staat andere Menschen per Gesetz (etwa weil sie einer bestimmten Rasse angehören) ausgegrenzt werden, so kann sich ein Gebildeter auf Menschenrechte berufen, die die Freiheit und Gleichheit der Menschen garantieren sollen und die eine staatliche Gesetzgebung nicht verletzen darf, weil keine staatlichen Gemeinschaft zur Verwirklichung ihrer Ziele das Leben ihrer Bürger als Mittel zu einem vermeintlich höheren Zweck verwenden darf.[13] Der Begriff einer allgemeinen Menschheit, der in den klassischen Bildungskonzepten im Spiele ist, kann insofern als ein *kritischer* Begriff aufgefasst werden, der gegen die vermeintlichen Notwendigkeiten der Natur und des staatlichen Lebens gewandt wurde. Ein gebildeter Mensch ist weder nur ein Tier noch nur Bürger eines bestimmten Staates, sondern darüber hinaus ein selbstzweckhaftes Wesen, das sein Leben »durch die Organisation realisiert, die wir uns selbst zu geben im Stande sind«,

---

[12] Immanuel Kant, »Über Pädagogik«, in: ders., *Schriften zur Anthropologie, Geschichtsphilosophie, Politik und Pädagogik 2.*, Werkausgabe Bd. XII, Frankfurt a. M. 1964, S. 700 (A 10).
[13] »Alle Menschen sind frei und gleich an Würde und Rechten geboren. Sie sind mit Vernunft und Gewissen begabt und sollen einander im Geist der Brüderlichkeit begegnen.« Artikel 1 der Allgemeinen Erklärung der Menschenrechte der Generalversammlung der Vereinten Nationen vom 10.12.1948. Zum Verhältnis von demokratischer Selbstbestimmung und Menschenrechten vgl. Victor Kempf, »Einwanderung, Demokratie und Menschenrechte«, in: *Allgemeine Zeitschrift für Philosophie* 43, 2018, 2, S. 217–238.

was die »höchste Bildung« ist.[14] Wichtig ist in diesem Zusammenhang, dass »wir selbst« es sind, die die Organisation dieser Bildung hervorbringen.

Problematisch wird die Verwendung des Menschheits- und Bildungsbegriffs, wenn eine bestimmte Person oder Gruppe glaubt, das Wesen der Menschheit faktisch erkannt zu haben und Bildungs- und Geschichtsprozesse auf der Grundlage dieser Erkenntnis ›für alle‹ forcieren zu können. Es ist die Tragik der Geschichte des Humanismus, vor allem in seinen sozialistischen und kommunistischen Ausprägungen, dass diese essentialistische Haltung zu Totalitarismen führte, in denen sich die vermeintlichen Vertreter der ganzen Menschheit und ihrer zukünftigen Geschichte dazu ermächtigt fühlten, im Auftrage und zum Wohle aller die grausamsten Handlungen gegenüber ihren Zeitgenossen zu verüben.[15]

Für Cavell spielt weder der Begriff noch die Idee der Menschheit eine Rolle. Auch ihm geht es darum, dass sich Menschen in einer Gemeinschaft, beispielsweise der des Gesprächs, gegen ihnen äußerliche Ansprüche zu wenden in der Lage sind, Ansprüche, die er als solche des »Konformismus« kennzeichnet.[16] Doch kommen diese Ansprüche, wie wir im Eingangszitat gesehen haben, *aus der Kultur selbst*. Die Allgemeinheit, in der ich aufwachse, die Kultur, die mir meine Lebensform und meine Wörter gibt, wird in dem, was Cavell ›Erziehung von Erwachsenen‹ nennt, nicht als akzeptierte ›Abstoßungsfläche‹ von den Zwängen der Natur oder des Staates vorausgesetzt. Sie soll in dem Erziehungsprozess, den er den der Philosophie

---

[14] Friedrich Hölderlin, *Fragment vom Hyperion*, in: ders., *Werke und Briefe*, Bd. 1, Frankfurt a. M. 1969, S. 439 f.
[15] Gerd Koenen schreibt über Kommissar Buntschuk, den positiven Helden des stalinistischen Massenterrors in Scholochows Roman *Der stille Don*, dass dieser sich in jenem Bereich bewegte, in dem »die blutigen Mittel den finalen, höheren, ›menschheitlichen‹ Zweck heiligen.« Koenen hebt hervor, dass der totalitäre Terror der SS wohl kaum durch seine Akteure mit einer solchen menschheitlichen Ideologie gerechtfertigt gedacht werden kann. Vgl. Gerd Koenen, *Die Farbe Rot. Ursprünge und Geschichte des Kommunismus*, München 2017, S. 990. Wilhelm Weitling, der mit seiner Propagandaschrift von 1838 *Die Menschheit, wie sie ist und wie sie sein sollte* Karl Marx beeinflusste, bezeichnet »die Unzahl von bezahlten Müssiggängern […] deren Arbeitstheil die Andern übernehmen müssen« als »Feinde der Menschheit«. Die chinesische Kulturrevolution hat im Namen der Menschheit dann diese »Müssiggänger«, die wissenschaftliche und intellektuelle Elite des Landes, zwischen 1966 und 1976 misshandelt. Vgl. Wilhelm Weitling, *Das Evangelium des armen Sünders. Die Menschheit, wie sie ist und wie sie sein sollte*, Reinbek 1971, S. 144.
[16] Vgl. CW 17, S. 348.

nennt, vielmehr selbst *in Frage gestellt* werden. Bildung wird von Cavell gewissermaßen als gegeben angesehen. Die Erziehung von Erwachsenen ist etwas, was *nach* dem Bildungsprozess kommt. Die von der Philosophie zu erziehenden Menschen dürfen sich nicht als bloß natürlich oder staatlich determinierte Wesen verstehen, sondern müssen sich bereits als selbstzweckhaft Lebende begreifen. Doch nach Cavell haben diese selbstzweckhaften Wesen noch einen *weiteren Schritt* zu tun und die Kultur, die Sprache und die über das Natürliche und Politische hinausgehende Lebensweise dahingehend zu befragen, ob sie sie als ihre eigene bejahen können. Diese individuelle Bewertung der Lebensweise, aus der man abstammt, diese Rückwendung und Befragung der kulturellen Grundlagen meiner Existenz ist nach Cavell das, zu dem die Philosophie Erwachsene erziehen sollte und immer schon seit Sokrates erziehen wollte.

III Selbsterkenntnis

Mit dem Wegfall der Idee der Menschheit als Regulativ des Bildungsprozesses ist bei Cavell die Person, die sich philosophisch erziehen will, auf sich selbst zurückgeworfen. Die Kontraste von Natur, Politik und Kultur bieten Entwicklungs- oder Bildungsziele: von einem Leben in der Naturbestimmtheit zu dem in einer Gemeinschaft mit politischer Autarkie, von der politischen Funktionalität zur Verwirklichung eines Menschheitsideals in einem sich selbst verwirklichenden und nach Glück strebenden Individuum. Doch woher kommen die Entwicklungsziele einer Erziehung von Erwachsenen im Sinne von Cavell, wenn sie nicht aus diesen Kontrasten entstehen können? Kinder und Jugendliche bekommen ihre Erziehungs- und Bildungsziele ›von außen‹ vorgegeben. Ihre Erzieher gewinnen sie aus Idealen der Kultur und der Menschheit. Doch Erwachsene haben keine gesetzlich bestellten Erziehungsberechtigten mehr. Sie müssen sich ihre Erziehungsziele und die Erziehungsmethoden selbst suchen. Doch wo sollen sie suchen, wenn sie nicht auf die Allgemeinheiten der Menschheit schauen wollen?

In der Psychotherapie und der Seelsorge sind es meist ›Leiderfahrungen‹, die bei Erwachsenen den Anlass für Veränderungswünsche aufkommen lassen. Wenn sie auch nicht wissen, wie sie leben wollen, so ist ihnen doch klar, dass sie mit dem Leid, das sie gerade erfahren, nicht *weiter*leben wollen. Die entsprechende Erfahrung, die zu einer philosophischen Erziehung Anlass geben könnte, wäre dann eine der *Entfremdung:* die Wahrnehmung, dass die Lebensform und Kultur, in der man existiert, nicht die eigene ist.

Anders als in der Psychotherapie oder der Seelsorge muss diese Feststellung in der philosophischen Erziehung jedoch nicht von den zu Erziehenden selbst kommen. Der Entfremdungszustand, von dem die philosophische Erziehung befreien will, wird oft genug durch diese selbst ausgelöst. Im Fall von Sokrates ist es beispielsweise zumeist dieser selbst, der seinem Gesprächspartner ›auf den Zahn fühlt‹, was er bisher gemacht hat oder gerade vorhat, wie etwa im *Euthyphron,* in dem Sokrates seinen Dialogpartner am Gericht trifft, ausfragt, was er dort mache, warum er, wie sich herausstellt, seinen Vater anzeigt und fragt, ob er das für eine fromme Handlung halte, was zu einem Gespräch über Frömmigkeit und das richtige Leben überhaupt führt.

Wenn wir auf Cavells Analysen schauen, etwa die von Ibsens *Nora,* gibt es jedoch auch die Situation, dass sich eine Person, ohne vorab von der Philosophie berührt worden zu sein, in einem Entfremdungszustand wiederfindet. Nora geht plötzlich auf, dass sie so gelebt hat, wie es ihr Vater und danach ihr Mann für richtig hielten, dass sie sich für nichts, was wichtig ist, in ihrem Leben selbst entschieden hat. Es gibt bei ihr aber, als sie ihre Familie verlässt, kein Bewusstsein davon, wie ihr Leben aussehen müsste, damit es tatsächlich *ihr* Leben wäre und nicht das einer ihr fremden Allgemeinheit, der sie sich als Tochter, Ehefrau oder Mutter untergeordnet hat. Nur wenn klar wäre, wer das Selbst sein könnte, das sich seine eigene Lebensweise aneignet, existiert auch ein Standpunkt, von dem aus diese Lebensweise gestaltet oder angenommen werden könnte. An die Stelle der Konkretisierung einer Allgemeinheit wie der Menschheit im Bildungsprozess muss in der philosophischen Erziehung also die Selbsterkenntnis treten.

Selbsterkenntnis ist jedoch nicht voraussetzungslos. Schon das Orakel von Delphi, dessen Aufforderung zur Selbsterkenntnis *gnóthi seautón* Sokrates gefolgt ist, setzt offenbar voraus, dass Menschen über *Reflexionsfähigkeit* verfügen, wenn sie diese Botschaft wahrnehmen. Denn wie sollte man sich ohne eine solche Fähigkeit selbst sonst erkennen können? Menschen sind meist stolz auf diese Fähigkeit und betrachten sie als etwas, das sie von den Tieren unterscheidet. Auch die Frage, ob das eigene Leben ein gutes ist, die man mit Sokrates in Zusammenhang bringt, manchmal auch als Grundlage praktischer Philosophie ansieht und die vielen Wünschen nach Veränderung zugrunde liegt, kann wohl nur an Wesen mit einer solchen Reflexionsfähigkeit gerichtet werden. Dass Menschen darüber nachdenken *müssen*, ob ihr Leben ein gutes ist oder nicht, kann man freilich nicht nur als eine *Fähigkeit*, sondern auch als eine *Last* ihrer Existenz betrachten, eine mangelnde Instinktsicherheit, die als »Exzentrizität«, Zentrumslosigkeit, im Unterschied zur »Positionalität« der Tiere bezeichnet worden ist, die anders als Menschen sicher in ihre Welt gestellt seien und aus der »eigenen Mitte« heraus in ihr tätig werden könnten.[17]

Wie kommen ›wir‹ zu dieser Fähigkeit der Reflexion, wenn wir sie einmal als ein Positivum betrachten? Wir können sie wie die Freiheit entweder als etwas ansehen, das Menschen als ein sie definierendes Charakteristikum als Einzelwesen eben besitzen (so scheint Kant gedacht zu haben), gleichsam ›von Natur aus‹, oder als eine *Kompetenz*, die Menschen in bestimmten Umständen und zu unterschiedlichen Graden *erwerben*. Vermutlich hängen auch Reflexionsfähigkeit und *Freiheit* zusammen. Wenn beide in Graden kommen und erworben werden, dann steigert eine größere Kompetenz im Nachdenken über das eigene Leben vielleicht auch die Freiheit einer Person, weil sie sich Alternativen, zu sprechen, zu handeln und zu leben, vor Augen führen kann.[18] Dieser Zusammenhang mit der Freiheit könnte ein Grund sein, warum wir Reflexionsfähigkeit als etwas Gutes einschätzen, das zu fördern ist. Ein Veränderungs- oder Erziehungsziel von Menschen könnte daher, wenn wir die Reflexionsfähigkeit als eine Kompetenz betrachten, die graduier- und erlernbar ist, darin bestehen, die eigene Reflexionsfähigkeit zu *steigern:* Man stellt fest, dass man zwar über sich nachdenken kann, dass einem dabei jedoch die eigenen Motive und Gefühle gar nicht richtig klar werden, dass man gar nicht versteht, warum man so handelt, wie man handelt, so empfindet, wie man empfindet, und immer wieder in bestimmte Situationen oder Konventionen gerät. Deshalb, so mag eine solche Person entscheiden, müsse sie ihre Reflexionsfähigkeit erst einmal steigern, um überhaupt die Bedingungen der Möglichkeit der Veränderung des eigenen Lebens aus sich heraus zu erschaffen.

---

[17] Vgl. Helmut Plessner, *Die Stufen des Organischen und der Mensch. Einleitung in die philosophische Anthropologie,* Gesammelte Schriften Bd. IV, Frankfurt a. M. 1981, S. 360–425.
[18] So sieht es Peter Bieri in: *Das Handwerk der Freiheit,* München 2001 im Anschluss an Harry Frankfurt.

Dieser Prozess beginnt freilich nie bei null. Denn er ist ja selbst schon eine Manifestation von Selbstreflexion.

Sokrates wird vor diesem Hintergrund als eine Figur deutbar, die die menschliche Reflexionsfähigkeit auf eine spezifische, nämlich philosophische Weise zu *steigern* versucht hat. Nicht alle, mit denen er gesprochen hat, waren seine Freunde, weshalb seine Unterredungen nicht einfach Beratschlagungen unter Freunden waren (vielleicht mit Ausnahme des *Phaidon*). Er war auch kein jüdischer oder christlicher Seelsorger oder Psychotherapeut, nicht nur, weil es diese Rollen in der Beratung zur Verbesserung des menschlichen Lebens in Athen damals noch nicht gab. Sondern auch deshalb, weil *er* seine Gesprächspartner *aufsucht* und nicht selten in eine Krise stürzt und sie nicht wegen einer existentiellen oder religiösen Krise *ihn* aufsuchen. Man kann Sokrates als eine Figur deuten, die durch das, was wir heute *philosophische Gespräche* nennen und was er vielleicht erfunden hat, andere Erwachsene, die nicht notwendigerweise seine Freunde oder Lebenspartner waren, zur Steigerung ihrer Reflexionsfähigkeit und Selbsterkenntnis zu bringen versucht hat, ohne dass sie ihn darum gebeten haben. Durch seine von Platon geschilderten bzw. erfundenen Gespräche, die zum Paradigma für diese philosophische Tätigkeit überhaupt geworden sind, wurde Sokrates nicht nur für Cavell, sondern für viele zum ›Stammvater‹ der philosophischen Erzieher. Die Frage, wie er auf diese Rolle kommen konnte, bedeutet vor dem Hintergrund des Cavell'schen Eingangszitats, dass Philosophie Erziehung von Erwachsenen in diesem Sinne ist: Wie konnte es zu dem intellektuellen Projekt kommen, das wir Philosophie nennen?

IV Krisen als Anlässe und Folgen der Reflexion

Menschen denken normalerweise nicht ständig darüber nach, wie sie leben sollen, ob sie richtig oder gut leben, ob sie das Leben, das sie von der Kultur, in der sie aufgewachsen sind, übernommen haben, wirklich als ihr eigenes ansehen können oder nicht. Den meisten ist die meiste Zeit klar, wie zu leben ist: so, wie man erzogen wurde, wie ›es sich gehört‹, in Fortsetzung dessen, was ›sich ergeben‹ hat. Entfremdung von der eigenen kulturellen Existenz ist kein verbreiteter Zustand, auf den die Philosophie zu reagieren hätte.

Es sind in der Regel erst *Krisensituationen*, die die Fragen danach, ob das gelebte Leben wirklich das richtige, ob es gerecht, frei, gut, glücklich oder authentisch ist, aufkommen und als ernste erscheinen lassen, beispielsweise beim Übergang vom kindlichen zum erwachsenen Leben, wenn das Leben der Eltern Jugendlichen nicht mehr selbstverständlich als eines erscheint, an das sie sich ›anschließen‹, das sie fortsetzen möchten. Auch menschliche *Gemeinschaften* geraten in solche Krisen. Paare können sich zerstreiten und darüber nachdenken, ob sie sich nicht besser trennen. Sie können sich trennen und dann, wie es Cavell in seinen Auslegungen der Wiederverheiratungskomödien schildert, als durch die Krise Veränderte wieder zusammenkommen, so dass sie ihre Gemeinschaft nicht mehr als ein Ergebnis natürlicher Anziehung, von Wunschprojektionen oder Konventionen ansehen, sondern als eine tatsächlich von beiden bewusst gewählte betrachten.

Auch das Auftreten von Sokrates wird mit einer solchen Krisensituation verbunden, in der viele Menschen in Athen die »Normen der Väter« nicht mehr als Richtschnur des eigenen Lebens anzusehen vermochten.[19] Doch die Figur des Sokrates ist nicht einfach Symptom für eine spezielle normative Krise in dieser speziellen griechischen Stadt zu einer bestimmten Zeit und des Versuchs, sie zu überwinden, etwa indem an die Stelle traditioneller ritueller, konventioneller oder aus den homerischen Epen gewonnener Selbstverständlichkeiten und Normen Überzeugungen treten, die durch *Argumente* rational begründbar sind. Die Figur des Sokrates ist von einer die Verhältnisse in Athen übersteigenden allgemeineren Relevanz für die Geistesgeschichte. Denn Sokrates wurde zum Tode verurteilt, weil seine Bemühungen um eine nicht konventionelle ›Fundierung‹ des Lebens als *gefährlich* erachtet wurden. Sein Versuch, die Reflexionsfähigkeit von Menschen durch das philosophische Gespräch zu steigern, war in seiner Heimatstadt nicht willkommen. Man könnte auch sagen: Die Philosophie im Sinne Cavells als Erziehung von Erwachsenen war nicht willkommen.

Vielleicht wurde der historische Sokrates aus politischen und religiösen Gründen zum Tode verurteilt und nicht, weil er die Reflexionsfähigkeit seiner Mitbürger intensivieren wollte. Die Anklage, er habe »fremde Götter« in der Stadt einführen wollen, hat ja auch nach der platonischen Überlieferung ihre Berechtigung: Sokrates redete immer wieder von seinem *daimonion*, das ihn vor falschen Taten

---

[19] Vgl. dazu Albrecht Dihle, *Griechische Literaturgeschichte. Von Homer bis zum Hellenismus*, München 1991, S. 200–207.

gewarnt haben soll. Es stellte keine in Athener Kulten zu verehrende Göttin dar, sondern war vielleicht so etwas wie der erste Versuch der Formulierung dessen, was wir heute den Einfluss des Gewissens auf unser Denken und Handeln nennen. Doch die Diskussion darüber, was der wirkliche Grund für den Konflikt zwischen Sokrates und seinen Mitbürgern gewesen sein könnte, stelle ich hier zurück.

Wie in den meisten Überlegungen von Philosophen (und nicht von Historikern) zu Sokrates geht es auch mir um die philosophische *Figur* Sokrates. Mit »philosophischer Figur« ist in diesem Zusammenhang die Kunstfigur gemeint, die in den Dialogen Platons auftritt und dessen Erscheinen in diesen Kunstwerken in der Geschichte der europäischen Philosophie immer wieder zu Interpretationen der Rolle der Philosophie im Kanon der Wissenschaften und im menschlichen Gemeinwesen, das durch politische und religiöse Konventionen bestimmt ist, Anlass gegeben hat.[20] Es geht mir um eine Fortsetzung dieser Interpretationen allein vor dem Hintergrund der Cavell'schen Ausgangsfrage, ob und wie Menschen als Einzelne und als Kollektive ihr Leben durch Philosophie ändern bzw. sich überhaupt erst als ihr eigenes Leben aneignen können.

Sofern man das Reflektieren und Fragen des Sokrates als eine Suche nach Gründen für sein eigenes und das Behaupten und Handeln anderer Menschen ansieht, kann man es mit der Vernunft (dem *logos*) in Verbindung bringen. Betrachtet man die Verurteilung des Sokrates zum Tode als ein Scheitern, dann führt Platon in der *Apologie* und dem *Phaidon*, so meint Raymond Geuss zurecht, das Scheitern eines von der Vernunft geleiteten Lebens gegenüber den mit Gewalt die Konvention vertretenden Mächten vor und kritisiert damit schon zu Beginn der Philosophie die Idee, dass die freie individuelle Vernunft eine starke Macht im kollektiven menschlichen Leben darstellen könnte.[21] Sie ist eine schwache Macht, die sich kaum gegen die

---

[20] Zum historischen Sokrates und der Religion bzw. der Politik vgl. Mark L. McPherran, »Socratic Religion« und Josiah Ober, »Socrates and Democratic Athens«, beide in: Donald R. Morrison (Hg.), *The Cambridge Companion to Socrates*, Cambridge 2011, S. 111–137 bzw. S. 138–178. Einen Überblick über die Deutungen des philosophischen Selbstverständnisses im Anschluss an die platonische Figur des Sokrates von Cicero über Hegel, Nietzsche und Kierkegaard bis zu Popper und Böhme gibt Ekkehard Martens in seinem Buch: *Sokrates. Eine Einführung*, Stuttgart 2004, S. 17–23.

[21] »Apology is infinitely fascinating because it announces both the beginning and the end of Western philosophy with a crack of complete failure which resounds down the centuries. Whatever the ›historical‹ Socrates might or might not have thought, the Platonic ›Socrates‹ who became the patron saint of Western philosophy puts the case

Mächte, die das ungeprüfte Leben unterstützen, durchsetzen kann, sofern es um die Veränderung der realen Lebensverhältnisse geht.

Die Rede des Sokrates vor seinen Richtern ist ehrlich und vernünftig. Sie expliziert seine individuellen Motive für sein Handeln. Doch sie musste wirkungslos bleiben, weil sie nur hätte wirken können, wenn sie von Personen gehört worden wäre, die sich selbst durch Gründe und Argumente auch hätten beeinflussen lassen, die sich auf die Philosophie als Erziehung von Erwachsenen hätten einlassen *wollen*. Sokrates' Richter wollten genauso wenig wie die meisten seiner Gesprächspartner erzogen werden. Ihnen erschien ihr eigenes Leben nicht konventionell. Oder sofern es ihnen ungeprüft und konventionell erschien, hatten sie damit kein Problem. Wen Gründe und das Verhältnis des eigenen Lebens zur allgemeinen Konvention nicht interessieren, sondern wer nur ein bestimmtes allgemein vorgegebenes und akzeptiertes Ziel seines Wollens kennt, mag dies vernünftig sein oder auch nicht, der wird durch Fragen, die Gründe einfordern, nicht notwendig von seinem Wollen abgebracht, in eine Krise gestürzt werden. Sokrates hätte seine Richter von seiner Unschuld nur überzeugen können, wenn er sein anti-konventionelles Fragen auf sie so hätte übertragen können, wie es ihm in vielen seiner Gespräche zuvor gelungen war, wenn er seine Richter in ein philosophisches Gespräch und damit in eine existentielle Krise hineinzuziehen vermocht hatte. Doch auf ein philosophisches Gespräch konnten sich seine Richter naturgemäß nicht einlassen. Denn das hätte sowohl die Voraussetzung ihrer Anklage wie auch die Regeln des Prozesses infrage gestellt; beide sind durch die Konvention und Tradition in ihren Augen hinreichend ›begründet‹.

Doch vielleicht hatte Sokrates das alles gewusst und es auf seine Verurteilung angelegt, weil er den Tod *nicht* als ein Scheitern ansah, wofür sowohl die *Apologie* wie der *Phaidon* manche Indizien bereithalten. Dann wäre es ihm in seiner vernünftigen Rede nicht um den Sieg der philosophischen Vernunft über die konventionelle Unvernunft im Sinne eines Überlebens des Vernünftigen angesichts einer

---

for rationalism in very strong terms. Reason (logos) is supreme; it is in itself so clear and so attractive to humans that they cannot fail (eventually) to see and understand it and, once they have seen it, to act on it. That is what the little treatise *asserts,* but what it *shows* is the complete failure of this dogma. The jurors are not convinced (or they fail to act on their conviction, which amounts to much the same thing).« Raymond Geuss, *Changing the Subject. Philosophy from Socrates to Adorno*, Cambridge, Ma./London 2017, S. 37.

Bedrohung durch die Unvernünftigen gegangen, sondern um die Befreiung der vernünftigen Seele aus den unvernünftigen Verhältnissen der leiblichen und sozialen Wirklichkeit. In diesem Fall hätte er an die Möglichkeit einer Verwirklichung der individuellen Vernunft in der konventionellen Welt gar nicht geglaubt. Wir werden noch sehen, dass diese Alternative: entweder verwirklicht sich eine authentische vernünftige Lebensform oder sie tut es nicht, angesichts der Interpretationsmöglichkeiten gegenüber der Figur des Sokrates zu einfach ist.

Welche Art Krise ist es, die Sokrates *veranlasst* und nicht *auflöst* und die ihn am Ende vor Gericht bringt? Es ist eine Krise, die das Leben *auf Dauer* in Frage stellt. Sie hat damit zu tun, dass Sokrates das Leben, das *nicht* untersucht, erforscht, befragt worden ist, für Menschen nicht wirklich für lebenswert hält.[22] Damit wechselt er im Sinne der Sokrates-Interpretation und des Philosophie-Verständnisses von Raymond Geuss angesichts der Frage, wie man in dieser oder jener Situation handeln solle, auf eine fundamentale Weise das Thema.[23] Sokrates sagt nicht, dass man in der Situation soundso dies und das tun soll, sondern dass es *immer*, bei *jeder* konkreten Frage, darum geht, wie man als Mensch überhaupt leben soll. Oder, mit Geuss zu sprechen: Für Sokrates ist das untersuchte Leben nicht dasjenige, das in der Vergangenheit einmal untersucht und auf sein Ziel hin befragt und auf das Gute ausgerichtet worden ist, sondern ein gutes Leben ist eines, das *ständig* mit der Untersuchung seiner selbst zugebracht, auf Authentizität hin befragt wird.[24] Anders gesagt: Die Untersuchung des Lebens ist nicht Mittel zum Zweck der Erreichung eines guten Lebens als dem *Resultat* der Untersuchung, sondern die Untersuchung ist als Prozess selbst die Verwirklichung des guten oder philosophischen Lebens. Sie kann deshalb nie aufhören, ohne dass das gute oder philosophische Leben aufhörte. Deshalb muss Sokrates auch in seiner Todesstunde noch philosophieren und sich fragen, ob der Tod eine schlimme Sache sei. Sokrates kann das Leben nicht ohne Untersuchung des Todes beenden, weil er sonst das philosophische Leben im Angesicht des Todes beenden müsste.

---

[22] Vgl. Platon, *Apologie* 38a.
[23] Vgl. Raymond Geuss, *Changing the Subject*, S. 1–13 und S. 32.
[24] »However, for Socrates the examined life is not a life that is examined but a life spent in examining. What would an unending examination be? Socrates' unclearity about the exact relation of thought and action, of which this is an instant, has dogged the history of philosophy ever since.« (Ebd., S. 36)

V Die Möglichkeit von Außenperspektiven

Auf diese Weise das Leben und Sterben des Sokrates zu deuten, ist nicht selbstverständlich. So sieht beispielsweise Helmut Kuhn in seinem älteren Sokrates-Buch die Dinge nicht so radikal, sondern versteht die Sokratische Krise in einem engeren Sinne vor allem als eine der *Gerechtigkeit*, wenn er schreibt: Sokrates' »Leben und Schicksal ist eine einzige Bezeugung der unheilbaren Ungerechtigkeit der Stadt.«[25] Nach Kuhn »sind die Jahrtausende der inzwischen verflossenen Geschichte nicht fertig geworden« mit der Aufgabe »beim Zerfall urwüchsiger Lebenseinheit in der Gemeinschaft aus dem Logos« heraus das »lebenswerte Leben« zu gewinnen«.[26] Kuhn geht offenbar von einem allgemeinen normativen ›Verfall‹ in Athen aus, in dem sich die Bindekraft der Konventionen auflösten und der sich in einer Krise der Gerechtigkeit am offensichtlichsten manifestierte. Ähnlich wie die Kreuzigung von Jesus scheint die Verurteilung von Sokrates für Kuhn zu belegen, dass das gemeinschaftliche Leben der Menschen ab einem bestimmten Zeitpunkt ihrer Geschichte »nicht mehr richtig eingerichtet« war, dass es »ungerecht« sein muss, wenn es sich gegen Personen wie Jesus und Sokrates, die keinen Mord begangen und keinen politischen Aufstand angezettelt hatten, mit einer derartigen Härte wendet. Jesus und Sokrates haben in dieser Sicht die falsche Einrichtung des menschlichen Lebens zu einem bestimmten Zeitpunkt entdeckt und sind für diese Entdeckung getötet worden. So wie die religiösen Reden von Jesus sind die Gespräche von Sokrates hier ein *Mittel* zum Zweck der Wiedererlangung der richtigen Einrichtung des menschlichen Lebens. Diese Kuhn'sche Sicht erinnert an die eschatologischen Tendenzen der Heidegger'schen Philosophie, der analog dem Sündenfall im Paradies einen ›Fall‹ in die Seinsvergessenheit spätestens seit Platon glaubt diagnostizieren zu können, und aus dem falschen Leben der Bemächtigung von allem und jedem, das mit der Seinsvergessenheit verbunden ist, mit seinem Denken, das auf das Sein ›hört‹, herausführen will.

Dass eine Gemeinschaft die Erkenntnis darüber, was in ihr vermeintlich falsch läuft, mit dem Tode bestraft, ist eine Bestätigung der Wahrheit dieser Erkenntnis. Denn eine Gemeinschaft, die diejenigen

---

[25] Helmut Kuhn, *Sokrates. Versuch über den Ursprung der Metaphysik*, München 1959, S. 173.
[26] Ebd., S. 170.

hinrichtet, die sagen: ›Wir müssen unser Leben ändern!‹ oder: ›Wir wissen gar nicht, woran wir uns orientieren sollen!‹, ist eine Gemeinschaft, die keine Außenperspektive auf sich erlaubt, und sie ist deshalb in den Augen derer, die sie in die Richtung einer gesteigerten Reflektiertheit verändern wollen, in einem ›falschen‹, weil unreflektierten Zustand.

Nun ist es jedoch erstens fraglich, ob es überhaupt möglich ist, eine Außenperspektive auf eine Gesellschaft oder ein individuelles Leben aus dieser Gesellschaft und aus diesem Leben heraus zu entwickeln, solange diese Gesellschaft und dieses Leben nicht *Geschichte* sind. Historikerinnen oder Historiker haben natürlich solche Außenperspektiven, denn sie sind nicht in denselben Wert- und Vorurteilen verfangen, auf dieselben Ziele und Begrenzungen ausgerichtet, wie diejenigen, die sie beschreiben, wenn sie sich auf vergangene Epochen beziehen. Sie unterliegen eigenen anderen Befangenheiten (denen ihrer Epoche), die zukünftige Historikerinnen und Historiker aufzuarbeiten haben (usw. ad infinitum). Sokrates war jedoch Teil der Athener Gesellschaft und mit seiner Anerkennung der Todesstrafe und der Ablehnung des Exils hat er sich bis zum Schluss selbst als Teil der Athener Rechtsgemeinschaft verstanden. In welchem Sinne kann Sokrates sowohl eine Außenperspektive auf seine Gesellschaft (vielleicht auch auf sein individuelles Leben) gehabt haben und gleichzeitig Teil der Gesellschaft geblieben sein, auf die er diese Perspektive entwickelt? Wir mögen aus unserer heutigen Sichtweise die Antwort auf diese Frage für trivial halten. Denn sowohl das individuelle wie das kollektive menschliche Leben sind ›für uns Moderne‹ durch die *Kompetenz zur Reflexion* geprägt: »Jeder einzelne Mensch«, so mögen wir sagen, »kann doch über sein eigenes Leben nachdenken und jede moderne Gesellschaft entwickelt in Kunst, Politik und im Recht Systeme der Reflexion, in der sie sich fragen kann, ob sie auf dem richtigen Weg ist.« Doch auch diese Kompetenz zur Reflexion muss sich *entwickeln*, sie existiert in Gesellschaften nicht ›von selbst‹. Und sie muss nicht notwendigerweise zu einer Selbsttransparenz führen, die es erlaubt, grundsätzliche Krisen zu identifizieren.

Auch in Gesellschaften mit Reflexionsinstanzen mag vieles unklar und unausgesprochen bleiben, so wie im individuellen Leben vieles unbewusst bleiben muss. Die Tatsache, dass Sokrates versucht hat, das Leben der Menschen zu ändern, es auf ›eine neue Basis‹ zu stellen, konnte von denen, die ihn zum Tode verurteilten, dagegen als ein *Herbeireden* einer Krise der Verbindlichkeiten und Herrschaftsmodalitäten der Athener angesehen werden, sofern sie dem Diagnostiker die Reflexionskompetenz absprachen, das menschliche Leben sich selbst und ihren Anhängern von außen transparent zu machen. Wer an Konventionen glaubte und sie fortsetzen wollte, konnte das entsprechende Verhalten von Sokrates nur als Bedrohung, als Versuch betrachten, das eigentlich funktionierende Leben zu stören oder gar zerstören zu wollen, indem eine reflexive Distanz zu dem, was gilt, geschaffen, diese Distanz auf andere übertragen und damit die Geltung der Normen des vorfindbaren Lebens systematisch durch Verunsicherung der Befragten unterminiert wird.

Weil es kein ›normatives Fieberthermometer‹ und keine bestellten normativen Ärzte für das soziale und politische Leben gibt, die von außen an eine Gesellschaft herantreten können, existieren auch keine objektiven Kriterien für das Auftreten einer normativen Krise, die es ermöglichen würden, gesellschaftliche Krisen so eindeutig zu identifizieren wie medizinische. Der Kranke mag sich heiß und schwach fühlen. Doch der Arzt, der ihn von außen untersucht und das Fieberthermometer anlegt, kommt zu einer Diagnose, die von diesem Selbstgefühl des Kranken unabhängig ist. Dass jemand, der eine Körpertemperatur von 42 Grad Celsius hat, der Genesung oder Heilung bedarf, ist klar. Dass jemand mit 36,8 simuliert, wenn er behauptet, er habe Fieber, scheint ebenfalls nicht von der Hand zu weisen. Doch wann muss ein individuelles Leben existentiell neu fundiert, wann das Leben in einer Gemeinschaft neu organisiert werden? Wie weiß man, dass man sich in einem Entfremdungsprozess befindet und nicht lediglich in einer vorübergehenden schlechten Stimmung? Woran erkennt man als jemand, der in einer bestimmten Gesellschaft lebt, deren – wie Kuhn sich ausgedrückt hat – »Zerfall an urwüchsiger Lebenseinheit«? Wie macht man fest, dass es diesen guten ›Urzustand‹ jemals gegeben hat? Sokrates kam nicht von außen in die Athener Gesellschaft, um ihre Gerechtigkeitspathologien oder wie immer man das, was ihm am Leben in ihr ›falsch‹ erschienen sein mag, zu diagnostizieren. Er verfügt auch nicht über Erinnerungen an ein ›goldenes Zeitalter‹. Sokrates diagnostiziert keinen Verfall und keine Krankheit.

Seine philosophischen Gespräche müssen deshalb nicht als Mittel zum Zweck der Ermöglichung eines besseren Lebens, das es schon einmal unter den Menschen gegeben hat, gedeutet werden. Er ist vielmehr aufgrund des von ihm bereits realisierten philosophischen Verhaltens *in* dieser Gesellschaft zu einem Außenseiter, einem Wunderling geworden. Seine Gespräche mit Fremden oder seinen Freunden können anders als bei Kuhn schon als die *Manifestation* des philosophischen Lebens, das er angestrebt und in Athen bereits gefunden hat, und nicht als ein Instrument, um erst noch das ›richtige Leben‹ zu erreichen, gedeutet werden. Sokrates führte unter seinen Mitbürgern bereits ein anderes, eben philosophisches Leben und zog andere, vor allem Jugendliche, in dieses Leben mit seinen Gesprächen hinein. Er ist deshalb jedoch nie während seines philosophischen Geschäftes aus der Athener Gesellschaft ausgetreten oder ausgeschlossen worden, außer ganz am Schluss durch das Trinken des Schierlingsbechers.

VI Selbstaufhebungen der Philosophie

Es spricht also viel dafür, dass Sokrates nicht eine Krise in einer bestimmten menschlichen Lebensform aufgegangen war. Sokrates hat vielmehr die *Möglichkeit eines anderen menschlichen Lebens, eines nicht konventionellen philosophischen Lebens* schon realisiert; eines Lebens, in dem Konventionen nicht einfach weitergegeben werden, in Erziehungsprozessen das Allgemeine in einer einzelnen Person verwirklicht wird, sondern in dem ständig gefragt wird, ob man wirklich die bisher für richtig befundene Lebensform fortsetzen will, sodass sie immer wieder aktiv angeeignet oder verworfen werden muss.

Helmut Kuhn scheint jedoch davon auszugehen, dass es weder Sokrates selbst noch irgendjemand nach ihm gelungen ist, ein philosophisches Leben in dem Sinne eines autonomen gemeinschaftlichen existentiellen Abwägens zu führen. Kuhn meint, dass Sokrates dieses Leben nur erahnt hat. Deshalb hat Sokrates nach Kuhn »Bewegungen« in der Philosophiegeschichte ausgelöst, die diese Verwirklichung des philosophischen Lebens zuerst anstrebten und die Philosophie dann, als offenbar wurde, dass das nicht gelingt, in einer für das 19. Jahrhundert charakteristischen Resignation landete, die Kuhn wie folgt beschreibt:

Sokrates wollte als Einzelner kraft seiner Vernunft das zerstörte Dasein wiederherstellen. Aber dieser Versuch misslingt, und der Boden, auf dem er operiert – die isolierte sich besinnende Individualität –, soll aufgegeben werden zugunsten einer über den Einzelnen hinausreichenden, ihn bedingenden Macht: zugunsten Gottes, auf den gläubig sich gründend das Selbst erst für sich durchsichtig wird (Kierkegaard); – oder zugunsten der in der Gesellschaft organisierten Menschheit, die in ihrer vollendeten staatenlosen Form die realen gesellschaftlichen Bedingungen, aus denen die sokratische Frage entspringt, aufhebt (Marx); oder zugunsten des Lebens als einer das Einzelwesen und seine Äußerungen bestimmenden natürlichen Macht (Nietzsche). So treibt uns die Intensität der sokratischen Frage und die historische Unfasslichkeit der Sokrates-Figur durch die Geschichte der Philosophie: wir stehen mit ihr erst am Anfang der Philosophie und schon am Ende.[27]

Gott, die kommunistische Gesellschaft und die natürliche Macht werden von Kuhn als Instanzen gedeutet, die von Kierkegaard, Marx und Nietzsche aufgerufen wurden, um die Frage zu beantworten, wie zu leben sei, nachdem sie eingesehen hatten, dass die sokratische *Ahnung* eines nicht-konventionellen Lebens faktisch und vor allem mithilfe der Philosophie sich nicht verwirklichen lässt, dass das religiöse, das politische oder naturgemäße Leben an die Stelle des sokratischen Gesprächs als ›Verwirklichungsinstanz‹ für das ›richtige Leben‹ treten müssen. Dass das menschliche Leben *beschädigt, nicht richtig*, das historisch gut begründete »Dasein« »zerstört« ist, wie Kuhn schreibt, teilen Kierkegaard, Marx und Nietzsche allerdings in Kuhns Sicht der Dinge als Diagnose mit Sokrates. Die genannten Autoren des 19. Jahrhunderts sind noch immer *kritische Philosophen*, weil sie mit Sokrates das menschliche Leben, so wie es ›läuft‹, für ›falsch‹ halten. Doch sie wollen die Philosophie als diejenige Instanz verabschieden, die diese ›Falschheit‹ des Lebens zu ›kurieren‹ in der Lage ist. Sie sind *verzweifelte* Philosophen, die nicht mehr an die Verwirklichung einer philosophischen Lebensform glauben.

VII Die bedrohte Lebenskunst des Gesprächs

Doch ist diese Vorstellung von dem, was Sokrates vorhatte, wirklich richtig? Wollte er ein ursprünglich gegebenes gelingendes Leben wiederherstellen? Wollte er, ähnlich wie Jesus, die Menschen, die aus einem vollkommenen Anfangszustand durch eine ›falsche Bewegung‹ herausgeraten waren, durch Argumente in diesen idealen Urzustand wieder zurückführen?

---

[27] Ebd., S. 48 f.

Zunächst ist festzuhalten, dass man Cavells Bezug auf Sokrates nicht so verstehen sollte. Der Titel seines Buches *Cities of Words* knüpft an die Aussage von Sokrates an, dass er und seine Gesprächspartner keine reale neue Stadt im konventionellen Sinne bauen wollen, sondern eine Stadt aus Wörtern im Himmel, und dass das die *beste* Stadt, die möglich ist, darstellt. Kann man diesen Gedanken nicht auch auf das Leben des platonischen Sokrates beziehen? Ist es nicht ein Leben in und aus Wörtern?

Auf einer ersten Ebene bringt der platonische Sokrates sein Leben hauptsächlich mit Reden zu. Wie er seinen Lebensunterhalt verdient, im Alltag mit seiner Frau lebt, seine Kinder erzieht usw., sehen wir bei Platon nicht. Denn der platonische Sokrates ist ja selbst eine Fiktion. Er ist eine Person aus Wörtern, keine im konventionellen Sinne wirkliche Person. Das Missverständnis von Marx, Kierkegaard, Nietzsche und Popper ist, dass das Leben des Sokrates aus Wörtern und seine Stadt aus Wörtern nur etwas sind, wodurch das *wirkliche* Leben erst noch begründet und auf dessen Grundlage die wirkliche Stadt erst noch errichtet werden sollen. Doch wenn das philosophische Leben ein Leben in Wörtern (oder pathetischer gesprochen im *logos*) ist, dann ist die Umsetzung der Rede in die Wirklichkeit ›aus Fleisch und Blut‹ ein Irrtum, etwas, was nur schiefgehen kann. Für das philosophische Leben ist das Leben in Wörtern kein unwirkliches Leben, sondern die beste aller möglichen Wirklichkeiten. Denn das philosophische Leben folgt einem anderen Wirklichkeitsverständnis als das nicht-philosophische. Im philosophischen Leben ist klar, dass jeder Versuch einer direkten ›Umsetzung‹ des philosophischen Redens und Denkens nur hinter diesem Reden und Denken zurückbleiben kann. Für Platon ist das, was man anfassen, sehen, riechen, schmecken kann, ja nicht wirklicher als das Unsichtbare, das nur denkbar ist. Das zeigen für ihn ja schon die Zahlen. Die Mathematik handelt für ihn von etwas, was im eminenten Sinne wirklich ist (oder ›Sein‹ hat): den Ideen. Drei gezählte Birnen sind platonisch gesehen nicht realer oder besser als die Zahl 3, die es uns überhaupt erst erlaubt, die Birnen zu zählen. Die philosophische Rede ist für Platon zur mathematischen analog. Erst die Rede von der Stadt aus Wörtern und, so füge ich hinzu, erst die Rede über das Leben aus Wörtern erlauben es, die realen Städte und Lebensweisen zu erkennen und aufgrund dieser Erkenntnis zu kritisieren. Dass diejenigen, die dabei kritisiert werden, das nicht unbedingt gern sehen, berücksichtigen Platon und Cavell. Heljmar in *Nora. Ein Puppenheim* macht seiner

Frau moralische Vorwürfe und hofft sie umzustimmen, als sie beginnt, ihr eigenes und damit auch das gemeinsame Leben von ihr mit ihm zu kritisieren oder im Sinne der sokratischen *Apologie* zu prüfen, zu befragen. Die Athener verurteilen Sokrates zum Tode. Doch Heljmars Empörung ist für Nora letztlich so irrelevant wie die der Athener über Sokrates. Denn diese Empörung stammt ja aus einer Lebensweise, die auf die Einhaltung der Konventionen pocht, die die Verunsicherung, die die Befragung des Lebens nach sich zieht, als lästig, leichtsinnig, unmoralisch, im Falle des Sokrates sogar als kriminell betrachtet.

In der ersten Rede seiner *Apologie* benutzt Sokrates ein Bild für das Todesurteil, das er offenbar schon erwartet. Wie »Schlaftrunkene, wenn sie geweckt werden« schlagen die Athener Richter verdrießlich nach ihm und töten ihn so, um dann ihr »Leben hinfort zu verschlafen, wenn nicht der sorgende Gott [...] einen anderen sendet«.[28] Die, die ihr Leben nicht untersuchen, leben also gar nicht wach, sondern verschlafen es. Sie sind nicht in der Wirklichkeit, sondern in einem Traum. Dies mag uns wie eine merkwürdige Umkehrung der Bewertungen erscheinen. Ist für uns nicht derjenige, der immer nur redet und nachdenkt und nicht zupackt, ein Träumer? Sokrates sagt nein: denn wer redet und denkt, versucht sich ja auf etwas zu beziehen, was nicht ›bloß Konvention‹ ist. Und er fragt nach der richtigen Ordnung der Dinge und des Lebens vor dem Hintergrund seines Nachdenkens über die Ideen. Der, der zupackt, so wie es sich gehört, handelt dagegen bewusstlos, wie im Traum. Der scharfe Kontrast zwischen bloßer Theorie und auf die Realität bezogener Praxis ergibt sich nur für diejenigen, die das Nachdenken, das Gespräch nicht selbst als eine Praxis ansehen, sondern als bloßes Vorspiel zum Handeln. Der sokratische Gedanke, dass die tätigen Athener schlafen und vom überall redenden Sokrates geweckt werden, erscheint dem buddhistischen ähnlich, dass die in der Versenkung mit geschlossenen Augen regungslos verharrende Person sich eher auf die Wirklichkeit bezieht als die geschäftig herumeilende. Nur wer sich nicht mehr rührt, wer die Gefühle, Wünsche, Wahrnehmungen und Gedanken vorbeiziehen lässt und beobachtet, wird sich letztlich auf die Wirklichkeit beziehen und aus dem traumhaften Zustand erwachen, in dem die gefangen bleiben, die sich nicht versenken, nicht beobachten, sondern auf kon-

---

[28] Platon, *Apologie* 31b.

ventionelle Weise verhalten. Aber die Meditation ist wie das Gespräch natürlich selbst eine Praxis.

Der fragende Sokrates als ein vom Gott des Delphischen Orakels gesandter Bote versucht die Mitbürger in seiner Stadt zu wecken. Doch im Übergang vom Schlafen zum Wachen können die noch Schlummernden nicht überlegend aus Gründen handeln. Sie reagieren reflexhaft. Wie ein noch Träumender nach der Fliege schlägt, die ihm über die Wange krabbelt, schlagen sie nach Sokrates, der sie aus ihrem unreflektierten Leben aufzuscheuchen droht, und wissen dabei gar nicht recht, was sie tun. Sie kennen das wache Leben nicht, doch halten sie den Prozess des Erwachens aus dem Schlaf für eine *Verschlechterung*. Hier gilt für die Schlafenden, die geweckt werden, dasselbe wie für Sterbende. Wir wissen nach Sokrates ja nicht, ob der Tod ein Gut oder ein Übel ist.[29] Trotzdem fürchten wir ihn. Ebenso kennen die, die von einem unreflektierten Leben in konventionell praktischer Geschäftigkeit zu einem reflektierten Leben im Gespräch übergehen, das reflektierte Leben noch nicht. Doch sie fürchten es. Sie wollen ihre unreflektierte konventionelle Existenz fortsetzen, in ihrer nur halb bewussten Existenzform verharren. Deshalb versuchen sie denjenigen, der sie in das reflektierte Leben zu führen versucht, ebenso zu verscheuchen wie den Tod. Doch weder beim (letztlich sinnlosen) Versuch, den Tod zu verscheuchen, noch beim Versuch, dem reflektierten Leben zu entgehen, wissen sie, was sie tun.

Sokrates dagegen, obwohl auch er nicht weiß, was der Tod bedeutet, wählt ihn, weil er weiß, dass er etwas Falsches täte, wenn er ihn vermeiden würde. Unabhängig davon, ob der Tod eine Reise ins empfindungslose Nichts oder in ein Jenseits wäre, in dem er seine Gespräche mit den Schatten der Verstorbenen weiterführen könnte, wie die Sage behauptet,[30] in beiden Fällen wäre seine Wahl für den Tod nicht die Entscheidung für etwas Unsittliches. Würde er sich dafür entscheiden, aus Furcht vor dem Tod, den er nicht kennt, das Gesetz zu beugen, so würde er sein philosophisches Leben als eine Person, die aus Einsicht und nicht nach der Konvention handelt, zerstören. Denn nur die Konvention und die Instinkte sagen, dass der Tod ein Übel ist. Nur die Einsicht ist aber, im Unterschied zu den Instinkten und Konventionen, Garant der Wahrheit. Weshalb das philosophische Leben, das sich nach der Einsicht richtet, selbst als

---

[29] Vgl. ebd., 37b.
[30] Vgl. ebd., 40c.

Das philosophische Leben

eine Manifestation der Wahrheit deutbar ist.[31] Deshalb *schützt* oder erhält Sokrates seine philosophische Existenz, indem er den Tod wählt und sich nicht den konventionellen Bewertungen über das Lebensende hingibt. Er *beendet* sein organisches Leben und erhält damit gleichzeitig die Kohärenz seiner philosophischen Existenz. Die Ungewissheit über den Tod führt also nicht zu einer Ungewissheit des Handelns im Angesicht der Todesdrohung.[32]

Das philosophische Leben in diesem Sinne ist also keines, das größere Überlebenschancen hätte als das nicht-philosophische Leben. Die Philosophie beansprucht in diesem Sinne nicht, das Leben von Menschen so zu verändern, dass sie besser oder begründeter *überleben* können. Das dauernd befragte Leben ist nicht das tüchtigere, leistungsfähigere. Deshalb erscheint dieses Leben denen, die das *Über*leben, die Tüchtigkeit als besonders wichtig ansehen, *unernst*. »Wie kann Sokrates angesichts seiner Familie, für die er zu sorgen hat, und seiner Freunde, die ihn mögen und mit ihm in Gesprächen gelebt haben, den Schierlingsbecher trinken?« Das ständig befragte Leben ist auch nicht eines, das den Ansprüchen, die die vorgegebenen Allgemeinheiten der Kultur fordern, in einer höheren Bildung oder einem sicheren Fortschritt besser erfüllen würde, bspw. das wissenschaftlich-technische und ökonomischen Fortkommen. Deshalb ist Sokrates, der sich kaum um sein Geschäft, sondern immer um seine Gespräche (um seine Seele und die der anderen) kümmert, für die, die nach konventionellen Maßstäben vorankommen wollen, eine *komische Figur*, eine Art *Narr*. Auch Nora tut, als sie in Ibsens Drama ihre Familie verlässt, nach Cavell nichts Funktionales. Ihre wirtschaftliche Situation und ihr soziales Ansehen werden sich durch diesen Schritt nicht verbessern – im Gegenteil. Ihr Handeln ist nach Cavell weder utilitaristisch noch deontologisch zu rechtfertigen. Trotzdem sieht sie es als eine Verbesserung ihres Lebens an, wenn sie dieses Leben befragt, wenn sie sich fragt, ob sie in sich einen

---

[31] So jedenfalls Michel Foucault mit Rücksicht auf Sokrates: »Das philosophische Leben ist eine Manifestation der Wahrheit. [...] Durch die Art von Existenz, die man führt, durch die Gesamtheit von Entscheidungen, die man trifft, die Dinge, auf die man verzichtet, diejenigen, die man akzeptiert [...] muss das philosophische Leben durch und durch die Manifestation der Wahrheit sein.« Michel Foucault, *Die Regierung des Selbst und der anderen. Vorlesungen am Collège de France 1982/83*, Frankfurt a. M. 2009, S. 430.
[32] Ich danke Andrea De Santis in Rom für den Hinweis auf diesen Gedanken.

Grund ausfindig machen kann, als Ehefrau und Mutter so zu leben, wie sie gelebt hat.

Nora strebt nicht in eine philosophische Existenz des andauernden Gesprächs (jedenfalls gibt der Text darauf keinen Hinweis). Aber sie hat eine Art *philosophischen Moment* im Sinne von Sokrates und Cavell, als ihr ihr bisheriges Leben fremd oder nicht selbst gewählt erscheint. Sie sieht ein, dass sie erst eine Person werden muss, aus der sich Gründe für oder gegen die eine oder andere Lebensweise ergeben können. Und dies kann man im sokratischen Sinne als Sorge um die eigene Seele deuten. Was die äußeren Umstände angeht, so muss ihr Leben nach diesem Schritt keine Besonderheiten aufweisen, so wenig wie das des Sokrates. Vielleicht kehrt sie zu ihrer Familie zurück, vielleicht gründet sie eine neue, vielleicht bleibt sie allein. Aber was sie tut, wird sie gewählt haben, und deshalb wird es ein anderes Leben sein als das, das sie vor ihrem ›Erwachen‹ geführt hat.

Die Ziele, die sich eine in diesem Sinne zu ihrem eigenen Leben erwachte Person setzt, werden nicht durch die Abarbeitung einer Präferenzliste privatim oder egoistisch gewählt. Sie ergeben sich auch nicht ›von selbst‹ aus dem Entschluss, ein eigenes Leben zu führen. John Dewey hat darauf hingewiesen, dass eine Dialektik zwischen den sozial durch Institutionen vorgegeben praktischen Zielen und den individuellen Entscheidungsprozessen besteht, die nicht vereinseitigt werden sollte, indem die sozialen Ziele als Akkumulation von individuellen Präferenzen oder die individuellen Ziele als durch Institutionen gesteuert angesehen werden.[33] Nora entscheidet sich nicht aufgrund individueller Präferenzen gegen die Ziele, die die Institution der Familie von ihr fordert. Sokrates entscheidet sich nicht unter dem Druck der Institution des Athener Rechtssystems für den Tod. Nora entscheidet sich dafür, eine Person zu werden, die sich überhaupt erst zu dem, was sozial von ihr gefordert wird, verhalten kann. Vielleicht wird sie dann versuchen, die Ziele der sozialen Institutionen ihrer Welt zu verändern, indem sie Einfluss auf sie nimmt, vielleicht aber auch nicht. Sokrates will sein Leben als eine Person, die nach ihren Einsichten in einer vernünftig nach dem guten Leben suchenden Gemeinschaft handelt, nicht aufgeben. Deshalb trinkt er den Schierlingsbecher. Es ist Zufall, dass er in diesem Handeln auch die Ziele der Gerichtsbarkeit erfüllt. Nur scheinbar enttäuscht er dabei

---

[33] Vgl. John Dewey, *Unmodern and Modern Philosophy*, Carbondale/Edwardsville 2012, S. 263 f.

die Ziele der Gemeinschaft seiner Freunde. Sein letztes Gespräch ist vielmehr der Versuch, sich selbst und ihnen deutlich zu machen, dass sich auf den Tod einzulassen in seinem Fall gar nicht unvernünftig ist und dem entspricht, was sie sich gemeinsam als gutes Leben vorgestellt haben.

Moralische Reflexion und Film: Cavells *Emersonian perfectionism* – »a part of philosophy's quarrel with religion«?

Ludwig Nagl

In den folgenden Erwägungen werden *vier Themenkreise* des Cavell'schen Denkens untersucht, in denen es – in unterschiedlichen Kontexten – um Erkundungen der Möglichkeiten, wie auch der Grenzen, von Selbstbestimmung geht. Teil *eins* sondiert den methodischen Raum, in dem Cavells Philosophie des menschlichen Handelns – sein *Emersonian perfectionism* – angesiedelt ist. Die Abschnitte *zwei* und *drei* beschäftigen sich, vor dem Hintergrund dieses Handlungsbegriffs, mit Cavells Konzeption cinematischer Narrativität.[1] Dabei werden zunächst Cavells Erwägungen zum Spezialstatus des Films vorgestellt: zu einer Kunstform, die, medial innovativ und zugleich spielerisch, handlungsentlastete ethische Reflexion ermöglicht. Dann folgt ein kurzer Blick auf Cavells Lektüre zweier (negativ aneinander vermittelter) Filmgenres: der *Hollywood Remarriage Comedy* und des *Melodrama of the Unknown Woman*. In jedem dieser Genres geht es um *acknowledgment*, um glückendes bzw. mißglückendes intersubjektives Handeln. Abschnitt *vier* sondiert – im Blick auf den facettenreichen rezenten Diskurs über die religionskritisch-religionsphilosophischen Implikationen[2] von Cavells Begriff des handelnden ›Selbst‹ – Reichweite und Grenze seiner Konzeption von *self-reliance*.

---

[1] Stanley Cavell schreibt im Einleitungskapitel zu *Cities of Words*, dass es ihm in diesem Werk um die Analyse der »Wechselwirkung zwischen der moralischen Reflexion, einer der ältesten Untersuchungsgegenstände der Weltphilosophie, und dem Film als jünster der grossen weltumspannenden Künste« geht (CW Einf., S. 39).

[2] In »Reflections on a Life of Philosophy«, spricht Cavell davon, dass der »Emersonian Perfectionism [...] a part of philosophy's quarrel with religon« ist. (Siehe Stanley Cavell, »Reflections on a Life of Philosophy« Interview by Charles Stang in 1997, *Philosophers in Conversation. Interviews from The Harvard Review of Philosophy*, New York/London 2002, S. 131 f.)

I Moral perfectionism

Cavells Analysen der Möglichkeitsräume wie auch der Abgründe des ›Selbst‹[3], die sich im philosophierenden Blick auf die skeptische Reflexivität, die das menschliche Denken begleitet, und auf die unerkundeten Tiefendimensionen der Alltagssprache erschließen,[4] sind (vor dem Hintergrund der Cavell'schen Lektüre der Spätphilosophie Wittgensteins[5]) fokussiert auf die Reaktualisierung zentraler Motive der – auf Praxisänderung abzielenden – philosophischen Erkundungsbewegungen von Platon bis Nietzsche.[6] Zugleich geht es in ihnen – in postanalytischer Abgrenzung von der älteren sprachanalytischen Philosophie – um eine Neubestimmung des Verhältnisses von Philosophie und Literatur.[7] Cavells Denkansatz ist komplex dimensioniert: Er impliziert, u.a., substantielle Kant-[8] und Hegelbezüge, Anknüpfungen, die freilich, was Kant betrifft, jederzeit abgegrenzt werden von ›deontologisch‹ enggeführten Rezeptionen der ›praktischen Vernunft‹,[9] und, was Hegel betrifft, von (quasi-kontraktualistisch verkürzten) Lektüren der Anerkennungsdialektik der *Phänomenologie des Geistes*.[10]

---

[3] In seiner komprehensiven Studie *Stanley Cavell: Philosophy's Recounting of the Ordinary* (Oxford 1994, S. 284) schreibt Stephen Muhall zurecht, »[that] the projection and enactment of self [is] a central feature of Cavell's work«.
[4] Vgl. IQO.
[5] Vgl. v.a. CoR (dt. AdV).
[6] Für eine umfänglichere Genealogie dieser Erkundungsbewegung siehe CoW (dt. CW).
[7] Vgl.«Danebenstehen, gleichziehen: Bedrohungen der Individualität« (NP III 1).
[8] Cavell untersuchte schon sehr früh Berührungspunkte zwischen den Denkansätzen von Kant und Wittgenstein. In seinem Beitrag zu *Wittgenstein: The Philosophical Investigation* (George Pitcher (Hg.), New York 1966), schreibt Cavell, dass »wo Kant vom ›transzendentalen Schein‹ spricht – dem Schein, daß wir wissen, was die Bedingungen des möglichen Wissens übersteigt – Wittgenstein von der Täuschung spricht, die durch unsere Verwendung von Wörtern entsteht, wenn (jegliches) Sprachspiel fehlt, das ihre verständliche Anwendung erlaubt (*Philosophische Untersuchungen*, Par. 96).« (Zitiert nach S. Morris Engel, »Wittgenstein und Kant«, in: Peter Heintel/ Ludwig Nagl (Hg): *Zur Kantforschung der Gegenwart*, Darmstadt 1981, S. 301–343, hier: S. 308.)
[9] Vgl. Cavells kritischen Einsprüche gegen Rawls' Kantianismus. CHU 3, S. 101–126 und CW 9, S. 195–220.
[10] ›Anerkennnung‹ und ›Freundschaft‹ stehen im Zentrum von Cavells *moral perfectionism*, detailliertere Auseinandersetzungen mit Hegels Anerkennungsdialektik in der *Phänomenologie des Geistes* finden sich bei ihm jedoch nicht. Freilich: Anders als dies in signifikanten Segmenten des neuen Frankfurter Diskurses geschieht, deutet

Cavell nach-denkend zu begegnen heißt, jenen Leitgedanken ausfindig zu machen, in dessen Licht sich sein Werk am besten erhellt.[11] Dafür gibt es einen plausiblen Kandidaten: den Begriff des *moral perfectionism*.[12] Cavell gewinnt seine philosophische Leitkonzeption aus der Lektüre der *American Transcendentalists* Henry David Thoreau und Ralph Waldo Emerson,[13] deren Schriften um die Frage kreisen, wie es in einem *nach*aufgeklärten Zeitalter, das die Implementationsdefizite der Aufklärung und die (konterintentionalen) Folgen der gesellschaftlichen Modernisierung (d. h.: die dialektische Gegenwendung der Aufklärung ›gegen sich selbst‹) zu fühlen beginnt, gelingen kann, der lähmenden (zugleich geschwätzigen *und* sprachlosen) Entfremdung des öffentlichen Lebens zu entrinnen: einer Entfremdung, die sich im Gefühl manifestiert, dass die Ideale der ›neuen Welt‹ nicht real geworden sind: »The majority lead lives of quiet desperation.«[14]

In Thoreaus und Emersons romantischer Rebellion – die sich gegen diesen Entfremdungszustand artikuliert – geht es darum, *schreibend* und im *experimentierenden Leben* die »Sprache zu retten« (»to rescue language«)[15], d. h. jene *bloß oberflächliche* ›Gemeinsamkeit‹ denkend zu durchbrechen, die eine glückende »alltägliche Kommunikation« – statt sie zu ermöglichen – verstellt. Diese schreibend/denkende Rebellion impliziert ein Selbst, das fähig ist, sich zu ›doppeln‹, d. h. sich »auf sich selbst zu beziehen«.

Cavell beschreibt diese »Spaltung oder Verdoppelung des menschlichen Selbst« im Rückbezug auf ein Bild, das Kant in seiner *Grundlegung zur Metaphysik der Sitten* verwendet: dass nämlich der Mensch »seine Existenz von zwei Standpunkten aus wahrnimmt. Einerseits rechnet er sich der Sinnenwelt zu (dem Reich der Erkenntnis

---

Cavell intersubjektive Anerkennung nirgendwo »(quasi-)kontraktualistisch«. (Zur Kritik abstrakter Reziprozitätsbegriffe in rezenten Hegellektüren – z. B. bei Axel Honneth – siehe Herta Nagl-Docekal, *Innere Freiheit. Grenzen der nachmetaphysischen Moralkonzeptionen*, Berlin 2016.)

[11] Vgl. auch Ludwig Nagl, »Encontrarse con Cavell, leer a Cavell, traducir a Cavell«, in: David P. Chico/Moisés Barroso (Hg.), *Encuentros con Stanley Cavell*, Madrid/Mexico City 2009, S. 117–137. (Dieser spanischsprachige Text enthält Vorstudien zu Teil 1 des vorliegenden Essays.)

[12] Siehe dazu auch Ludwig Nagl »Philosophie als Erziehung von Erwachsenen. Erwägungen zu Stanley Cavell«, in: NP, S. 7–32.

[13] Zu Thoreau vgl. SoW (dt. SW); zu Emerson vgl. CHU und ETE.

[14] Stephen Mulhall, *Stanley Cavell*, S. 250.

[15] SW, S. 63 (dt. LN).

von Gegenständen und ihren Kausalgesetzen, das vom menschlichen Verstand beherrscht wird), andererseits versteht er sich einer intelligiblen Welt zugehörig (dem Reich der Freiheit und des moralischen Gesetzes, das von der Vernunft beherrscht wird, die das menschliche Erkenntnisvermögen überschreitet).«[16]

Ralph Waldo Emerson deutet – in seiner affirmativ-kritischen Interpretation von Kants Bild[17] – diese Doppelstruktur des ›Selbst‹ als den Möglichkeitsraum des menschlichen Individuums, sich in der Spannung von »*Erreichtem« (attained)* und »*Erreichbaren« (attainable)* kreativ und neu auszulegen.[18] Der konstitutive Riss im Selbst ist die Voraussetzung für jene Such- und Lernbewegung, die Cavell *Emersonian* oder *moral perfectionism* nennt.[19] Hilary Putnam charakterisiert diesen Leitgedanken Cavells, knapp und treffend, mit der Wendung »that the urge to be more than (what we have known as being) human is part of being human.«[20]

Das Selbst kann, als gedoppeltes, sich so betrachten, dass es mit dem, was es von sich weiß und über sich fühlt, auf spannungslose Weise eins bleibt, d.h. das vorgefundene soziale Erwartungsprofil einfach internalisiert: dann sucht es zwar »besser« zu werden, verharrt dabei jedoch, so Emerson, in »Konformität«. »False and debased perfectionisms seem everywhere these days«, schreibt Cavell in *Conditions Handsome and Unhandsome*[21]. Wenn jedoch das gedoppelte Selbst sich, gegen seinen Hang zur Selbstzufriedenheit, auf das Erreich*bare* hin aktiviert, bewegt es sich in Richtung ›Autonomie‹ – oder, wie Cavell, der Kantkritik Emersons Rechnung tragend, im

---

[16] CW Einf., S. 31.
[17] Emersons Kant-Reinterpretation wandelt – wie Cavell schreibt – »Kants metaphysische Teilung der Welten in eine eher empirische (oder politische) Teilung der Welt um« (ebd.). Im Gefolge dieser Umwandlung, das zeigt Teil 4 des vorliegenden Texts, besteht freilich die Gefahr, dass der inner-endlichen Perfektibilisierbarkeit des ›Selbst‹ zu viel zugemutet wird und jene Denkfiguren, die Kant in seinen Reflexionen auf unsere individuelle und soziale Endlichkeit dem Feld der Postulatenlehre zuweist, abgeblendet bleiben.
[18] Cavells Konzept des *moral perfectionism* kreist – mit und post Kant – um ein zum Begriff der Authentizität transformiertes Konzept der Autonomie: dies freilich in einer – mit/und post Hegel – intersubjektiv dimensionierten Form, d.h. im Blick auf gelingende Prozesse wechselseitiger Anerkennung.
[19] Vgl. CHU Pref.
[20] Hilary Putnam, »Preface«, in: Ted Cohen/Paul Guyer/Hilary Putnam (Hg.), *Pursuits of Reason. Essays in Honor of Stanley Cavell*, Lubbock, Tex. 1993, S. vii–xii, hier: S. ix.
[21] CHU Int. S. 16.

Blick auf Heidegger sagt: es bewegt sich in Richtung »authenticity«[22]. Dort, wo das Selbst sich auf diese Weise ergreift, wird das Abenteuer der *self-reliance*[23] möglich. Diese ›Reise‹ – aufzubrechen zu dem, was man sein *kann* – ist freilich bei Emerson (anders, so insistiert Cavell, als bei Kant) nicht durch einen *allgemeinen* Imperativ auf den Weg gebracht, sondern hat (wie Heidegger sagen würde) einen »je-meinigen« Charakter. Diese Fokussierung auf das Individuum entspricht einer Cavell'schen Grundintention. Ist doch Cavell – wie Hilary Putnam richtig bemerkt, »ein Autor, der stets zu *Individuen* spricht – und d. h. zu jeweils einem Individuum.«[24]

Diesem Denk- und Lernzugang kommt Emersons Erkundung des ›Selbst‹ sehr nahe. Emerson deutet das Selbst in Metaphern, durch die dessen ›Perfektibilisierbarkeit‹ ohne jeden Rekurs auf Fundamente und apriorische Sicherungen vorstellig gemacht werden soll. Denken wir über uns nach, so heißt es zu Beginn seiner Schrift *Experience*, dann ist das, wie wenn wir mitten auf einer langen Treppe stehen: »There are stairs below us, which we seem to have ascended, there are stairs above us, many a one, which go upward and out of sight.«[25] In dieser nirgendwo ›fundierten‹ und auf kein erkennbares ›Telos‹ zustrebenden Situation hat das Selbst die Möglichkeit, sich in *self-reliance* – d.h. durch die Aktivierung der Spannung, die zwischen dem Erreichte und dem Erreichbaren besteht – handelnd und denkend zu ergreifen.

Cavell geht jeder *definitorischen* Bestimmung des *moral perfectionism* aus dem Weg.[26] Die komplexe Struktur dieser (offenen)

---

[22] Cavell schreibt in CHU 1, S. 2: »In the case of Heidegger I take for granted that his emphasis in Being and Time on ›authenticity‹ and his protesting that his writing is not to be comprehended within the separate discourse of ethics, intuitively attests to his belonging to the subject of perfectionism.«

[23] Dieses ›Selbstvertrauen‹ ist Gegenstand von Emersons berühmten Essay »Self-reliance«, in: Ralph Waldo Emerson, *Essays. First and Second Series*, New York 1926, S. 31–66.

[24] Hilary Putnam, »Nachwort«, in: UG, S. 265–279, hier: S. 265.

[25] Ralph Waldo Emerson, »Experience«, in: *Essays. First and Second Series*, New York 1926, S. 292–323, hier: S. 292.

[26] In seinem Text »The Good of Film« (CoF 24) erörtert Cavell freilich – aufschluss- und bezugsreich – drei Wurzeln, aus denen sein Interesse am *Emersonian perfectionism* erwuchs: »*One origin*«, so berichtet Cavell, »was my coming to wonder, after finishing a long book much of which is an effort to come to terms with the philosophical event of Wittgenstein's *Philosophical Investigations*, about the experience of something like a moral or religious fervor in Wittgenstein's text.« (Ebd., S. 336; auf diesen moralisch-religiösen Themenkreis wird in Teil 4 des vorliegenden Texts genau-

Denkfigur[27] erschließt sich am besten mithilfe der Wittgenstein'-schen Idee »familienähnlicher« Relationen. Was *moral perfectionism* ist, erläutert Cavell durch Rekurs auf Beispiele (wobei er, neben Referenzen auf Literatur, Philosophie und Film, u.a. Motive aus der Erziehungskonzeption Platos aufgreift):

> Offenkundige Charakteristika finden sich in der Idee einer Gesprächsform zwischen einem älteren und einem jüngeren Freund: zwischen einem, der intellektuelle Autorität hat, weil sein Leben irgendwie exemplarisch ist, repräsentativ für ein Leben, von dem andere sich attrahiert fühlen; durch dieses Attrahiertsein erfährt sich das Selbst als angekettet, festgehalten und von der Realität abgezogen; dann findet das Selbst heraus, dass es sich verändern (dass es konvertieren, sich revolutionieren) kann, und ein Erziehungsprozess findet statt, der unter anderem auch darin besteht, das Erziehen selbst zur Diskussion zu stellen.[28]

Diese Gespräche von Individuum zu Individuum erfolgen auf vielfache Weisen – nicht zuletzt in jenem Modus, den Cavell »trying people« nennt: d.h. durch »experimentation as provocation« – durch Herausforderungen des Lernenden, in denen, zugleich, die Bearbeitung der (im Lernprozess jederzeit implizierten) Autoritätskonstellation ermöglicht wird.[29] In diesen Prozessen erfolgt eine Transformation des Selbst, die sich, u.a., in der Vorstellung ausdrücken kann, Gesellschaft zu verwandeln »in eine Art von *Aristokratie*, in der das, was das Beste für die *Gesellschaft* ist, Modell dafür ist *und* danach modelliert wird, was das Beste für die *individuelle Seele* ist.«[30] Die dyadische ›Konversation‹ wird von Cavell an sehr unterschiedlichen

---

er Bezug genommen.) »*A second origin*«, so fährt Cavell fort, »was my puzzled discontent with John Rawls's reading of Nietzsche as a representative of an essentially elitist or undemocratic perfectionism. A *third origin* of my interest in perfectionism«, so schließt Cavell seinen Überblick, »was my recognition that the genre of Hollywood comedy I had begun studying in the mid-1970s, those I name, in *Pursuits of Happiness*, comedies of remarriage, were working out ideas in Emersonian perfectionism. (Its presence in the genre of melodramas of the unknown woman shows their derivation, as I see it, from its comedic cousin.)« (Ebd., S. 337.)

[27] Diese Denkfigur ist nach vielen Seiten offen: Maria-Sibylla Lotter verweist in ihrer Studie *Scham, Schuld, Verantwortung. Über die kulturellen Grundlagen der Moral*, Berlin 2010, z.B. zu Recht darauf, dass die Erkundung der Doppelstruktur des moralischen Perfektionismus auch der »Bedeutung von Schamkonflikten für die moralische Entwicklung« Rechnung tragen muss. (Vgl. ebd., S. 116–118.)

[28] CHU Int. S. 6f. (deutsche Übersetzung LN).

[29] Stanley Cavell, »What's the Use of Calling Emerson a Pragmatist«, in: Morris Dickstein (Hg.), *The Revival of Pragmatism*, Durham 1998, S. 72–80, hier: S. 74.

[30] CHU Int., S. 7 (deutsche Übersetzung und Kursivierung LN).

Denkorten loziert: im Widerspiel der konteragierenden ›Stimmen‹ in Wittgensteins Spätphilosophie, in den komödiantischen Interaktionen der Remarriage Comedies, in den Konstellationen der Shakespeareschen Tragödien und im psychoanalytischen Lernprozess.[31]

Was den *moral perfectionism* prima vista freilich in ein problematisches Licht rücken könnte, ist seine Orientierung an einem elitistischen Ideal. John Rawls hat in der *Theory of Justice* gezeigt, dass *jene* Lesart des *moral perfectionism*, in der dieser durch die Maxime bestimmt wird, das ›Hervorragende‹ zu maximieren, selbst um den Preis, dass die Klasse der ›großer Geister‹ dabei den Rest der Menschheit *instrumentalisiert*, mit aufgeklärten Gerechtigkeitsprinzipien inkompatibel ist. Rawls hat seine Kritik des anti-demokratischen Gehalts dieses Konzepts mit Blick auf Nietzsche entwickelt:[32] »Die Menschheit«, so heißt es in Nietzsches dritter *Unzeitgemäßer Betrachtung*, »soll fortwährend daran arbeiten, einzelne große Menschen zu erzeugen – und dies und nichts Anderes sonst ist ihre Aufgabe […]. Denn die Frage lautet doch so: wie erhält dein, des Einzelnen Leben den höchsten Werth, die tiefste Bedeutung? […] Gewiß nur dadurch, dass du zum Vortheile der seltensten und werthvollsten Exemplare lebst …«.[33]

Cavell freilich liest – »in a friendly disagreement with his colleague John Rawls«, wie Hilary Putnam schreibt[34] – Emerson (und Nietzsche) anders: Er schlägt eine Lektüre vor, die auf Distanz geht zu jenem Bild des *perfectionism*, welches Rawls zurecht kritisiert hat. Cavell vertritt die These, dass sich die Idee der Perfektibilisierbarkeit des Einzelnen mit einer modernen, demokratischen Gerechtigkeitskonzeption nicht nur gut verträgt, sondern dieser erst dazu verhilft, die Ressourcen der (nirgendwo voll implementierten) Demokratie voller zu erschließen.[35] Bei Emerson geht es nirgendwo um ›elitistische‹ Ideen: Seine Konzeption des *moral perfectionism* ist, ganz im Gegenteil, der Idee einer (tendenziell allgemeinen) Anhebung der realen Demokratiefähigkeit durch das Erlernen eines ›Selbstvertrau-

---

[31] Vgl. Stephen Mulhall, *Stanley Cavell*, S. 266.
[32] John Rawls, *Eine Theorie der Gerechtigkeit*, Frankfurt a.M. 1979, S. 360 (Anm. 50).
[33] Friedrich Nietzsche: *Sämtliche Werke*. Kritische Studienausgabe Bd. 1, Berlin/New York 1988, S. 335–427, hier: S. 383f.
[34] Hilary Putnam, »Preface«, in: *Pursuits of Reason*, S. ix.
[35] Vgl. Cavells Erwägungen zu *aristocracy* und zum *pursuit of perfection* in seiner Interpretation des Films *The Philadelphia Story* (PoH 4., S. 153–159).

ens‹³⁶ verpflichtet, das nicht außengeleitet ist (und somit ›aristokratisch‹ genannt werden kann). Nur wenn wir lernen, so Cavell, das Erreichte zu überschreiten im Blick auf das Ereich*bare*, können wir jener *volleren* Demokratieform näherkommen, die heute noch überall aussteht. Davon, dass Demokratie nirgendwo vollends ›geglückt‹ ist, sprechen all ihre klassischen und viele ihrer zeitgenössischen Theoretiker.³⁷

II Filmerfahrung als handlungsentlastete Reflexion: Ein kurzer Blick auf Cavells Analyse des ontologischen Spezialstatus cinematischer Narration³⁸

In seinen Filmanalysen widmet sich Cavell dem, was er in *Cities of Words* »die Wechselwirkung zwischen der moralischen Reflexion, einer der ältesten Untersuchungsgegenstände der Weltphilosophie, und dem Film als jüngster der grossen weltumspannenden Künste« nennt.³⁹ So wie die Untersuchungen zentraler philosophischer Texte sind Cavells Filmlektüren, zuletzt, fokussiert auf Selbsterkundung: Es geht in ihnen um cinematisch dimensionierte Erzählungen, in denen – komödiantisch oder melodramatisch – die innere Dynamik des ›Selbst‹, seine Abgründe und seine Möglichkeiten, in handlungsentlastetem Modus anschaulich werden. Cavells Analysen erfolgen mit dauerhaftem Blick auf den ästhetischen *Spezialstatus* des Films.⁴⁰ In

---

³⁶ Cavell zitiert Emerson: »In every work of genius we recognize our own rejected thoughts; they come back to us with a certain alienated majesty.« Er erläutert dieses Zitat, elitismuskritisch, so: »Do not be put off by Emerson's liberal use of ›genius‹. For him genius is, as with Plato, something each person has, not something certain people are.« (Stanley Cavell, »What's the Use of Calling Emerson a Pragmatist«, S. 74.)
³⁷ Zur Kritik der ›realen‹ Demokratie vgl. Hilary Putnam, »Preface«, in: *Pursuits of Reason*. John Dewey hat die Offenheit (und Gefährdetheit) des ›Projekts‹ Demokratie wie folgt auf den Punkt gebracht: »Democracy has not been adequately realized in any country at any time.« (Siehe dazu Ludwig Nagl, *Pragmatismus*, Frankfurt/New York 1998, S. 130.)
³⁸ TWV. Teile dieses Werks sind in deutscher Übersetzung zugänglich: Stanley Cavell, »Aus: Die Welt betrachtet«, in: Ludwig Nagl (Hg.), *Filmästhetik*, Wien/Berlin 1999, S. 94–102; sowie »Die Welt durch die Kamera gesehen. Weiterführende Überlegungen zu *The World Viewed*« (NP II 2).
³⁹ CW Einf., S. 39.
⁴⁰ Einlässige Untersuchungen der Cavell'schen Film-Ontologie finden sich in William Rothman and Marian Keane, *Reading Cavell's »The World Viewed«. A Philosophical Perspective on Film*, Detroit 2000, sowie in der Studie von Herbert Schwaab, *Erfah-*

seinem Projekt, »ganze Filme zu lesen«, vermeidet Cavell zwei Fallen – eine filmwissenschaftlich-technische, und eine interpretationsdogmatische. Die erste Falle besteht in der (semi-professionalistischen) Einengung der Filmlektüre auf Fragen nach den technischen Herstellungsmodalitäten filmischer Bilder,[41] die zweite in der unbefragten Übernahme extern importierter ›Großkategorien‹ (z. B. des Kategoriensets von Lacan) in filmwissenschaftlichen Analysen.[42] »Although Cavell's writings on film address issues [...] fundamental to the field of film studies since its inception«, schreibt William Rothmann in *Cavell on Film*, »his perspective on such issues diverges in virtually every respect from the succession of theoretical positions that have gained most prominence in the field.«[43] In Cavells philosophische Filmlektüren geht sowohl die Analyse der medialen Vermitteltheit des Films ein, als auch die Reflexion über den narrativen Gehalt des filmisch Präsentierten in seiner Relevanz für die Differenzierung des Handlungshorizonts des Betrachters.

Ein Hauptspezifikum des cinematischen Mediums liegt, wie Cavell ausführt, in der Spannung zwischen Präsenz und Absenz: Das im Film Vorgeführte – das darin vergegenwärtigte Reale – ist (wie der Betrachtende jederzeit mit weiß) ein realiter Absentes: »A fundamental fact of films photographic basis«, so schreibt Cavell in *The World Viewed*, besteht darin »[that] objects projected on a screen are inherently reflexive [...]. Their presence refers to their absence, their location in another place.«[44]

Diese doppelte Codiertheit des filmischen Bilds – seine unmittelbare, attraktive Präsenz, die, zugleich, allemal Präsentation eines Absenten (eines in der Vergangenheit Gefilmten) ist – ermöglicht jene cinematisch vermittelte Einklammerung der Praxis, die das Kino als einen *ästhetisch genuin neuen* Kandidaten in den Raum unseres *moral reasoning* eintreten lässt.

Die cinematischen Erzählungen, denen sich Cavell philosophie-

---

rung des Gewöhnlichen. Stanley Cavells Filmphilosophie als Theorie der Populärkultur, Münster 2010.
[41] TWV Pref., S. xxi.
[42] Siehe dazu Ludwig Nagl, »›Film and Self-Knowledge‹: Philosophische Reflexionen im Anschluss an Cavell und Mulhall«, Teil 1, »Methodendistanz: Filmphilosophie im Bruch mit den Filmtheorien«, in: Ludwig Nagl/Eva Waniek/Brigitte Mayr (Hg.), *Film Denken – Thinking Film. Film and Philosophy:* Wien 2004, S. 31–34.
[43] CoF Pref., S. xiv.
[44] TWV Forew., S. xvi.

rend widmet, kreisen allesamt um komplexe Konstellationen des menschlichen Handelns – um glückende und scheiternde Lebensformen. All diese Konstellationen werden in der filmischen Präsentation *im Handlungssuspens,* d. h. ohne unmittelbaren Handlungsdruck, betrachtbar und reflektierbar. Das teilen sie, zum einen, mit jeder literarischen Erzählung und mit allen Theateraufführungen. Film, so Cavell, ist freilich keineswegs nur illustrierte Literatur oder abgelichtetes Theater. Denn, in ontologischer Differenz zum cinematischen Bild, präsentiert das Theater ja nicht ein apparat-vermitteltes, abgebildetes Absentes, das durch Montage oder digitalisierte Bearbeitung ›medial‹ geformt ist, sondern operiert mit real gegenwärtigen Darstellern.[45] Das Kino organisiert sein massives Identifizierungs- und Reflexionspotential, ontologisch innovativ, auf ›fotografische‹ Weise und erfüllt darin tiefsitzende menschliche Wünsche. Die in der cinematischen Projektion narrativer Filme präsentierten Bilder des Nicht-Gegenwärtigen sind nicht – wie in der Malerei – mit der Hand hergestellt, sondern maschinell erzeugt. »Photographs«, so führt Cavell in *The World Viewed* aus, »are not *hand*-made; they are manufactured. [...] The inescapable fact of mechanism or automatism in the making of these images is the feature that Bazin[46] points to as ›[satisfying], once and for all and in its very essence, our obsession with realism‹.«[47]

Dieser distanzwahrende und zugleich foto-realistische Blick auf die Welt bedient, wie Cavell schreibt, eine (tief erwünschte) Grenzüberschreitung: »the human wish, intensifying in the West since the Reformation, to escape subjectivity and metaphysical isolation – a wish for the power to reach this world.«[48] Was Cavell hier zum Ausdruck bringt, könnte man auch so umschreiben: Das ästhetische Erlebnis des Films kreist, in der Tiefe, um den Wunsch der endlichen Subjekte, ihrer Endlichkeit zu entrinnen und in einem quasi-unendlichen »God's Eye View« – distant und »objektiv« – auf eine (nicht für ihre Interventionen offene) (Handlungs-)Welt zu blicken. »Photo-

---

[45] Zur Differenz zwischen Film und Theater siehe auch Walter Benjamin, *Das Kunstwerk im Zeitalter seiner technischen Reproduzierbarkeit,* Frankfurt a. M. 1979; sowie die Abschnitte über »Theaters« und »Cinemas« im Kapitel 6, »Ethics of Reading III: Cavell and Theater/Cinema«, in: Adam Zachary Newton, *To Make the Hands Impure. Art, Ethical Adventure, the Difficult, and the Holy,* New York 2015, S. 200–218.
[46] Andre Bazin, *What is Cinema?* Berkeley 1967, S. 12.
[47] TWV 2, S. 20.
[48] Ebd., S. 21.

graphy overcame subjectivity in a way undreamed of by painting«, schreibt Cavell, »a way [...] which does not so much defeat the act of painting as escape it altogether: by *automatism*, be removing the human agent from the task of reproduction.«[49]

Der tiefsitzende menschliche Wunsch nach einem *quasi-göttlichen, vom Handlungsdruck entlasteten Blick aufs Reale* wird (jederzeit freilich nur limitiert) durch den Automatismus der in der Filmvorführung mechanisch/digital reproduzierten menschlichen Darstellungskunst[50] bedient: »I am present not at something happening, which I must confirm, but at something that has happened, which I absorb (like a memory).«[51] Die automatenvermittelte Tiefenstruktur des Kinos ermöglicht somit einen neuen (vom ästhetischen Erfahrungsraum des Theaters – und wie Cavell später argumentieren wird, auch des Fernsehens[52] – strukturell unterschiedenen[53]) Modus handlungsentlasteten Sehens.[54]

Die magische Suggestion, die das Kino auf sein Publikum ausübt, hat ihre Wurzel, zuletzt, darin, so schreibt Cavell, dass wir im Kino »ungesehen sehen« können: d.h.: dass es uns in die Lage versetzt – ohne von dem Geschehen auf der Leinwand selbst als endlich Handelnde adressiert, ohne von ihm »angeblickt« zu sein – dieses Geschehen zu sehen: »How do movies reproduce the world magically? [...] [B]y permitting us to view it unseen.«[55] Cavell fügt zur Be-

---

[49] Ebd., S. 23.
[50] »In a motion picture, no live human being is up there. But a human something is, and something unlike anything we know.« (Ebd. S. 26.)
[51] Ebd.
[52] Zur Differenz zwischen Film und Fernsehen siehe Stanley Cavell, »Medienphilosophie des Fernsehens« (= deutsche Übersetzung von »The Fact of Television« (TOS 12) in: Mike Sandbothe/Ludwig Nagl (Hg.), *Systematische Medienphilosophie*, Berlin 2005, S. 315–342.
[53] Vgl. auch Walter Benjamin, *Das Kunstwerk im Zeitalter seiner technischen Reproduzierbarkeit*.
[54] Cavells Zuwendung zur cinematischen *popular art* reproblematisiert, indirekt, Adornos Distinktion zwischen einer (philosophienahen) Avantgardekunst und dem ›entkunsteten‹ Kommerzkino.
[55] TWV 6, S. 40. Siehe dazu Birgit Recki, »Am Anfang ist das Licht. Elemente einer Ästhetik des Films«, in: Ludwig Nagl (Hg.), *Filmästhetik*, Wien/Berlin 1999, S. 35–60. In Reckis Analysen des Suggestionspotentials des Films – seines Vermögens, uns auf unvergleichliche Weise *zu überwältigen und zur Reflexion einzuladen* – finden Motive Cavells ebenso Eingang wie Einsichten Cassierers in die Struktur des mythischen Bewusstseins (vgl. auch Birgit Recki, »Überwältigung und Reflexion – Der Film als Mythos und Kunst«, in: *Film Denken – Thinking Film*, S. 71–91).

stimmung dieser Idee des »ungesehenen Sehens« zwei weitere wichtige Aspekte hinzu. Dieses »Außensein« ist, *erstens*, quasi-*göttlich (magical)* allein in Hinblick auf seinen Status der Handlungsentlastetheit, und bleibt somit in toto distant zur Göttlichkeit, sofern sie konzipiert als ein Schaffen: »To view [the world] unseen«, schreibt Cavell, »is not a wish for power over creation (as Pygmalion's was), but a wish not to need power, not to have to bear its burdens. It is, in this sense, the reverse of the myth of Faust.«[56] Es ist nicht die *Macht*, die hier anklingt, sondern eine *quasi-göttliche Gelassenheit*, die das Subjekt aus dem Handlungsdruck befreit und (der Möglichkeit nach) in die (offene) Reflexion führt. Diese *endlich* bleibende Quasi-Göttlichkeit ist, *zweitens*, tief durchwirkt von den Konstituentien der Moderne: »In viewing films the sense of invisibility is an expression of modern privacy or anonymity. [...] We are displaced from our natural habitation within [the world], placed at a distance from it.«[57] Aus dieser Distanz können wir, motiv-differenzierend, die Möglichkeitsräume und die Abgründe unseres Selbst erkunden.

III Glückendes bzw. mißglückendes intersubjektives Handeln: Die *Hollywood Remarriage Comedies* und *The Melodrama of the Unknown Woman*

In Cavells inhaltlichen Filmanalysen – seinen Lektüren der *Hollywood Remarriage Comedies* und des *Melodrama of the Unknown Woman* – geht es um den Zusammenhang und die Differenz dieser beiden Genres.[58] Allgemein gesprochen sind beide, die Komödien wie auch die Melodramen, spielerische Darstellungen des – glückenden, bzw. missglückenden – Ringens um die freie, wechselseitige Anerkennung der Geschlechter. Was uns in den von Cavell analysierten Filmen begegnet, ist ein Spiel, das aufgeladen ist mit Problem- und Entscheidungslagen, die *zum einen* charakterisiert sind durch eine hinlängliche Nähe zur Erfahrungswelt unseres *Alltags*, zugleich jedoch durch die cinematische Präsentation *ästhetisch auf Distanz* ge-

---

[56] TWV 6, S. 40.
[57] Ebd., S. 40 f.
[58] Siehe dazu Ludwig Nagl, »Film is made for philosophy«. Stanley Cavells ›Cities of Words‹, in: Birgit Leitner/Lorenz Engell (Hg.), *Philosophie des Films*, Weimar, 2007, S. 194–213.

bracht sind. Das Spiel um Anerkennung (der Geschlechter), das sich in den *Remarriage Comedies* turbulent entfaltet und in amüsanten Volten rekonfiguriert, ist ein Spiel, das (im Hintergrund) allemal vom Scheitern bedroht bleibt: vom Nichterreichen, oder von der Aufkündigung, der Anerkennung – d. h. von Handlungskonstellationen, deren Dynamik die düstere Emotionalität der Melodramen speist. Im Hintergrund auch der Komödien verbergen sich »ways in which we miss our lives.«[59]

Im ersten, dem *Comedy*-Genre, geht es um den Versuch, durchzuspielen, dass sich Mann und Frau in der Ehe als gleichberechtigt anerkennen – dass sie ein in Freundschaft verbundenes Paar werden.[60] Die amüsanten Entfremdungsbearbeitungen, die diese Filme vorführen, implizieren jederzeit auch eine »Geschichte von Schmerz und Missverständnis«. Sie setzen ein *bei einer gescheiterten Ehe* und entfalten ihre Dynamik u. a. vor dem Hintergrund der (prekären) Erwartung, dass der männliche Protagonist der *Remarriage Comedies* die weibliche Protagonistin neu ›schaffen‹, d. h. erziehen soll. Hier konstituiert sich die Bruchlinie zwischen Komödien und Melodramen. Die komödiantischen Einübungsversuche in Gleichberechtigung (die ihren Ausdruck in den animierten Streitgesprächen, d. h. in der Prädominanz der Konversation im Genre der *Screwball Comedies* findet) bleiben mitbestimmt von einer *initialen Asymmetrie*. Der Mann, der ›erziehen‹ will (und an den sich die Erziehungserwartung richtet), ist – aufgrund dieses Wunsches – privilegiert. Diese Ungleichheit wird in den *Remarriage Comedies* freilich *abgebaut und ridikülisiert:* Erst vor dem Hintergrund der *komödiantischen Auflösung* dieser falschen Erwartung wird jene Freundschaft affirmierbar, die im ›bedingten Ja‹ der *Remarriage Comedies* zum riskanten Experiment der Ehe ihren Kulminationspunkt erreicht.[61]

---

[59] Ebd.
[60] Für eine ausführlichere Darstellung siehe Ludwig Nagl, »Über Film philosophieren: Stanley Cavells Komödien- und Melodramenanalysen«, in: Hans-Dieter Klein/Wolfgang Schild (Hg.), *Die Reflexivität des Bildes. Texte für Evelin Klein*, Frankfurt a. M. 2004, S. 63–85.
[61] Dieser *pursuit of happiness*, so Cavell, ist politisch tief mit den (nirgendwo voll eingelösten) Imperativen moderner Verfassungsstaatlichkeit verknüpft; siehe Cavell PoH 4, S. 152–159. Zu dieser gesellschaftstheoretischen Pointe der Cavell'schen Kömödientheorie vgl. auch Ludwig Nagl, »Amerika, der ›neue aber unbetretbare‹ Kontinent. Annotation zu Stanley Cavells Konzept ›amerikanischen Philosophierens‹«, in: Erik M. Vogt (Hg.), *Was heißt Kontinentalphilosophie in den USA? Eine inter-*

Freilich: Die Geschlechterasymmetrie, die im Zentrum dieses Prozesses steht, enthält *auch* den Keim dafür, dass *alles ganz anders* laufen und (›melodramatisch‹) in einer endgültigen Negation der *inter-gender communication* enden kann. Im melodramatischen Film tritt an die Stelle der amüsanten Suche nach Kommunikationsverhältnissen, die gleichberechtigt sind, anderes: sadistische Ironie z. B. (als radikale Positionierung der männlichen Asymmetrie), Isolation, »unknownness« und »a longing gaze for transcendence«[62] als weibliche Ausweich- und Transformationsbewegung.[63]

In den Melodramen macht die Negation der Ehe ein Substitut für jene »Kraft der Konversation« nötig, aus der die glückende Freundschaft der Komödien lebt. Cavell beschreibt diese Motivlage, in der die (ihrem Gegenüber und sich selbst) »unbekannte Frau«[64] – vor dem Hintergrund der missglückenden Anerkennung – ihre Authentizitätssuche in eine Identität »*beyond marriage*« verlagert, so: »Der Weg zu dieser alternativen Integrität ist [...] ein Erschaffen – eine radikale, erstaunliche, man könnte sagen melodramatische Veränderung der Frau [...]. Diese muss jenseits des Konversationsmodus mit einem Mann stattfinden [...]. Es ist, als ob die Frauen der Melodramen zu ihren Schwestern in den Komödien sagten [...]: Ihr mögt euch glücklich nennen, dass ihr einen Mann gefunden habt, mit dem ihr die Demütigung der Ehe in der Ehe selbst überwinden könnt. Für uns, mit unserem Talent und unserem Geschmack, gibt es hier keine glückende Erziehung. Unsere Identität und Metamorphose geschieht anderswo.«[65] In *beiden* Genres, so Cavell, geht es, auf sehr unter-

---

nationale Debatte über Hermeneutik, Dekonstruktion, Feminismus, Wien 2003, S. 33–40.
[62] Zur Analyse dieses ›sehnsüchtigen Blicks‹ vgl. die religionsphilosophischen Erwägungen von Viefhues-Bailey in Abschnitt 4 des vorliegenden Texts.
[63] »The woman's isolation is associated in the films of unknownness with some register of her relation to the transcendent – grounded in a cosmic symbology of light and darkness, of enclosure and the imagination of freedom.« (CT Int., S. 37) Diese Relation zur Transzendenz beschäftigt Cavell auch in seiner Theorie der Oper. (Ebd., S. 38; siehe auch »Opera in (and as) Film« (CoF 22). Eine deutsche Version dieses Texts wurde unter dem Titel »Oper im Film, Oper als Film« in: *Deutsche Zeitschrift für Philosophie* 50 2002/1, S. 3–16, veröffentlicht.)
[64] Vgl. PaC (Eine von Cavell edierte kürzere Version dieses Texts findet sich in: Helmuth Vetter/Ludwig Nagl (Hg.), *Die Philosophen und Freud*, Wien 1988, S. 199–226.) Zu diesem Themenkreis siehe auch Ludwig Nagl, »Philosophie, Psychoanalyse und Melodrama: Stanley Cavell über Max Ophüls' Verfilmung der Novelle *Brief einer Unbekannten* von Stefan Zweig« (erscheint 2019).
[65] CT Int., S. 6 f. (dt. LN)

schiedliche Weise, um Modi der Authentizitätssuche: um das, was Emerson die Reise von der Konformität zum Selbstvertrauen nennt – d. h um einen Lernprozess, auf den sich eine *schlechte*, konventionelle Ehe, in der die Geschlechterasymmetrie strukturell dominiert, gleich gar nicht einläßt. Weder im Genre der *Remarriage Comedies*, noch in demjenigen der Melodramen »is a marriage of irritation, silent condescension, and questionslessness found more desirable than solitude, say, unknownness.«[66]

Aber – so mögen sich manche Kritiker des Cavell'schen Ansatzes fragen – ist nicht ›Ehe‹ als (moral-)philosophischer Zentraltopos für die Erkundung des Geschlechterverhältnisses eine viel zu spezielle Kategorie: eine, an deren Erweiterung heute vielfach gearbeitet wird? Cavell greift in der Einleitung zu *Cities of Words* diese Frage explizit auf und verweist dabei auf den offenen Charakter seiner Leitkategorie: »Ehe«, so schreibt er, »steht in diesen Filmen als Allegorie für etwas, worüber Philosophen seit Aristoteles unter dem Titel Freundschaft nachgedacht haben.«[67] Die freie, wechselseitige Anerkennung – Freundschaft (eine Leitidee u. a. auch bei Kant[68]) – ist der terminus ad quem von Cavells Filmanalysen. Wechselseitige Anerkennung ist abhängig von *nicht-monologischen* Erwägungs- und Lernformen: »Die Vorstellung, die ich vermitteln möchte«, so schreibt Cavell, ist »dass das moralische Leben nicht nur in der Begründung einzelner Urteile über markante moralische und politische Probleme besteht. Es ist aus einem Netz von Sorgen und Verbindlichkeiten gewoben, in denen man sich zwangsläufig verliert und auf die freundschaftlichen und vertrauenswürdigen Worte anderer angewiesen ist, um seinen Weg zu finden.«[69]

Obzwar Cavells Analysen der Ehe jederzeit auf die gefährdeten/glückenden Beziehungen zwischen Mann und Frau fokussiert bleiben, verfolgt Cavell, zugleich, mit Interesse das komplizierte Lern- und Lebensexperiment der »same sex marriage«.[70] Die genauere, philosophische und filmische Sondierung dieser speziellen Freundschaftsverhältnisse wird, so Cavell, den *geänderten Glückens- und Entfremdungserfahrungen*, die in diesen alternativen Lebensexperi-

---

[66] Ebd., S. 11.
[67] CW Einf., S. 45; Siehe dazu auch die Erwägungen zu Cavells Konzept der Freundschaft bei Peter Dula, Abschnitt 4 in diesem Text.
[68] Kant spricht in diesen Zusammenhängen von »moralischer Freundschaft«.
[69] CW Einf., S. 45.
[70] Ebd., S. 46.

menten entstehen, *im Detail* Rechnung zu tragen haben. Wo sie glücken, sind neue Lebensformen neue Formen von Freundschaft. Auch unter den erweiterten Rahmenbedingungen der Gegenwart bleiben freilich die (Spezial-)Erwägungen, die Cavell – im Bezugsnetz von ›*marriage/re-marriage/melodrama*‹ – filmphilosophisch formuliert, von großem Interesse: nicht nur für jede elaborierte Reflexion auf *das plurale Spektrum* der Konstellationen von Freundschaft, sondern auch im Umfeld *post-traditional geöffneter* Ehebegriffe, die nicht umhinkönnen, sich zu dem von ihnen Verabschiedeten *kritisch-affirmativ* ins Verhältnis zu setzen.

IV Der rezente Diskurs über die religionskritisch-religionsphilosophischen Implikationen von Cavells Begriff des ›Selbst‹: »Emersonian Perfectionism, a part of philosophy's quarrel with religion«[71]?

Im anglomerikanischen Raum[72] steht seit geraumer Zeit die Frage nach dem religionskritisch-religionsphilosophischen Kontext von Cavells Begriff des handelnden ›Selbst‹ – nach der Reichweite und Grenze seiner Konzeption von *self-reliance* – zur Diskussion. Bereits 1994 legte Stephen Mulhall (im Abschnitt »Philosophy, Perfectionism and Religion« seiner Studie *Stanley Cavell. Philosophy's Recounting of the Ordinary*[73]) – damals freilich nur wenig beachtet – zu diesem Themenkreis eine substantielle Untersuchung vor, die sich auch heute als anregend erweist. Zurecht verweist Mulhall darauf, dass die zentrale Aufgabe von Cavells Erkundungen des ›Selbst‹ (aber auch die große, vielleicht übergroße Last, die diese Erkundung sich aufbürdet) die Anerkennung der menschlichen Endlichkeit ist: »The burden of Stanley Cavell's philosophy is the acknowledgement of human finitiude.«[74] Analysiert Cavells *Emersonian moral perfectio-*

---

[71] Stanley Cavell, »Reflections on a Life of Philosophy«, S. 132.
[72] Auch im deutschsprachigen Raum liegt eine – auf die Möglichkeit einer »Theologie des Gewöhnlichen« fokussierte – Auseinandersetzung mit Cavells Erwägungen zur Religionskritik und Religionsphilosophie vor: Andreas Hunziker, *Das Wagnis des Gewöhnlichen. Ein Versuch über den Glauben im Gespräch mit Ludwig Wittgenstein und Stanley Cavell*, Tübingen 2008.
[73] Ebd., S. 247–312.
[74] Stephen Mulhall, »Introduction«, in: CR, S. 1.

nism die Grundstruktur des menschlichen Handelns (das selbst noch in den glückenden Modi von *self-reliance* jederzeit begrenzt bleibt) freilich in voller Konsequenz? Werden seine metaphorischen Transpositionen religiöser Themen (die z. B. im Gedanken »[that] the other now bears the weight of God«[75] zum Ausdruck kommen) einer Analyse der »uttermost depths of the self's finitude« gerecht?[76]

Dieser Frage soll im Folgenden *in drei Schritten* nachgegangen werden: zunächst im Rekurs auf Interviews aus den Jahren 1994 und 1997, in denen Cavell sich selbst zu religionsbezüglichen Themen äußert (IV.1); dann durch eine Darstellung der komplexen Mulhall'schen Erwägungen zu Cavells Verhältnis zum religionsphilosophischen Diskurs (IV.2); und, abschließend, durch einen kurzen Blick auf einige amerikanische Arbeiten der letzten Jahre, die mit diesem Thema befaßt sind (IV.3)

IV.1 Zwei Cavell'sche Interviews

1990 und 1997 äußerte sich Stanley Cavell im Verlauf zweier Interviews, unter anderem, zur Frage nach dem Verhältnis seiner *philosophischen* Analyseinstrumentarien zu religiösen Themen. Im ersten dieser Gespräche eröffnet Cavells Interviewpartnerin, Giovanna Borradori, ihre Erkundung dieses Themenkreises so: »You have a profound and consciously elaborated Jewish sensibility. [...] How do you reconcile this sense of tradition [...] with your love for contingency and the ordinary, as defined by Wittgenstein and Austin?«[77] Cavell antwortet darauf, unter anderem, mit einem Vergleich, in dem er – im Blick auf Kierkegaard – die Valenz des Alltäglichen mit der Grundfrage der Christologie in Verbindung bringt: »It is as if I ask you, what is important about Christ, that he is transcendent or that he is human?«[78] Kierkegaard, so sagt Cavell, wurde zu einer zentralen Figur für sein Denken »because of his emphasis, in *Fear and Tremb-*

---

[75] CoR, S. 470. »This«, so Cavell, »requires understanding the philosophical problem of the other as the trace or scar of the departure of God« (ebd.). Vgl. dazu auch Stephen Mulhall, *Stanley Cavell*, S. 297.
[76] Ebd., S. 311.
[77] Stanley Cavell, »An Apology for Skepticism«, in: Giovanna Borradori, *The American Philosopher. Conversations with Quine, Putnam, Nozick, Danto, Rorty, Cavell, MacIntyre, and Kuhn*, Chicago/London 1994, S. 118–136, hier: S. 135.
[78] Ebd., S. 136.

ling on the sublime as resident in the pedestrian«[79]: Das Allerrelevanteste zeigt sich gerade dort, wo man es am wenigsten erwartet – im unerkundet Alltäglichen. Dieses »Innewohnen« des Sublimen im Gewöhnlichen rückt Cavell, metaphorisch-allusiv, ein in den Bezugsraum der religiösen Rede von ›Inkarnation‹. Borradori sagt daraufhin, erstaunt: »I asked you about your being Jewish and you answer me by talking about Christ and Kierkegaard!«, worauf Cavell antwortet: »To choose between Judaism and Christianity is, I suppose, still a live issue to me.«[80] Etwas später fügte er, erläuternd, hinzu: »[F]or me to say that the figure of Christ is an obsessive figure for a Jewish intellectual is hardly news.«[81]

Gegen Ende seines Interviews mit Borradori kommt Cavell darauf zu sprechen, dass sein Philosophieren (ähnlich wie die Schriften von Thoreau und Emerson) der Idee des *abandonment* (des Hinter-sich-Lassens eingelebter sozialer Beziehungen) verpflichtet sei: einer Idee, bei deren Erläuterung Cavell seinen zweifachen Referenzraum am Ort des Religiösen – den Blick auf die Imagologie des Ersten Testaments (u. a.: »Auszug aus Ägypten«) und zugleich die neutestamentarische Referenz[82] – indirekt reaffirmiert. Auch hier geschieht dies freilich jederzeit in metaphorischer Transposition – im Blick nicht auf die religiösen Gehalte selbst, sondern auf die (unabgeschlossene) Suche nach einem stimmigen philosophischen Denken: »Abandonment is for me the first door«, so Cavell: »You abandon the word you write, the house you live in, your father and mother, your sister and brother. You have to leave when the kingdom of heaven calls you.«[83] Freilich: Der historische *Ursprungsort* dieser Imagologie bleibt für Cavell, zuletzt, zentral: »In this sense of abandoning things and moving on«, so schließt er sein Interview mit Borradori, »Emerson is a Jew, Thoreau is a Jew, and I am a Jew. Or at least I would like to

---

[79] Ebd.
[80] Ebd. Diese Aussage ist für Peter Dulas Studie *Cavell, Companionship, and Christian Theology*, Oxford 2011 von zentraler Bedeutung. Siehe Kapitel 6 »Can we believe all this?« Cavell's Annexation of Theology, S. 155–177 (v. a. S. 155). Zum Einfluss von Cavells »Jewish upbringing« auf sein Werk siehe Adam Zachary Newton, *To Make the Hands Impure. Art, Ethical Adventure, the Difficult and the Holy*, New York 2015, S. 109 und Anm. 1, S. 383 f.
[81] Stanley Cavell, »An Apology for Skepticism«, S. 136.
[82] Die Idee des *abandonment* wird – im neutestamentarischen Kontext – z. B. bei Matthäus 19, 29; Markus 10, 29, Lukas 14, 26 und 18,29, zum Ausdruck gebracht.
[83] Stanley Cavell, »An Apology for Skepticism«, S. 136.

become one.«[84] So geht die mächtige Bilderwelt der Religionen – philosophisch transponiert – ein in Cavells Selbstbeschreibung.

1997 gab Stanley Cavell für die *Harvard Review of Philosophy* ein weiteres Interview, in dem es, unter anderem, um Fragen der Religionsphilosophie ging.[85] Angeregt durch Mulhalls Cavell-Studie aus dem Jahr 1994[86] fragt Charles Stang, der Interviewpartner Cavells, dort, ob es einen Zusammenhang zwischen seinem *moral perfectionism* und dem Themenkreis der Religion gäbe: »Stephen Mulhall, who has taken a great interest in your work«, so Stang, »says of the perfectionist thinking of such figures as Wittgenstein, Heidegger, Emerson, and Thoreau that it often shades into and is shadowed by religious thinking. Where does Moral Perfectionism encounter religion and what is the tone of that encounter? Is religion left behind or does perfectionism become a sort of religion?«[87] Cavell antwortet darauf, dass sein *Emersonian Perfectionism* tief verknüpft ist mit der (im Lauf der Philosophiegeschichte oftmals umkreisten) Idee vom »Philosophieren als einer Lebensweise«[88]; aus dieser Verbindung, so fährt er fort, ergibt sich ein ambivalent-gespanntes Verhältnis zur Religion: »Emerson picks up a very long, fascinating, honorable tradition of philosophical thinking«, so sagt Cavell: »I don't know that I'd say quite that it is a substitute for religion, but it becomes a part of philosophy's quarrel with religion, a quarrel or competition with religion in forming some basis for human existence. Emerson, after all, left the pulpit when he was in his late twenties or early thirties. And the texts he produces in justifying this separation, the way he speaks of not believing in the Last Supper, the way he later denies the importance of the person of Jesus, and nevertheless, despite all, recommends a form of life that clearly has religious undertones, to say the least, in it, is, was, fascinating for me.«[89] Es ist *die religionskritische, transformierte Beerbung der Religion*, die Cavell an Emerson interessiert: Cavells *moral perfectionism* versucht weder eine Rechtfertigung traditioneller religiöser Imagologie, noch arbeitet er einem szientismusinduzierten Abschied von der Religion zu. Er ist ein Übersetzungsversuch religiöser Gehalte ins Medium der Philosophie – ein

---

[84] Ebd.
[85] Stanley Cavell, »Reflections on a Life of Philosophy«, S. 131 f.
[86] Stephen Mulhall, *Stanley Cavell*.
[87] Stanley Cavell, »Reflection on a Life of Philosophy«, S. 131.
[88] Ebd., S. 132.
[89] Ebd.

Unterfangen, das in einer langen Traditionslinie steht, die vom Achsenzeit-Diskurs[90] bis zu Habermas[91] reicht.
Freilich: bei Übersetzungen stellt sich jederzeit die Frage, ob sie das zu Übersetzende stimmig transformieren. In einem zweiten Blick auf den *moral perfectionism* läßt sich – wie Mulhall dies tut – daher fragen, ob diese Denkposition den Endlichkeitserfahrungen des menschlichen Handelns angemessen Rechnung trägt. Blenden diese Übersetzungen das, was im klassischen Aufklärungsdiskurs noch thematisch war – jene Grenzbegriffe des endlichen Handelns, die, z. B., Kant in seiner Postulatenlehre thematisierte – auf der Basis eines »exklusiven Humanismus«[92], einfachhin ›säkularistisch‹ ab?

Cavell betont, dass es bei Emerson keinen Grenzbegriff der Endlichkeit gibt, in dem der Perfektionswunsch ›absolut‹ terminieren könnte: »What is of critical importance«, so schreibt Cavell, »is that in Emerson […] the soul's journey has no necessary end state (›Around every circle another circle can be drawn‹); that is, Emerson's is a perfectionism without perfectibility, distinctly without.«[93] Ist diese Insistenz *aufs endliche Subjekt in seiner Endlichkeit* – diese religionskritisch akzentuierte Grundfigur des *moral perfectionism* – freilich eine stimmige Übersetzung jener facettenreichen Erkundungsbewegungen, die am Denkort der Relation Endlich/Unendlich in den religiösen Vorstellungswelten, und – philosophisch transponiert – in Hauptpositionen der nachkantischen Philosophie der Moderne (bei Schelling, Hegel, Kierkegaard und nicht zuletzt bei Wittgenstein[94]) unternommen wurden?

---

[90] Siehe dazu Ludwig Nagl, »Re-reading Traditional Chinese Texts: The Axial Age Debate, Various Forms of Enlightenment, and Pluralism-sensible (Neo-) Pragmatic Philosophies of Religion«, in: *Songshan Forum On Chinese and World Civilizations 2014, Academic Forum Collected Papers*, Beijing 2014, S. 164–180.
[91] Vgl. Rudolf Langthaler/Herta Nagl-Docekal (Hg.), *Glauben und Wissen. Ein Symposium mit Jürgen Habermas*, Wien/Berlin 2007.
[92] Zum Begriff *exclusive humanism* siehe Charles Taylor, *A Secular Age*, Harvard 2007, S. 19–21.
[93] Cavell, »Reflection on a Life of Philosophy«, S. 132.
[94] Vgl. dazu Ludwig Wittgenstein, *Vorlesungen und Gespräche über Ästhetik, Psychoanalyse und religiösen Glauben*, Frankfurt a. M. 2000; sowie die vielen religionsbezüglichen Reflexionen in Ludwig Wittgenstein, *Denkbewegungen, Tagebücher 1930–1932 und 1936–1937*, Innsbruck 1977. Zu Wittgensteins Auseinandersetzung mit Religion siehe auch Ludwig Nagl, »»James's book *The Varieties of Religious Experience* does me a lot of good‹. Wittgensteins therapeutische Jameslektüren«, in: *Wittgenstein Studien* 8, 2017, S. 185–209.

Interessant ist in diesem Zusammenhang, dass Stanley Cavell in seinem Interview mit Stang auf die religionsphilosophischen Implikationen der Wittgenstein'schen Spätphilosophie nicht eingeht.[95] Auf die Frage: »How do you feel about the appropriation of Wittgenstein as a philosopher of religion?«[96], antwortet Cavell, dass er hier nicht fündig geworden ist: »I haven't seen anything that I am exactly pleased by.«[97] Freilich, Cavell weiß, dass dieses Thema spannend werden könnte (»Of course I think that Wittgenstein should beckon someone with religious instincts or wishes or theological callings«[98]); er sagt jedoch, dass, damit dies geschieht, Wittgensteins Annotationen zur Religion in Bezug gesetzt werden müssen zu dessen Gesamtwerk: »[I]t is hard for me to be much interested in it, if the advance does not come in that sort of way.« Dem fügt er den Nachsatz hinzu: »If a writer has a mind as powerful as Hilary Putnam's then I am interested as much in what he says as in whether it is what Wittgenstein says.«[99]

Diese letzte Aussage mag verwundern: denn Putnam hat, anders als Cavell, dem Thema ›Religion bei Wittgenstein‹ viel Aufmerksamkeit gewidmet. Auf Putnams einschlägige Arbeiten nimmt Cavells Werk jedoch keinerlei Bezug: weder auf dessen Aufsatz aus dem Jahr 1992, »Wittgenstein on Religious Belief«[100], noch auf seinen Text aus dem Jahr 1999, »Plädoyer für die Verabschiedung des Begriffs ›Idolatrie‹«[101] und auch nicht auf Putnams komprehensive Studie aus dem

---

[95] Auch viel später, in *Cities of Words*, kommt Cavell dort, wo er im Blick auf William James' Buch *Die Vielfalt der religiösen Erfahrung* sich von James' Annäherung von ›Religion‹ und ›Gewissen oder Moral‹ abgrenzt, nur ganz kurz auf Wittgenstein (und dessen Unterscheidung der religiösen Rede von der wissenschaftlichen Hypothesenbildung) zu sprechen: Cavell votiert in der Schlußpassage seiner Einführung zu *Cities of Words* wie schon in seinen früheren Werken – vor dem Hintergrund dessen, was er »die Entfremdung der Philosophie von der Theologie« nennt – für den Vorrang des *moral*philosophischen Diskurses: näherhin für die philosophische Analyse des »*utopischen Moments* im moralischen Denken«, d. h. für jenes humanistisch dimensionierte »transzendentale Element«, das Emerson »das Hören auf das eigene Genie« genannt hat. (CW Einf., S. 47 f.)
[96] Stanley Cavell, »Reflection on a Life of Philosophy«, S. 130.
[97] Ebd., S. 131.
[98] Ebd.
[99] Ebd.
[100] In: Hilary Putnam, *Renewing Philosophy*, London, England/Cambridge, Ma. 1992, S. 134–157.
[101] In: Ludwig Nagl (Hg.), *Religion nach der Religionskritik*, Wien/Berlin 2003, S. 49–59.

Jahr 2008, *Jewish Philosophy as a Guide to Life. Rosenzweig, Buber, Levinas, Wittgenstein*.[102]

IV.2 Mulhall über die religionsphilosophischen Implikationen von Cavells Werk

An diesem Punkt lohnt sich ein genauerer Blick auf das Kapitel »Philosophy, Perfectionism, and Religion« in Stephen Mulhalls Studie *Stanley Cavell. Philosophy's Recounting of the Ordinary*[103], in dem gezeigt wird, dass die verstreuten Bezugnahmen auf Religion in den Schriften Cavells großes Gewicht haben, obzwar Cavell auf religiöse Themen primär (und in zunehmendem Maß) nur indirekt und in Transpositionen Bezug nimmt.

> The pervasiveness of religion as a point of reference in Cavell's writings is undeniable: his awareness of it is registered at every stage of his work, from the strikingly sympathetic essay on Kierkegaard in *Must We Mean What We Say?* to the citation of St. Matthew's Gospel, St. Augustine's *Confessions*, and Pascal's *Pensées* in the list of perfectionist texts which introduces his Carus Lectures.[104]

Freilich manifestiert sich »Cavell's engagement with religion [...] in a widely scattered set of isolated and glancing remarks – as if being overlooked was the condition to which they aspired«.[105] Daher seien seine einschlägigen Bezugnahmen von den Lesern Cavells auch nur wenig beachtet worden. Mulhall versucht, die Gründe für die Indirektheit dieser Referenzen ausfindig zu machen, indem er Cavells Bezugnahmen auf Religion in *dreierlei* Hinsicht sondiert: mit Blick, *erstens*, auf zentrale Grundfiguren der Cavell'schen Religionskritik (»Cavell contra Christianity«); zweitens durch eine Analyse dessen, was er Cavells *Distanznahme vom (und Nähe zum) Liberalismus* nennt (»Between Christianity and Liberalism«); und drittens durch den Vergleich der Idee der *self-reliance* mit den expliziter religiös dimensionierten Begriffen des ›Selbst‹ bei Charles Taylor und bei

---

[102] Bloomington/Indianapolis 2008.
[103] Von zentralem Interesse ist dabei jener Abschnitt des genannten Kapitels der Mulhallschen Studie (S. 283–312), der mit dem Cavellzitat »Philosophy Cannot Say Sin« (siehe IQO 1, S. 26) betitelt ist.
[104] Stephen Mulhall, *Stanley Cavell*, S. 286.
[105] Ebd.

Simone Weil (»Christianity contra Cavell«). Mulhall rückt damit Cavell ein in die Debatte über die Möglichkeit, und die zeitgenössischen Modi, einer ›Religion nach der Religionskritik‹.

Religionskritische Erwägungen im Cavell'schen Denken

Mit dem Thema Religion beschäftigt sich Cavell schon in einem seiner frühen Aufsätze, »Kierkegaard's *On Authority and Revelation*«[106], in dem er Kierkegaards *Buch über Adler*[107] analysiert. »Kierkegaard diagnosed the central ill of contemporary Christianity as a form on amnesia about its own concepts«, so fasst Mulhall die Hauptpointe der Schrift des dänischen Philosophen zusammen.[108] Die Möglichkeit einer Überwindung dieser Konstellation steht für Kierkegaard, wie Mulhall unterstreicht, in Verbindung mit einem komplex entfalteten Konzept des »Apostels«[109], aus dem er den Begriff eines »Goteszeugen« entwickelt, »der ohne besondere Offenbarung dennoch die Vollmacht hat, im Namen Gottes der bestehenden Christenheit die Wahrheit zu sagen. Dieser Zeuge ist der ›Außerordentliche‹ (extraordinarius).«[110] Cavell dreht diese Pointe Kierkegaards, religionskritisch, aus ihrem Ursprungskontext heraus und re-interpretiert

---

[106] MWM 6.
[107] Sören Kierkegaard, *Das Buch über Adler*, Köln/Düsseldorf 1962.
[108] Dass Kierkegaard ein zentraler Autor für Cavell ist, hat Ronald L. Hall in seiner Studie *The Human Embarce, The Love of Philosophy and the Philosophy of Love. Kierkegaard, Cavell, Nussbaum* (Pennsylvania 2000) im Detail herausgearbeitet. Was Cavell an dem dänischen Denker vor allem fasziniert, so Hall, ist dessen »dialectic of paradox« (ebd., S. 2) – eine Dialektik, die von Hegels Begriff der ›Aufhebung‹ klar abgegrenzt wird: Bei Cavell konstituiert sich sowohl die Endlichkeit des Wissens (das nirgendwo den drohenden Skeptizismus voll überwinden kann), wie auch die Endlichkeit des Handelns (in dem selbst »the loving embrace« von der drohenden Trennung durchwirkt bleibt) ›paradox‹. Freilich: Kierkegaard entwickelt in *Entweder/Oder* einen *tripolaren Bezugsraum*, der auf seiner Unterscheidung zwischen dem ästhetischen, dem ethischen und dem religiösen Existenzmodus beruht – eine Unterscheidung, die Hall in seinen Analysen freilich nirgendwo *en détail* heranzieht: ausführlich untersucht er (unter Einklammerung des Themas Religion) in Cavells Schriften vor allem den ›ethischen‹ Existenzmodus des (endlichen) Selbst.
[109] Dieses Konzept ist freilich bei Kiekegaard jederzeit schon, intern, als (kirchen-)kritisch angelegt: »Was im Buch Adler wirklich geschieht, ist nicht die Erzeugung der apostolischen Autorität, sondern die Einschränkung aller religiösen Autorität auf die vertiefte gläubige Innerlichkeit.« (Kierkegaard, *Das Buch über Adler*, S. xxiii.)
[110] Ebd., S. xxii. »Der Außerordentliche (das Genie)«, schreibt Kierkegaard, »kann wohl etwas Neues zu bringen haben, auch von Gott, aber er verhält sich nicht unmittelbar als Gottes Werkzeug, er ist der geringe Mensch; am allerwenigsten hat er, was

sie im Blick auf die autoritätslose ›Indirektheit‹ der (post-)romantisch gebrochenen modernen Kunst. Cavell, so fasst Mulhall diese Relektüre zusammen, macht den verblüffenden Vorschlag »that Kierkegaard's category of apostleship sets out criteria by means of which we might fruitfully understand the condition of the modern artist«.[111] Zwar betont Cavell, dass der moderne Künstler keineswegs selbst den Status eines Apostels hat, »because the concept of an apostle is, as (because) the concept of revelation is, forgotten, inapplicable«.[112] Freilich: Teile der (nach-religiös gedeuteten) Energie dieses Konzepts wandern, transmutiert, ein in den Grundgestus der modernen Kunst. Diese »conceptual migration« setzt freilich, wie Mulhall richtig anmerkt, voraus »that the original home of these concepts has somehow been lost«.[113] Ist dieser Behauptung jedoch gut begründet? Mulhall bezweifelt das. Cavells Argumentation, so schreibt er, beruht auf der – argumentativ nicht weiter exponierten – Annahme »that religion is no longer a live human possibility«.[114] Diese Einschätzung der mo-

---

das qualitativ Entscheidende ist, göttliche Vollmacht. Diese gehört dem Apostel. Das Verhältnis des Genies zu Gott ist dialektisch.« (Ebd., S. 184)
[111] Stephen Mulhall, *Stanley Cavell*, S. 287.
[112] MWM 6, S. 178; Stephen Mulhall, *Stanley Cavell*, S. 287.
[113] Ebd., S. 288.
[114] Ebd. Siehe dazu auch Andreas Hunziker, der in seiner Studie *Das Wagnis des Gewöhnlichen* diese Einschätzung Mulhalls nachkommentiert: In Cavells Lektüre von Kierkegaards *Das Buch über Adler* – so fasst Hunziker zunächst Cavells Blick auf den dänischen Philosophen zusammen – »geht es ihm darum, dass Begriffe, welche ursprünglich im Bereich des religiösen Glaubens entstanden sind, jetzt im Bereich der Ästhetik ihre Anwendung finden. Die ursprüngliche Heimat dieser Begriffe ist verloren. Während der Begriff der Kunst noch nicht ganz verloren gegangen ist, ist unsere Amnesie hinsichtlich des (religiösen) Begriffs des Apostels (und der Offenbarung) total« (ebd., S. 312). Freilich, so fährt Hunziker, im Blick auf Mulhalls Kommentar zu dieser Cavell'schen These, fort: »Mulhall hat Recht, dass Cavells Annahme eines kulturellen Wandels unserer Lebensformen, aufgrund dessen der religiöse Glaube nicht mehr länger eine intellektuell respektable Option darstelllt, tendenziös ist und ziemlich unbegründet daherkommt. Und es ist auch nicht falsch, in Cavell den typischen westlichen Intellektuellen zu sehen, der nicht nur übersieht, dass die westliche Form der Säkularisierung global wohl einen Sonderfall darstellt, sondern der vor allem auch die zum Teil durchaus lebendigen religiösen Bewegungen in seiner nächsten Umgebung nicht Ernst nimmt.« (Ebd.) Dennoch insistiert Hunziker darauf, »dass die Grundsätzlichkeit, mit der Cavell den Verlust der christlichen Begriffe beschreibt, im Blick auf die gegenwärtigen Entwicklungen und Diskussionen in Kirche und Theologie […] ein subtiles und tiefschürfendes Analyseinstrument darstellt« (ebd., S. 313). Cavells Analysen des »Gewöhnlichen«, so hofft Hunziker, könnten dazu beitragen »den Sinn dafür (wieder-)zugewinnen, was es heisst, als Glaubender mitten im gewöhnlichen Leben zu sein« (ebd., S. 314).

dernen Lebenssituation liegt, ohne tiefere Nachbefragung, einfachhin auf der Linie einer (sich für schlüssig erachtenden) nachhegelschen Religionskritik. Ganz in diesem Sinn schreibt Cavell auch in seinem Shakespeare-Buch *Disowning Knowledge*[115] »that ›satisfaction [of our increased sense of subjectivity] is no longer imaginable within what we understand as religion‹[116], [and] ›[that] respectable further theologizing of the world has, I gather, ceased‹[117].«[118]

Ähnliches findet sich schon in *The Claim of Reason*, wo Cavell nicht nur von »the other as a replacement of God«[119] spricht, sondern auch das (als prekär eingeschätzte) christliche Verhältnis zum Leib (»Christianity as [...] a libel against the body«[120]) kritisch befragt. Der Tiefengehalt dieser Befragung, so Mulhall, wird freilich erst dort sichtbar, wo Cavell auf die Erbsündenlehre zu sprechen kommt.[121] Dieses Theologumenon, das einen *radikalen* Begriff menschlicher Endlichkeit in den Raum bringt, erweist sich – im Bezugsraum eines Humanismus, der (wie der *Emersionian Perfectionism*) im Rekurs auf *self-reliance* ausgelegt wird – als unrekonstruierbar.[122] Mulhall fasst diese Differenz so zusammen:

[According to the doctrine of Original Sin] our bondage to our old nature is such that release from it cannot be achieved by human resources alone [...]. It cristallizes an idea of human inadequacy and dependence upon the grace of God, and so amounts in Cavell's eyes to a denial of self-sufficiency.[123]

---

[115] DK.
[116] Ebd. 6, S. 198.
[117] Ebd., S. 36 (Anm.).
[118] Stephen Mulhall, *Stanley Cavell*, S. 288.
[119] CoR, S. 470 f. Diese Substition ist, so Cavell, freilich abgründig: »This descent, or ascent, of the problem of the other is the key way I can grasp the alternative process of secularization called romanticism. And it may explain why the process of humanization can become a monstrous undertaking, placing infinite demands upon finite resources. It is an image of what living our skepticism comes to.« (Ebd., S. 470)
[120] Stephan Mulhall, *Stanley Cavell*, S. 289.
[121] Ebd., S. 290.
[122] Freilich: Im komplexen Autonomiebegriff, der in der klassischen Aufklärungsphilosophie, bei Kant, entwickelt wird (d. h. in einem Begriff der Möglichkeit von Selbstbestimmung, der, grenzbegrifflich, die Postulatenlehre inkludiert), gibt es diese Zurückweisung der Erbsündenlehre nicht (vgl. das erste Kapitel in Kants *Die Religion innerhalb der Grenzen der bloßen Vernunft*, »Von der Einwohnung des bösen Prinzips neben dem guten: oder Über das radikal Böse in der menschlichen Natur«, in dem es um die philosophische Rekonstruktion zentraler Gehalte dieses Theologumenon geht).
[123] Stephen Mulhall, *Stanley Cavell*, S. 290.

In der Moderne, so zeigen diese Überlegungen, wird Religion in wachsendem Ausmaß zum Problem. Cavells Werk, so könnte es scheinen, passt nahtlos in diese Entwicklung, »[since it] constitutes an affimation of just the conception of human autonomy that religion fails to honour.«[124]

Transformierende Relektüren religiöser Motive bei Cavell

Die soeben präsentierten Distanznahmen von Religion im Gefolge der nachhegelschen Religionskritik sind freilich nur ein Segment dessen, was Cavell zu diesem Thema zu sagen hat. Im Kapitel »Between Christianity and Liberalism« seiner Cavell-Studie zeigt Mulhall, dass sich Cavells Analysen der Abgründe einer Moderne, die sich auf abstrakte Weise liberalistisch engführt, nicht bloß in der Nähe, sondern »in intimate competition«[125] zum Christentum konfigurieren. Cavells Philosophieren ist ganz offenkundig verankert »within a perfectionist tradition in which such texts as St. Mathew's Gospel and Kierkegaard's *Repetition* are also at home«.[126] Bei genauerer Betrachtung, so fährt Mulhall fort, »we can see how intimate is the connection between Cavell's practice and the very elements of a Christian perspective that he wishes to reject.«[127]

Das zeigt sich, z. B., im vierten Teil von *The Claim of Reason*, wo Cavell (im Blick auf Emerson und Nietzsche) deulich macht, dass das Christentum eine Doppelstruktur hat: »The twists and turns of Christian thought at once track and travesty the truth.«[128] Cavell versucht – in philosophierenden Transformationen – diese Ambivalenz zu desambiguieren und zentrale Vorstellungsgehalte des religiösen Diskurses nach-denkend aufzugreifen. Z. B. reimportiert er, wie Mulhall zeigt, in seine auf die Analyse von ›Freundschaft‹ zentrierte »Dialektik der Anerkennung« – dort, wo er davon spricht »that the other replaces God« – einen transformierten Begriff der »Erlösung« *(redemption)*.[129]

---

[124] Ebd., S. 291.
[125] Ebd., S. 293.
[126] Ebd., S. 292.
[127] Ebd.
[128] Ebd., S. 293.
[129] Cavell »makes central the idea of our dependence upon other beings [...] without whom our redemption from particular sceptical onslaughts is not easily imaginable« (ebd., S. 297).

Solche Anverwandlungen folgen einer ambivalent codierten Maxime, deren Doppelcharakter, so Mulhall, Cavell in *The Claim of Reason* explizit formuliert: »One ought to ›find the words of the Christian to be the right words‹«; zugleich freilich gilt »[that] the way that [the Christian] ›means them […] is empty or enfeebling‹«[130]

Als wie gehaltvoll erweisen sich aber solche Transformationsversuche, wenn man Cavells Denken mit zeitgenössischen philosophischen Ansätzen vergleicht, in denen der Begriff des ›Selbst‹ an stärker affirmativ dimensionierte religionsphilosophische Erkundungen rückgebunden ist?

Vorbehalte gegen Cavells *Emersonian perfectionism*

Mulhall geht im nächsten Abschnitt seiner Studie (er trägt den Titel »Christianity contra Cavell«) dieser Frage u. a. im Blick auf Charles Taylor und auf Simone Weil nach.

Was Taylor in *Quellen des Selbst*[131] (und, noch expliziter, in *Ein säkulares Zeitalter*[132]) vorlegt – eine auf die Entwicklungsdynamik des Selbst fokussierte Modernetheorie, in der gezeigt wird, dass ins Zentrum der aufgeklärten Moderne Elemente des Christentums, säkularistisch transformiert, eingegangen sind – ist, *zum einen* (z. B. in jenen Analysen, in denen Taylor die von den protestantischen Reformatoren eingeleitete[133] »Bejahung des gewöhnlichen Lebens«[134] untersucht) bestens kompatibel mit Cavells Fokus auf »das Gewöhnlich-Alltägliche«:

[Cavell's] concern with the ordinary understood as the domestic and the profane, an interest in marriage and in threats to marriage, a reliance upon self-knowledge and self-exploration as the fundamental mode of self-realization, and a participation in Romantic themes of renewing the intermingled life of self and nature through alterations in attitudes toward the ordinary) correspond in startling precise detail with […] key elements of Taylor's own account.[135]

---

[130] Ebd., S. 293; CoR, S. 352.
[131] Charles Taylor, *Quellen des Selbst. Die Entstehung der neuzeitlichen Identität*, Frankfurt a. M. 1996.
[132] Charles Taylor, *Ein säkulares Zeitalter*, Frankfurt a. M. 2009.
[133] Charles Taylor, *Quellen des Selbst*, S. 368
[134] In Teil III, *Quellen des Selbst*, untersucht Taylor ausführlich »Die Bejahung des gewöhnlichen Lebens« (S. 373–535).
[135] Stephen Mulhall, *Stanley Cavell*, S. 304 f.

Diese Übereinstimmungen überdecken freilich, so Mulhall, *zum andern*, eine signifikante Differenz: Denn Taylor reproblematisiert den modernen Säkularisierungsprozess – sofern er in einem »exklusiven Humanismus« terminiert – mit Blick auf die Möglichkeit religiöser Weltsichten »nach der Religionskritik«.[136]

Angesichts der Gefahren, die »the achievement of an enacted individual existence, a genuine human community, and a recovered world«[137] bedrohen, bleibt der (im Zentrum der Vorstellungswelt der Religionen stehende) Gedanke »[that] no individual could conceive of those goals as attainable by drawing upon purely human resources« plausibel. »[Is] Cavell's conviction that ordinary humans in community possess the resources with which to overcome these obstacles« angesichts der aufrechtbleibenden Endlichkeitserfahrungen in der Moderne »closer to naïve optimism than to an earned and cheering realism?«, fragt Mulhall.[138]

Im religiösen Diskurs über das endliche ›Selbst‹ spielt freilich nicht nur die eben genannte Idee »that the notion of a supernatural source of aid (i. e. grace) [is] indispensable«[139] eine zentrale Rolle, sondern auch die Maxime – so Mulhall –, dass es im menschlichen Handeln *nicht* primär darum geht »[to endlessly reassert] the attainability and attractions of every next stage of the self« – d. h. *nicht* um »Cavell's Emersonian emphasis«, sondern (zuletzt) um »Selbstlosigkeit«, um ein »Sich- selbst-Absterben«, um zu neuen Leben geboren zu werden (2 Kor 4, 7–12). »[This] practice of dying to the self« haben sowohl Kierkegaard in *Werke der Liebe* als auch Simone Weil in *Schwerkraft und Gnade* aufmerksam untersucht.[140] Selbstlose Nächstenliebe ist nicht an die Kondition der Reziprozität und der ›Anerkennung‹ rückgebunden. Die sich selbst absterbende Liebe »is independent of the way things go, unchanging and immune from

---

[136] Siehe dazu Taylors Ausführungen in seinem Aufsatz »Die immanente Gegenaufklärung: Christentum und Moral«, in: Ludwig Nagl (Hg.), *Religion nach der Religionskritik*, Wien/Berlin 2003, S. 60–85; sowie Charles Taylor, »Shapes of Faith Today«, in: ders./José Casanova/George F. McLean/João J. Vila-Chã (Hg.), *Renewing the Church in a Secular Age. Holistic Dialogue and Kenotic Vision*, Washington, D.C. 2016, S. 269–281.
[137] Stephen Mulhall, *Stanley Cavell*, S. 306.
[138] Ebd.
[139] Ebd.
[140] Ebd., S. 307 f.

defeat«.¹⁴¹ Wer selbstlos handelt – so Kierkegaard und Weil – »participates in the love of God«.¹⁴²

Diese zwei Motive (das Konzept der Gnade und die radikale Idee der Selbstlosigkeit) bleiben bei Cavell unrekonstruiert. Cavells Konzeption des ›Selbst‹, so schreibt Mulhall, hat deutliche Grenzen:

> Cavell fails fully to interrogate the ego's maddened and maddening desire to believe itself at the centre of things, and so fails fully to acknowledge either the world's independence of the self or the uttermost depths of the self's finitude. In leaving the final layer of the self's self-deceptions unquestioned, his philosophy contributes to their maintenance.¹⁴³

Freilich: Cavells profunde Kritik an analytischen und ›kontraktualistischen‹ Ethikkonzeptionen wird von diesen Abblendungen nicht tangiert: »The Christian can honor Cavell's desire to penetrate deeper than the Rawlsian conception of a charter of specific rights for persons whose essential integrity and real existence is taken for granted.«¹⁴⁴

Die (radikale) Frage nach der Überwindbarkeit der Endlichkeitsgrenzen – die Frage nach ›Erlösung‹ – bleibt *zugleich* bei Cavell *transformiert* im Raum. Richard Deming spricht davon in seiner Rezension der Cavell'schen Aufsatzsammlung *Emerson's Transcendental Etudes*¹⁴⁵ wenn er schreibt: »Perhaps one of Cavell's tasks […] is to redeem the idea of redemption itself, to disinter it from its ecclesiastic history – itself an act of conversion?«¹⁴⁶

IV.3 Neuere amerikanische Publikationen zur Cavells Religionsphilosophie

Im Gefolge von Mulhalls Studie (und teils im direkten Rückbezug auf sie) sind in der vergangenen Dekade eine Reihe von Spezialuntersuchungen veröffentlicht worden, die sich dem Themenkreis Cavell und Religion widmen. Einige dieser amerikanischen Arbeiten sollen zum Abschluß kurz vorgestellt werden: zunächst die Studie

---

[141] Ebd., S. 308.
[142] Ebd.
[143] Ebd., S. 311.
[144] Ebd., S. 310–311.
[145] ETE.
[146] Richard Deming, Book Review of »Stanley Cavell, Emerson's Transcendental Etudes«, in: *Transactions of the Charles Sanders Peirce Society*, 2004, Vol. XL, No. 4, S. 825.

von Ludger Viefhues-Bailey, in der Cavells Denkansatz mit Julia Kristevas radikal-feministischen Erwägungen zu *gender and religion* ins Gespräch gebracht wird; dann Peter Dulas Erwägungen über die (mögliche) Relevanz von Cavells Begriff *friendship* für den theologischen Diskurs über (die Krise der) ›Kirche‹; sodann Sarah Beckwiths Reflexionen zu *confessio* und ›Vergebung‹ in ihrer – Cavell-inspirierten – Untersuchung von Shakespeares »post-tragedies«; und, abschließend, Peter Dulas religionsphilosophisch fokusierter Blick auf Passagen aus Cavells Autobiographie. In all diesen Studien geht darum, religiös (mit)kodierte Cavell'sche Denkfiguren genauer zu erkunden.

Im Jahre 2007 publizierte Ludger H. Viefhues-Bailey seine Studie *Beyond the Philosopher's Fear. A Cavellian Reading of Gender, Origin and Religion in Modern Skepticism*. Cavell nennt dieses Buch »the first extended study published of my writing that brings to it a systematically religious perspective«.[147] Freilich: In nicht wenigen Hinsichten bilden die Analysen von Mulhall den Ausgangspunkt für Viefhues-Baileys Untersuchungen, der den Mulhall'schen Erkundungen religiöser Grenzbegriffe bei Cavell jedoch eine neue, feministische Wendung gibt.

While Cavell expresses in his early work that ›respectable further theologizing of the world has, I gather, ceased‹, his later writings on women in film and opera present us with his longing gaze for a transcendent, a beyond, from which to imagine what it means to be human (Cavell, *Disowning Knowledge*, p. 36 fn).[148]

Denkend aufzuschlüsseln, was dieser »sehnsüchtige Blick«[149] impliziert: das macht – »in a secular age«[150] – komplexe Neuanalysen des Verhältnisses von »gender, religion, and philosophy« notwendig. Am ehesten lässt sich der positive (soziale wie auch außersoziale) Sinn

---

[147] Stanley Cavell, Vorbemerkung, in: Ludger H. Viefhues-Bailey, *Beyond the Philosopher's Fear. A Cavellian Reading of Gender, Origin and Religion in Modern Skepticism*, Aldershot, England/Burlington, Vermont 2007.
[148] Ludger Viefhues-Bailey, *Beyond the Philosopher's Fear*, S. 7.
[149] Ebd.
[150] Dieses säkulare Zeitalter ist, so Cavell, dadurch charakterisiert »that the other bears the weight of God«. In dieser These bleib die Frage freilich unentfaltet, ob »der andere« in der Tat – wie Cavell schreibt – ein Substitut für die Idee Gottes werden kann: für eine Idee, die im Zentrum um das Problem kreist (das jeder möglichen Referenz auf Mitmenschen weit vorgelagert ist), »warum etwas ist und nicht nichts« – ein Problem, das Wittgenstein ebenso beschäftigte wie z. B. Hegel und Schelling.

Ludwig Nagl

von Transzendenz, so Viefhues, durch einen vergleichenden Blick auf jenen radikalen, zugleich aber nicht-reduktiven Feminismus, den Julia Kristeva entwickelt,[151] thematisieren: »Bringing Cavell into dialogue with a particular woman's voice, namely Julia Kristeva as a critically and attentive reader of Freud, will help to discern the entanglement of gender, religion and philosophy.«[152] Kristevas Analysen zeigen, dass (mit Emerson und Cavell gesprochen) die Suche nach dem *attainable* – nach einer neuen Imagination des Humanen – allemal religionsaffine Entwürfe und Bilder (mit)umkreist: »We can learn from Kristeva's ›Stabat Mater‹« – so Viefhues – »how the emergence of a new vision of human subjectivity is involved in probing for a new religious imagination that supports human becoming through the process of bordering.«[153] Hier gibt es (partiell) Berührungspunkte mit dem, was Cavell in seinen Analysen von »divas or stars [...] who indite the present state of humanity«[154] untersucht.

Auch Peter Dulas Studie aus dem Jahr 2011, *Cavell, Companionship, and Christian Theology*[155] knüpft explizit an »Stephen Mulhall, one of Cavell's best readers«, an. Mulhall, so Dula, hat deutlich gemacht, dass das Thema Religion im Werk Cavells eine zentrale Rolle spielt. »While I sometimes differ with Mulhall's interpretations«, so schreibt Dula in der Einleitung zu seiner Studie, »this book is in many ways a continuation of [Mulhall's] exemplary work on Cavell and Christianity«.[156] Dula weiß um die »strangeness of the space Cavell inhabits«[157]: Die Referenzen Cavells auf Religion pendeln zwischen Kritik und Affirmation. »Cavell is a philosopher, not a theologian, and a Jew, not a Christian.«[158] Freilich: Bei aller Religionskritik blendet Cavell die religiösen Vorstellungwelten nirgendwo einfachhin aus.

Dula argumentiert, dass Schlüsselbegriffe von Cavells *Emersonian perfectionism* – vor allem Cavells Zentralisierung von ›friend-

---

[151] Zur Lozierung des Denkansatzes von Kristeva innerhalb des post-Freudianischen feministischen Diskurses siehe Herta Nagl-Docekal, *Feministische Philosophie. Ergebnisse, Probleme, Perspektiven*, Frankfurt a. M. 2000, S. 105–109.
[152] Ludger Viefhues-Bailey, *Beyond the Philosopher's Fear*, S. 7.
[153] Ebd., S. 165.
[154] Ebd.
[155] Peter Dula, *Cavell, Companionship, and Christian Theology*, Oxford 2011.
[156] Ebd., S. XI.
[157] Ebd., S. 157.
[158] Ebd.

ship‹ (als unterschieden vom generelleren, unspezifizierten Konzept *community*) – für die theologische Debatte im Zeitalter der massiven Krise von ›Kirche‹[159] relevant werden können: »[Church] could create the space for, even demand, a defence of what Emerson called ›self-reliance‹«. Wenn, wie viele moderne Theologen argumentieren, die Realität von ›Kirche‹ sich zunehmend verflüchtigt, dann erfordert die Tiefenanalyse dieser Situation »greater attention to the individual«.[160] Die Erkundung der Mikrostruktur Individuum-basierter freundschaftlicher Interaktionen sowie der komplexen Dynamik der Lernprozesse, die hier stattfinden – d. h. eine nicht-reduktive Analyse von *friendship* und *companionship* – werden heute, in einer Situation, die zwischen narzisstischer Selbstbezüglichkeit und Außengeleiteteheit schwankt, zu einem zentralen Anliegen.[161] »Mulhall rightly notes«, so schreibt Dula, »that central to Cavell's philosophy is ›a mode of conversation between (older and younger) friends, one of whom is intellectually authoritative because his life is somehow exemplary‹«.[162] Dabei geht es nicht nur darum, durch Rollenumkehr zu lernen, sondern stets auch um die Einsicht in die eigenen Grenzen – um das, was Dula, mit einem Cavell'schen Blick auf Wittgensteins Augustinuslektüren, »confession«[163] nennt. An diesem Punkt berührt sich die Vorstellungswelt der Religion mit der philosophierenden Reflexion auf Endlichkeitsgrenzen des ›Selbst‹.

Die Analyse von ›human finiteness‹ und ›confessio‹ ist ein zentrales Thema auch in Sarah Beckwiths *Shakespeare and the Grammar of Forgiveness*[164]. In dieser Studie geht es der Autorin, vor dem Hintergrund ihrer Lektüre Cavells und Wittgensteins, um eine Analyse von »Shakespeare's post-tragic plays«.[165] Leitend ist dabei die Einsicht Hannah Arendts, »[that] ›without being forgiven, released from the consequences of what we have done, our capacity to act

---

[159] Ebd., Chapter 4, »Fugitive Ecclesia«, S. 96–113.
[160] Ebd., S. 112.
[161] Ebd.
[162] Stephen Mulhall, *Stanley Cavell*, S. 266; Peter Dula, *Cavell, Companionship, and Christian Theology*, S. 180.
[163] »Cavell has claimed that one kind of philosophy, the kind that Wittgenstein does, is part of the genre known as confession«, so Dula (*Cavell, Companionship, and Christian Theology*, S. 223): denn – wie Cavell CoR (S. 125) schreibt, »in philosophizing, I have to bring my own language and life into imagination.«
[164] Sarah Beckwith, *Shakespeare and the Grammar of Forgiveness*, Ithaca/London 2011.
[165] Ebd., S. 1.

would, as it were, be confined to a single deed from which we would never recover«.«[166] Shakespeares Tragödien, so Beckwith, folgen dieser verheerenden Logik: In ihnen sind »the central protagonists [...] utterly exposed to the consequences of their own passions and actions«.[167] Hier gibt es kein Verzeihen. Erst in dem, was Beckwith Shakespeares »post-tragic theater« nennt *(Pericles, Cymbeline, The Winter's Tale, The Tempest)*, eröffnet sich die Möglichkeit von »practices of penitence and repentance, and their available languages, languages of forgiveness and acknowledgment.« Die Tiefenanalyse dieser komplexen Situationen hat Beckwith, wie sie schreibt, von Stanley Cavell gelernt. »It is Stanley Cavell who has made acknowledgment central to a conception of Shakespearean tragedy. Shakespearean tragedy results from avoiding love, from failures in acknowledgment (Lear, Othello).«[168] Beckwiths Untersuchungen dieser abgründigen Handlungssituationen nehmen – da sich in Shakespeares Theaterstücken »almost countless instances of the word ›confession‹ and its cognates«[169] finden – zuletzt eine religionsphilosophische Wendung. Die Grundthese ihrer Studie formuliert sie wie folgt: »I am proposing [in my book] that the history of acknowledgment, and therefore its fortunes in Shakespearean tragedy and post-tragedy, can be best told in relation to the sacrament of penance and its complex afterlives.«[170] Die vielschichtigen Modi dieses Nachlebens der »confessio« – so zitiert Beckwith Cavells *The Claim of Reason*[171] – sind mitbestimmt durch »the convulsion of sensibility we call the rise of Protestantism«: durch eine Erschütterung, von der Cavell schreibt: »From then on one manages one's relation to God alone, in particular one bears the brunt alone to being known to God.«[172]

Radikale Endlichkeitserfahrungen sind freilich nicht nur bei Beckwith das zentrale Thema, sondern auch in dem 2016 erschienenen Aufsatz von Peter Dula über die Autobiographie von Stanely Cavell,[173] »Six Scenes of Instruction in Stanley Cavell's *Little Did I*

---

[166] Ebd., S. 2.
[167] Ebd.
[168] Ebd., S. 6 f.
[169] Ebd., S. 3.
[170] Ebd., S. 7.
[171] Ebd., S. 175 (Anm. 13); CoR, S. 470.
[172] Sarah Beckwith, *Shakespeare and the Grammar of Forgiveness*, S. 175, (Anm. 13).
[173] LDIK.

Know«[174], in dem Dula seine religionsphilosophisch fokussierten Cavellstudien aus dem Jahr 2011 weiterführt. Dulas Essay beginnt mit einem langen Zitat: mit der enigmatischen Schlußszene der Cavell'schen Autobiographie – einem Gespräch, das Cavell im Krankenhaus mit seinem dem Tode nahen Vater (mit dem er in tiefer Spannung gelebt hat[175]) führte. Dula bringt diese Szene, die – ohne Auflösung – um Schuld und Verzeihen kreist,[176] in Verbindung mit einer Reihe von anderen »scenes of instruction« in Cavells Autobiographie: u. a. mit zwei weiteren Situationen im Angesicht des Todes, einer cinematisch präsentierten, und einer realen. In der ersten dieser Szenen – der »deathbed conversation« zwischen Cary Grant und Thomas Mitchell im Film *Only Angels Have Wings*[177] – geht es, wie Cavell schreibt, um das, was Maurice Blanchot »the ›inexperience of dying‹«[178] nennt. Die reale Grenze des endlichen Subjekts konfiguriert sich am Limit aller Plan- und Gestaltbarkeit. Cavell spricht zugleich jedoch davon, dass authentisches Schreiben (»the writing of Emerson and Thoreau – and [of Cavell] himself, through the very form of his memoir«, so Dula[179]) den Tod »zu Wort kommen lassen« kann (»that Emerson and Thoreau bring death into their prose, the

---

[174] Peter Dula, »Six Scenes of Instruction in Stanley Cavell's *Little Did I Know*«, in: *Philosophy and Literature*, Volume 40, Number 2, October 2016, S. 465–479.

[175] »The stories of Cavell's fathers rage and hatred«, so Dula, »cast a cold shadow over the entire book [= Cavell's autobiography]. At the same time they give the book much of its drama.« (Ebd., S. 472)

[176] »Stanley Cavell's memoir, *Little Did I Know*«, so schreibt Dula, »ends with an enigmatic conversation at his father's bedside entitled ›To put away – perhaps not to discard – childish things‹.« »Published responses«, so fährt Dula fort, »have left the ending unexamined, which means that we are still some distance from understanding the book as a whole« (ebd. S. 465). Dass die Cavell'sche Überschrift über das Schlusskapitel seiner Autobiographie ein modifiziertes Zitat aus dem 1. Korintherbrief des Apostel Paulus, Kapitel 13, ist, wird von Dula weder erwähnt noch thematisiert.
Die von Cavell herangezogene Passage aus dem Hohen Lied der Liebe des Korintherbriefs (13, 11–12) lautet in der *King James Version* der Bibel »When I was a child, I spake as a child, I understood as a child, I thought as a child: but when I became a man, *I put away childish things*. For now we see through a glass darkly, but then face to face.« (»Als ich ein Kind war, redete ich wie ein Kind, dachte wie ein Kind und urteilte wie ein Kind. Als ich ein Mann wurde, legte ich ab, was Kind an mir war. Jetzt schauen wir in einen Spiegel und sehen nur rätselhafte Umrisse, dann aber schauen wir von Angesicht zu Angesicht.« [*Einheitsübersetzung* der Heiligen Schrift])

[177] LDIK, S. 545.

[178] Ebd.

[179] Peter Dula, »Six Scenes of Instruction«, S. 474.

acceptance of finitude [...] which authorizes their ecstasies«[180]). Wie einlässig aber kann solch eine literarische »acceptance of finitude«[181] die reale Abgründigkeit des Todes wirklich erkunden? Können in sie diejenigen Fragen, die Kant – im Kontext einer unverkürzten aufgeklärten Reflexion – in der ›Postulatenlehre‹ und in seiner Religionsphilosophie zu sondieren begann, Fragen, die auch Wittgensteins Erwägungen zur Religion inspirierten, stimmig einwandern?

Auch die andere auf die Realität des Todes bezogene Szene aus Cavells Autobiographie, die Dula detailliert vorstellt, ist – wie die enigmatische Szene am Sterbebett von Cavells Vater – an der Grenze aller Übertünchungsversuche des Todesproblems angesiedelt. Beim Begräbnis von Stanley Cavells Mutter wird die Selbstverständlichkeit der konventionellen Behandlung des Todes zum Problem: »Cavell's five-year-old son, Ben, refuses to leave her graveside along with the rest of the mourners. Instead he insists, ›The coffin is still here‹. Cavell replies that ›since Rabbi Epstein had dismissed us he must have his reasons‹.« Doch der Rabbi wendet sich dem Kind, verständnisvoll, zu: »The rabbi intervenes, saying ›the child is right, the service is not over‹«; er lädt Ben ein »to put his small hands on the shovel's handle between the rabbi's large hands« und sie werfen so, begleitet vom liturgischen Gesang des Rabbi, nochmals Erde auf den Sarg. Stanley Cavell, so Dula, »describes himself afterwards as ›undisguisedly pent with uncomplicated yet mysterious elation‹.«[182]

Die triadische Konstellation, in der – im Blick auf Religion – Cavells Reflexion hin- und her pendelt zwischen einer von Emerson und Nietzsche inspirierten Religionskritik, der komplexen Verbundenheit mit seinem »Jewish upbringing«[183], und der philosophisch-literarisch transponierten Aneignung religiöser Imagologie, zeigt, dass in seinem Werk – wird es nicht linear, sondern auf unverkürzte Weise gelesen – der vielschichtige Referenzraum des Religiösen nirgendwo in simplifizierendem Gestus geschlossen wird. Cavells Er-

---

[180] LDIK, S. 529.
[181] Ebd.
[182] Peter Dula, »Six Scenes of Instruction«, S. 474; LDIK, S. 467–468.
[183] Zachary Newton stellt in seiner Studie, *To Make the Hands Impure. Art, Ethical Adventure, the Difficult, and the Holy,* New York 2015, S. 383 f. (Anm. 1), eine Reihe Cavell'scher Bezugnahmen auf die jüdische Religion und Kultur zusammen, die von seiner frühen Schrift *The Senses of Walden* bis zur Autobiographie aus dem Jahre 2010 reichen.

kundungen arbeiten einem offenhaltenden Denken zu – genau dort, wo zeitgenössische szientifische Großideologien ihre prekären Erledigungstheoreme und Denkverbote anbieten.

Dem Tragischen Ausweichen: Shakespeares *Winter's Tale* mit Hitchcocks *Vertigo* und Finchers *Gone Girl* gelesen

Elisabeth Bronfen

Als Einstieg in eine Auseinandersetzung mit Stanley Cavells Nachdenken über Shakespeare und die Möglichkeit dessen, was er ein Ausweichen des Tragischen *(an avoidance of tragedy)* nennt, soll ein Gemälde von Richard Westhald dienen. Es trägt den Titel »Shakespeare between Comedy and Tragedy« und zeigt den Barden zwischen zwei weiblichen Figuren sitzend, die die beiden traditionellen dramatischen Gattungen verkörpern. Direkt hinter seiner linken Schulter schwebt eine nur knapp bekleidete Komödie auf einer Wolke jenes luftigen Nichts *(airy nothing)*, das die Gebilde der Fantasie andeutet, genauer die Verwirrungen und Verblendungen, welche diese in Shakespeares Liebenden auszulösen vermögen. Die Komödie hat sich Shakespeare ganz zugewendet. Anmutig schaut sie auf ihn herab und lächelt ihm zu, als wolle sie mit diesem Blick das innige Bündnis zwischen ihnen noch unterstreichen. Obgleich Shakespeare die Hand der Komödie mit seiner linken Hand zärtlich umfasst, und sich zudem mit seinem Oberkörper an deren rechte Hüfte zu schmiegen scheint, ist seine rechte Hand nach vorne ausgestreckt. Mit dieser zeigt er auf die von einem schwarzen Cape gänzlich umhüllte Gestalt der Tragödie, die er, weil er sich auf seinem Stuhl nach hinten gelehnt hat, nicht berühren kann. Die Tragödie, die dem Dichter den Rücken zugewandt hat, blickt ihrerseits streng über die linke Schulter auf ihn zurück. Unklar bleibt, ob sie ihr Gesicht von ihm abkehren will oder ob die ausgestreckte Hand ein Hinweis darauf ist, dass er ihr nachgerufen hat und sie sich ihm wieder zuwendet. Es findet keine Berührung zwischen ihnen statt, dafür hingegen rückt eine gestisch artikulierte Anziehungskraft ins Blickfeld. Zugleich steht die Frage im Raum: Ist es die Komödie, die so fürsorglich die Hand des Dichters in ihrer hält und ihren Oberarm schützend vor seinem Oberkopf gerückt hat, die ihn von einer direkten Berührung der weiblichen Verkörperung des Tragischen abhält?

Diese visuelle Inszenierung eines Augenblicks des Zögerns ist für die folgende Diskussion nicht nur deshalb ein passender Ausgangspunkt, weil sie eine dramaturgische Spannung visualisiert, die sich hartnäckig durch Shakespeares Oeuvre zieht. Dessen romantische Liebekomödien sind immer mit einem Hauch des Tragischen versehen, während bis zu einem bestimmten Punkt jene unheilvollen Ereignisse, welche die Tragödien ausmachen, nicht notwendigerweise schicksalshaft ausgehen müssten. Zugleich kündigt sich in der Spannung zwischen den beiden traditionellen Gattungen auch die für Shakespeares Spätwerk bezeichnende Gattung der *romance* an. Diese verbindet kraft der Möglichkeit, dass am Ende aller verhängnisvollen Ereignisse eine Familie wieder zusammengeführt, eine Ehe ein zweites Mal geschlossen werden kann, die Faszination für das Tragische mit der Möglichkeit, deren Konsequenzen abzuwenden – oder zu überwinden. *The Winter's Tale*, welches im Werk Stanley Cavells noch mehr als *A Midsummer Night's Dream* als Vorbild für Hollywoods *sophisticated comedies* der 1930er und 1940er Jahre fungiert, soll demzufolge als exemplarisches Beispiel dienen, um der Frage nachzugehen, was es braucht, um die Verlockung der strengen Tragödie abzuwenden.

Zugleich folge ich auch darin der Arbeit Stanley Cavells, als ich das von ihm postulierte Gespräch *(conversation)* zwischen Shakespeares Stücken und Classic Hollywood aufgreife, dabei aber ein *Crossmapping* zwischen dieser späten *romance* und zwei Psychothrillern vorführe, über die er selber nie geschrieben hat. Alfred Hitchcocks *Vertigo* dient dabei als Beispiel für die Anziehungskraft der dunkel bekleideten tragischen Figur, während in David Finchers *Gone Girl* am Ende aller gewaltsamen romantischen Wirrungen eine helle Gestalt über die tragischen Leidenschaften obsiegt. In beiden Filmen fordern die Heldinnen eine Unvermeidlichkeit des Tragischen heraus und suchen diesen dramaturgischen Ausgang von sich abzuwenden, wenngleich auch die Konsequenzen dieser Bemühungen unterschiedlich sind. In ihrem Drang, jene Fatalität für sich nicht anzunehmen, welche aufgrund der Irrungen ihres Ehegatten (oder Liebhabers) auf sie projiziert werden, lässt sich auch eine transhistorische und intermediale Verbindungslinie zwischen Shakespeares später *romance* und beiden Filmgeschichten festmachen. Dabei geht es sowohl um eine Frage der Genretransformation, wie sie Cavell in seiner Arbeit zur *comedy of remarriage* vorschlägt, als auch darum, eine Alternative zu jenem thanatologischen Imperativ offenzulegen, der dem

Motiv des weiblichen Liebesopfers (und der weiblichen Liebesopferung) innewohnt.[1]

Erinnern wir uns: In *Vertigo* verliebt sich der aus dem Dienst der San Francisco Police entlassene Detektiv Scottie (James Stewart) in eine vermeintlich suizidgefährdete Frau, die er im Auftrag eines früheren Bekannten, Gavin Elster, beschützen soll. Unwillentlich und unwissentlich hat er jedoch die Rolle des Hauptzeugen in einem Mordkomplott eingenommen, in dem Judy (Kim Novak) lediglich die Rolle Madeleine Elsters für ihn spielt. Während der Untersuchung, in der es darum geht, die Todesursache der Frau festzustellen, die sich in einer Spanischen Mission außerhalb von San Francisco das Leben genommen hat, wird Scottie bezeugen, sie sei freiwillig vom Kirchturm gesprungen. In Wirklichkeit hatte Elster seine Frau bereits erwürgt und sie vom Kirchturm heruntergeworfen. In der Rolle der falschen Madeleine hatte Judy ihren verblendeten Geliebten in die Kirche gelotst, weil sie damit rechnen konnte, dass es ihm aufgrund seiner Schwindsucht unmöglich sein würde, die steile Wendeltreppe des Turms bis nach oben zu erklimmen. Nachdem Scottie durch Zufall Judy wieder trifft, ohne sie wiederzuerkennen, zwingt er sie, in eine böse Maskerade einzuwilligen: Sie soll die Verstorbene perfekt nachahmen. Hatte Judy, wie so viele Femmes Fatales des Film Noir, Elster beim Mord an seiner Ehefrau aus Geldsucht geholfen, überfällt sie, nachdem Scottie sie wieder gefunden hat, ein ambivalentes Begehren für diesen melancholischen Mann. Ein zweites Mal sich einer Umgestaltung ihrer Erscheinung zu fügen – nun nicht durch Gavin Elster, sondern durch den Mann, der diesen unwissentlich nachahmt – wird sich als tödlich erweisen.

In *Gone Girl* entschließt sich Amy (Rosamund Pike), ihren Gatten Nick (Ben Affleck) für seine Treulosigkeit zu bestrafen, und zwar indem sie ihren eigenen Tod nicht nur selber inszeniert, sondern ihm auch die Rolle des Mörders zuschreibt. Auch sie hatte ihrem ahnungslosen Gatten bloß eine seinen narzisstischen Fantasien entsprechende Rolle vorgespielt, nämlich die des *cool girl*. Im Gegensatz zu Hitchcocks Judy/Madeleine ist Finchers Heldin allerdings nicht nur die alleinige Regisseurin des Psychodramas ihres Verschwindens. Sie zwingt ihrem Gatten am Ende auch eine Rolle auf, die für den Betrug, den sie an ihm verübt hat, kein weiteres weibliches Opfer vorsieht, sondern einen reumütigen Ehegatten.

---

[1] Vgl. PoH; vor allem die Einleitung PoH Int. S. 1–42.

Die Verbindungslinie zur Wiederauferstehung der für tot gehaltenen Hermione im *Winter's Tale* ergibt sich darin, dass in *Vertigo* Judy sich auf den Wunsch ihres nekrophilen Liebhabers einlässt und für ihn eine Tote verkörpert, die es allerdings so nie gegeben hat. In *Gone Girl* wiederum geht Amys Rückkehr aus dem Bereich der Toten damit einher, dass sie von ihrem Gatten eine Wiederverheiratung fordert. Gilt es in *Vertigo* vornehmlich Scotties nekrophiles Begehren zu befriedigen, gilt es in *Gone Girl* den entfremdeten Gatten, der eher Wut als Reue empfindet, zu einer Annahme der Ehefrau zu erziehen. In Shakespeares *romance* hingegen bezeugt die Wiederbelebung der Statue zugleich die Aufrichtigkeit der Sühne des eifersüchtigen Gatten. Leontes erkennt, dass er mit seiner Anschuldigung des Ehebruchs im dritten Akt Hermione auf ein falsches Bild weiblicher Treulosigkeit reduziert hatte. Laut Cavell kommt dieser Sprechakt einer Abtötung gleich, weil Leontes Hermione die ihr zustehende Eigenständigkeit *(separateness)*, und somit ihre belebte Menschlichkeit *(animate humanness)* abspricht. Leontes' Unfähigkeit, sie zu erkennen, veranschaulicht den Verlust seiner eigenen Menschlichkeit: »The matter for drama, by contrast, is to investigate the finding of a wife not in empirical fact lost, but, let me say, transcendentally lost, lost just because one is blind to her – as it were conceptually unprepared for her – because that one is blind to himself, lost to himself«.[2]

Auch in den beiden Filmen wird die Transformation einer Frau in ein sie abtötendes, entmenschlichendes Bild vollzogen, um ein narzisstisches Begehren des Helden zu befriedigen, dem eine Blindheit sich selbst gegenüber entspricht. In *Vertigo* handelt es sich dabei um Scotties Begehren nach einer Todgeweihten, die ihn die eigene Versehrtheit (vor allem seine Schuld am Tod seines Kollegen am Anfang des Films) ausblenden lässt. In *Gone Girl* geht es darum, Nicks Begehren immer wieder an eine Ehegattin zu binden, damit er gezwungen werden kann zu begreifen: seine Weigerung, sie als das anzuerkennen, was sie ist, nämlich eine Hochstaplerin der Liebe, erlaubt ihm den eigenen Selbstbetrug bezüglich seines Scheiterns als Autor nicht anerkennen zu müssen. In beiden Fällen sind die Helden – und darin gleichen sie wiederum Leontes – nicht in eine reale, lebende Frau verliebt, sondern in eine Rolle, welche diese ihnen vorspielen soll bzw. welche sie sich entschlossen hat, ihnen vorzuspielen: Einerseits in *Vertigo* die vermeintlich von der todessüchtigen Ahnin ›mad Carlot-

---

[2] Vgl., DK 6, S. 204.

ta‹ (deren Portrait im Museum hängt) heimgesuchte Madeleine und, andererseits, in *Gone Girl* die in ihrem Selbstverständnis persönlicher Perfektion gekränkte Amy.

Entlarvt Shakespeares *romance* die blinde Eifersucht des König Leontes als schicksalshafte Selbstprojektion, so inszenieren und kritisieren beide Filme den tödlichen Zug der narzisstischen Projektion des Helden. Dieser sucht in der Geliebten jeweils nur eine Schutzdichtung gegen jene Fehlbarkeit, welche Cavell als den Zustand »blind to himself, lost to himself« versteht. Zugleich übernehmen die beiden Filme von der Abschlussszene in *Winter's Tale* auch jene dramaturgische Umkehr von Tod in Leben, von der die Wiederbelebung Hermiones – die im dritten Akt wiederholt von Paulina, ihrer Vertrauten, als tot deklariert wird – zehrt. Paulina ist es demzufolge auch, die im 5. Akt dann zuerst all jene, die sich in dem geheimen Gemach in ihrem Haus versammelt haben, um die Statue der verstorbenen Hermione zu bewundern, ermahnt, sie müssten ihren Glauben (und somit auch ihr Vertrauen) in sie legen: »It is required/ You do awake your faith. Then all stand still./ Or those that think it is unlawful business/ I am about, let them depart« (5.3.94–97).[3] Die Wiederbelebung der Statue könnte, so man an die gute Magie des Theaters nicht glaubt, für Trug gehalten werden. Sowohl *Vertigo* als auch *Gone Girl* inszenieren ihrerseits eben jenen Zauber der Transformation – Judys Rückverwandlung in Madeleine, Amys Rückkehr und Wiederaufnahme der Rolle des *cool girl* –, indem sie diese Verwandlung zugleich als theatrale Darbietung entlarven. Jeweils geht es darum, das Publikum auf der diegetischen Ebene der Filmgeschichte, und allen voran den geläuterten Geliebten, affektiv zu fesseln, um gleichzeitig das Spiel mit Illusionen offenzulegen.

So lässt sich zugleich auch darin eine Erbschaft *(legacy)* Shakespeares in Hollywood festmachen, als beide Filme eben jenen tragischen Imperativ, welchen sie in Stellung bringen, zugleich auch kritisch beleuchten. Denn auch auf der extradiegetischen Ebene sollen die Zuschauer bemerken, dass die aus dem Bereich des Todes zurückgekehrte Frau nicht jene ist, die sie vorgibt zu sein, sondern die bewusste Verkörperung eines Bildes, dessen Wirksamkeit sie sich bewusst ist. Zugleich lenkt der Umstand, dass diese Wiedergekehrte als künstliche Umgestaltung eines Vorbilds (in *Vertigo* des Portraits im

---

[3] William Shakespeare, *The Winter's Tale. The Arden Shakespeare Third Series*, herausgegeben von John Pitcher, London 2010. Alle Zitate entstammen dieser Ausgabe.

Museum, in *Gone Girl* der von Amy selbst verfassten Tagebucheinträge) entlarvt wird, unsere Aufmerksamkeit nicht nur darauf, wie sehr diese kinematisch erzeugte Präsenz weiterhin als Projektionsfläche für den Geliebten fungiert. Sie lenkt unsere Aufmerksamkeit auch auf eben jenen Punkt, den Cavell in seinem Versuch, Shakespeares Stücke als dramaturgische Darbietungen von Skeptizismus zu lesen, immer wieder in den Vordergrund rückt: Was braucht es, um die *separateness*, die *humanness* der Anderen zu erkennen und anzuerkennen? Betrifft »the philosopher's portrait of the skeptic« im Kern »not knowing something, in the sense of being uncertain of something«, spitzt Shakespeares Portrait eines Skeptikers im *Winter's Tale* dies auf folgenden Punkt zu: »the failure of knowledge is a failure of acknowledgement, which means, whatever else it means, that the result of the failure is not an ignorance but an ignoring, not an opposable doubt but an unappeasable denial, a willful uncertainty that constitutes an annihilation.«[4]

Zwar gehören beide Filme nominell dem Genre des Psychothriller an, doch der Umstand, dass ihre narrative Auflösung sich auf bezeichnende Weise voneinander unterscheiden, obgleich in beiden Fälle eine Wiederbelebung der verlorenen Frau vorgeführt wird – in *Vertigo* stirbt die Heldin ein zweites Mal, in *Gone Girl* erweist sich eine *remarriage* als notwendig –, bringt auch die unsaubere Schnittfläche zwischen *problem play, romance* und Tragödie im Oeuvre Shakespeares ins Spiel. Um dieses Zwischenspiel der Gattungen genauer zu erörtern, lohnt es sich, auf jenes intermediale Gespräch zurückzugreifen, welches Stanley Cavell in *Pursuits of Happiness* durchspielt. Die *comedy of remarriage*, so sein Vorschlag, sei nicht nur als ein Subgenre der klassischen Hollywood Komödie zu verstehen. Von dieser behauptet er auch, sie sei »an inheritor of the preoccupations and discoveries of Shakespearean romantic comedy«.[5] *The Winter's Tale* wird für ihn zum Präzedenzfall für jene Anliegen, die ihn grundsätzlich am Thema der Wiederverheiratung interessieren, nämlich wie die Überwindung einer Scheidung auf einer wunderbaren Metamorphose von Tod in Leben/Überleben basiert. Für Cavell ist die Übersetzung Shakespeares in das Medium der klassischen Hollywood Komödie nicht nur Dreh- und Angelpunkt für die Gattung der *comedy of remarriage*. Es geht ihm in seinem Beharren auf dieser

---
[4] Ebd., S. 206.
[5] PoH Int., S. 1.

Erbschaft auch darum, dass dieses von ihm entdeckte (man könnte auch sagen erfundene) Filmgenre die Richtung anzeigt, in der Antworten auf die von Shakespeares Stücken etablierten und an uns vererbten Problematiken *(concerns)* gefunden werden können.

Mit Blick auf gewisse thematische Eigenheiten und deren Variationen beansprucht Cavell einerseits für eine Gruppe von Filmen, sie würden eine bestimmte Facette der romantischen Komödie konstituieren: Ein Paar findet erst dann wieder zusammen, wenn das Verständnis, welches der Held von der Heldin hat, sich aufgrund ihrer neu entwickelten Selbsterkenntnis verwandelt hat. Andererseits ist es für ihn nicht weniger entscheidend, für diese Gruppe von Filmen eine ganz bestimmte Logik in Anspruch zu nehmen: »The idea is that the members of a genre share the inheritance of certain conditions, procedures and subjects and goals of composition with each representing a study of these conditions ... something I think of as bearing the responsibility of the inheritance.«[6] Zwei Punkte gilt es zu unterstreichen. Die thematischen Anliegen, welche die beiden Filme mit Shakespeares *romance* verbinden, betreffen eine in unserer kulturellen Imagination tradierte ästhetische Faszination von weiblicher Opferschaft sowie die Wiederbelebung der vermeintlich getöteten Frau.[7] Zugleich wird das Wiederauftauchen von Shakespeares *romance* in Hollywood von Cavell auch als Erbschaft in einem ganz spezifischen Sinn verstanden. Jeder nachträgliche Film bietet eine *revision* (Revision und Neusicht) des Shakespeare-Stückes an, eine Interpretation der Opferung des Weiblichen, die zugleich auch eine Interpretation aller vorhergehenden Refigurationen ausmacht: »The myth must be constructed, or reconstructed by the members of the genre that inherits it.«[8] Der Umstand, dass somit jede nachträgliche Interpretation vorläufig bleibt, ist für die Herausforderung mit Blick auf den tragischen Imperativ entscheidend, sind doch die Filme allesamt als Teil einer noch offenen Serie von thematischen wie rhetorischen Recyclings zu verstehen.

Von Cavell ausgehend lässt sich sowohl in *Vertigo* als auch in *Gone Girl* das Aufflackern gewisser Anliegen des *Winter's Tale* erkennen, wenngleich – oder eben weil – dieses Nachleben unterschied-

---

[6] Ebd., S. 28.
[7] Vgl. Elisabeth Bronfen, *Over Her Dead Body. Death, Femininity and the Aesthetic*, Manchester 1992.
[8] PoH Int., S. 32.

liche Züge trägt. Während beide Filme um die Möglichkeit der Aussöhnung zwischen einem Ehepaar kreisen, welche eine Metamorphose von Tod und Wiederaufleben voraussetzt, liegt der Reiz, sie als eine Genre-Serie zu lesen, in der Frage: Warum kann nur *Gone Girl* in einer *remarriage* münden? Warum erweist sich diese Versöhnung in *Vertigo* als unmöglich? Die Behauptung einer Erbschaft der Anliegen *(concerns)* Shakespeares im Hollywood Kino bringt somit implizit auch jenes Genre als Gegenfigur ins Spiel, gegen das seine späten *romances* sich definieren: die Tragödie. Die magische Versöhnung, welche die zweite Ehe zwischen Leontes und Hermione am Ende des *Winter's Tale* vorführt, basiert nicht nur auf einer theatralen Wiederbelebung der Statue der vermeintlich verstorbenen Hermione durch jene Figur, mit der die Königin die letzten sechzehn Jahre, vor den Augen aller Anderen versteckt, verbracht hat. Die dramaturgische Wirkungskraft dieser Szene besteht auch darin, dass wir diese narrative Auflösung als Gegenbild zu der inszenierten Leiche Desdemonas in der Abschlussszene von *Othello* erkennen. Hermiones glückliche Rückkehr hängt sowohl von der Einsicht ihres Gatten ab, seine Eifersucht hätte ihren Tod bewirkt, wie auch der tiefen Reue, welche diese Erkenntnis über viele Jahre hinweg in ihm auslöste. Wie Cavell festhält: »The final scene of *The Winter's Tale* interprets this creation as their creation by one another. Each awakens, each was stone, each remains unknown who stirs first, who makes the first move back.«[9] Zugleich aber gewinnt die Wiedervereinigung dieses Paares ihre affektive Kraft auch von unserer Erinnerung daran, dass Desdemona die Möglichkeit, aus dem Tod ins Leben zurück zu kehren, nicht gewährt wurde.

Die entscheidende dramaturgische Entdeckung von Shakespeares später *romance* besteht somit einerseits in dem restaurativen Begehren, welches um die Wiedergewinnung der Heldin aus dem Bereich des Todes kreist. Nachdem Hermione kraft der Verleumdungen ihres Gatten im 3. Akt rhetorisch abgetötet worden war, konnte sie dank der List ihrer Vertrauten über viele Jahre hinweg in einer Welt zwischen den Lebenden und den Toten verweilen, um im 5. Akt, zusammen mit der verstoßenen Tochter Perdita, an den Hof von Sicilia zurückzukehren. So steht andererseits auch die Herausforderung an jenen tragischen Imperativ auf dem Spiel, der diese doppelte Abtötung – die Verwerfung durch den Gatten wie auch Paulinas Behar-

---

[9] DK 6, 220.

ren darauf, die aus Gram in Ohnmacht gefallene Hermione sei tot – dramaturgisch gestützt hatte. Als Vergleich: In einem weiteren Stück, *Much Ado About Nothing*, wird zwar Hero ebenfalls aufgrund der falschen Beschuldigungen, mit der ihr Bräutigam die Hochzeit unterbricht, von ihrem Vater für tot deklariert. Kehrt sie im 5. Akt als Lebende zurück, um mit Claudio die Hochzeit schlussendlich doch zu vollziehen, wird durch diese List Fatalität verhindert. Die vom *Winter's Tale* angebotene magische Erlösung basiert hingegen auf einer anderen dramaturgischen Pointe: Indem diese *romance* den Tod Hermiones als logische Konsequenz der Eifersucht ihres Gatten anerkennt, besteht die Sinnlösung auf dem Unterschied zwischen einer bewussten Ablehnung (*qua* Überwindung) des Tragischen einerseits, und, andererseits, dessen Verhinderung in letzter Minute.

Blickt man ausgehend von der Unterscheidung, die Shakespeares serielle Auseinandersetzung mit diesem Thema aufwirft, auf die beiden Filme zurück, dann stellt sich die Frage: Wie wird das Spiel zwischen dem tragischem Imperativ und dessen Zurückweisung in *Vertigo* refiguriert? Welche neue Interpretation erfährt es in *Gone Girl*? In Hitchcocks Psychothriller setzt in dem Augenblick, in dem Scottie begreift, dass Judy und Madeleine identisch sind, ein tödlicher Wiederholungszwang ein. Judy wird von ihrem in Furor geratenen Liebhaber gezwungen, zum Tatort hoch oben auf dem Kirchturm zurückzukehren. Dort vollzieht sie alsdann am eigenen Leib jenen Sturz, den sie vorher nur mitbeobachtet hatte. Auf ihr Argument, sie hätte, nachdem Scottie sie wiedergefunden hat, einfach verschwinden können, geht er nicht ein. Auch ihr Geständnis, sie hätte aus Liebe zu ihm die von ihm geforderte Transformation erlaubt, will er nicht hören. Er bleibt ihr gegenüber, und somit auch sich selber gegenüber, weiterhin blind; er wacht im Gegensatz zu Leontes nicht aus seiner eigenen emotionalen Versteinerung auf. Er will (oder kann) Judy nicht in ihrer Separatheit erkennen und somit auch nicht anerkennen. Judys Leiche, die anschließend regungslos auf dem Kirchdach ausgestreckt liegt, bietet einen Schlusspunkt für jene Serie an weiblichen Leichen (der Ahnin ›mad Carlotta‹ wie auch der wirklichen Gattin Gavin Elsters), die Judy in ihre Darbietung der Rolle der Madeleine mit einbezogen hatte. Die mit dunklem Cape bekleidete Nonne, die plötzlich den Kirchturm betritt und erklärt, sie hätte Stimmen gehört, lässt sich als Figur des Tragischen lesen. (Siehe Abb. 1) Erst ihr unerwartetes Erscheinen veranlasst Judy zu ihrer Fluchtbewegung, wobei offen bleibt, ob sie absichtlich springt oder zufällig stürzt.

In *Gone Girl* wiederum eröffnet die Erkenntnis des Betrugs, den Amy an ihrem Gatten verübt hat, eben jene vom *Winter's Tale* angebotene Möglichkeit der *remarriage*, wenn auch weitaus zynischer. Nick bleibt nichts anderes übrig, als sich öffentlich wieder zu seiner Gattin zu bekennen. Er ist gezwungen, in ihrer Hochstapelei auch jene gemeinsame Sprache zu erkennen, kraft derer sie sich gegenseitig anerkennen könnten. In der Abschlussszene des Films liegt das Ehepaar im Bett. Nick streichelt seiner Gatten über die Haare, und aus dem Off hören wir seine Stimme: »what are you thinking?« Dann hebt Amy plötzlich ihren Kopf und blickt ihn direkt an, bevor sie, ihn weiterhin betrachtend, den Kopf wieder nach unten senkt. (Siehe Abb. 2). Aus dem Off hören wir weiterhin die Fragen, mit denen Nick seinen Versuch, diese rätselhafte Gestalt zu verstehen, zum Ausdruck bringt: »How are you feeling? What have we done to each other? What will we do?« Signalisiert wird uns: er versucht sie weiterhin zu erkennen.

Da beide Reaktionen den entscheidenden Punkt treffen, an dem Cavell die Quelle der Hoffnung in Shakespeares Tragödie festmacht – anhaltende Blindheit einerseits, das Aushalten des Blickes der Anderen andererseits –, lässt sich an dieser Differenz auch die Möglichkeit der Transformation von Tragödie in *romance* festmachen. Die Hoffnung, welche laut Cavell jeder tragischen Handlung innewohnt, besteht darin, dass die Fatalität, welche auf der Bühne zur Schau gestellt wird, nicht unvermeidlich wäre. In seiner Lektüre des *King Lear* hält er fest: »The reason consequences furiously hunt us down is not merely that we are half blind, and unfortunate, but that we go on doing the thing which produced these consequences in the first place.« Ein Widerstand gegen den tragischen Impuls würde »the courage, or plain prudence, to see and to stop« voraussetzen.[10] Cavells Unterscheidung besagt: während die Tragödie darauf besteht, das Schicksal sei unausweichlich, kann sich die *romance* eine Bewegung jenseits von dessen Notwendigkeit vorstellen. Die Entdeckung vom *Winter's Tale* besteht demzufolge in der Erkenntnis, dass eine Wiedergutmachung dann möglich wird, wenn eben jener Wiederholungszwang, auf dem die Rückkehr der Heldin aus dem Bereich des Todes basiert, unterbrochen werden kann. Damit es keiner weiteren tödlichen Wiederholung bedarf – wie dies in *Vertigo* der Fall ist –, muss die Frau, die zurückgewonnen wird, anders konzipiert sein und von ihrem Gelieb-

---

[10] Vgl. DK 2, S. 81.

Elisabeth Bronfen

Abb. 1 *Vertigo*. Alfred Hitchcock.
Der Blick der Nonne als Verkörperung des Tragischen

ten auch anders wahrgenommen werden, als die Frau, die verloren gegangen war. Oder anders formuliert, die aus dem Bereich des Todes zurückgekehrte Frau muss anders sein als ihre vorherige Reduktion auf ein künstliches Bildwesen, welches vornehmlich dem narzisstischen Helden als Projektionsfläche und Schutzschirm gegen die eigene Versehrtheit dienen sollte.

In den ersten drei Akten des *Winter's Tale* bleibt ein tragischer Ausgang der Ereignisse deshalb möglich, weil Leontes sich standhaft weigert, Hermione als eine Frau aus Fleisch und Blut zu erkennen, die anders und unabhängig von jener Eifersuchtsfantasie existiert, die er auf sie projiziert. In der öffentlichen Anschuldigungsszene im 3. Akt weißt die klarsichtige Hermione ihren Gatten darauf hin: »my life stands at the level of your dreams/ Which I'll lay down«, und er antwortet; »your actions are my ›dreams‹« (3.2.78–80). Wir sind angehalten zu bemerken, dass sie – und das wäre laut Cavell der Nullpunkt der Ehe – keine Sprache gemeinsam haben. Leontes weigert sich, die reale Frau von jener Verkörperung der Untreue, die er sich in seinen wilden Träumen eingeredet hat, zu unterscheiden. Das Abwenden der Tragödie hängt demzufolge nicht allein nur an der Fähigkeit der Heldin, sich als eigenständiges Subjekt verständlich zu machen, sondern auch an der Bereitschaft des Helden, hinzusehen und

Abb. 2 *Gone Girl*. David Fincher.
Der Blick der Heldin als Verkörperung einer Wiedervereinigung

auf diese Herausforderung zu hören. Cavell macht den Vorschlag: »Tragedy grows from fortunes we choose to interpret, to accept as inevitable.«[11]

So sind wir aufgefordert zu fragen, welchen Gewinn Leontes anfänglich davon hat, sich für eine Interpretation des Verhältnisses zwischen seiner Gattin und seinem besten Freund Polixenes zu entscheiden, die dieses nur als fatalen Betrug imaginieren kann. Leontes' der Eifersucht entspringende Imagination fügt nicht nur Hermione Leid zu, indem sie deren Eigenständigkeit ableugnet. Weil diese Deutung zum Verschwinden seiner ihm durchaus treuen Gattin aus seiner Welt führt, hat sie auch für ihn eine lange Periode des Kummers und der Trauer zur Folge. Im Gegenzug erlaubt Paulinas List dem Stück einen Weg zu finden, die missachtete Gattin aus dem Bereich des Todes zurückzuholen und somit die Unumgänglichkeit ihres Verlustes umzudeuten. Wenn Shakespeares *romance* Hoffnung in eine aus Einsicht gewonnene Ablehnung einer fatalistischen Interpretation legt, und eben dadurch auf die Idee einer Metamorphose von Tod und Leben setzen kann, so bedeutet der Umstand, dass in der Tragödie dieser Weg nicht eingeschlagen wird, *nicht*, diese Zurückweisung sei keine Option. Nicht zu sehen und inne zu halten ist eine Entscheidung, welche Shakespeares Figuren von sich aus und für sich treffen.

---

[11] Ebd., S. 89

Cavell hält ebenfalls fest: Der Tod, den die Tragödie als Gattungskonvention fordert, »is inflicted, it need not have happened. So a radical contingency haunts every story of tragedy«.[12] Weil aber niemand weiß, was den Tod hätte verhindern können, sucht zugleich eine radikale Notwendigkeit jede Geschichte der Tragödie heim. Daraus folgert er: »Death strikes us as necessary, but we do not know why; avoidable, but we do not know how.«[13]

The Winter's Tale lässt sich somit als Antwort auf das in *Othello* verhandelte Dilemma lesen, genauer ein Dilemma, welches für den eifersüchtigen Skeptiker die Welt in dem Augenblick zum Chaos werden lässt, in dem er an die Treue seiner Desdemona nicht mehr glauben kann (oder nicht mehr glauben will). Shakespeares *romance* macht sich im Gegenzug die Kraft der Kontingenz anders zu Nutzen. Wenn der Tod nicht hätte eintreten müssen, vermeidbar gewesen wäre, so lässt sich mit Blick auf die zermürbende Reue Leontes' während seiner langen Periode der Trauer auch mutmaßen: Diese Selbsthinterfragung hat es ihm ermöglicht, jenen bösen Verdacht sowie die dadurch motivierte Verleumdung seiner Gattin zu widerrufen. Die Frau, deren Statue wiederbelebt wird, mag zwar der verschwundenen Hermione ähneln, doch auch diese hat in in dem »wide gap of time« (5.3.154), in dem das Paar voneinander getrennt war, eine Veränderung erfahren. Die Falten, die im Gesicht der Statue zu sehen sind, verzeichnen diesen Wandel. Leontes muss demzufolge seine wiedergewonnene Gattin nicht nur zum ersten Mal als eine von ihm getrennte, eigenständige Frau erkennen und anerkennen. Hermione muss ihrerseits seinen Sinneswandel annehmen, hat sie doch die letzten sechzehn Jahre kein Wort mit ihm gewechselt. Festzuhalten ist aber auch: Würde Leontes weiterhin an seiner Eifersucht festhalten (wie dies in *Vertigo* der Fall ist), wäre das Abwenden der Tragödie nicht möglich. Wir hätten stattdessen eine tödliche Wiederholungsschlaufe. Nur aufgrund der Transformation beider Eheleute kann das Stück in der wechselseitigen Anerkennung ihrer Menschlichkeit münden, oder uns zumindest die Hoffnung auf ein diese Anerkennung förderndes Gespräch geben.

Das in diesem *Crossmapping* postulierte Wiederaufflackern der Shakespeareschen *romance* in Hitchcocks *Vertigo* lenkt die Aufmerksamkeit auf die Tatsache, dass dort eben diese der Tragödie innewoh-

---

[12] Ebd., S. 112.
[13] Ebd., S. 112.

nende Hoffnung konsequent abgelehnt wird. In Anbetracht dessen, dass auch in dieser Filmgeschichte ein Paar wieder vereint wird, lässt sich fragen: Warum kann Scottie nicht mit dem Wissen um jene nekrophile Fantasie leben, die Judy bedient hat, indem sie ein zweites Mal bereit war, sich auf die ihr aufoktroyierte Transformation einzulassen? Ist es der Umstand, dass sie in diesem Spiel selber eine gewisse Handlungsmacht hat, die ihn kränkt, imitiert sie doch nur erneut, was sie schon vorher vorgetäuscht hatte? Welche Befriedigung bietet ihm seine Unwilligkeit, die wiedergewonnene Geliebte als eine von ihm und seinen Fantasien separate Frau aus Fleisch und Blut zu begreifen? Judys Tod, als Wiederholung des Todes von Gavin Elsters erster Frau, macht nicht nur eben jene Metamorphose von Tod und Wiederaufleben rückgängig, die sich in Scotties Wunsch, Judy solle Madeleine für ihn spielen, angedeutet hatte. Liest man die Unvermeidbarkeit der Fatalität vor dem Hintergrund des *Winter's Tale*, dann stellt sich zudem die Frage: Warum privilegiert Hitchcock mit seiner Inszenierung so offenkundig die tragische Interpretation, die den Tod der Frau als unvermeidliche Konsequenz seiner nekrophilen Liebesgeschichte annimmt? Im Zusammenhang mit Finchers Psychodrama könnte man darüber hinaus fragen, welche Umarbeitung *Gone Girl* vornimmt, wird doch in dieser Filmgeschichte ebenso entschlossen eine tragische Deutung abgelehnt.

Mein Vorschlag, beide Filme miteinander ins Gespräch zu bringen, und zwar in Bezug auf thematische und dramaturgische Anliegen, die sie im Sinne einer kulturellen Erbschaft von Shakespeare übernehmen, stützt sich allerdings nicht auf die Behauptung einer konkreten intertextuellen Anleihe auf Seiten der beiden Regisseure Hitchcock und Fincher. Cavells Vorstellung von Genretransformation aufgreifend liegt mein theoretisches Interesse vielmehr darin zu fragen, was – nachdem ich in allen drei Texten gemeinsame thematische Anliegen festgestellt habe – die Konsequenzen dieser Beziehung für ein kritisches Engagement mit ihnen sein könnte. Geht mein *Crossmapping* somit von strukturellen und thematischen Analogien aus, liegt die heuristische Herausforderung darin, die jeweiligen Eigenheiten der drei Texte herauszuarbeiten. Indem sich ähnlnde Ereignisse in den verschiedenen Texten durch das von mir vorgeschlagene serielle Lesen aufeinander beziehen lassen, kann auch die unsaubere Schnittfläche zwischen Tragödie und *romance* genauer in den Blick genommen werden. Mein theoretisches Interesse zielt nicht darauf, die Anliegen von *Vertigo* und *Gone Girl* auf die des *Winter's Tale* zu reduzieren. Vielmehr gilt es, von der Entdeckung einer Gattungsbeziehung ausgehend danach zu fragen, warum die Anliegen, mit denen *Vertigo* sich beschäftigt, auf eine bestimmte Weise figuriert werden, und welche Form sie wiederum in *Gone Girl* annehmen. Oder, wie Cavell die Pointe solch eines Gespräches bezeichnet: »learning what these ›concerns‹ are and how to think about those ›shapes‹«.[14]

Die Szene, die alle drei Texte miteinander verknüpft, ist natürlich jener magische Augenblick, in dem Paulina den Vorhang vor der Statue zurückzieht und ihre Bühnenanweisungen an Hermione richtet: »'tis time. Descend. Be stone no more. Approach./ Strike all that look upon with marvel. Come,/ I'll fill your grave up. Stir. Nay, come away. Bequeath to death your numbness, for from him/ Dear life redeems you.« (5.3.99–103) Es geht um die Inszenierung eines kollektiven Staunens ob der Transformation von Stein in einen lebendigen Körper aus Fleisch und Blut. Mit dieser Metamorphose wird das Grab – als räumlicher Übergang in den Bereich des Todes – wieder zugeschüttet. Die Starrheit der Statue wird als Vermächtnis an den Tod zurückgegeben, ihm vererbt *(bequeath)*. Durch die Mehrdeutigkeit des Wortes *redeem* wird in dieser Wiederbelebung zudem die Vorstellung, Hermione sei vom Tode erlöst worden, mit der verschränkt, sie sei (im Sinne eines Gutscheins) eingelöst worden. Mit der Zurücknahme des Todes wird etwas bezahlt, eine Schuld getilgt, ein Vergehen wettgemacht, und zugleich etwas zurückgekauft: die Wiedervereinigung der Frau mit ihrem Gatten, mit ihrer verlorenen Tochter.

In Hitchcocks Deutung dieser Szene einer Wiederbelebung fügt Judy sich nach längerem Zögern Scotties Bestehen darauf, jegliche Differenz zwischen ihrer zweiten Darbietung von Madeleine und dem Bild der Verschollenen auszulöschen, das er in seiner Melancholie hartnäckig am Leben erhalten hat. Am Abend der Transformation kehrt sie zurück zu Scottie, der ungeduldig auf sie in ihrer Wohnung wartet. Zwar trägt sie bereits das graue Kostüm, welches sie als Madeleine immer wieder angelegt hatte. Nur hat sie (als letztes Zeichen des Widerstandes) die blondierten Haare noch nicht zu dem für die Verstorbene ebenfalls charakteristischen Dutt hochgesteckt. Dann geht sie schließlich doch ins Badezimmer, um diese letzte Abweichung von ihrer vorherigen Darbietung – das offene Haar – zu

---

[14] PoH 4, S. 145.

tilgen. Im Gegensatz zu Hermione braucht sie keine Bühnenanweisungen einer Anderen. Sie selber öffnet die Türe und schreitet, von einem unheimlichen grünen Licht umhüllt, über die Schwelle in ihr Wohnzimmer; nun die perfekte Nachbildung der Toten. (Siehe Abb. 3) Mit der alten Frisur ist sie auch wieder in jenen behutsamen Schritt gewechselt, mit dem sie sich in der ersten Hälfte der Filmgeschichte immer wieder dem ahnungslosen Scottie genähert hatte. Hitchcocks Ironie, die in ein und derselben Geste jene Metamorphose, die er inszeniert, zugleich als Illusion entlarvt, besteht darin, dass Kim Novaks Darbietung der wiederbelebten Madeleine deren zurückhaltenden statuarischen Gang hervorhebt, im Kontrast zu Judys beweglicher Vitalität.

Während in Shakespeares Stück eine Statue zu neuem Leben erwacht, wird somit bei Hitchcock die Geliebte als lebende Statue aus dem Reich der Toten zurückgeholt. Um darauf hinzuweisen, dass dieses Paar wie durch Zauber in einen heterochronen Raum eingetreten ist, zwischen Vergangenheit und Gegenwart suspendiert, lässt Hitchcock das Zimmer verschwinden und ersetzt es durch eine Rückprojektion jenes Stalls, in dem die beiden sich das letzte Mal geküsst hatten. Scottie bemerkt diese Phantasmagorie und schaut für einen kurzen Augenblick um sich. Die Erfüllung seiner Fantasie wird somit als eine Lücke in der Zeit inszeniert, in der die Vergangenheit die Gegenwart ausblendet und nicht – wie in *Winter's Tale* – als die Schließung dieser »wide gap of time«. Der Umstand, dass Judy diese Veränderung nicht bemerkt, lässt sie als Hochstaplerin in Erscheinung treten. Sie ist sich durchaus bewusst, dass sie ihrem verblendeten Geliebten eine Wiederholung der von ihm begehrten Fantasieszene vorspielt. Sie weiß, dass diese Rückkehr der Geliebten aus dem Reich der Toten pures Theater ist, bei dem sie allerdings die Regie gänzlich in der Hand hat. Hitchcocks Mise-en-scène platziert Judy/ Madeleine zugleich im Zentrum dieses 360° Kameraschwenks, von Scottie fest umschlungen, sodass jene tragische Unvermeidbarkeit bereits körperlich vorweggenommen wird, die auf die Anagnoresis ihres verblendeten Liebhabers folgen wird. (Siehe Abb. 4)

Nachdem Scottie sein nekrophiles Begehren leiblich ausleben durfte und Judy sich anschließend für ein gemeinsames Abendessen bereit macht, bittet sie ihn, ihr mit dem Verschluss jener Halskette zu helfen, von der sie annehmen kann – nicht zuletzt weil sie beide vor dem Spiegel ihrer Kommode stehen –, dass er sie von dem Portrait der ›mad Carlotta‹ im Museum wiedererkennen wird. Diese Bitte

Abb. 3 *Vertigo*. Alfred Hitchcock.
Die Rückkehr der Heldin aus dem Bereich des Todes

stellt nicht notwendigerweise eine Fehlleistung dar, sondern vielmehr einen geschickten Handgriff. Man könnte mutmaßen: Indem Judy das verräterische Halsband anlegt, will sie Scottie dazu zwingen, die Differenz zwischen ihr und dem Objekt seiner nekrophilen Fantasie zu erkennen und sie als eigenständige Frau anzuerkennen. Scottie soll sie begreifen als das, was sie immer war: Eine Darstellerin, die bewusst mit seinem Begehren spielt, weil dieses zu ihrem Begehren geworden ist. Die an ihn gerichteten Frage, »can't you see?« ist ein Versuch, den tragischen Wiederholungszwang zu unterbrechen, ihn dazu zu bringen, inne zu halten und hinzusehen. Stellt die Möglichkeit, ihn begreifen zu lassen, wer sie ist, eine Quelle der Hoffnung in *Vertigo* dar, so ist der Umstand, dass Scottie darauf besteht, sein Schicksal als tragisch zu begreifen, umso ergreifender. Sein Drang, an den Tatort zurückzukehren, verdammt ihn dazu, die Position des trauernden Liebhabers einmal mehr, nun allerdings auch für immer, einzunehmen.

In der von ihm bevorzugten Interpretation bietet die Produktion der weiblichen Leiche die einzige logische Schließung jener Serie an weiblichen Nachstellungen, in der Madeleine/Judy immer nur als verkörpertes Bild existierte. Sein Beharren steht jener Handlungsbefähigung entgegen, welche die Filmgeschichte der Heldin durchaus

Dem Tragischen Ausweichen

Abb. 4 *Vertigo*. Alfred Hitchcock.
Die Umarmung des wiedervereinten Paares

zuschreibt. Somit lenkt der Umstand, dass sich Judys Versuch, seinen fatalen Wiederholungszwang zu unterwandern, als vergeblich erweist, unsere Aufmerksamkeit auf folgende Fatalität: Madeleine darf zwar kraft Judys Darbietung vom Reich des Todes zurückgewonnen werden. Dabei wird aber nicht – und darin schreibt *Vertigo* Shakespeares *romance* um – ihre Singularität als Mensch beachtet. Was im Gegensatz zu Hermiones Rückkehr aus dem Tod (»from death dear life redeems you«) errettet, zurückgenommen, aber auch eingelöst wird, ist Judys eigener Verlust an den Tod, wobei wir ihre Leiche nie zu sehen bekommen. Der verführerische Charme einer tragischen Deutung des Schicksals liegt eben darin, dass sich Judys Tod als eine Notwendigkeit erweist, die hätte vermieden werden können.

Durch die Auslegung von *Gone Girl* als einer *Revision* von *Vertigo* rückt die Frage ins Blickfeld, wie in unserem von Medienbildern saturiertem frühen 21. Jahrhundert die kulturelle Faszination, die von weiblicher Selbstopferung als Quelle einer Selbstbemächtigung der Heldin ausgeht, umgestaltet werden könnte. In der Szene, in der Amy aus ihrem vermeintlichen Tod zurückkehrt, stellt sie ihre Wunden ganz bewusst zur Schau. (Siehe Abb. 5) Zögerlich steigt sie, mit nur einem weißen Unterrock bekleidet, aus ihrem Auto und torkelt

Abb. 5 *Gone Girl*. David Fincher.
Die Rückkehr der Heldin aus dem Bereich des Todes

ihrem Gatten, der erstaunt die Haustüre geöffnet hat, entgegen. Flehentlich blickt sie ihn an, schleppt sich mit letzter Kraft zu ihm, bevor sie in seinen Armen in Ohnmacht fällt. Ihr von Blut überströmter Körper soll als somatische Inszenierung jener psychischen Gewalt verstanden werden, die Nick ihr mit seiner Untreue zugefügt hat. Man könnte diese Inszenierung des verletzten Körpers auf die Wortgewandtheit zurückbeziehen, mit der Hermione sich im 3. Akt des *Winter's Tale* vergeblich gegen die gewaltsamen Anschuldigungen ihres Königs wehrt.

Finchers Zynismus wiederum besteht darin, dass Amy sich diese Verletzungen selber zugefügt hat, weil sie sich der Wirkungsmacht dieses Auftritts ebenso sicher war, wie Paulina der von ihr als Theaterzauber dargebotenen Wiederbelebung der Statue. Nachdem sie ihren eigenen Mord so inszeniert hatte, dass die Polizei Nick verdächtigen und verhaften wird, war Amy zu einem ehemaligen Liebhaber gezogen. In dessen Strandwohnung hatte sie anschließend Nick in einer Talk Show gesehen, in der er seine Reue öffentlich kundtat und – mit direktem Blick in die Kamera – sie aufforderte, zu ihm zurückzukehren. Um nach ihrer Rückkehr der Polizei glaubhaft zu machen, sie hätte den Mann, der sie beherbergte, aus Notwehr töten müssen, hatte sie sich selber mit einem Messer verwundet. Auch in *Gone Girl* gibt es demzufolge ein Publikum, auf welches diese Wiederbelebung ebenso gerichtet ist wie auf den Ehegatten, nur sind es in diesem Fall nicht die ergriffenen Familienmitglieder und Freunde.

Abb. 6 *Gone Girl*. David Fincher.
Die Umarmung des wiedervereinten Paares

Vielmehr campieren schaulustige Reporter seit Amys Verschwinden vor dem Haus der Dunnes, die sich in dem Augenblick, in dem die von Blut befleckte Frau aus ihrem Auto steigt, sofort mit ihren Kameras auf sie stürzen. Die Umarmung, in die Amy sich wirft, ist eine der Nick nicht ausweichen kann, obgleich sie ihm unlieb ist, weil er sie als reine Inszenierung begreift. (Siehe Abb. 6)

Während in *Gone Girl* die dramaturgische Auflösung ebenfalls an der Metamorphose von Tod und Leben hängt, bietet die Transformation zugleich eine Dekonstruktion der Geschlechtsspezifik dieser Formel. In *Vertigo* sehen wir den Mord an der wirklichen Madeleine Elster in einer Rückblende. Kurz bevor Judy sich dazu entschließt, mit Scottie nochmals eine Liebesaffäre einzugehen, erinnert sie sich daran, was sich tatsächlich an jenem Nachmittag auf dem Kirchturm abgespielt hat, als Gavin Elster seine bereits erdrosselte Frau herunterstürzen ließ. Die Rückblende, in der Amy sich in *Gone Girl* daran erinnert, wie akribisch sie ihren eigenen Tod geplant und durchgeführt hat, ist wesentlich perfider, weil die Heimtücke, mit der sie über viele Wochen ihren Gatten langsam in die Falle gelockt hat, zu seinem Verderben, genüsslich ausgekostet wird. Zudem lässt sich ihre Stimme aus dem Off, mit der sie die vielen Details, die zur erfolgreichen Inszenierung ihres Mordes nötig waren, mit ironischem Stolz kommentiert, auch als Umschrift von Hermiones vereitelter Selbstverteidigung deuten. Die Strafe, die Amy für ihren untreuen Ehegatten ersonnen hat, trifft ihn tatsächlich auf der Ebene seiner verblendeten Träume.

Dabei bietet diese präzise Planung eines gefälschten Mordes zudem eine satirische Revision der Produktion weiblicher Leichen in unserem kulturellen Bildrepertoire, mündet Amys Narrativ einer gerechtfertigten Vergeltung, welches sie über die Bilder der Rückblende projiziert vorträgt, doch in der lyrischen Vorstellung ihres eigenen Suizids. Während wir auf der Leinwand ihre Vorstellung davon dargeboten bekommen, wie ihre Leiche in einem Fluss versinken wird, erklärt sie aus dem Off: »And after all the outrage, I'll go out into the water with a handful of pills and a pocketfull of stones. And when they find my body, they'll know – Nick Dunne dumped his beloved like garbage and she floated down passed all the other abused, unwanted, inconvenient women.« (Siehe Abb. 7) Fincher setzt mit dieser Rückblende zudem bewusst auf das Genregedächtnis seines Publikums. In dem Bild, welches Amy sich an dieser Stelle von ihrer Zukunft ausmalt, treibt sie auch an den vielen anderen berühmten weiblichen Leichen im Bildrepertoire Hollywoods vorbei, darunter der toten Madeleine Elster auf dem Kirchdach. Somit setzt Amy nicht nur ihre imaginierte Leiche dem von ihr inszenierten Mord entgegen. Vielmehr unterstreicht ihr Kommentar aus dem Off auch die Kontrolle, welche sie über diese selbstreflexive visuelle Produktion ihrer eigenen Leiche hat.

Als Autorin ihres mutmaßlichen Todes fordert sie sich nicht nur selber aus dem Reich des Todes zurück *(redeem)*, wird sie doch nicht, wie sie anfänglich vorhatte, Selbstmord begehen. Finchers Umkehr der von *Vertigo* vorgeschlagenen Logik besagt: Amy ist auch diejenige, die ihren Gatten dazu zwingt, bei der von ihr geforderten Versöhnung mitzumachen. Anstatt wie in *Vertigo* von einem Turm zu stürzen, nimmt Amy sowohl ihren Tod wie ihre Wiederbelebung in die eigenen Hände. Sie besteht nicht nur darauf, sich jenem Mann, der sie betrogen hat, verständlich zu machen. Sie schafft auch eine Situation, in der ihm nichts anderes übrigbleibt, als diese Herausforderung anzunehmen. Amy erlaubt ihrem Gatten nicht, sich von ihr scheiden zu lassen. Sie besteht stattdessen auf einem Fernsehinterview, in dem sie öffentlich – als letzte Drehung ihrer brillanten Manipulation der Medien – ihre *remarriage* dadurch besiegelt, dass sie dem Publikum zugleich ihre bevorstehende Mutterschaft beichtet. Nick muss demzufolge in aller Öffentlichkeit seine Frau in ihrer grausamen aber ethisch gerechtfertigten Manipulation anerkennen:

Abb. 7 *Gone Girl*. David Fincher. Amys imaginierte Leiche

Eine Erkenntnis der Anderen, welche auch Leontes am Schluss des *Winter's Tale* gewinnen kann, welche Scottie in *Vertigo* hingegen bis zum Schluss hartnäckig verweigert.

Auch der narrativen Auflösung von *Gone Girl* ist demzufolge Unvermeidbarkeit eingeschrieben, nicht aber einer tragischen Art. Nick hat zwar keine andere Wahl als sich auf das Gespräch, welches Amy ihm anbietet, einzulassen, dieses aber wird als ein von beiden Eheleuten geteiltes *confidence game* begriffen. Sie treffen sich darin, dass sie sich beide jenes Bild vorspielen, von dem sie wissen, dass sie es gegenseitig begehren. Sie treffen sich auf der Ebene eines geteilten Traums. Am Ende des *Winter's Tale* hatte Leontes mit seinen abschließenden Worten Paulina gebeten: »Lead us from hence, where we may leisurely/ Each one demand and answer to this part/ Performed in this wide gap of time since first/ We were dissevered. Hastily lead away.« (5.3.152–155) Zwar wissen wir nicht, was die beiden Eheleute, die 16 Jahre lang voneinander getrennt waren, sich zu sagen haben. Mit Sicherheit aber wissen wir, sie werden miteinander ein Gespräch führen. Für das Ende von *Gone Girl*, in dem Nicks Off-Stimme die Erzählung wieder in die Hand nimmt, lässt sich Ähnliches schließen. Im Gegensatz zum melancholischen Scottie, der nun für immer von einer Verstorbenen träumen kann, deren Tod es ihm erlaubt, sie nie erkennen zu müssen, werden Nick und Amy nicht nur weiterhin erörtern, was sie sich gegenseitig angetan haben, sondern auch, was sie sich weiterhin antun werden. Gänzlich der Maskerade bewusst, die sie gemeinsam in der Öffentlichkeit zur Schau stellten, in die sie aber auch gemeinsam eingewilligt haben, gelingt auch ihnen jene *conversation*, von der Cavell in seinen Gedanken zur *comedy of remarriage* behauptet, an ihr hinge das Gelingen der Wiedervereinigung eines Paares. Es mag eine zynische Wende jenes Gespräches sein, welches Hermione und Leontes miteinander zu führen haben (und führen werden), aber dennoch, auch in diesem findet sich ein Korn Hoffnung. Finchers wiedervereintes Paar wird sich weiterhin zu erkennen versuchen.

Verleugnung des Unleugbaren

Stanley Cavell und die Tragödie der modernen Moralität

Lars Leeten

Das menschliche Miteinander ist voller komischer Pointen, aber es hält immer auch tragische Wendungen bereit. In der Perspektive Stanley Cavells, die maßgeblich durch die Philosophie der gewöhnlichen Sprache geprägt ist, ist beides nicht zuletzt daraus zu erklären, dass uns das Ganze unserer Lebenspraxis entzogen bleibt: Uns fehlt die Übersicht über das verästelte Geschehen des alltäglichen Daseins, in dem jederzeit neue Facetten hervortreten können und dessen Entwicklungen immer wieder unvorhergesehene Haken schlagen. Bei Wittgenstein, einem der wichtigsten Impulsgeber Cavells, ist vom »*Gewimmel* der menschlichen Handlungen«[1] die Rede, auf das jedes besondere Verstehen bezogen bleibt. In diesem Gewimmel vermögen wir zwar Muster zu erkennen; wir können es aber nie als Ganzes vor uns bringen. Diese fehlende Übersicht hat nicht nur ›antitheoretische‹ Konsequenzen. Sie scheint darüber hinaus unsere Handlungssicherheit zu unterminieren: Wenn die Fäden unseres Lebens wirklich so fein und verworren sind, wie es die *ordinary language philosophy* nahelegt, dann haben wir sie nicht fest in der Hand. Wir haben keine vollständige Kontrolle über unsere Handlungen; nicht nur sind ihre Folgen nicht restlos beherrschbar, sondern bereits ihr Sinn bestimmt sich nicht allein durch uns.

Für die *moralische* Dimension des Lebens stellt dies ein Problem dar, das die philosophische Ethik in weiten Teilen verdrängt: Praktisches Verhalten in konkreten Situationen ist ein Umgang mit Uneindeutigkeiten, Ambivalenzen und Zerrissenheiten; es ist eine Rechnung mit vielen Unbekannten; es geschieht unter paradoxen Anforderungen und in Zwickmühlen. In der Welt menschlichen Handelns hat der Satz vom ausgeschlossenen Widerspruch nur eingeschränkt Gültigkeit; durch praktische Entscheidungen wird ständig auch Unentscheidbares entschieden. Dies liefert seit je den Stoff für

---

[1] Ludwig Wittgenstein, *Zettel*, Werke 8, Frankfurt a. M. 1984, S. 407.

Tragödien; und für übersteigerte Hoffnungen auf eine rationale Lebensführung bedeutet es offensichtlich einen herben Dämpfer: Je begrenzter die Übersicht über die Wechselfälle des Alltags, desto begrenzter der Spielraum der praktischen Vernunft.

Dass es im Bereich menschlicher Angelegenheiten bestenfalls ›Wahrscheinlichkeiten‹ geben kann, ist, wie das Thema der Tragödie schon anzeigt, eine alte Einsicht: Aristoteles hatte darauf hingewiesen, dass man im praktischen Denken nicht denselben Grad an Genauigkeit verlangen darf wie im theoretischen Denken; die *akribeia* muss dem Gegenstand der Erkenntnis angemessen bleiben.[2] Die moderne Ethik hat sich diesen Gedanken jedoch nie zu eigen gemacht. Dies ist vor allem an der Form von Moralphilosophie beobachtbar, die in den Lehrbüchern der akademischen Philosophie beschrieben wird und die man mit Thoma‹s Kuhn ›normalwissenschaftliche‹ Ethik nennen könnte: Den Lehrbüchern zufolge ist die Ethik ein Unternehmen der begrifflichen Klärung, das die Logik von normativen Diskursen rekonstruiert und zur Geltung bringt. Die primäre Aufgabe liegt demzufolge darin, den Sinn von moralischen Behauptungen auszuweisen, ihre Begründbarkeit zu analysieren und die Argumentationsmuster herauszuarbeiten, die für ihre Begründung maßgeblich sind.[3] Auf diese Weise soll der alltägliche Streit um die Moral von einem vorsystematischen, konfusen Zustand in ein elaboriertes Verfahren der Argumentation transformiert werden. In der normalwissenschaftlichen Perspektive zielt Moralphilosophie also wie selbstverständlich auf die *Kodifizierung* der normativen Logik alltäglicher Auseinandersetzungen. Der Moraldiskurs wird zum Gegenstand einer Systematisierung, die Unwägbarkeiten neutralisiert, nicht für sie sensibilisiert. Das Ideal ist die Überwindung der Unüberschaubarkeit, nicht der Umgang mit ihr.

Cavells ethisches Denken stellt eine tiefgreifende Kritik dieses Typs von Moralphilosophie dar. Dabei attestiert er der akademischen

---

[2] Vgl. Aristoteles, *Nikomachische Ethik*, 1094b.
[3] Für den deutschsprachigen Raum vgl. nur exemplarisch Michael Quante, *Einführung in die allgemeine Ethik*, Darmstadt 2003, S. 17; Johann S. Ach/Kurt Bayertz/Ludwig Siep (Hg.), *Grundkurs Ethik*, Bd. 1, Paderborn 2008, bes. S. 14–19 oder Karl Hepfer, *Philosophische Ethik. Eine Einführung*, Göttingen 2008, S. 9f. Dieter Birnbacher schreibt in seiner *Analytischen Einführung in die Ethik*, Berlin/New York 2007, S. 2f.: »Die Rolle des Ethikers oder Moralphilosophen besteht […] primär darin, das Sprachspiel der Moral von einem außerhalb des Sprachspiels gelegenen Standpunkt zu beschreiben, zu analysieren und möglicherweise zu begründen.«

Ethik nicht nur Weltfremdheit oder mangelnden ›Realismus‹.[4] Charakteristisch für seine Moralkritik ist vielmehr der Verdacht, dass der Wille zur Beseitigung der Unwägbarkeit ein Unheil eigener Art allererst hervorbringt. Mit der modernen Moralität ist eine tiefe Tragik verbunden, welche in Cavells Sicht nicht aus der Unüberschaubarkeit der moralischen Lebenspraxis selbst entsteht, sondern aus der Unfähigkeit, sich mit ihr abzufinden. Als Geschehen zwischen endlichen Wesen *ist* das menschliche Handeln wesentlich ein Umgang mit Unbestimmtheit und Ambivalenz; wird von dieser Dimension abstrahiert, ist die ethische Auseinandersetzung von Anfang an um ein zentrales Element beschnitten. Für Cavell steht im Moraldiskurs daher auf dem Spiel, wie man sich selbst in der moralischen Welt verortet.[5] Moralisches Denken ist keine normative Reflexion über feststellbare Tatsachen, sondern wesentlich Auslegung von Situationen: Welche ›Sachlage‹ wir jeweils wahrnehmen, hängt davon ab, in welches Licht wir die Dinge stellen oder welchen Aspekten wir unsere Aufmerksamkeit widmen. Oft entgeht uns etwas, was auf den zweiten Blick gerade das Entscheidende einer Situation ausmacht. Schlimmer noch: Die Vieldeutigkeit praktischer Situationen verführt dazu, nur das zu sehen, was man sehen *will* oder zu sehen erträgt. Vor allem darin liegt Cavell zufolge ein tragisches Potential: Ein Mensch hält an einer Sichtweise manchmal auch dann noch weiter fest, wenn er bereits wissen kann, dass sie sich nicht wird aufrechterhalten lassen. Eine Hauptquelle der Tragik des moralischen Lebens liegt darin, dass wir manches, was zweifellos wahr ist, dennoch nicht *wahrhaben* wollen.

Damit ist die Perspektive umrissen, die im Folgenden weiter entfaltet wird. Leitend ist die Frage, was diese spezifische Tragik der modernen Moralität ausmacht und wie das ethisch-moralische Denken mit ihr umgehen kann. Vor dem Hintergrund der Vermutung, dass die philosophische Ethik nicht nur begrifflich verfahren kann, sondern auf ästhetische Reflexionsmedien angewiesen ist, kommt dabei bald auch die dramatische Gestaltungsform der Tragödie ins Spiel.

---

[4] Zum hier zugrunde gelegten Verständnis von ›Realismus‹ vgl. z.B. Cora Diamond, »Realism and the Realistic Spirit«, in: *The Realistic Spirit. Wittgenstein, Philosophy and the Mind*. Cambridge, Mass./London 1991, S. 39–72.
[5] Vgl. ausführlich Lars Leeten, »»Placing oneself in the world«. Moralische Verständigung als performative Lebenspraxis bei Stanley Cavell«, in: ders. (Hg.), *Moralische Verständigung. Formen einer ethischen Praxis*, Freiburg/München 2013, S. 145–167. Das Folgende führt diese Überlegungen in einigen Punkten weiter.

Cavell hat sich in seinem Werk schon früh mit diesem Thema befasst, besonders im Rahmen seiner Shakespeare-Lektüren.[6] Welch prominenten Ort es in seinem Denken beansprucht, wird daran sichtbar, dass ›tragedy‹ im Untertitel zu *The Claim of Reason* gleichberechtigt neben ›Wittgenstein‹, ›skepticism‹ und ›morality‹ steht. Von Cavell sollte sich also einiges darüber lernen lassen, wie sich das Nachdenken über Ethik und Moral durch Hinzuziehung dramatischer oder literarischer Formen verfeinern lässt. In der Tragödie hat die für menschliches Handeln konstitutive Verstricktheit in Unentscheidbarkeiten seit je ihren prägnanten Ausdruck. Sie sollte mithin ein geeignetes Medium für eine ethische Reflexion bieten, die dieser Dimension ihre volle Aufmerksamkeit schenken will.

Wie angedeutet, ist Cavells Perspektive dabei durch eine eigentümliche Voraussetzung charakterisiert: Das zwischenmenschliche Geschehen ist nicht nur unüberschaubar und uneindeutig; gerade der moderne Mensch hat auch einen fatalen Hang zur *Blindheit* gegenüber dem, worauf es im moralischen Leben ankommt. Diese Blindheit indes ist auf vertrackte Weise selbstverschuldet. Im Gegensatz zum antiken Trauerspiel gilt für die Tragödie seit Shakespeare allgemein, was Cavell über *King Lear* sagt: »It is an enactment not of fate but of responsibility, including the responsibility for fate.«[7] Dieses Motiv wird dem Folgenden als Leitfaden dienen: Die moderne Moralität ist wesentlich durch die Idee einer moralischen Vernunft bestimmt; sie knüpft Verantwortung an Wissen. Genau darin aber sieht Cavell die Quelle einer moralischen Blindheit: Sofern der Wissensbegriff an Ideale der Gewissheit und eine Logik der Beweisführung geknüpft ist, kann es immer zweifelhaft bleiben, ob das Wissen wirklich erreicht ist. Wer die Grenzen der eigenen Verantwortung mit den Grenzen des moralischen Wissens zusammenfallen lässt, hat jederzeit Gründe, diese Verantwortung zu leugnen. An der Erscheinung des Skeptizismus zeigt sich modellhaft, wie der Mangel

---

[6] Cavells frühester Beitrag zu Shakespeare ist das zuerst 1967 erschienene »The Avoidance of Love. A Reading of *King Lear*« (MWM 10). Das Thema wird dann 1979 wieder aufgenommen, am Schluss von CoR, S. 481–496. Die meisten Texte Cavells zu Shakespeare sind gesammelt erschienen als DK. Ein späterer Beitragist »The Interminable Shakespearean Text« (PDAT 2). Dieser Beitrag geht in erster Linie der Rolle des Tragischen im moralischen Denken nach, wie es in Cavells früheren Texten behandelt wird.

[7] MWM 10, S. 310.

an Gewissheit als ein Nichtwissen missverstanden werden kann; in Cavells Verständnis ist die Verantwortungsfähigkeit des modernen Menschen nachhaltig dadurch getrübt, dass ihm diese Denkfigur allzu vertraut ist. Wo es an der Bereitschaft fehlt, Verantwortung zu tragen, bietet die dürftige epistemische Gesamtsituation im Bereich des Praktischen immer reichlich Vorwände. Cavell scheint dabei den Verdacht zu hegen, dass gerade die philosophische Ethik dieser unauffälligen Form der Verantwortungslosigkeit allzu leicht verfällt: Was sich als Wille zur begründungslogischen Eindeutigkeit präsentiert, kann immer ein Unwille sein, die Verpflichtungen, von denen man eigentlich längst weiß, auch anzuerkennen. Darin liegt die Bedeutung, die ästhetische Gestaltungsformen wie die Tragödie für die philosophische Ethik haben können: An ihnen lässt sich ein moralisches Urteilen üben, das nicht auf Eindeutigkeit insistiert, sondern einen Umgang sucht mit den Unwägbarkeiten und Ambivalenzen, die das moralische Leben mit sich bringt.

Um einen Rahmen zu schaffen, werde ich zunächst einige sprachphilosophische Prämissen in den Blick bringen, die für Cavells Moralkritik grundlegend sind; leitend dabei ist das Motiv der ›menschlichen Stimme‹ (I). Auf dieser Grundlage kann erörtert werden, warum Cavell dem modernen Denken ein tragisches Potential zuschreibt: Dafür ist an seine Deutung des neuzeitlichen Skeptizismus seit Descartes (II) und an seine Lektüren von Shakespeares Tragödien zu erinnern, welche Cavell zufolge mit dem Cartesischen Denken verwandt sind und dessen verhängnisvollen Folgen modellhaft vor Augen führen (III). Anschließend wird gefragt, was Cavells Diagnose für die Praxis des moralischen Diskurses bedeutet: Wie ist mit der Tragödie der modernen Moralität umzugehen? Ins Zentrum tritt hier das Thema der Verantwortung (IV). Die Überlegungen schließen mit einigen kurzen Bemerkungen zu den Konsequenzen, die sich für die akademische Ethik ergeben (V).

I Ein schwieriges Eingeständnis: Die Zumutung endlicher Existenz

Gleich zu Anfang von *The Claim of Reason* bemerkt Cavell, dass seine moralphilosophischen Bemühungen wesentlich durch John L. Austin angestoßen wurden: Dessen Sprachdenken lege es nahe, der ›menschlichen Stimme‹ *(human voice)* in der Moralreflexion neues

Gehör zu verschaffen.[8] Für das Verständnis von Cavells Moralkritik dürfte es hilfreich sein, sich die sprachphilosophischen Prämissen vor Augen zu führen, die damit aufgerufen sind. Dafür ist nicht der Horizont der sogenannten ›Sprechakttheorie‹ maßgeblich, sondern das Szenario, das in Austins Aufsatz »A Plea for Excuses«[9] zur Darstellung kommt.

Charakteristisch für diesen viel zu selten gelesenen Text ist der enge Zusammenhang, in den die *ordinary language philosophy* mit Grundproblemen der Ethik gestellt wird. Hinter dem Thema der ›Entschuldigungen‹ verbirgt sich die generelle Frage, wie wir unser Handeln beschreiben und unsere Verantwortlichkeiten umgrenzen: Maßgeblich dabei ist der Zweifel daran, dass sich ›Handlungen-in-Situationen‹ als Komplexe von feststellbaren, deskriptiv zugänglichen Tatsachen auffassen ließen. Für Austin gilt vielmehr, dass wirkliche Situationen unerschöpflich sind, dass »no situation [...] is ever ›completely‹ described«.[10] Das bringt es mit sich, dass Beschreibungen eines praktischen Verhaltens jederzeit variiert werden können, indem auf *weitere* Aspekte aufmerksam gemacht wird, die die Situation prägen. Für die Umgrenzung eines Handelns resultiert daraus, dass die Frage, welche Beschreibung im jeweiligen Fall angemessen ist, bereits in die normative Auseinandersetzung hineinführt: Handlungsvollzüge lassen sich nicht neutral beschreiben, ohne dass eine Situation bereits strukturiert, ohne dass die unzähligen Aspekte, die sie bereithält, schon gewichtet würden, ohne dass Intentionen zugeschrieben werden. Das bedeutet, dass die Weise, wie Personen sich auf Situationen beziehen, immer schon von ihren praktischen Einstellungen zeugt. Dies schlägt sich insbesondere darin nieder, dass die Variation einer Handlungsbeschreibung eine Rechtfertigungs-

---

[8] Vgl. CoR, xvf.
[9] John L. Austin, »A Plea for Excuses«, in: ders., *Philosophical Papers*, Oxford 1979, S. 175–204. Erstaunlicherweise wird dieser Text häufig gar nicht in Betracht gezogen, wo Austins Bedeutung für Cavell diskutiert wird. Vgl. z. B. Hent de Vries, »Müssen wir (nicht) meinen, was wir sagen? Ernsthaftigkeit und Aufrichtigkeit bei J. L. Austin und Stanley Cavell«, in: Kathrin Thiele/Katrin Trüstedt (Hg.), *Happy Days. Lebenswissen nach Stanley Cavell*, München 2009, S. 203–233 oder auch Alice Crary, »Austin and the ethics of discourse«, in: dies./Sanford Shieh (Hg.), *Reading Cavell*, London/New York 2006, S. 42–67. Beide Aufsätze erwähnen »A Plea for Excuses« gar nicht oder nur am Rande.
[10] John L. Austin, »A Plea for Excuses«, 184. Vgl. auch ders., *How to do things with words*, Cambridge, Mass 1962, S. 6, wo Situationen als »over-rich« gekennzeichnet werden.

funktion haben kann.[11] Es ist prinzipiell nicht möglich, ein situatives Handeln von einem Standpunkt aus darzustellen, der der wertenden Beurteilung dieses Handelns vorgelagert wäre. Die Frage, ›was für eine Handlung‹ im besonderen Fall vorliegt, verlangt stets schon eine ethische Perspektivierung.

Vor diesem Hintergrund wird verständlich, warum Cavell das moralische Leben wie folgt beschreibt:

> Our way is neither clear nor simple; we are often lost. What you are said to do can have the most various descriptions; under some you will know that you are doing it, under others you will not, under some your act will seem unjust to you, under others not. What alternatives we can and must take are not fixed, but chosen; and thereby fix us. What is better than what else is not given, but must be created in what we care about.[12]

Anders als ein Spiel mit wohlbestimmten Regeln ist die Situation des wirklichen Handelns notwendig durch blinde Flecken und Momente begrenzter Orientierung geprägt. Wir können die konkrete Bedeutung unseres jeweiligen Tuns und mithin seine ethische Qualität nur eingeschränkt kontrollieren. Ein Verhalten kann unter unterschiedliche Beschreibungen gebracht werden; *was* wir im besonderen Fall tun oder getan haben, bleibt prinzipiell offen für Deutungen und Umdeutungen. »Unserer Grammatik«, so hatte Wittgenstein es formuliert, »fehlt es an Übersichtlichkeit.«[13] Die Möglichkeit tragischer Verfehlungen ist in den Grundbedingungen menschlicher Praxis bereits angelegt.

Darüber hinaus klingt in der Passage an, dass wir nicht treffsicher voraussehen können, welche Beschreibungen für angemessen gehalten werden. Die Grundprämisse der *ordinary language philosophy*, dass individuelles Meinen und Verstehen nicht aus lebenspraktischen Kontexten herausgelöst werden kann, impliziert, dass es immer eine *soziale* Verankerung dieses Meinens und Verstehens gibt, über welche wir nicht verfügen können. Unser Sagen und Tun gewinnt seine Bestimmtheit in einem intersubjektiven Sinngeschehen. Eine solche Perspektive hatte Cavell bereits in seinem frühen Aufsatz »Must We Mean What We Say?« entwickelt, in dem die soziale Einbettung des Sprechens am Leitfaden der nur ›implizierten‹ Bedeutun-

---

[11] Vgl. John L. Austin, »A Plea for Excuses«, v.a. S. 123–125.
[12] CoR, S. 324.
[13] Ludwig Wittgenstein, *Philosophische Untersuchungen*, Werke 1, Frankfurt a.M. 1984, § 122.

gen von sprachlichen Äußerungen entfaltet wird: Eine Sprecherin kann sich unmöglich von den Mechanismen der Sinnerzeugung lossagen, die durch die gemeinsam geteilte Sprachpraxis festgelegt werden. Mag es dem meinenden Subjekt auch als Zumutung erscheinen, so ist doch nicht zu leugnen, »that the ›pragmatic implications‹ of our utterances are [...] *meant;* that they are an essential part of what we mean when we say something, of what it is to mean something«.[14] Was immer jemand sagt, bleibt in das fein geknüpfte Netz der gewöhnlichen Alltagspraxis verstrickt und hat *daraus* seinen Sinn. Sich von den Implikationen des eigenen Sprachverhaltens distanzieren zu wollen, läuft im Grunde darauf hinaus, diese unaufhebbar soziale Konstitution allen Verstehens leugnen zu wollen.

Die ›menschliche Stimme‹, von der Cavell spricht, kann nur dann zur Geltung kommen, wenn diese soziale Konstitution des eigenen Meinens und Verstehens eingestanden wird. Diese Stimme in den Diskurs wiedereinzuführen, heißt also nicht einfach, eine Aufmerksamkeit für implizierte Bedeutungen zu entwickeln, sondern zunächst einmal überhaupt die Fantasie einer unumschränkten Kontrolle über den Sinn des eigenen Sprechens aufzugeben. In Cavells Sicht bedeutet es zugleich, die eigene *Endlichkeit* einzugestehen. Mit diesem Eingeständnis *(acknowledgment)* kommt ein Motiv ins Spiel, das sich für Cavells Verständnis von Verantwortung als maßgeblich erweisen wird: Etwas eingestehen bedeutet generell, ein Wissen, das man hat, *als* Wissen anzuerkennen. Sich selbst etwas eingestehen bedeutet, etwas zu akzeptieren, das man eigentlich schon weiß. Sogar ›blanke Tatsachen‹ wollen manchmal erst noch als Tatsachen akzeptiert werden. Der Ausdruck *acknowledgment,* der in deutschsprachigen Beiträgen zum Thema in der Regel als ›Anerkennung‹ übersetzt wird, bezeichnet ein solches Eingeständnis; Cavell rückt ihn in eine Nähe zu *admission* und *confession.*[15] Den Kontrast bildet nicht nur die ›Verkennung‹ und die ›Missachtung‹, sondern vor allem auch die ›Verleugnung‹. Das Verstehen implizierter Bedeutungen, um das es in »Must We Mean What We Say?« geht, liefert ein frühes Beispiel dafür: Wer eine Sprache lernt, erwirbt auch ein Verständnis für sol-

---

[14] MWM 1, S. 12.
[15] Vgl. MWM 9, S. 255 f. Zu einem solchen Verständnis von Anerkennung vgl. auch Patchen Markell, *Bound by Recognition*, Princeton/Oxford 2003 sowie Lars Leeten, »Anerkennung ohne Identitätsideal. Perspektiven kritischer Sozialphilosophie«, in: *Philosophische Rundschau* 58/4 (2011), S. 267–282, v. a. S. 269–272.

che Implikationen; dies leugnen und auf dem idiosynkratischen Sinn der eigenen Äußerungen beharren zu wollen, kommt einer Verleugnung des Verständnisses gleich, das einem eigentlich möglich ist. Wer nur für das einstehen will, *was* explizit gesagt wurde, lehnt sich gleichsam gegen die sozialen Sinnbedingungen auf, die für das eigene Sprechen konstitutiv sind. Da kompetente Sprecher tatsächlich jedoch höchst sensibel für diese Bedingungen sind, da sie andernfalls gar nicht situationsgemäß sprechen könnten, hat dieses Insistieren auf dem individuellen Meinen die Form der Verweigerung eines Eingeständnisses. Verweigert wird das Eingeständnis, dass das eigene Meinen mit der sozialen Sprachpraxis unauflöslich verschmolzen ist.

Die enorme Schwierigkeit eines solchen Eingeständnisses sowie die vielen Weisen, ihm auszuweichen, sind prägende Motive in Cavells Denken. Mit dem Gedanken des *acknowledgment* ist nicht einfach die wechselseitige Anerkennung von Subjekten aufgerufen, sondern eine grundlegende Akzeptanz der Bedingungen, unter denen das menschliche Zusammenleben steht. Diese Bedingungen lassen sich im Kern als solche der Endlichkeit charakterisieren: die Leiblichkeit von natürlichen Personen, ihre Getrenntheit *(seperateness)*, die Vergänglichkeit des menschlichen Daseins, unsere Sterblichkeit, die eigene Unvollkommenheit und Fehlbarkeit, die Unverfügbarkeit des Anderen. In Cavells Theorie des *acknowledgment* ist damit generell der Gedanke eines Widerstands gegen Anerkennung angelegt: Es muss naturgemäß schwerfallen, die Bedingtheit des eigenen Daseins zu akzeptieren, und es wird die Verlockung bestehen, dem Wissen um diese Bedingtheit auszuweichen oder es zu verdrängen. So gehört z. B. etwas dazu, einer Person wirklich in die Augen zu schauen, wenn dadurch die Begrenztheit wahrnehmbar wird, die sowohl die eigene als auch die Existenz des Anderen prägt, die beide verbindet und gleichzeitig trennt. Infolgedessen besteht immer eine gewisse Versuchung, so zu tun, als sähe man den Anderen gar nicht. Das Geschehen des *acknowledgment* hat etwas von einer Zumutung, weil es nicht ohne die Anerkennung der eigenen Endlichkeit vonstatten geht. Die wirkliche Einlassung darauf verlangt, die unverfügbaren Bedingungen des Daseins gelten zu lassen, die eigene Bedürftigkeit und Abhängigkeit nicht weiter zu leugnen. Anerkennung bedeutet damit einen Verzicht auf Souveränität, das Eingeständnis, dass die menschliche Existenzform höchst zerbrechlich ist. Damit freilich ist der Boden für Verkennungen und Selbstverleugnungen bereitet, die in Cavells Sicht für die Tragik des moralischen Lebens eine tiefe Ursache liefern.

Lars Leeten

II Skeptizismus: Der radikale Zweifel als Vermeidungsverhalten

Die besondere Tragik des modernen Lebens ist in Cavells Verständnis zutiefst geprägt durch die Weichenstellungen, die das moderne Denken im neuzeitlichen Skeptizismus hat. Für Cavell besteht ein innerer Zusammenhang zwischen Tragödie und Skeptizismus. Dies legt freilich schon die Grundsituation nahe, dass uns die Implikationen unseres Handelns nie vollständig transparent sind: Sofern die Idee einer rationalen Lebensführung von der Voraussetzung praktischer Gewissheit abhängt, ist sie ständig vom Scheitern bedroht.[16] Cavell hat jedoch Spezifischeres im Sinn: Er sieht eine enge Verwandtschaft zwischen dem philosophischen Skeptizismus, der mit Descartes' Schriften aus den 30er und 40er Jahren des 17. Jahrhunderts verbunden ist, und den späten Tragödien Shakespeares, die zu Beginn desselben Jahrhunderts geschrieben wurden. Der Grundgedanke ist, dass die philosophische Figur des Skeptizismus bereits bei Shakespeare ihren dramatischen Ausdruck gefunden hat. Der skeptische Zweifel ist demzufolge keine Erfindung der Philosophie. Er entspringt der geistigen Verfassung einer Epoche, die durch den Umsturz des vorneuzeitlichen Weltbilds erschüttert und der der Kosmos fremd geworden ist. Cavell kommt es allerdings weniger auf Zeitdiagnosen der Entzauberung an. Sein Akzent liegt auf den Symptomen, das heißt auf den notorisch fehlschlagenden Versuchen, die Vertrautheit der Welt wieder herzustellen und die Entfremdung zu überwinden. »The issues posed is no longer, or not alone, as with earlier skepticism, how to conduct oneself best in an uncertain world; the issue suggested is how to live at all in a groundless world.«[17] Die neuzeitliche Erkenntnistheorie ist aus dieser Sicht die philosophische Variante einer Bewältigungsstrategie, die auch andere lebensweltliche Formen kennt; erst im Zusammenhang mit letzteren werde die Erscheinung des Skeptizismus überhaupt verständlich. Das Studium der Tragödien Shakespeares zielt mithin nicht darauf, einen philosophischen Gedanken durch literarische Beispiele zu illustrieren. Vielmehr stellen die Tragödien des 17. Jahrhunderts und der philosophi-

---

[16] Vgl. dazu auch Christoph Menke, *Die Gegenwart der Tragödie. Versuch über Urteil und Spiel*, Frankfurt a.M. 2005, S. 162: »Die Skepsis des Betrachters tragischer Schicksale betrifft unsere praktische Vernunft; sie ist eine Form praktischer Skepsis.«
[17] DK Introduction, S. 3.

sche Skeptizismus in Cavells Augen zwei Reaktionen auf dieselbe Problematik dar: »tragedy is an interpretation of what skepticism is itself an interpretation of.«[18]

Was ist dieser gemeinsame Kern von Skeptizismus und Tragödie im 17. Jahrhundert? Man kann sich dies vergegenwärtigen, indem man den radikalen skeptischen Zweifel im Licht des Motivs des *acknowledgment* betrachtet: Er stellt sich dann als ein Vermeidungsverhalten dar, das dem Ausweichen vor dem Blick des Anderen eng verwandt ist. Dies wird in der Urszene des neuzeitlichen Skeptizismus greifbar, die in den *Meditationen* geschildert wird. Descartes führt hier vor, wie es aussieht, wenn der Zweifel an den Überzeugungen, die uns alltäglich leiten, bis ins Extrem radikalisiert wird. Zwar hat dieser Zweifel für Descartes methodische Bedeutung: Indem alles, was Raum für Zweifel lässt, so behandelt wird, *als ob* es falsch wäre, soll sich am Ende das *Cogito* als unbezweifelbares Fundament des Wissens herauskristallisieren. Doch malt man sich aus, welche soziale Erscheinungsform ein solch radikaler Zweifel annehmen würde, erweist sich die erkenntnistheoretische Skepsis als tiefes *Misstrauen* gegenüber der Welt und den Anderen. Wenn Descartes etwa über die Sinnlichkeit, die der Philosophie seit je verdächtig war, schreibt, dass es »ein Gebot der Klugheit« *(prudentiae)* sei, »niemals denen ganz zu trauen *(plane confidere)*, die auch nur einmal uns getäuscht haben«,[19] so ist damit ein Weltverlust bereits vorgezeichnet: Die Skepsis betrifft bald den eigenen Körper, die Trennlinie zwischen Wachen und Träumen, ja selbst noch die einzelnen Elemente der sinnlichen Erfahrung. Wo die Maxime des systematischen Vertrauensentzugs die Regie führt, muss der Zweifel nach und nach auf alle Lebensbereiche übergreifen; Erfahrungen der Täuschung und des Sich-Täuschens sind omnipräsent. So bleibt am Ende allein die Existenz des zweifelnden Selbst von der Skepsis ausgenommen. Man könnte zuspitzen: *Das Misstrauen des einsamen Ich ist das einzig Gewisse.* Selbst noch die Gegenwart anderer geistiger Wesen kann sich dieses Ich am Ende nur urteilend erschließen: Am Fenster gehen Menschen vorbei, »von denen ich [...] gewohnt bin zu sagen: ich sehe sie, und doch sehe ich nichts als die Hüte und Kleider, unter denen

---

[18] Ebd., S. 5f.
[19] René Descartes, *Meditationen über die Grundlagen der Philosophie*, Hamburg 1996, Kap. I, § 3.

sich ja Maschinen verbergen können«.[20] Der Gedankengang mag bei Descartes methodisch eingeklammert sein; aber entziffert man ihn als praktisches Verhalten, so zeugt er vom Rückzug eines nicht mehr vertrauensfähigen Individuums auf sich selbst, von einer tiefen Entfremdung, die eine Abkapselung von der Welt und seinesgleichen nach sich zieht.

So verrät sich in dem, was oberflächlich als bloße intellektuelle Verlegenheit erscheint, die historische Erfahrung einer fundamentalen Verunsicherung. Der Zweifel an der äußeren Realität und der Existenz der Anderen ist bei genauerer Betrachtung der Ausdruck eines geradezu verzweifelten Wunschs nach neuer Verbundenheit mit der Welt. Die für die neuzeitliche Erkenntnistheorie so charakteristische ›Suche nach Gewissheit‹ ist in dieser Sicht ein Verlangen nach Nähe zur Welt, nach wiederhergestellter *Intimität*. »I want to say«, schreibt Cavell, »that with the birth of skepticism, hence of modern philosophy, a new intimacy, or wish for it, enters the world«.[21]

Das neuzeitliche Denken ist aber wesentlich von der Idee beherrscht, dass eine neue Rückbindung an die Welt – eine alternative *religio*, wenn man so will – nur durch ein *Wissen* gestiftet werden kann. In dieser nie hinterfragten Grundprämisse werden Cavell zufolge die Weichen für das gesamte Elend der modernen Philosophie gestellt, von den *Meditationen* bis hin zu den analytischen Debatten um *other minds*. Denn es ist eine Sackgasse, die Wohnlichkeit des Kosmos durch epistemische Gewissheit wiederherstellen zu wollen, weil sich in diesem Wunsch gerade das Misstrauen fortsetzt, das die Bindung an die Welt permanent untergräbt. Wer vorgibt, einen ›Beweis‹ zu brauchen, um die Existenz äußerer Dinge und anderer Personen *gelten lassen* zu können, macht sich eine Haltung des maßlosen Vertrauensentzugs zu eigen, die die Entfremdung von der Welt nur vertieft. In Descartes' Vorsatz, Überzeugungen, die Raum für Zweifel lassen, ›als falsch zu *behandeln*‹, kommt diese Haltung zum Ausdruck.

Weil das Problem des Skeptizisten letztlich nicht epistemischer Natur ist, kann es durch einen Zuwachs an Wissen nie gelöst werden. Es ist ein Problem mit der Haltung zur Welt und zum Leben. Was als Krise des Wissens erscheint, ist eine Krise der Anerkennung, welche

---

[20] Descartes, *Meditationen*, Kap. II, § 21.
[21] DK Introduction, S. 21.

sich durch die epistemologische Behandlung nur weiter verschärft. »The world is to be *accepted;* as the presentness of other minds is not to be known, but acknowledged.«[22] Der radikale Skeptizismus ist im Kern eine Verleugnung der Grundverfassung des menschlichen Daseins, seiner Begrenztheit und Abhängigkeit; er ist eine Weltverleugnung, durch die eine Selbstverleugnung aufrechterhalten wird. Sein eigentliches Gesicht zeigt sich daher im Zweifel gegenüber dem ›Fremdpsychischen‹, der die Unterdrückung der menschlichen Stimme gewissermaßen ins Extrem treibt. In ihm wird Cavell zufolge der Keim einer Tragik sichtbar, der den Cartesischen Skeptizismus mit den Figuren Shakespeares verbindet.

Der philosophische Skeptizismus lässt sich so als ein Vermeidungsverhalten dechiffrieren, als Verleugnung dessen, was das soziale Miteinander und damit auch Praktiken des Wissens trägt. Die Haltung des radikalen Zweifels, die nur gelten lassen will, was keinen Raum für Ungewissheit bietet, ist selbst das Beispiel einer solchen Verleugnung, eines *failure of acknowledgment.*[23] Deswegen vermag die neuzeitliche Philosophie die tiefe Erschütterung des menschlichen In-der-Welt-Seins auch nicht zu heilen: Sofern sie die Erlösung in einem Wissen sucht, ist sie selbst eine Spielart der tragischen Verkennung, die der Entfremdung von der Welt zugrunde liegt. Da sie dem Geschehen des wechselseitigen Eingestehens selbst zu entkommen sucht, ist sie dazu verurteilt, das Misstrauen in die Welt fortzuschreiben und noch zu vertiefen. Man könnte auch sagen: Im Skeptizismus schlägt sich eine Verbitterung darüber nieder, was Wissen unter Bedingungen der Endlichkeit überhaupt nur sein kann, und damit einhergehend das Beharren auf einem Wissen eines kategorial anderen Typs. Wer im gewöhnlichen Leben eine Antwort auf eine Frage erhält, ist, wie Wittgenstein einmal bemerkt, »zufrieden« und weist sie nicht als »bloße Antwort« zurück.[24] Der Skeptiker hingegen sieht sich außerstande, das gewöhnliche, menschenmögliche Wissen als Wissen gelten zu lassen.

Im Lichte dieser tragischen Grundstruktur des philosophischen Skeptizismus treten nun Verwandtschaften zwischen dem Zweifel Descartes' und dem Wahn Lears, der Eifersucht Othellos sowie der

---

[22] MWM 10, S. 324.
[23] Zu dieser für Cavells Analysen zentralen Figur vgl. Stephen Mulhall, *Stanley Cavell. Philosophy's Recounting of the Ordinary,* Oxford 1994, S. 110–114.
[24] Wittgenstein, *Philosophische Untersuchungen,* § 503.

Handlungsunfähigkeit Hamlets hervor. Für die Dramaturgie ist entscheidend, dass sich das Scheitern der Anerkennung nicht auf die Verkennung einer zweiten Person durch eine erste Person reduziert. Es geht nicht um einen singulären Akt der Missachtung. Die tragische Dynamik wird vielmehr durch die fatale Tendenz in Gang gesetzt, dem gesamten Anerkennungsgeschehen ausweichen zu wollen: Es ist gewissermaßen die Fantasie, sich der sozialen Verankerung als solcher entziehen und ihrer Logik entkommen zu können, die das Unglück erzeugt. Die Verkennung hat daher zwei Seiten: Es ist die Anerkennung *des* Anderen und die Anerkennung *durch den* Anderen, die gemieden wird. Die Verweigerung gilt gleichsam dem Sehen und dem Gesehenwerden; sie mündet in Blindheit auf der einen und Selbstverhüllung auf der anderen Seite. Beide Seiten sind auf verhängnisvolle Weise darin miteinander verzahnt, dass das Eingeständnis einer ›Getrenntheit‹ oder ›Begrenztheit‹ *(seperateness)* jeweils ausbleibt: Das Ich vermag sich selbst nicht *einzugestehen*, dass es ein anerkennungsbedürftiges, von Anderen zutiefst abhängiges und endliches Wesen ist; und es vermag der anderen Person nicht *zuzugestehen*, dass sie ein ihm entzogenes, eigenständiges, nicht-vereinnahmbares Wesen ist. Im folgenden Abschnitt sei die tragische Dramatik dieser Verleugnung des Unleugbaren am Beispiel des *Othello* konkretisiert.

III Die tragischen Konsequenzen der skeptizistischen Lebensform

In Auseinandersetzung mit Shakespeares späten Tragödien gelingt Cavell eine Vertiefung des Skeptizismusbegriffs, die gleichzeitig als gutes Anschauungsbeispiel dafür gelten darf, wie fruchtbar es sein kann, die Grenzen zwischen Philosophie und Literatur durchlässig zu halten. In einer Reihe von originellen Lektüren versucht er zu zeigen, welcher Typus praktischen Verhaltens sich im philosophischen Skeptizismus manifestiert. Indem er danach fragt, was es bedeuten kann, »seinen Skeptizismus zu leben« *(living one's skepticism)*,[25] wird greifbar, welche existentiellen Hintergründe das radikale Misstrauen hat, das bei Descartes als methodisches Manöver vorgestellt wird. Dabei erweist sich der Skeptizismus, sei es der phi-

---

[25] DK Introduction, S. 13.

losophische oder der gelebte, insbesondere darin als tragisch, dass seine Protagonisten ihr Heil überall in der Welt suchen, nur nicht dort, wo sie es finden könnten: *bei sich selbst*. Die Vermeidung des Anerkennungsgeschehens ist ein Verhaltensmuster, das sich im Insistieren auf Gewissheit keineswegs auflöst, sondern fortsetzt. Die Blickmetaphern im *King Lear* dienen Cavell als Anschauungsmaterial dafür: In der schamvollen Vermeidung des Augenkontakts hat die Flucht vor dem sozialen Sinngeschehen ihre unmittelbarste Erscheinungsform.[26]

Der Begriff des Tragischen erhält dabei einen spezifisch modernen Sinn, der sich vom klassischen Verständnis abhebt: Anders als die tragischen Helden der großen griechischen Dramen, deren Schicksal von den Göttern vorherbestimmt ist und durch Orakel prophezeit werden kann, muss man das Unheil der modernen tragischen Figur in gewisser Hinsicht als *selbstverschuldet* auffassen. Auch wenn dies angesichts der heillosen Verstrickungen, in die diese Figuren geraten, einen leicht zynischen Beiklang haben mag, ist dies für Cavell doch ein zentraler Punkt: Die Figuren in Shakespeares Dramen seien »radically and continuously *free*, operating under their own power, at every moment choosing their destruction«.[27] Obwohl die Handlungsfäden verwickelt sind, haben die Beteiligten sie doch in der Hand; göttliche Strippenzieher gibt es keine. Dabei resultiert die Tragik daraus, dass der Verantwortung ausgewichen wird, *indem* eine Suche nach Erkenntnis vorgeschoben wird. Die abgebrochene Verbindung mit der Welt und den Anderen ließe sich dadurch erneuern, dass sich der tragische Held dem Anerkennen und Anerkanntwerden anvertrauen würde; indem er sie aber von epistemischer Gewissheit abhängig macht, zementiert er die Verweigerung des Eingeständnisses, die das Problem generiert. Je entschiedener er die Lösung des Problems, das ein Problem der Fremd- und Selbstverleugnung ist, außerhalb seiner selbst sucht, desto unausweichlicher ist die menschliche Katastrophe.

Am *Othello* lässt sich dies konkretisieren: Wie ist es möglich, dass der Protagonist sich so täuschen lässt, dass er die Liebe Desdemonas nicht sieht und sie letztlich erdrosselt? Zwar ist Othellos Eifersucht durch die Intrigen des Jago erweckt worden, der auf teuflisch geschickte Weise den Schein von Desdemonas Untreue erzeugt

---

[26] Vgl. MWM 10, etwa S. 272–280.
[27] Ebd., S. 317.

hat. Dennoch liegt der Grund für seine tragische Blindheit in Othello selbst: Cavell lenkt die Aufmerksamkeit auf das Verlangen nach einem »sichtbaren Beweis« *(ocular proof)* für Desdemonas Untreue.[28] Dabei ist es die Fixierung auf Beweisbarkeit als solche, die ihr Schicksal besiegelt: Da man sich einer Liebesbeziehung nie absolut sicher sein kann, muss der Wunsch nach endgültiger Gewissheit sie letztlich unterhöhlen. In Othellos Fall führt dieser Wunsch, der dem Streben nach absoluter Vereinnahmung verwandt ist, dazu, dass er sich eher der von Jago angebotenen Logik der Beweisführung anvertraut, als an die Liebe seiner Frau zu glauben, welche anderen Gesetzen folgt. Auf eigentümliche Weise, so beschreibt Cavell diese fatale Präferenz, *will* Othello Jago glauben: Anders als menschliche Beziehungen kennt die Epistemologie der Überführung immerhin ›sichtbare Beweise‹ und damit (scheinbar) Gewissheit.[29] Jagos diabolisches Geschick liegt darin, dass er dieses Verlangen zu befriedigen weiß: Mit Hilfe seiner Frau Emilia hat er Cassio das bestickte Taschentuch der Desdemona untergeschoben und kann Othello so das Beweisstück liefern, das dieser sucht. »Ihre Ehre«, so bemerkt Jago über Desdemona, »ist eine Sache, die nicht zu sehen ist; die haben sie sehr oft, die sie nicht haben; aber wegen des Taschentuchs ...«[30] Als Othello das Taschentuch schließlich in den Händen Cassios sieht, nimmt das Unheil seinen Lauf.

Wie ist diese fatale Attraktionskraft der Logik der Beweisführung zu erklären? Cavell sieht die Antwort darin, dass sie etwas zu verhüllen erlaubt, was noch unerträglicher ist als die schrecklichste Schlussfolgerung es sein könnte. »Iago, we might say, offers Othello an opportunity to believe something, something to oppose something else he knows«.[31] Jago bietet Othello die Möglichkeit, einem anderen Wissen, das sich ihm aufdrängen will, auszuweichen. Der Zweifel an der Treue dient, wie Cavell es formuliert, Othello als »cover story« für eine tiefere Einsicht, »a yet more terrible certainty, an unstatable

---

[28] Vgl. CoR, S. 484, und Shakespeare, *Othello*, engl.-dt., Stuttgart 2013, III 3, 366.
[29] Vgl. CoR, S. 488 f.: »I am claiming that we must understand Othello, on the contrary, to want to believe Iago, to be trying, against his knowledge, to believe him. Othello's eager insistence on Iago's honesty, his eager slaking of his thirst for knowledge with that poison, is not a sign of his stupidity in the presence of poison but of his devouring need for it.«
[30] Shakespeare, *Othello*, IV,1, 16–18.
[31] CoR, S. 484.

certainty«.[32] Dieses andere, tiefere Wissen ist das Wissen um die Endlichkeitsbedingungen, unter denen das Zusammenleben der Liebenden steht. Dass Desdemona und er selbst als wirkliche Personen leiblich, begrenzt, mangelhaft, fehlbar und sterblich sind, dass dies Menschsein *bedeutet* – das ist die Wahrheit, die so furchtbar ist, dass Othello eher seine Geliebte und sich selbst zerstört, als sie sich einzugestehen. Es ist das zentrale Motiv von Cavells Deutung, dass der Skeptizismus ein Versuch ist, die existentiellen Unzulänglichkeiten der *conditio humana* zu leugnen, indem man sie zu intellektuellen Problemen umwidmet.[33] Im *Othello* kann man eine Variante dieses Motivs etwa in den Bezügen zur Körperlichkeit und Geschlechtlichkeit Desdemonas sehen, in der für Othello irritierenden Tatsache, dass sie ›Fleisch und Blut‹ ist. In der Hochzeitsnacht, mit der das Stück einsetzt, muss dies für ihn evident geworden sein: Seit er die geschlechtliche Dimension seiner Geliebten entdeckt hat, verfolgt ihn, so Cavells Deutung, das Wissen um ihre Körperlichkeit, ihre gewöhnliche Menschlichkeit und Mangelhaftigkeit. Indem Othello dieser Dimension die Anerkennung verweigert, weicht er gleichzeitig dem Eingeständnis seiner eigenen Sterblichkeit aus: »For if she is flesh and blood then, since they are one, so is he.«[34] Dieses Vermeidungsverhalten bestimmt noch seine Mordtat: Cavell macht dies an der Metaphorik der Versteinerung fest, die bereits früh im Stück in Erscheinung tritt, an der Fantasie von der marmorhaften Schönheit der Desdemona.[35] Indem das Leben aus ihrem Körper entweicht, geht ihr leibliches Dasein gleichsam in einen statuenhaften Zustand über. Gleichzeitig wird sie so in einen Zustand der makellosen Unschuld zurückversetzt, der sie nun für Othellos Suche nach Erkenntnis wieder neu zugänglich macht: »A statue, a stone, is something whose existence is fundamentally open to ocular proof. A human being is not.«[36] So ist zu erklären, warum sich Othellos Blick durch den Tod Desdemonas wieder für die Wahrheit öffnet: Emilias kurze Aufklärung über den wahren Verbleib des Taschentuchs genügt ihm, um Jagos Intrige zu durchschauen. Diese rasante Aufhebung der Täu-

---

[32] Ebd., S. 493.
[33] Vgl. ebd., S. 493: »But then this is what I have been throughout kept arriving at as the cause of skepticism – the attempt to convert the human condition, the condition of humanity, into an intellectual difficulty, a riddle.«
[34] Ebd., S. 491.
[35] Vgl. ebd., S. 482 oder S. 489.
[36] Ebd., S. 496.

schung und die folgende Selbsttötung ist Cavell zufolge nur dadurch begreiflich, dass hier eine Einsicht greift, die eigentlich schon längst gewonnen war.[37]

So wirkt Desdemonas Tod gleichzeitig wie ein Beweis ihrer Unschuld. Diese fatale Logik ist, wie Cavell am Schluss von *The Claim of Reason* bemerkt, der berüchtigten Hexenprobe verwandt, bei der die Verdächtigte gefesselt ins Wasser geworfen wurde: Ertrinkt sie, gilt sie als unschuldig; überlebt sie, wird sie als Hexe hingerichtet.[38] Gemeinsam ist beiden Vorgängen, dass sich eine epistemische Logik der Beweisführung über eine soziale Logik legt: In ihrer Anwendung auf zwischenmenschliche Beziehungen wird die Sachlogik zu einer Art Kriminalistik, die in Grausamkeit mündet. Wo die Erlangung von Gewissheit höher gewichtet wird als die soziale Bindung, ist menschliches Leben nicht möglich.

In der Tragödie werden die Folgen des Beharrens auf epistemischer Gewissheit in ihrer dramatischsten Form durchgespielt. Cavell beschreibt sie auch als den Ort, an dem es nicht ungestraft bleibt, wenn die Begrenztheit menschlicher Existenz verschleiert wird, sondern wo dieses Vermeidungsverhalten tatsächlich in die Katastrophen mündet, die in ihm angelegt sind:

> Tragedy is the place we are not allowed to escape the consequences, or price, of this cover: that the failure to acknowledge a best case of the other is a denial of that other, presaging the death of the other, say by stoning, or by hanging; and the death of our capacity to acknowledge as such, the turning of our hearts to stone, or their bursting.[39]

Die Tragödie geht der Tendenz zur Gewalt, die dem übersteigerten Wissenwollen und dem radikalen Zweifel gegenüber Anderen innewohnt, bis in ihre zerstörerischsten Folgen hinein nach. Es ist zu vermuten, dass die Konsequenzen im wirklichen Leben der Zuschauer, die in die Tragödie verwickelt werden,[40] nicht notwendig so dramatisch sind und sie ihnen durchaus auch erfolgreich ausweichen können. Die Vermeidung des Eingeständnisses der eigenen Endlichkeit

---

[37] Vgl. ebd., S. 488: »Shall we say he recognizes the truth too late? The fact is, he recognizes it when he is ready to, as one alone can; in this case, when its burden is dead.«

[38] Vgl. ebd., S. 495 f.

[39] Ebd., S. 493.

[40] Cavell hat ausführliche Überlegungen dazu angestellt, wie dies genau geschieht: vgl. David Rudrum, *Stanley Cavell and the Claim of Literature*, Baltimore 2013, S. 177–199.

dürfte etwas ganz Gewöhnliches sein. Was also ist die Lektion der Tragödie für eine moralische Auseinandersetzung, die den Faden zum moralischen Leben nicht abreißen lassen will?

IV Moralische Verständigung jenseits von Beweisführung

Welche Möglichkeiten der Verständigung eröffnen sich, wenn die Logik der Beweisführung nicht länger die Richtung bestimmt? Wie gestaltet sich eine moralische Auseinandersetzung, in der die gewöhnliche ›menschliche Stimme‹ wieder Geltung hat? Cavell charakterisiert die Überwindung des Skeptizismus, den er auch als ›Flucht vor dem Gewöhnlichen‹ *(flight from the ordinary)*[41] begreift, gelegentlich als ›Heimkehr zum Gewöhnlichen‹.[42] Das Eingeständnis der Bedingtheit der alltäglichen Welt ist eine Rückkehr, sofern der Traum, die menschliche Realität in ihrer Unordnung und Vieldeutigkeit hinter sich lassen zu können, verabschiedet wird: Anstatt ein Wissen anzustreben, das über den menschlichen Dingen schwebt, besinnt man sich auf das diesseitige Wissen, das man eigentlich immer schon hatte.

Nun führt die Überwindung der skeptizistischen Haltung freilich nicht zur Beseitigung aller Zweifel. Sie führt vielmehr in ein Leben, das einen *Umgang* mit dem Zweifel gefunden hat, das der irdischen Welt trotz ihrer epistemischen Widerständigkeit innig verbunden ist: »To live in the face of doubt, eyes happily shut, would be to fall in love with the world«.[43] Nur aus der Sicht des unverbesserlichen Skeptizisten ist es ein Scheitern, wenn die Suche nach Gewissheit ergebnislos abgebrochen werden muss. Tatsächlich ermöglicht die Akzeptanz der Fehlbarkeit eine neue Intimität mit der Welt und

---

[41] Vgl. PDAT 6, S. 134.
[42] Den Begriff der ›Heimat‹ benutzt Wittgenstein, als er seine Methode einer ›Rückführung‹ der Wörter ins Alltägliche charakterisiert. Vgl. ders., *Philosophische Untersuchungen*, § 116: »Wenn die Philosophen ein Wort gebrauchen […] und das *Wesen* des Dings zu erfassen trachten, muß man sich immer fragen: Wird denn dieses Wort in der Sprache, in der es seine Heimat hat, je tatsächlich so gebraucht? – *Wir* führen die Wörter von ihrer metaphysischen, wieder auf ihre alltägliche Verwendung zurück.« Cavell schreibt dazu in PDAT 2, S. 48: »Considering Wittgenstein's procedures, he is evidently characterizing his late way of bringing language back home, back to the order he calls the ordinary, of calling language to attention, retrieving it, as if anew, from chaos.«
[43] CoR, S. 431.

damit eine neue Lebensweise. Moralphilosophisch entscheidend ist dabei, dass das Eingeständnis der Endlichkeit eine *Verantwortungsübernahme* ermöglicht, die das ethische Wissenwollen systematisch blockieren kann. Dieser Gedanke soll hier im Zentrum stehen: Zunächst sei vor Augen geführt, wie die Reduktion moralischer Überlegungen auf die Ausweisung von normativen Wissensansprüchen in die moralische Blindheit führt, deren tragische Konsequenzen im letzten Abschnitt erörtert wurden. Dadurch wird dann nachvollziehbar, warum es für Moraldiskurse wesentlich sein muss, dass sie einen Umgang mit der Unwägbarkeit pflegen: In gewisser Hinsicht ist das Eingeständnis von Endlichkeit und des eigenen Nichtwissens der *Anfang* von moralischer Verantwortung.

Machen wir uns zuerst klar, wie sich ein Moraldiskurs, der ausschließlich auf begrifflicher Logik basiert, vor dem Hintergrund des Gesagten nun darstellt: In »Must We Mean What We Say?« begegnete der Gedanke, dass es ein Akt der Verleugnung ist, sich von dem impliziten Sinn, den das eigene Sprachhandeln in konkreten sozialen Kontexten gewinnt, distanzieren und auf idiosynkratischen Bedeutungen insistieren zu wollen. Stehe ich nur für das ein, *was* ich explizit gesagt habe, leugne ich die intersubjektive Dimension sprachlichen Sinns, auf die ich mich in Wahrheit bestens verstehe. Bereits in diesem Essay verwendet Cavell den Begriff der Verantwortung, um die soziale Eingebundenheit der Rede zu beschreiben: »We are [...] exactly as responsible for the specific implications of our utterances as we are for their explicit factual claims.«[44] Es ist also eine Verleugnung von Verantwortung, die Implikationen des eigenen Sprachverhaltens als pragmatische Nebeneffekte zu werten, für die man nicht aufzukommen hat. Wer beansprucht, nicht das meinen zu müssen, was ein Sprechen ›nur impliziert‹, beansprucht im Grunde, sich außerhalb der sozialen Verhältnisse aufstellen zu können und auf die Logik des überindividuellen Sinngeschehens nicht festgelegt zu sein. Das eigene ›Meinen‹ auf den *semantischen Gehalt* der Rede beschränken zu wollen, läuft im Grenzfall auf eine Verleugnung der Verflochtenheit des Sprechens mit der gemeinsamen Welt hinaus – eine Verleugnung, weil grammatisches Wissen das Wissen um implizite Bedeutungen tatsächlich mit umfasst.

Der Gedanke, dass es nie Sache des Einzelnen sein kann, den Sinn des eigenen praktischen Verhaltens zu bestimmen, hat tiefgrei-

---

[44] MWM 1, S. 12.

fende Konsequenzen für die Zuschreibung von Verantwortung sowohl im sprachlichen als auch im nichtsprachlichen Handeln. Hängt es nicht von mir allein ab, wie mein Tun jeweils verstanden werden soll, kann ich nicht allein wissen, *wofür ich verantwortlich zeichne*. Daraus ergibt sich eine Notwendigkeit der intersubjektiven Umgrenzung von Verantwortungen, welche gar nicht in den Blick kommen kann, solange die Beschreibung von Handlungsvollzügen als unproblematisch gilt und sich der moralische Diskurs auf normative Geltungsansprüche fokussiert, die eine Klärung der ›Sachlage‹ schon voraussetzen. Für die Beteiligten muss es dann so aussehen, als reduzierte sich moralische Verantwortung am Ende auf die Verpflichtungen, die im Rahmen einer geregelten Semantik einsichtig gemacht und durch Gründe ausgewiesen werden können. In dieser Perspektive könnte man der eigenen Verantwortung nachkommen, indem man sich so umsichtig verhält, dass man der Kritik des Argumentationsverfahrens entgeht. Moralität wäre so im Grenzfall die Cleverness, sich nachweisbar ›moralisch einwandfrei‹ zu verhalten; sie wäre die Kompetenz, bei einem Spiel der Moral mitzuspielen, dessen Regeln im Prinzip ausformuliert werden können und dessen Ziel es ist, *moral champion* zu werden.[45] Dem würde eine ›verrechtlichte‹ Form der Moralverständigung entsprechen, die in erster Linie auf die *Abwehr* von Verpflichtung angelegt ist.

Im Diskurs um die Moral kann es daher nicht allein darum gehen, die Richtigkeit moralischer Urteile in einem sachlogischen Sinn nachzuweisen. Eine solche Kommunikationsform hätte ihren Ort in sozialen Beziehungen, die nur noch die Cleverness kennen und sich für die impliziten, nur mitklingenden Bedeutungen unempfänglich machen. Modelle für eine solche Lebensform könnte man mit Cavell in Becketts *Endspiel* finden:

HAMM: Ich habe dich zuviel leiden lassen. *Pause.* Nicht wahr?
CLOV: Das ist es nicht.
HAMM *entrüstet:* Ich habe dich nicht zuviel leiden lassen?
CLOV: Doch.
HAMM *erleichtert:* Ah! Immerhin![46]

---

[45] Vgl. CoR, S. 296: »That moral conduct cannot be practiced in *that* way [scil. mit Bezug auf gegebene Regeln], that you cannot become a moral champion in that way, and that no one can settle a moral conflict in the way umpires settle conflicts, is essential to the form of life we call morality.«
[46] Samuel Beckett, *Endspiel/Fin de partie/Endgame*, Frankfurt a.M. 1974, S. 17; vgl. MWM 5, S. 124.

Während der pragmatische Sinn der ersten Äußerung Hamms unter normalen Umständen darin läge, dass er seine Grausamkeit gegenüber Clov eingesteht, erweckt der weitere Verlauf des Dialogs den Eindruck, dass er sie als bloße Tatsachenfeststellung versteht. Nicht auf Verzeihung, sondern auf die inhaltliche Bestätigung der Aussage scheint seine Äußerung zu zielen. In diesem ›Buchstäblich-Machen‹ *(literalization)* sieht Cavell den Kern einer Form der Kommunikation, in der sich die Personen aus ihrem Sprechen gleichsam zurückziehen und nur für den *Wortlaut* ihrer Äußerungen einstehen wollen. »The strategy of literalization is: you say *only* what your words say. That's the game, and a way of winning out.«[47] Dass dabei von einem ›Spiel‹ die Rede ist, deutet nicht nur an, dass dem eine Kodifizierung der Spielregeln vorausgeht, sondern auch, dass bei dieser Form der Kommunikation vor allem Klugheit und ›Witz‹ *(wit)* gefragt sind:

> What counts as insight or perceptiveness in such dialectic is the wit to come up with an answer, resulting in that special state of impotence in which the other knows he is not convinced but feels he hasn't the right not to be convinced.[48]

Eine Diskurspraxis, bei der die Beteiligten nur für das verantwortlich zeichnen, was sie explizit oder buchstäblich sagen, präsentiert sich als eine Art Schachspiel, bei dem die Spieler durch möglichst geschickte Züge versuchen, sich selbst unangreifbar zu machen und den Gegner in die Ecke zu drängen. Entsprechend kann ein argumentatives Verfahren, das die Gültigkeit von ethischen Behauptungen nach festen Regeln zu prüfen erlaubt, unweigerlich als Mittel aufgefasst werden, moralische Verpflichtungen den Anderen gegenüber geltend zu machen, während jede eigene Schuldigkeit zurückgewiesen wird. Je mehr sich die Beteiligten dem ›reinen Gehalt‹ normativer Behauptungen zuwenden, desto mehr müssen sie sich vom sozialen Sinn ihres Sprechens abwenden; darauf beruht die Strategie der Buchstäblichkeit. Man kann sich vorstellen, dass diese Reduktion auf die logische Dimension des Sprechens im Einzelfall an moralische Verwahrlosung grenzen kann. Was als begriffliche Bestimmtheit auftritt, kann tatsächlich der Rückzug einer Person sein, die nur noch für

---

[47] Ebd., S. 126.
[48] Ebd., S. 127.

klug ausgewählte Worte einsteht und anderes nicht gesagt haben will.[49]

Damit sollte deutlich sein, warum Moraldiskurse in Cavells Sicht nicht gelingen können, wenn sie keinen Umgang mit der Unüberschaubarkeit und Vieldeutigkeit der Lebenspraxis suchen. Der ethische Streit lässt sich nicht lösen, indem man ihn der Kontrolle eines bestimmenden Denkens unterstellt; er kann im Gegenteil erst dann richtig anfangen, wenn eingeräumt wird, dass das Begreifen eine Grenze hat. Wo die Ethik die chaotische oder ›konfuse‹ Grundverfassung der Alltagspraxis als zu überwindendes Übel betrachtet, dort verliert sie den Sinn für eine elementare Dimension von Moralität. Diese Dimension eröffnet sich gerade mit der Unüberschaubarkeit des Daseins: mit der Tatsache, dass Menschen fehlbar sind und unter Bedingungen begrenzter Übersicht handeln, mit Ambivalenzen und Unwägbarkeiten umgehen müssen, dass sich nicht von selbst versteht, wo die Grenzen der gemeinsam geteilten Welt verlaufen. Wer nur die methodisch *ausweisbare* Verpflichtung akzeptiert, ist für diese fundamentale Bedeutung konkreter Verantwortung unansprechbar und taub für das, was Cavell die ›menschliche Stimme‹ nennt.

Das Beharren auf moralischem Wissen blockiert die Anerkennung der Verpflichtungen, die dem gesicherten Wissen vorhergehen, da sie der menschlichen Daseinsform innewohnen, welche sich epistemischer Vereindeutigung sperrt. Für diese Verpflichtungen, die gerade zu den grundlegendsten gehören, wird jemand daher erst ansprechbar, nachdem das Ideal der Wissbarkeit moralischer Verpflichtungen aufgegeben wurde. Das ist die moralische Bedeutung des Eingeständnisses von Endlichkeit: Die ernsthafte Moralreflexion kann erst anfangen, wenn die Beteiligten akzeptieren, dass ihre Kontrolle über den sozialen Sinn ihres Verhaltens begrenzt ist, dass sie nicht individuell bestimmen können, *was es genau ist,* das sie tun, und dass die Grenzen ihrer Verantwortung nicht mit den Grenzen ihrer rationalen Kontrolle zusammenfallen. Wir sind nicht die souveränen

---

[49] Ein frühes Beispiel für diese Pathologie von Diskursen liefert der Dialog von Sokrates und Kallikles in Platons *Gorgias*: Darin versucht Kallikles wiederholt, seine Persönlichkeit hinter ›bloßen Worten‹ zu verbergen. Das Problem dabei liegt nicht darin, dass Kallikles sich der Praxis der Argumentation entziehen will, sondern darin, dass er diese Praxis der Argumentation im Gegensatz zu Sokrates *formal* verstanden wissen will. Vgl. dazu Lars Leeten, »Rhetorik der Mäßigung. Sophistische Elemente der sokratischen Dialektik in Platons *Gorgias*«, in: *Philosophisches Jahrbuch* 123/2 (2016), S. 334–351.

Herrscher darüber, was wir wollen und meinen; diese Einsicht befähigt erst zum ernsthaften Moraldiskurs. Cavell zufolge steht in solch einem Diskurs sogar *primär* auf dem Spiel, wie die Beteiligten ihr Verhalten in einer gegebenen Situation jeweils beschreiben und wofür sie entsprechend einstehen wollen. »The point of the assessment is [...] to determine *what* position you are taking, that is to say, *what position you are taking responsibility for* – and whether it is one I can respect.«[50] Die Auseinandersetzung darum, in welchem Licht das Handeln-in-Situationen zu sehen ist, ist bereits die wesentliche Auseinandersetzung. Die Frage ist, *wie* Situationen wahrgenommen und beschrieben werden sollen; daran macht sich das gelebte Ethos fest. Der Einsatz des Moraldiskurses besteht darin, wie man sich selbst verortet, wie man sich selbst definiert, unter welchem Aspekt man die Dinge sieht und für welche Haltung man einstehen will. Die Frage, wie sich Handlungsweisen begründen lassen, steht dahinter zurück.[51]

Während die Reduktion auf normative Gehalte das responsive Verhältnis zwischen den beteiligten Personen gleichsam unterbricht, ist diese Verständigung über ›Positionen‹ auf eine Klärung angelegt, wie weit die gemeinsame moralische Welt reicht. Ein solcher Dialog setzt voraus, dass man sich auf die ethische Orientierung des Anderen auch dort einlässt, wo sie nicht als Überzeugungssystem repräsentiert werden kann und sich der Buchstäblichkeit entzieht. Ohne das Eingeständnis, dass wir unser Handeln und Sprechen nur begrenzt zu kalkulieren vermögen, ist ein solcher Dialog blockiert. Unser Sprechen kann immer unintendierte Nebenbedeutungen haben, wie unser Handeln immer unintendierte Folgen haben kann. Es kann vorkommen, dass wir durch unser Tun etwas in die Welt setzen, was wir nicht in die Welt setzen wollten. Wir sind, in der Sprache der Tragödie gesagt, nicht davor geschützt, schuldlos schuldig zu werden. Nichts kann uns davor bewahren, dass sich der Sinn unseres Tuns in unvorhergesehener Weise verschiebt, und *doch* können wir für dieses Tun verantwortlich bleiben:

---

[50] CoR, S. 268. – Zu Cavells Verständnis von moralischen Diskursen vgl. Mulhall, *Stanley Cavell*, S. 34–48 oder Espen Hammer, *Stanley Cavell. Skepticism, Subjectivity, and the Ordinary*, Cambridge 2002, S. 120–128.
[51] Zu diesem an Austin anschließenden Verständnis des Moraldiskurses als Bestimmung von Positionen vgl. auch Leeten, »›Placing oneself in the world‹«, v.a. S. 160–164.

> Whether we have done what we have undertaken is a matter of how far we can see our responsibilities, and see them through. [...] What we are responsible for doing is, ineluctably, *what in fact happens*. But *that* will be described in as many ways as our actions themselves.[52]

Die Akzeptanz dieser tragischen Grundsituation ist zentral für das Szenario, das Cavell von ethischer Verantwortung entwickelt. Jedes Handeln kann unbeabsichtigte Schatten werfen. Nur wenn diese Tragik nicht beiseite geschoben wird, lässt sich mit ihr umgehen; nur dann weitet sie sich nicht zur veritablen Tragödie aus. Wie in der Sprache die Verlockung besteht, auf einem idiosynkratischen Meinen – auf der Möglichkeit einer ›Privatsprache‹ – zu insistieren, so wird generell die Verlockung bestehen, unintendierte Handlungsfolgen als Komplikationen des Schicksals zu werten, für die man nicht einstehen muss. Cavell könnte man so verstehen, dass er die verhängnisvollen Konsequenzen solcher Distanzierungen sichtbar machen will: Die Vorstellung des ›wissenden Subjekts‹ kann zu einer fundamentalen Minderung der Verantwortungsfähigkeit führen. Die Logik der Beweisführung kann dazu verleiten, Verantwortung durch intellektuelles Geschick zu reduzieren. Ethischer Unwille kann sich immer als epistemische Unzufriedenheit ausgeben. Erst wer nicht mehr die alleinige Deutungshoheit über sein Tun beansprucht, wird für die Variation von Handlungsbeschreibungen offen, die Cavell zufolge den Kern der moralischen Überlegung ausmachen. Verantwortung besteht wesentlich in der Bereitschaft zur Neuausrichtung der Aufmerksamkeit. Diese ist aber nur gegeben, wo die Fantasie verabschiedet wurde, dass es in der Welt des Praktischen vollkommene Durchsichtigkeit geben könnte. In diesem Sinne vollzieht sich mit dem Eingeständnis der Endlichkeit der Übergang von einer epistemischen zu einer ethischen Logik. Die Anerkennung der Unvollkommenheit ist der Anfang von Verantwortung.

V Die Form der Moralphilosophie

In der Einleitung wurde an die alte aristotelische Einsicht erinnert, dass die Genauigkeit, die man im praktischen Denken verlangt, nicht von derselben Art sein kann, wie man sie im theoretischen Denken

---

[52] CoR, S. 324.

verlangt. Man verfehlt die Welt der menschlichen *pragmata*, wenn man sie sich mit sachlogischer Präzision zurechtlegen will. Cavell macht darauf aufmerksam, welche Konsequenzen es haben kann, wenn man diese alte Einsicht vergisst: Indem das moderne moralische Denken seine Wissensstandards zu hoch ansetzt, fällt es einer spezifischen Tragik zum Opfer. Diese Tragik entspringt nicht aus den Unwägbarkeiten der praktischen Welt selbst; sie entsteht vielmehr dadurch, dass alles Unwägbare in der Waagschale der praktischen Vernunft kein Gewicht haben soll: Das skeptizistische Denken missversteht das Fehlen von Gewissheit als Nichtwissen, und das bereits gegebene moralische Verständnis verfällt dadurch in einen Zustand der Lähmung. Darin liegt Cavell zufolge die Tragödie der modernen Moralität.

Das Gesagte sollte deutlich gemacht haben, dass die akademische Moralphilosophie in besonderer Weise in der Gefahr steht, in diesen Lähmungszustand zu verfallen. Sofern sie wirklich die Form annimmt, die in den Ethik-Lehrbüchern beschrieben wird, ist ihr gerade daran gelegen, Verfahren der normativen ›Beweisführung‹ zu entwickeln. Glaubt man Cavell, wird sie dadurch in einem fundamentalen Sinn blind für die Verpflichtungen, die nicht durch Beweisführung entstehen, sondern uns im Zuge eines nicht vorwegnehmbaren intersubjektiven Geschehens zufallen. Der *Anspruch der anderen Person* – das ist Cavell zufolge das einzige, was ich in der moralischen Auseinandersetzung nicht ignorieren kann, was ihre Grammatik also am nachhaltigsten prägt.[53] Diese Grammatik hat nicht die Form der Urteilslogik; sie liegt in den unverfügbaren Bedingungen des menschlichen Miteinanders. Erst indem man das Bestreben aufgibt, diese zu überwinden, wird man in bestimmter Weise moralisch ansprechbar. Der Wille zur vollständigen moralischen Klarheit hingegen kann in eine Unempfänglichkeit für Verpflichtung umschlagen.

Dies sagt gleichzeitig etwas über die *Form*, die sich für die Moralphilosophie empfiehlt: Die Diagnose, dass logisch-begriffliche Verfahren für die ethische Reflexion unzureichend sind, weil sich die wirkliche Lebenspraxis ihnen entzieht, scheint die akademische Ethik auf den ersten Blick als solche in Frage zu stellen. Sofern Philosophie bestimmendes Denken ist, hat sie für den Umgang mit Unbestimmtheit wenig Rezepte. Tatsächlich aber ergibt sich dieses Problem nur,

---

[53] Vgl. z. B. CoR, S. 326.

wenn ein äußerst verengter Philosophiebegriff vorausgesetzt wird. Gerade im Bereich des Praktischen ist eine solche Verengung weder zwingend noch naheliegend: Wo ernsthaft darüber nachgedacht wurde, ›wie man leben soll‹, hat man seit je auf Medien zurückgegriffen, die eine Wirksamkeit für das eigene Ethos entfalten können, die die Urteilskraft schulen und die ethische Wahrnehmung üben können. Cavells Schriften machen darauf aufmerksam, dass die Arbeit an *ästhetischen Formen* für die Ethik sogar essentiell ist. Das alltägliche moralische Urteil orientiert sich nicht an der Logik moralischer Begriffe, wie es die akademische Moralphilosophie oft vorsieht. Es folgt einer subtilen, nuancierten Logik, die mit der Weise zusammenhängt, wie wir das Besondere wahrnehmen. Wer diese nicht-kodifizierbare Logik studieren will, findet in ästhetischen Darstellungsformen das geeignete Material. Anders als Verfahren der Argumentation bieten Film, Literatur oder Drama den Raum für die Feindifferenzierungen, die im praktischen Denken im konkreten Fall leitend sind, für dichte Beschreibungen und die aufmerksame Betrachtung von Situationen mit ihren zahllosen Aspekten. Ästhetische Medien können außerdem die Uneindeutigkeiten, Spannungen und Zerrissenheiten vor Augen führen, die eine Argumentationslogik zum Zwecke der Eindeutigkeit neutralisieren muss. Sie sind damit auf eine Weise ›realistisch‹, wie es normative Systeme nie sein können. Wenn beim Übergang vom begrifflichen zum ästhetischen Verfahren die Eindeutigkeit der moralischen Begriffe verloren geht, so ist das kein Preis, den die Ethik für größere Realitätsnähe zahlen muss, sondern selbst ein Merkmal dieser Realitätsnähe.

Bei diesem Realismus geht es nicht um bloße Repräsentation. Die Neutralisierung der Vieldeutigkeit, die die normalwissenschaftliche Ethik kennzeichnet, ist mehr als nur Weltfremdheit. Ob man der unwägbaren Verfassung der Lebenspraxis gerecht wird oder nicht, ist selbst bereits eine ethische Frage. Das Unbehagen des vernunftoptimistischen Moralphilosophen, der sich auf die Tagesgeschäfte des alltäglichen Daseins nicht einlassen mag, muss man nach dem Gesagten als Weigerung deuten, sich ernsthaft mit den basalen Verpflichtungen zu befassen, die allen moralischen Begründungen vorhergehen. Aus Cavells Beiträgen zur Ethik kann man die Einsicht gewinnen, dass gerade die größte intellektuelle Sorgfalt ein solcher Akt der Verdrängung sein kann: Wer die eigene Moralität von einem Wissen abhängig macht, das das gewöhnliche Leben hinter sich lässt, kann sich immer von moralischer Verpflichtung freisprechen.

Wenn *The Claim of Reason* mit der Frage endet: »But can philosophy become literature and still know itself?«,[54] so ist darauf zu antworten, dass die Philosophie noch lange nicht Literatur wird, wenn sie sich auf das Reflexionsmedium der Literatur einlässt. Die Ethik ist kein System von Überzeugungen, das sich ausformulieren lässt; und sie muss auch nicht zu einem solchen System gemacht werden, damit sie an Bildungsinstitutionen gelehrt werden kann. Die Ethik ist stets eine Praxis gewesen, eine Kultur, eine Übung, ein Gespräch; und es gibt keinen schlagenden Grund, warum die akademische Ethik heute keine solche Praxis sein sollte. Allerdings liefert Cavell gute Gründe, den gängigen Lehrbüchern der Ethik zu misstrauen. Hinter der stolzen Auskunft, dass Philosophie ›nicht Literatur‹ ist, kann sich stets eine Verweigerung von Verantwortung verbergen, der nicht leicht auf die Spur zu kommen ist.

---

[54] Ebd., S. 496.

Hunger nach Unsterblichkeit

Stanley Cavells *Coriolanus*

Eike Brock

> Wenn es Götter gäbe, wie hielte ich's aus, kein Gott zu sein. Also gibt es keine Götter.
> (Friedrich Nietzsche, *Also sprach Zarathustra*)

I Einleitung. Cavells therapeutische Philosophie

Das Werk Stanley Cavells zeichnet sich sowohl durch seine gleich ins Auge springende (thematische, methodische und stilistische) Unkonventionalität aus als auch durch besonderen, manchmal in Erfindungsreichtum abgleitenden Geistreichtum. Es ist »anregend, komplex und provokant«[1] und »bahnt sich langsam seinen Weg in die deutschsprachige Philosophie.«[2] Bislang ist dieser Weg vor allem mit sprachphilosophischen Beiträgen gesäumt. In jüngerer Zeit gerät indessen auch das im strengeren Sinne moralphilosophische[3] Werk Cavells in den Fokus.[4] In seinem moralphilosophischen Hauptwerk *Cities of Words* buchstabiert Cavell sein in *Conditions Handsome and Unhandsome* (1990) erstmals (explizit) ins Spiel gebrachtes Konzept des moralischen Perfektionismus weiter aus, indem er eine Reihe von philosophischen Texten in ein Gespräch mit narrativen Kunstwerken, d.h. mit literarischen Werken und Filmen, bringt. Durch diese Kontrastierung und wechselseitige Beleuchtung von theoreti-

---

[1] Ludwig Nagl, »Schwerpunkt: Die Philosophie Stanley Cavells«, in: *Deutsche Zeitschrift für Philosophie* 46, 1998/2, S. 209–210, hier: S. 209.
[2] Martin Hartmann, »Schwerpunkt: Stanley Cavells Philosophie«, in: *Deutsche Zeitschrift für Philosophie* 55, 2007/2, S. 220–224, hier: S. 220.
[3] Wenn ich in diesem Zusammenhang von einem ›strengeren‹ Sinn spreche, will ich dem Umstand Rechnung tragen, dass Cavells Philosophie auch dann, wenn sie sich mit der sogenannten Philosophie der normalen Sprache oder mit prima facie erkenntnistheoretischen Problemen des Skeptizismus befasst, ethische Interessen (mindestens) mitverfolgt.
[4] Vgl. z.B. jüngst Urs Hofer, *Auf der Suche nach der eigenen Stimme. Stanley Cavells Philosophie als Erziehung von Erwachsenen*, Zürich 2016.

schen und narrativen Herangehensweisen entwickelt er ein moralisches Register des Perfektionismus, wobei der Ausdruck ›Register‹ in bewusster Mehrdeutigkeit nicht bloß auf die Behandlung bestimmter (moral-)philosophisch relevanter Themen verweist, die sich jeweils auf bestimmte Begriffe bringen lassen, sondern darüber hinaus »auch an eine Orgel denken [lässt], wo sich ein Register über den gesamten Tonumfang [...] erstrecken kann, aber in verschiedenen Klangfarben«.[5] Ebendiese (Be-)Achtung der jeweiligen Klangfarben verschiedener Stimmen, seien sie nun philosophischer, literarischer, filmischer oder auch musischer (Oper) Natur, ist ein Markenzeichen Cavells.

Cavells großes Thema ist seit jeher der Mensch; ein Wesen, das sich primär dadurch auszeichnet, dass es sprachbegabt (bzw. sprachbelastet[6]) und wenigstens potentiell dazu in der Lage ist, mit einer eigenen Stimme zu sprechen. Das Bemühen um die eigene Stimme, d. h. – grob gesagt – das Streben nach Verständlichkeit,[7] stellt für Cavell auch die Basis von Moralität dar, deren entscheidendes Vehikel wiederum Philosophie als Kritik von Wichtigkeit ist. Mit Wittgenstein erkennt er »die Aufgabe der Philosophie« nämlich darin, »unsere gegebenen Interessen zu hinterfragen [...]; [denn] was unser Le-

---

[5] Maria-Sibylla Lotter, »Einleitung. Das Abenteuer der Alltäglichkeit«, in: CW, S. 7–24, hier: S. 15.

[6] Vgl. AdV, S. 246, wo Cavell den Menschen als ein Geschöpf bezeichnet, »das kompliziert oder belastet genug ist, um überhaupt Sprache zu besitzen«.

[7] Das Thema der eigenen Stimme ist eines der Schlüsselthemen der Cavell'schen Philosophie, wenn es sich nicht vielleicht sogar um deren Kernthema handelt. Die große Bedeutung des Themas für Cavell rührt daher, dass es einen Knotenpunkt seines Denkens bildet, in dem erkenntnistheoretische, moral-, sprach- und, nicht zuletzt, auch existenzphilosophische Überlegungen zusammenschießen; dabei rücken die Möglichkeiten, Grenzen und Gefahren in den Fokus, mit denen der Mensch zu tun hat als ein Wesen, zu dessen Eigentümlichkeiten es gehört, sich für sich selbst und andere verstehbar machen zu wollen. Immer wieder weist Cavell daraufhin, dass gerade die Furcht, keinen jeweils passenden Ausdruck für seine Eindrücke zu finden, den Menschen in die Arme des Skeptizismus treibt. Der Skeptizismus verlockt den Menschen, insofern er ihm (erkenntnistheoretische) Gründe liefert, sich aus der beschwerlichen moralische Praxis zurückzuziehen, die nicht nur vorsieht, dass man sich selbst seinen Mitmenschen verständlich macht, sondern auch, dass man sich darum bemüht, sie zu verstehen. Vgl. zum Thema Stimme und Verständlichmachung (bzw. zum Verhältnis von *acknowledgement* und *knowledge*) die Beiträge von Maria-Sibylla Lotter »Schreckliche und weniger schreckliche Wahrheiten. Die Widerverheiratungskomödie als Paartherapie« und Lars Leeten »Verleugnung des Unleugbaren. Stanley Cavell und die Tragödie der modernen Moralität« in diesem Band.

ben verfälscht, ist unser verzerrtes Bewusstsein von dem, was wichtig ist – nennen wir es unsere Werte«.[8]

Insofern der moralische Perfektionismus auf ein Selbst setzt, das sich um sich und seine (moralische) Integrität sorgt,[9] knüpft er an die sokratisch-platonische Tradition der Lebenskunst im Sinne der Selbstsorge an.[10] Indem er auf der Überzeugung gründet, dass sich ein moralisches und gelingendes Leben nicht ohne den Versuch führen lässt, größtmögliche Klarheit über die eigenen Wünsche und Ängste zu erlangen, unterhält er außerdem ein nachbarschaftliches Verhältnis zur Psychoanalyse. Tatsächlich ist für Cavell Philosophie idealerweise zugleich auch Therapie.[11]

In seinen Literatur- und Filmanalysen bringt Cavell menschliches Scheitern und damit einhergehendes Leid vor allem mit dem Entflammen eines skeptischen Impulses in Verbindung, der es den tragischen Helden verunmöglicht, von Vertrauen getragene zwischenmenschliche Beziehungen zu kultivieren. Dabei gründet das zur Schau gestellte Misstrauen anderen gegenüber nicht zuletzt auf einem Misstrauen gegenüber sich selbst, auf einem Mangel an Selbstzutrauen. Aus Angst vor ihrer eigenen Unvollkommenheit und aufgrund des Unvermögens, mit ihrer eigenen Endlichkeit zu Rande zu kommen, zeigen sich die Skeptiker gegen die Ausdrucksformen und Anliegen anderer Personen blind und taub.[12] Cavells Ausführungen legen nahe, dass ›endlichkeitsinkompetente‹, vom Skeptizismus befeuerte Verhaltensweisen einerseits schlicht in der Natur endlicher, sprachbegabter und selbstreflexiver Lebewesen wie dem Menschen fundieren; zum anderen macht Cavell aber auch darauf aufmerksam, dass sie seit der Neuzeit in besonderem Maße florieren. Denn in der Neuzeit vollzieht sich sukzessive die Verlagerung des Weltdeutungsmonopols von der katholischen Kirche hin zu den

---

[8] CW 2, S. 70.
[9] Aus diesem Grund sorgt es sich immer auch um den Andren bzw. die Andere.
[10] Vgl. Platon, *Alkibiades I*, 132b-134d. Vgl. zur Sokratischen Dimension der Cavell'schen Philosophie außerdem Michael Hampe »Das philosophische Leben. Cavells moralischer Perfektionismus und Sokrates« (in diesem Band).
[11] Eine Philosophie, die sich im Cavell'schen Sinne als Therapie begreift, zielt folglich auf »Behandlung, Verwandlung [und] Verbesserung des Lebens« und ebendiese Trias liegt (bei Cavell) im Ausdruck ›Perfektionismus‹ beschlossen (vgl. Dieter Thomä, »Stanley Cavell. Die Stimme im Chor«, in: ders./Ulrich Schmid/Vincent Kaufmann, *Der Einfall des Lebens. Theorie als geheime Autobiographie*, München 2015, S. 267–281 und S. 403–406 (Anm.), hier: S. 270.
[12] Vgl. Anm. 17.

Naturwissenschaften, was wiederum dazu führt, dass der Mensch seine Stellung im Kosmos neu überdenken muss. Es gilt also, anders gesagt, das menschliche Selbstverständnis neu auszuhandeln.[13] Für Cavell ist damit eine neue Epoche eingeläutet, nämlich das Zeitalter des Skeptizismus, der das Grundrauschen abgibt, welches das moderne Leben stets begleitet und heimlich dominiert. Er entspringt nicht allein der neuzeitlichen Philosophie, wird jedoch in ihr thematisch. Sie begreift und praktiziert den Skeptizismus als »eine Geisteshaltung«, die gewissermaßen hyperkritisch, »nicht nur manches als zweifelhaft befindet, sondern der nach eingehender Prüfung in mehr oder minder hohem Grade alles als fraglich erscheint«.[14] Als Methode der Wissensbegründung hat der Skeptizismus eine wichtige Funktion übernommen. In dem Maße, in dem der methodische Skeptizismus auf das Alltagsleben angewendet wird, erscheint er wie eine intellektuelle Überspanntheit, eine ›Philosophenkrankheit‹.[15] Und dennoch handelt es sich nach Cavell nicht bloß um einen Papiertiger, der einzig und allein in der laborhaften (Atmo-)Sphäre eines Studierzimmers seine Zähne bleckt. Problematisch, um nicht zu sagen: bedrohlich ist der Skeptizismus für Cavell nämlich nicht allein dadurch, dass er in der menschlichen Natur wurzelt; die Krux des Skeptizismus ist viel-

---

[13] Hellsichtig bemerkt Romano Guardini, dass die Endlichkeit des Menschen im Verlaufe des beschriebenen Weltbildwandels zu einem zentralen, sich zunehmend aufdrängenden Problem wird: »In der Philosophie Nietzsches ist etwas offenbar geworden und durchgebrochen, das für die neuzeitliche Situation nicht nur des Denkens, sondern des ganzen Menschen von größter Bedeutung ist: *die Endlichkeit als solche wird dringlich* (Hervorh. EB). Diese Entwicklung beginnt bereits mit der Wende des 13. Jahrhunderts in Italien; macht sich [...] in der Renaissance überall geltend; stößt in der Diesseitigkeitsgesinnung und Autonomiebewegung der folgenden Jahrhunderte vor; erhält in Goethe einen gewaltigen dichterischen Ausdruck; formuliert sich im Positivismus und Relationismus des 19. Jahrhunderts, um mit bewusster Schärfe und Klarheit in Nietzsches Erlebnis und Forderung zu kulminieren.« (Romano Guardini, *Die religiöse Offenbarung der Gegenwart*, Paderborn 2008, S. 55 f.) Vor dem Hintergrund der Cavell'schen Lesart der Tragödien Shakespeares ließe sich dem vielleicht hinzufügen: Während Nietzsche der Philosoph ist, mit dessen Wort vom Tode Gottes diese Entwicklung eine schwer zu überhörende Stimme findet, ist Shakespeare der Dichter, der die neue Dringlichkeit der Endlichkeit auf die Bühne bringt und damit vor aller Augen führt. Zur Notwendigkeit einer Neuverhandlung des menschlichen Selbstverständnisses nach dem Tode Gottes vgl. Eike Brock, *Nietzsche und der Nihilismus*, Berlin/München/Boston 2015, S. 276 f.
[14] Wilhelm Weischedel, *Skeptische Ethik*, Frankfurt a. M. 1976, S. 35.
[15] Vgl. David Hume, *Ein Traktat über die menschliche Natur*, Hamburg 1973, S. 347.

mehr, dass er einem tiefen menschlichen Verlangen Ausdruck verlangt, das in seinem Kern autodestruktiv ist:

> In ihm [dem Skeptizismus EB] drückt sich der menschliche Wunsch, die menschlichen Bedingungen [die eigene Endlichkeit EB] zu leugnen, aus. Hier zeigt sich, wie sehr wir uns angezogen fühlen von Idealen, die uns Sicherheit, Gewissheit und Freiheit von Zweifeln versprechen […].[16]

Spätestens seitdem das an Erkenntnis orientierte wissenschaftliche Paradigma zum modernen Paradigma par excellence avancierte, das mittlerweile als Maßstab an immer mehr Lebensbereiche angelegt wird, beginnt der Skeptizismus gleichsam subkutan auch im alltäglichen Leben jenseits der philosophischen Diskurse Wirksamkeit zu entfalten. Cavell weist daraufhin, dass sich insbesondere in der Literaturgeschichte seit Shakespeare der mit dem Skeptizismus entstandene Riss des verbindenden Bandes zwischen Welt und Mensch und zwischen Mensch und Mensch als Leitmotiv Geltung verschafft. Shakespeares Tragödien handeln, wie bereits angesprochen, von Menschen, die auf die eine oder andere Weise an ihrer Endlichkeit leiden.[17] Sie kranken vorzugsweise daran, dass sie vom Anderen

---

[16] David Gern, *Wo ich ende und du beginnst. Getrenntheit und Andersheit bei Stanley Cavell*, Freiburg/München 2015, S. 164.

[17] Der Facettenreichtum menschlicher ›Endlichkeitsinkompetenz‹, der sich anhand von Shakespeares tragischen Stücken (mit Cavell) studieren lässt, sei an dieser Stelle immerhin angedeutet: 1) Othello verlangt nach einer metaphysischen Begründung seiner Identität, weil er sich hiervon eine makellose Identität verspricht. Im Zuge dieses Verlangens überhöht er Desdemona zunächst ins Überirdische, da er sie zum Spiegel seines dann eben auch überirdisch erscheinenden Selbst auserkoren hat. Als ihm endlich aufgeht, dass Desdemona in Wahrheit (hier scheitert die Idealität an der Realität) auch nur ein menschliches Wesen aus Fleisch und Blut ist, ist die Tragödie vorprogrammiert. 2) König Lear erzwingt von seinen Töchtern ein öffentliches Liebesbekenntnis, dessen künstlicher Charakter gleichermaßen offen zu Tage liegt; gerade durch diese Augenfälligkeit aber wird niemand eine echte Liebesbekundung von Lear als Antwort auf die theatralischen Huldigungen von Seiten seiner Töchter verlangen. Tatsächlich graut es Lear nämlich vor seiner eigenen Liebesbedürftigkeit, würde sie ihn doch unverkennbar als endliches Wesen ausweisen. Als Cordelia sich jedoch dem vom König inszenierten Schauspiel verweigert, nimmt die Tragödie ihren Lauf. 3) Leontes erträgt den Gedanken nicht, Vater zu sein, weil er als Zeugender implizit einer Welt des Werdens und Vergehens das Wort redete, einer Welt des ewigen Abschieds und der scheinbar unüberbrückbaren Getrenntheit (einer Welt, in der sogar Väter und Söhne, gleichviel, wie groß ihre Ähnlichkeit auch immer sein mag, getrennte Individuen bleiben). Lieber noch als darin einzuwilligen, steigert er sich in ein skeptisches Fieber hinein und bezichtigt infolgedessen seine geliebte Frau Hermione der Untreue, weil er sich so von der Bürde der Vaterschaft zu befreien gedenkt.

nichts mit Gewissheit wissen. Als grauenhaft wird diese Ungewissheit – denken wir nur an Othello – insbesondere dann empfunden, wenn sie im Rahmen einer Liebesbeziehung auftritt, denn Liebe sollte doch, so scheint es jedenfalls auf den ersten Blick, von der zwischenmenschlichen Ungewissheit erlösen. Auf dem Feld der Liebe sollte es keine Geheimnisse, um nicht zu sagen, keinen Irrtum geben. Bringt man diese Hoffnung mit dem neuzeitlichen Erkenntnisideal in Verbindung, dann liegt die Annahme nahe, Zweifel an dem oder der Anderen müssten durch stichhaltige Beweise weniger zerstreut als widerlegt werden, wie es beispielsweise Othello und Leontes fordern.

Doch wer so denkt und schließlich auch verfährt, sitzt laut Cavell einem Irrtum auf, der fatale Konsequenzen zeitigen kann. Er oder sie bemisst die Qualität einer zwischenmenschlichen Beziehung an einem (Erkenntnis-)Ideal, vor dem sie grundsätzlich nicht bestehen kann. In zwischenmenschlichen Angelegenheiten sollte es daher nicht um Erkenntnis, sondern vielmehr um Anerkenntnis bzw. Anerkennung gehen.[18] Wer das nicht begreift, vergreift sich in der Handhabung eines Ideals und bringt sich und andere in existenzielle Bedrängnis. Letzten Endes bringt er oder sie sich (und die anderen) in einem Akt von Endlichkeits- bzw. Menschlichkeitsverweigerung um sein oder ihr Lebensglück. »Es ist, schreibt Cavell in *Cities of Words*, »eine furchteinflößende, eine ehrfürchtige Wahrheit, dass die Anerkennung der Andersheit der anderen, der unausweichlichen Trennung die Bedingung menschlichen Glücks darstellt«.[19] Dass wir von unseren Mitmenschen getrennt sind, besagt freilich nicht, dass wir sie grundsätzlich nicht kennen können, dass wir mithin voneinander nur wie die Blinden von der Farbe reden und darum recht eigentlich nie wirklich *mit*einander reden können. Getrenntheit impliziert nicht radikale Fremdheit. Das Auseinander verhindert nicht zwangsläufig das Miteinander. Voneinander getrennt zu sein bedeutet nur, dass wir die Anderen, sofern wir mit ihnen leben, nicht wissenschaftlich erkennen können. Die Kenntnis des oder der Anderen ist nicht zu verwechseln

---

4) Coriolanus größtes Bedürfnis ist – paradoxerweise – das der Bedürfnislosigeit, worin er den Kern des Göttlichen erblickt. Vor diesem Hintergrund wird ihm konsequenterweise alles Menschliche als solches verdächtig. Von Coriolanus wird freilich noch ausführlich die Rede sein (vgl. Kapitel II des vorliegenden Beitrags).

[18] Das Thema ›Anerkenntnis versus Erkenntnis‹ hält sich in Cavells Werk durch. Am eindringlichsten und für alles Weitere grundlegend hat er es aber in seinem frühen Aufsatz »Knowing and Acknowledging« (MWM 9) behandelt.

[19] CW 20, S. 413.

mit der Verifikation eines Sachverhaltes; vielmehr ist sie eine Frage des Lebenswissens: »Einen Anderen zu kennen heißt [...] nicht, eine Sache, die er ist, zu wissen, sondern alle Arten, in denen er ist, was er gleichzeitig oder eins nach dem anderen ist, oder in mancher Hinsicht ist, oder zu sein leugnet.«[20] Lebenswissen entsteht mit anderen Worten durch anteilnehmendes Interesse. Es hängt ab vom aufrichtigen Verstehenwollen von etwas, das sich im permanenten Vollzug jeder letztgültigen Feststellung entzieht. Es gibt keine Lebenskunst (kein gelingendes Leben) ohne Lebenswissen.

Shakespeare zeigt uns nach Cavell, wie »[k]ulturelle Kollektive und Einzelne« Ideale verfolgen, »unter deren Nicht-Verwirklichung sie leiden«[21]. Wenn die Philosophie sich kritisch mit einem solchen »Umgang mit Idealen des Lebens und Erkennens und mit der Bedeutung dieser Ideale in der Bewältigung des Alltags«[22] befasst, kann sie durchaus therapeutische Wirkung entfalten. Umfassend gelingt ihr dies aber nur, wenn sie ihren Horizont erweitert und insbesondere auch der Stimme der Literatur lauscht, deren Bedeutsamkeit sich keineswegs darin erschöpft, bloß anschaulich zu machen, was die Philosophie schon längst weiß. Vielmehr kann Literatur Dinge von philosophischer Relevanz ans Licht bringen, die der Philosophie bislang verborgen oder wenigstens undeutlich blieben.[23] Cavells Shakespeare-Interpretationen[24] sind ein Musterbeispiel solch aufmerksamer Lektüre. Sie zeigen im Gespräch mit Shakespeare auf, wie Menschen sich selbst und damit ihr Leben aufgrund uneingestandener Ängste und verdrängter Wünsche verfehlen, denn nichts ist nach

---

[20] Stanley Cavell, »Excerpts from my Memory – Auszüge aus dem Gedächtnis«, in: Kathrin Thiele/Kathrin Trüstedt (Hg.), *Happy Days. Lebenswissen nach Cavell*, München 2009, S. 17–35, hier: S. 29.
[21] Michael Hampe, »Stanley Cavell und die Geschichte des moralischen Wissens«, in: *Nach Feyerabend. Zürcher Jahrbuch für Wissenschaftsgeschichte 2. Auf der Suche nach der eigenen Stimme*, Zürich 2006, S. 7–18, hier: S. 11.
[22] Michael Hampe, »Stanley Cavell und die Geschichte des moralischen Wissens«, S., 11.
[23] Vgl. MWM uE, S. xxiiif. Eine gute Zusammenfassung des die Literatur einschließenden Philosophieverständnisses Cavells bietet Toril Moi: »Cavell wants to make a place for literature within philosophy, both because he thinks literature contains illuminations of value to philosophy, and because he thinks that the question of expression and experience lie at the very heart of philosophy.« (Toril Moi, »The Adventure of Reading. Literature and Philosophy, Cavell and Beauvoir«, in: Richard Eldridge/Bernard Rhie (Hg.), *Stanley Cavell and Literary Studies. Consequences of Skepticism*, New York 2011, S. 15–29, hier: S. 21.
[24] Gesammelt liegen sie vor in DK (vgl. aber auch PDAT 2).

Cavell »menschlicher als der Wunsch, seine Menschlichkeit zu verneinen oder sie auf Kosten anderer zu behaupten«.[25] Erst in der Auseinandersetzung mit den Tragödien entwickelt er so etwas wie eine philosophische Morphologie oder Phänomenologie menschlicher Selbstverfehlungen.[26] Wenn man Cavells Werk als eine narrativ gesättigte Philosophie der Lebenskunst bzw. als eine therapeutische Philosophie nach antikem Vorbild liest,[27] weil sie auf der Negativfolie menschlicher Selbstverfehlung einen positiven Entwurf menschlichen Lebens entwickelt, stellt diese Morphologie gewissermaßen die diagnostische Seite von Cavells Analyse der Lebenskunst dar, während der moralische Perfektionismus als seine therapeutische Seite angesehen werden kann. Indem Cavell einerseits die Abgründe menschlicher Selbstverfehlung mit Hilfe von Shakespeares Tragödien ausleuchtet, auf der anderen Seite aber auch mit Rekurs auf die von ihm sogenannten Komödien der Wiederverheiratung des ›klassischen‹ Hollywood der 1930er und -40er Jahre die entscheidenden Etappen auf dem Weg zur Überwindung einer Krise erhellt, kann man seine Philosophie formelhaft als Bogenschlag von der Tragödie zur Romanze bzw. zur Komödie begreifen.[28] Die Tiefe eines Stückes wie des von Cavell eingehend besprochenen *Wintermärchens* liegt wiederum darin, eine dramatische Lebensgeschichte als einen ebensolchen Bogenschlag zu präsentieren. So stellt Cavell Leontes' Irrungen, Wirrungen und seine endliche Genesung von der Vergiftung durch den Skeptizismus als eine »Reise der Seele im Sinne des Perfektionismus«[29] dar, als einen im wahrsten Sinne des Wortes *wunderbaren* Gewinn (von Frau und Tochter), der freilich nicht ohne die Entrichtung des (vielleicht sogar zu) hohen Preis(es) eines schreck-

---

[25] AdV, S. 200.
[26] Ich spreche von einer »Morphologie der Selbstverfehlung« in Anlehnung an Michael Theunissen, »Melancholie und Acedia. Motive zur zweitbesten Fahrt in der Moderne«, in: Ludger Heidbrink (Hg.), *Entzauberte Zeit. Der melancholische Geist der Moderne*, S. 16–41, hier: S. 34. Im Unterschied zum Begriff ›Phänomenologie‹ deutet der Terminus ›Morphologie‹ das Deformationspotential von Selbstverfehlungen an.
[27] Vgl. Michael Hampe, »Psychoanalyse als antike Philosophie. Cavells Freud«, in: *Nach Feierabend. Zürcher Jahrbuch für Wissenschaftsgeschichte 2. Auf der Suche nach der eigenen Stimme*, Zürich 2006, S. 93–108.
[28] Vgl. Lawrence F. Rhu, »Competing for the Soul: Cavell on Shakespeare«, in: Richard Eldridge/ Bernard Rhie (Hg.), *Stanley Cavell and Literary Studies*, S. 136–151, hier: S. 141.
[29] Ebd., S. 150 (»the soul's journey in perfectionism«).

lichen Verlustes (seines Sohnes) zu haben war. Leben heißt, und genau das konnte Leontes nicht ertragen, immer wieder Abschied nehmen zu müssen; auf der anderen Seite birgt das Leben aber ständig auch die Chance zur Wiederbegegnung oder zu neuen Anfängen. Auf die Nacht folgt der Tag, auf die Abend- die Morgenröte. Ein gelingendes Leben vollzieht sich nach Cavell als Bewegung vom abendlich-melancholischen »mourning« zum neuen »morning« als verheißungsvollem »dawning«.[30] Die Lebens-Gefahr liegt derweil darin, sich im Dunkeln zu verlaufen und gleichsam in der Nacht stecken zu bleiben wie Hamlet – ein exemplarischer Fall von Endlichkeitsinkompetenz. Sein Beispiel verdeutlicht, wie Menschen sich selbst verfehlen können, weil sie, wie Hamm und Clove in Becketts *Endspiel*, nicht den Umgang mit dem Zu-Ende-gehen als unweigerlichem Bestandteil des Lebens gelernt haben.[31] Hamlet bleibt durch das Rachegelübde, das er gegenüber dem Geist seines ermordeten Vaters leistete, auf verhängnisvolle Weise an seinen Vater gefesselt, sodass er die zu leistende Trauerarbeit verfehlt, die ihn zurück ins eigene Leben hätte bringen können.[32] Der lebendige Hamlet wird durch die Begegnung mit dem Geist eines Verstorbenen mit »Unwirklichkeit infiziert«[33], wie Cavell in anderem Zusammenhang schreibt, und so, noch während er lebt, selbst zum Gespenst (prae exitus). Statt sich nach einer angemessenen Zeit der Trauer in einer Art zweiter Geburt[34] wieder zurück ins Leben zu schlagen, versinkt er in Schwermut, sodass der Rest seines Lebens sich ausnimmt wie ein langsames Dahinsterben. Ein anderer sprechender Fall von Endlichkeitsinkompetenz, auf den ich hier genauer eingehen möchte, ist Shakespeares tragischer Held Coriolanus, wobei die Beredtheit dieses Casus ausgerechnet darin besteht, dass Coriolanus bestimmte Formen des Gespräches *nicht* beherrscht. Auch er scheitert an seiner zweiten Ge-

---

[30] Vgl. UG I 2, S. 101.
[31] Im Sinne eines zu akzeptierenden Endes und im Sinne von etwas, das es zu beenden gilt.
[32] Vgl. DK 6 v. a. S. 188.
[33] Vgl. CW 11, S. 241. Der besagte andere Zusammenhang ist folgender: Cavell hält (mit Emerson und Nietzsche) Menschen, die dem Konformismus huldigen, für »mit Unwirklichkeit infiziert« und begreift sie in diesem Sinne als »Gespenster und Phantome«. Vgl. Eike Brock, »»Scribo ergo sum«. Lesen und Schreiben als identitätsstiftende Maßnahmen bei Friedrich Nietzsche und Stanley Cavell«, in: *Nietzscheforschung* 25, S. 173–198, v. a. S. 181–184.
[34] Vgl. zur (an Freuds biphasisches Modell der psychosexuellen Entwicklung des Menschen anknüpfenden) Idee der zweiten Geburt Espen Hammer, *Stanley Cavell*, S. 81.

burt, derart, dass er das Menschliche unterschreitet, indem er es radikal zu überschreiten sucht. Anstatt seine eigene Endlichkeit anzuerkennen, um fortan als Mensch unter Menschen zu leben, verliert er sich in der verstiegenen Fantasie, als Gott wiedergeboren zu werden.

Im Folgenden befasse ich mich mit Cavells Interpretation des *Coriolanus*, eines späten (1607/8) und verhältnismäßig unbekannten Stückes aus Shakespeares Feder. Ich werde dabei die Titelfigur als einen gleichermaßen psychologisch wie philosophisch interessanten Fall behandeln, dessen tragisches Schicksal zwar einerseits verdient, außergewöhnlich genannt zu werden, andererseits jedoch auf typisch menschliche Tendenzen und Neigungen zurückzuführen ist. Coriolanus repräsentiert somit also die Außergewöhnlichkeit des Gewöhnlichen und die Gewöhnlichkeit des Außergewöhnlichen. Innerhalb dieses Spannungsverhältnisses spielt sich nach Cavell unser aller Leben ab. Das tragische Scheitern Coriolans, sein misslingendes Leben, wirft derweil ex negativo die Frage nach dem gelingenden Leben auf. Cavells Replik auf diese Frage besteht in seinem philosophischen Konzept des moralischen Perfektionismus, der sich aber weder, wie deontologische Ethiken, auf Prinzipien stützt, noch, wie die Utilitaristen, auf ein elaboriertes Kalkül. Stattdessen trägt der Cavell'sche Peferktionismus dem Umstand Rechnung, dass sich die meisten Konflikte, mit denen wir es im alltäglichen Leben zu tun bekommen, weniger eindeutig entscheiden und damit auflösen lassen, als dass sie ausgehandelt werden müssen. Der moralische Perfektionismus strebt also, anders als der Begriff zunächst vermuten lässt, (gerade) nicht nach Perfektion, sondern nach Verbesserung. Sein Element ist nicht das Prinzip oder Kalkül, sondern das Gespräch. Damit aber sind wir, wie sich bald zeigen wird, unversehens wieder beim *Coriolanus* angelangt.

II Cavells *Coriolanus*

Bevor ich philosophisch tiefer in die Materie einsteige, möchte ich eine Inhaltsangabe des Stückes liefern. An der einen oder anderen Stelle dieser Zusammenfassung werde ich bereits mehr oder weniger vorsichtige Analyseversuche unternehmen, die gleichsam Wegmarken bilden für den anschließenden Interpretationsteil.

II.1 Zum Inhalt des Stücks

Im *Coriolanus* versetzt uns Shakespeare in das antike Rom, und zwar in ein noch junges Rom im Krisenzustand. Das römische Volk leidet Hunger. Darüber hinaus schwelt eine profunde Wut im Kreise der Plebejer, da man die Mittel zur Stillung des Hungers zum Greifen nahe wähnt, nämlich in den vermutlich nach wie vor stattlich gefüllten Kornspeichern des römischen Adels. Sollten die Speicher tatsächlich gefüllt sein, hätte die Hungersnot mehr mit einem Mangel an gutem Willen als mit Ressourcenknappheit zu tun. Und genau das erzürnt die Plebejer. Ihr Groll richtet sich derweil insbesondere auf einen bestimmten Patrizier, nämlich auf Cajus Marcius, der allerdings auch wenig tut, um etwas an seiner negativ herausgehobenen Position als einer allgemeinen Wutsammelstelle zu ändern; ganz im Gegenteil lässt Cajus Marcius keine Gelegenheit aus, seiner Geringschätzung des Volkes Ausdruck zu verleihen. Vor diesem Hintergrund sehen die Plebejer in ihm, dem Kriegshelden und Elitesoldaten, den »Hauptfeind des Volkes«[35], welchen es zu töten gelte, sofern man in die komfortable Position gelangen wolle, die Kornpreise endlich selbst festzulegen.[36] In dieser aufgeheizten Atmosphäre, die sich der Revolte nähert, gelingt es dem gewitzten und beim Volk beliebten Patrizier Menenius, die Gemüter zu beruhigen. Menenius leitet gewissermaßen die brisant akkumulierten Energieströme der Masse um, indem er sie durch die Fabel vom Magen und dessen widerspenstigen Gliedern ins Grübeln bringt. (Die Fabel handelt davon, dass die Leibesglieder dem Magen bzw. Bauch eines Tages rebellisch den Vorwurf machen, er verschlinge alle Speisen und sei ansonsten untätig, während sie arbeiten müssten, ohne jedoch am Guten zu partizipieren. Der Bauch erwidert, er sei das »Vorratshaus« des ganzen Körpers und damit jener Ort bzw. jene Instanz, die alle Glieder mit Energie versorge. Er sei also derjenige, der sie speise.)[37] Dass das Stimmungspendel schließlich aber zugunsten des ehedem gehassten Cajus Marcius' umschlägt, verdankt sich nicht so sehr dem gemütsbeschwichtigenden Grübeln als einer ernsten äußeren Bedrohung für ganz Rom, die vorzüglich (und vorläufig) wegen Marcius' Heldenmut und Kriegsgeschick gebannt werden kann: Im Kampf gegen das kriegeri-

---

[35] William Shakespeare, *Coriolanus*, Stuttgart 1968, S. 5 (I 1, 7–8).
[36] Vgl. ebd., S. 5 (I 1, 10–11).
[37] Vgl. ebd., S. 7–9 (I 1).

sche Volk der Volsker übertrifft sich der stolze Krieger gleichsam selbst, als er allein gegen eine Übermacht im volskischen Corioli besteht, wobei er den Feind ebenso nachhaltig demoralisiert wie er die eigenen Truppen zu heldenhaftem Kämpfen motiviert. Rom gewinnt die Schlacht und Cajus Marcius die Gunst des Volkes. Fortan darf er sich, in Anlehnung an den Ort seines größten Triumphes, ehrenhalber Coriolanus nennen. Außerdem nominiert ihn der Senat für das Amt des Konsuls. Ausgerechnet dieser scheinbar glückliche Augenblick erweist sich im Rückblick jedoch als tragische Peripetie, denn mit dem Amt des Konsuls schickt sich Coriolanus an, eine Machthöhe zu erklimmen, auf der er sich, gewissermaßen aus atmosphärischen Gründen, unmöglich wird halten können. Der stürmische Wind, der ihm auf diesem Gipfelpunkt der Macht heftig um die Ohren weht, ist politisch aufgeladen. Wer nicht von ihm fortgerissen werden möchte, ist dazu gezwungen, politisch zu agieren; das erfordert aber mindestens die Bereitschaft zur Kommunikation, wenn nicht sogar kommunikatives Geschick, worüber Coriolanus – aus Gründen, die noch zur Sprache kommen werden – nicht verfügt. Während er im Kriegsgetümmel ganz in seinem Element ist, so sehr gar, dass man sich kaum des Eindrucks erwehren kann, hier wandle nicht ein Mensch unter Menschen, sondern es verwandele sich ein Sterblicher in einen (Kriegs-)Gott (in Mars höchstpersönlich), wirkt er auf der politischen Bühne wie aus der Welt gefallen; er retardiert im Zuge dieses Elementwechsels gleichsam vom Kriegsgott zum Trotzkopf. Coriolanus, der, gemessen an Charakteren wie Hamlet oder Macbeth, als dramatische *persona* »innerlich öde, fast hohl«[38] wirkt, erscheint auf der Theaterbühne wie ein Gestaltwechsler, der sich gleichsam amphibisch qua Berührung mit einem bestimmten Element entweder in einen Gott oder in ein trotziges Kind transformiert. Diese Konstellation scheint prima facie eher nach einer komödiantischen denn nach einer tragischen Bearbeitung zu verlangen. Dem steht aber der »verzweifelt heroische[] Wille«[39] Coriolans entgegen, sein dann eben doch tragisches Autonomieverlangen, das nach dem Göttlichen auslangt, indem es sich verzweifelt bemüht, mit dem Schwung übermenschlicher Anstrengung aus der Trotzkopfphase heraus gleich und ohne Zwischenlandung den gesamten Bezirk des Menschlichen zu überspringen, um sich endlich im Unendlichen dauerhaft niederzulassen.

---

[38] Harold Bloom, *Shakespeare. Die Erfindung des Menschlichen*, Berlin 2000, S. 841.
[39] Ebd.

Dabei scheint Coriolans Göttlichkeitssehnsucht in Wahrheit weniger psychopathologisch relevanter, authentischer Megalomanie zuzuordnen, als einem anthropofugalen Impuls zu gehorchen; sie ist also nicht so sehr zu einem allzu fernen Ziel unterwegs, als dass sie einen als allzu nah empfundenen Ort flieht: Coriolanus vollzieht eine Menschenfluchtbewegung (bzw. eine Flucht vor dem Menschlichen), der ein veritabler Endlichkeitsekel zugrunde liegt.

Kommen wir aber zurück zum Plot: Es ist nicht zuletzt Coriolans überehrgeizige und ruhmsüchtige Mutter Volumnia, die ihren Sohn geradezu ins Amt des Konsuls hineindrängt. Nun muss der designierte Konsul auf der Zielgeraden des Weges ins Amt allerdings noch einer Tradition durch einen formalen Akt genüge leisten. Er muss im Gewand eines Bittstellers die Zustimmung des Volkes einholen. Diese an sich nicht besonders schwierige Aufgabe nimmt sich für den stolzen Coriolanus allerdings wie eine schier unüberwindbare Hürde aus. Am Ende gelingt ihm das Unterfangen mehr schlecht als recht. Der Bittsteller vermochte nämlich nicht, seine Verachtung des Volkes vor dem Volk zu verbergen. Doch die Achtung seiner Heldentaten überwiegt beim Volk und Coriolanus erhält die Zustimmung – wenigstens vorerst. Gleichwohl hat sein ungelenker Auftritt eine Angriffsfläche freigelegt, welche die politisch und rhetorisch geschulten Volkstribunen Scinius und Brutus unmittelbar orten. Entschlossen stoßen sie vor, um Coriolanus, der ihnen seit langem schon ein Dorn im Auge ist, endlich aus dem Weg zu räumen. Die Tribunen überreden das Volk, ihre Stimme für Coriolanus zurückzunehmen, was in eine Konfrontation mündet, in deren Verlauf der erzürnte Konsul in spe derart über das Volk herzieht, dass man nun nicht mehr bloß seine Inauguration ins Amt verhindern möchte, sondern gleich seinen Tod verlangt. Aus dem Volkshelden ist somit wieder der Volksfeind geworden, als welcher er zu Beginn des Stückes eingeführt wurde. Es ist einmal mehr Menenius, der zwischen Coriolanus und dem Volk zu vermitteln weiß, indem er eine neue Chance für den Kriegshelden aushandelt, sich vor dem Volk zu verantworten. Allen Beschwörungsversuchen des Senats und seiner Mutter zum Trotz gelingt es Coriolanus aber wiederum nicht, den rechten Ton zu treffen. Um der drohenden Hinrichtung zu entgehen, flieht der verhinderte Konsul ausgerechnet zu den Volskern ins Haus ihres Anführers Aufidius, der Coriolans Erzfeind und Geistesbruder in Personalunion ist. Aufidius nimmt den Abtrünnigen mit offenen Armen auf, zumal dieser in Aussicht stellt, bei einem Eroberungszug gegen Rom für die

Volsker das Schwert zu führen. Und wirklich zieht bald die volskische Armee unter der Führung der ehemaligen Feinde gegen Rom. Es scheint, als könnten nichts und niemand diese Armee und insbesondere den rachsüchtigen Coriolanus aufhalten, bis dessen Mutter, in Begleitung von Coriolans Frau und Sohn, im allerletzten Augenblick (d. h. kurz vor der Brandschatzung Roms) erfolgreich interveniert. Sie appelliert an das Ehrgefühl ihres Sohnes, der sich vor Augen halten solle, an einem Scheidepunkt zu stehen, da er es selbst in der Hand habe, ob sein Name als Verräter Roms oder als Vermittler zwischen den Völkern ins Buch der Geschichte aufgenommen werde. Obschon Coriolanus genau weiß, dass sein Einlenken nun von der Führungsriege der Volsker als unentschuldbarer Verrat betrachtet werden wird, handelt er einen Frieden zwischen den Völkern aus. Als er nach Corioli zurückkehrt, ohne Rom erobert zu haben, wird er, wie vorhergesehen, von Aufidius ermordet. Zwar kann Aufidius Coriolans Umlenken nicht gutheißen – er gelobt aber nichtsdestotrotz seines Erzfeindes ehrenvoll zu gedenken.

II.2 Die Leitbilder des Stückes und Cavells Erkenntnis-Verfahren im Sinne Freuds

Cavells Interpretation des späten Shakespeare-Dramas ist äußerst komplex und vielschichtig. Ich möchte im Folgenden nicht dem gesamten Aufsatze Rechnung tragen, sondern seine en détail recht verwickelten, ›endlichkeitsphilosophischen‹ Partien erhellen. Es geht vor allem um die philosophisch-psychologische Interpretation der Leitbilder und -motive des Stückes, als da wären: Nahrung und nähren, Hunger und hungern sowie Kannibalismus und endlich Ekel. Dabei handelt es sich, wie Cavell schreibt, um Bilder, angesichts deren wir spüren, dass sie etwas bedeuten, sodass sie gleichsam von sich aus danach verlangen, ausgelegt zu werden.[40] Im Zuge dieser Auslegung sollte auch verständlich werden, warum Cavell ausgerechnet *Coriolanus* in den Kreis jener sieben Stücke Shakespeares aufgenommen hat, die er durch eine eingehende Interpretation würdigt, obgleich das Stück, wie Cavell selbst einräumt,[41] sprachlich und atmosphärisch

---

[40] Vgl. TOS 3. Wiederabgedruckt findet sich der Aufsatz in DK (4).
[41] Vgl. TOS 3, S. 62.

nicht mit den sogenannten großen Tragödien⁴² (und auch nicht mit den großen Romanzen vom Schlage des *Wintermärchens*) mithalten kann. Cavell ist gleichwohl nicht nur von der formalen Meisterschaft des *Coriolanus* überzeugt, die auch in Shakespeare-Zirkeln nicht bestritten wird, sondern auch von dem Wert, den es unter gewissen Umständen für den einzelnen Menschen entfalten kann. Er schreibt, »that the value of attending to this particular play is a function of the value to individual human beings of tracing these lines [d. h. jener durch die Leitbilder herausgeforderten Interpretationszeilen; EB]«.⁴³ Nun könnte man an dieser Stelle durchaus stutzig werden und kritisch fragen, welcher Wert für das einzelne Individuum denn bitteschön dabei herausspringen möchte, wenn man ausgerechnet solchen Interpretationsspuren folgt, die offenbar in dubiose Bezirke des Daseins führen, nämlich in die psychopathologischen Reiche der Perversion und Megalomanie. Diesem Einwand möchte ich mit Freud begegnen.⁴⁴ In seinem, auch für Cavells *Coriolanus*-Deutung bedeutsamen Aufsatz, »Zur Einführung des Narzissmus« bekennt Freud, dass ihm ein »direktes Studium des Narzissmus […] durch besondere [hier nicht zur Debatte stehende; EB] Schwierigkeiten verwehrt«⁴⁵ sei. Daraus folge gleichwohl nicht, dass man grundsätzlich keine Kenntnisse über den Narzissmus erlangen könne. Wo kein direkter Zugang zu einem Gegenstand des Interesses offenstehe, müssen eben andere, zur Not auch unkonventionelle oder unbequeme Wege eigeschlagen werden. Anders als sein Vorgänger Paul Näcke hält Freud den Narzissmus nicht (bloß) für eine autoerotische Perversion, sondern zunächst einmal für ein alltägliches – und keineswegs per se pathologisches – Phänomen. So könne der Narzissmus durchaus »eine Stelle in der regulären Sexualentwicklung des Menschen beanspruchen […].« »Narzissmus in diesem Sinne« sei »die libidinöse Ergänzung zum Egoismus des Selbsterhaltungstriebes, von dem jedem Lebewesen mit Recht ein Stück zugeschrieben wird.«⁴⁶ Der wis-

---

⁴² Dazu gehören nach allgemeinem Dafürhalten *Hamlet, König Lear, Othello* und *Macbeth*.
⁴³ TOS 3, S. 62.
⁴⁴ D. h. indirekt auch mit Cavell, breitet Freud doch gleichsam als »Schutzengel« seine Fittiche über dessen Werk aus. Vgl. Elisabeth Bronfen, *Stanley Cavell*, Hamburg 2009, 263 (Anm. 66).
⁴⁵ Sigmund Freud, »Zur Einführung des Narzissmus«, in: Studienausgabe. Bd. 3, Frankfurt a. M. 1975, S. 39–68, hier: S. 49.
⁴⁶ Sigmund Freud, »Zur Einführung des Narzissmus«, S. 41

senschaftliche Pfad zur Kenntnis des mit diesem normalen Narzissmus verbundenen Stückes Ich-Psychologie führe über die *Dementia praecox* und die *Paranoia*, mithin über krankhafte Formen des Narzissmus. Aufgrund dieses Umstandes resümiert Freud: »Wiederum[47] werden wir [also] das anscheinend Einfache des Normalen aus den Verzerrungen und Vergröberungen des Pathologischen erraten müssen.«[48] Dieses Freud'sche Verfahren, das »Normale[] aus den Verzerrungen und Vergröberungen des Pathologischen [zu] erraten« (s. o.), ist, wie mir scheint, eine Vorgehensweise, die auch Cavell in seiner *Coriolanus*-Auslegung verfolgt – und nicht nur dort. Vielmehr handelt es sich um einen wichtigen methodischen Kniff, der wesentlich ist für Cavells generellen Umgang mit den Stücken Shakespeares – und womöglich liegt Cavell hier insofern goldrichtig, als gerade das Verfahren der Erhellung durch Übertreibung (oder Zuspitzung) eines der Geheimnisse von Shakespeares Kunst sein könnte. Cavell bemüht sich jedenfalls, insbesondere im Rahmen seiner Deutung von Othellos' und Leontes' hypertropher Eifersucht, darum zu zeigen, dass das scheinbar absonderliche und grauenerregende Verhalten der tragischen Helden sich am Ende doch als ganz und gar menschlich[49] erweist und nicht sozusagen vom Himmel gefallen ist etwa als Folge eines negativen Gnadenaktes einer gottgewirkten Verstockung.[50] Zwar gebärden sich beide Helden tatsächlich wie verstockt, doch ist ihr krampfhaftes Nichtwissenwollen (oder Nichtwahrhabenwollen) selbstgewirkt.[51] Für das Theaterpublikum wiederum bietet es ein gna-

---

[47] »Wiederum«: damit spielt Freud auf die frühere Ermöglichung der Kenntnis der libidinösen Triebregungen durch die Untersuchung der Übertragungsneurosen an. Vgl. Sigmund Freud, »Zur Einführung in den Narzissmus«, S. 49.
[48] Ebd., S. 49. Für Freud ist das insofern kein hermeneutischer Salto mortale als er grundsätzlich davon ausgeht, dass das sogenannte Normale und das Pathologische eng beieinander liegen; immer wieder stößt er in seinem Werk »auf die *niemals ganz scharfe* (Hervorh. EB) Grenzscheide zwischen Normalem und Pathologischem« (Sigmund Freud, »Der Untergang des Ödipuskomplexes«, in: Studienausgabe Band 5, S. 243–252, hier: S. 248).
[49] Wobei das Menschliche all das impliziert, was man im moralischen Sinne unmenschlich zu nennen pflegt.
[50] Ich denke an dieser Stelle an den aufgrund göttlicher Intervention zwanghaft uneinsichtigen Pharao in der Moses-Geschichte (vgl. Mos 7,13,22; Mos 8,19).
[51] Dementsprechend spielt auch Jago bei Cavell, anders als etwa bei Harold Bloom *(Shakespeare oder die Erfindung des Menschlichen)*, kaum eine Rolle. Jagos diabolische Einflüsterungen betrachtet Cavell als einen von Othello begierig aufgenommenen und nachgerade willkommenen Anlass, als ein Mittel zum Zweck, das Othello ergreift, um sich selbst gleichsam auf tragischen Kurs zu bringen.

denloses, im besten Fall aber lehrreiches Exempel menschlicher Selbstverfehlung. Mit Blick auf Othellos Entsetzen vor der weiblichen Sexualität weist Cavell auf die allgemein bedeutsame Dimension der fatalen Privatidiosynkrasie der Shakespeare'schen Figur hin:

> Wenn ein Mann von Othellos Format durch die erregte oder von ihm erregte weibliche Sexualität impotent oder mörderisch wird; oder sagen wir, wenn dieser Mann sich vor der menschlichen Sexualität, seiner eigenen und der in anderen, entsetzt, dann lauert diese Möglichkeit in jedem Menschen.[52]

Die Tragödie ist also jener Ort, an dem negative Extremfälle von Menschenmöglichem im wahrsten Sinne des Wortes durchgespielt werden, und zwar bis zum bitteren Ende. Wenn man so will, erleben wir während der Aufführung einer Tragödie Shakespeares (wie *Othello*, *King Lear*, *Hamlet*, *Macbeth* oder eben auch *Coriolanus*) die theatralische Inszenierung einer Krankengeschichte, so wie wir beim Lesen einer Fallgeschichte Freuds deren quasi novellenhafte Narration verfolgen dürfen. Dabei fühlt sich der mit Shakespeare und Freud denkende Cavell jener Überzeugung des Begründers der Psychoanalyse verpflichtet, dass die Erkenntnis des Übersteigerten, des Krankhaften, »zu einem allgemeinen Erkenntnisfortschritt über das menschliche Seelenleben überhaupt«[53] führt. Sie vermittelt Kenntnisse hinsichtlich der zarten und verletzlichen Membran zwischen dem Gewöhnlichen und dem Außergewöhnlichen, zwischen dem Alltäglichen und dem Schädlichen und trägt derart, wenigstens im Idealfall, dazu bei, den Einzelnen vor fatalen Transgressionen zu bewahren.[54] So abgeschmackt es in manchen Ohren auch klingen mag – meines Erachtens revitalisiert Cavell das alte Diktum vom Theater als moralischer Anstalt und das nicht zuletzt dadurch, dass er besagte Anstalt um einen therapeutischen Flügel ergänzt.

Ich komme jetzt auf *Coriolanus* zurück, indem ich, wie von Cavell eingefordert, das Ausrollen von Interpretationslinien im Ausgang von besagten Leitbildern beginne; wobei ich vorzüglich den Hunger ins Visier nehmen werde.

---

[52] AdV, S. 779.
[53] Michael Hampe, »Psychoanalyse als antike Philosophie: Stanley Cavells Freud«, S. 96.
[54] Vgl. Elisabeth Bronfen, *Stanley Cavell*, S. 168–179.

II.3 Hunger

Wir haben bereits festgestellt: Das römische Volk hungert, während es den Patriziern vermutlich besser geht. Mindestens zwei Patrizier leiden unterdessen ebenfalls Hunger – und zwar chronisch: »Coriolanus and Volumnia are [...] starvers, hungerers«,[55] stellt Cavell fest. Ihr Hunger ist aber weniger physiologischer als psychologischer und, wenn man so will, metaphysischer Natur und daher von anderer Art als der physische (d. h.: weltlich-profane) und physiologische (leibliche) Hunger der Bevölkerung. Während sich der Hunger des Volkes durch das Öffnen der Tore der Kornspeicher verhältnismäßig leicht stillen ließe, scheint es keine geeignete Art von Nahrung zu geben, um dem metaphysischen Hunger abzuhelfen. Tatsächlich ist dessen wesentliches Merkmal die Unstillbarkeit. Wenn Volumnia auf die Einladung des Patriziers Menenius zum gemeinsamen Nachtmahl entgegnet: »Zorn ist mein Nachtmahl« (»Anger is my meat«),[56] so ist dieser Satz weniger als Ausweis eines konkreten Speiseplanes (der eben Zorn als Nahrungsmittel vorsieht) aufzufassen, denn als Verweis auf eine Art des Hungerns, die auf einer tieferen Ebene als der gewöhnliche Hunger siedelt. Zugleich spricht aus dieser Bemerkung – die wohlgemerkt eine Zurückweisung ist – ein »Pathos der Distanz«,[57] d. h. ein Bewusstsein und Selbstverständnis eigener Vornehmheit, das so weit reicht, nicht nur bestimmte Arten von Nahrungsmitteln als unter der eigenen Würde von sich zu weisen (so als kämen für den eigenen Speiseplan beispielsweise nur Kaviar, Hummer und dergleichen in Betracht, während z. B. Brot verworfen würde), sondern jede Art Nahrungsmittel und damit gewöhnliche Nahrungsaufnahme überhaupt. Da Menschen aber tatsächlich nicht darauf verzichten können, Nahrung zu sich zu nehmen, sondern Nahrungsaufnahme vielmehr zu den Grundbedingungen menschlichen Lebens gehört, weist Volumnia vermittels ihres Satzes »Zorn ist mein Nachtmahl« (s. o.) nicht weniger als das Menschliche selbst zurück. Ihr Hunger zielt sonach auf die Überwindung des Mensch-

---

[55] TOS 3, S. 66.
[56] William Shakespeare, Coriolanus, S. 76 (III 5 in der deutschen Ausgabe; IV 2, 50 in der englischen Ausgabe).
[57] So der treffende Ausdruck Nietzsches für ein aristokratisches, autoaffirmatives Empfinden von eigener Nobilität (vgl. Friedrich Nietzsche, *Zur Genealogie der Moral*, Kritische Studienausgabe Bd. 5, München/Berlin/New York ²1988, S. 245–412, hier: S. 259).

lichen und ist in diesem Sinne metaphysisch zu nennen. In Wahrheit kann sich natürlich auch Volumnia nicht von Zorn allein ernähren – sie ist nicht weniger auf den Inhalt der Kornspeicher angewiesen als das Volk. Darum ist ihr metaphysischer Hunger ein verzweifelter Hunger.[58] Die Verzweiflung als Komponente des metaphysischen Hungers drückt sich aber stärker noch als bei Volumnia im Leben und Hungern ihres Sohnes aus. Es ist dies wenig verwunderlich, hat er das metaphysische Hungern doch bereits an der Mutterbrust empfangen. Coriolanus hat das Hungern mit dem Essen gelernt,[59] den Mangel mit der Muttermilch eingesogen.[60]

Wenngleich Volumnia und Coriolanus sich in ihrem spezifischen Hungern prima facie wie Sonderlinge unter den Menschen ausnehmen, offenbart sich in ihrer Unersättlichkeit doch eine Wahrheit über das Menschliche als solches: »They manifest this condition [zu hungern; EB] as a name or definition of the human, like being mortal. And they manifest this as a condition of insatiability (starving by feeding, feeding as deprivation).«[61] Coriolanus erträgt aber, in noch stärkerem Maße als seine Mutter, den unersättlichen menschlichen Hunger, d. h. die *Bedürftigkeit als Wesensmerkmal des Menschen*, nicht. Und so leidet er auf eine widersprüchliche Art und Weise an jenem Hunger, der sich nur durch die Überwindung des Menschlichen durch bzw. im Göttlichen stillen bzw. aufheben ließe: Es quält ihn der Hunger danach, nicht mehr zu hungern; es bestimmt ihn das Begehren, nicht mehr zu begehren. Dieser paradoxe Hunger trennt den Feldherren vom Volk, das seine Bedürftigkeit in Form des physisch-physiologischen Hungers – wer außer Coriolanus wollte es ihm verübeln – offen zeigt. Coriolanus indes ekelt sich vor dem Volk, weil ihn dessen Hunger an seine eigene Sterblichkeit erinnert.[62] Es ist, als wollte Coriolanus das Factum brutum physischen Hungers verleugnen, um seinen metaphysischen Hunger zu verdrängen oder zu lindern.

---

[58] Das scheint auch Volumnia bewusst zu sein, da sie selbst auf die autodestruktive Dimension des Zorns als Nahrung hinweist: »Zorn ist mein Nachtmahl. So mich selbst verzehrend, verschmacht ich an der Nahrung.« William Shakespeare, Coriolanus, S. 76 (III 5 in der deutschen Ausgabe; IV 2, 50–51 in der englischen Ausgabe).
[59] Vgl. Anm. 58.
[60] »Dein Mut (*valiantness* – hier scheint mir ›Tapferkeit‹ die bessere Übersetzung EB) ist mein, ja, den sogst du von mir […]« (ebd., S. 66 (III 2, 127–129)).
[61] TOS 3, S. 66.
[62] Vgl. zum Themenkomplex ›Ekel und Sterblichkeit‹ Martin Hartmann, »Emotionen der Skepsis«, in: *Deutsche Zeitschrift für Philosophie*, 55, 2007/2, S. 261–288, hier: S. 274.

Die Dringlichkeiten des Tages, d. h. der durch die Hungersnot ausgelöste ›gewöhnliche‹ Hunger, verhindert derweil, dass das Volk, bildhaft gesprochen, das Magenknurren des metaphysischen Hungers vernimmt. Kurzum: Das Volk hat gerade andere (nämlich dringendere) Sorgen als metaphysisches Magenknurren. Vor diesem Hintergrund darf man nun aber darüber erstaunen – Cavell spricht sogar vom »first mystery of the play«[63] –, dass es sich von Menenius im wahrsten Sinne des Wortes abspeisen lässt, als er ihnen die Fabel vom Bauch und den Gliedern anstelle von Korn zu kosten gibt. Offenbar nehmen sie in diesem Augenblick Worte für Nahrung. Sie halten inne und schenken Menenius Gehör, wie um selbst von ihm beschenkt zu werden durch Nahrung für ihre Ohren, welche wir in diesem Zusammenhang vielleicht am besten als die verlängerten Arme ihrer Seelen begreifen dürfen. Cavell legt dieses Verständnis nahe, indem er wiederholt auf Jesus als den ultimativen Anbieter seelischer Nahrung verweist, auf jenen Gott, dessen Leib zugleich Brot und dessen Blut zugleich Wein ist. Tatsächlich führt Cavell im Laufe seines Aufsatzes eine ganze Reihe von Verbindungen zwischen Jesus und Coriolanus an, die im Wesentlichen über den Themenkomplex von Nahrung und Hunger ineinander laufen. Dass die Plebejer sich mit Worten speisen lassen und infolge dessen zunächst von ihrem Vorhaben zu revoltieren ablassen, grenzt an ein Wunder; denn das spezifische Wortgeflecht, das die Fabel vom Magen und seinen Gliedern bildet, scheint, verglichen etwa mit den Parabeln Jesu Christi, nicht unbedingt der Stoff zu sein, durch den sich ›Seelenhunger‹ stillen lässt. Möglicherweise triumphiert in diesem Augenblick noch einmal die Stillung des Aufmerksamkeitshungers und des Bedürfnisses nach Anerkennung über den leiblichen Hunger, sodass der Umstand, dass sich überhaupt jemand der Patrizier mit mehr oder weniger guten Worten an sie wendet, hinreicht, um die hungernden Menschen mindestens fürs Erste milde zu stimmen. Was sich in dieser Szene abzeichnet, ist die erlösende Transformation (einer wütenden, mordbereiten Menge in gesprächsbereite Individuen) durch Konversation, d. h. ebenjener moralisch-therapeutische Effekt, den Cavell im Auge hat, wenn er sein Konzept des moralischen Perfektionismus entwickelt. Unglücklicherweise stört aber Coriolanus den durch Menenius angestoßenen positiven Transformationsprozess nachhaltig, indem er auftaucht, um den Bürgern mittels wüster Beschimpfungen

---

[63] TOS 3, S. 81.

zu versichern, dass *er* keine guten Worte (geschweige denn Korn) für sie erübrigen werde. Auf diese Weise gelingt die sich zart anbahnende Versöhnung nicht und die Situation bleibt gefährlich, weil die Wut des Volkes zwar aus der Präsenz in die Latenz wandert, aufgeschoben indes bekanntlich nicht aufgehoben ist.

Alles in allem verrät uns der Auftakt des *Coriolanus* also, dass Worte Nahrungsmittel sind, die uns erquicken, aber auch vergiften können. Wörter sind, mit Platons Sokrates gesprochen, unter gewissen Umständen Zaubersprüche, die über die Kraft verfügen, uns von Kopfschmerzen zu erlösen[64] – sie können sie jedoch auch verschlimmern oder überhaupt erst hervorrufen.

Cavell belässt es allerdings nicht bei dieser Lektion, sondern ermuntert uns weiterzugehen, indem wir uns selbst, das Publikum eines Shakespeare-Stückes (z. B. des *Coriolanus*), als Hungernde verstehen und das aus Wörtern gewobene Stück als uns angebotene Nahrung. Für Cavell ist die Fabel vom Magen und den Gliedern ein Stück-im-Stück, welches wir als »a demonstration of what Shakespeare takes his play«[65] verstehen sollen, also als eine Art eingeschleuste Medienkritik, durch die er (s)eine »defense of poetry«[66] (seine Idee von der Wirkkraft der Poesie) vorstellt. Von hier aus reicht Cavell die Frage nach der Motivation des Innehaltens und Sich-speisen-Lassens an uns weiter: »Then we have to ask ourselves as we have to ask the citizens: Why have we stopped to listen? That is, what does it mean to be a member of this audience? Do we feel that these words have the power of redemption for us?«[67]

II.4 Opfermahl, Kannibalismus und Narzissmus

Für Cavell sind die im *Coriolanus* geäußerten Wörter »part of an enactment of a play of sacrifice; as it happens, of a failed sacrifice«.[68] Wirklich opfert sich Coriolanus am Ende des Stückes im Anschluss an die Fürbitte seiner Mutter ja für Rom (bzw. für seine Mutter, die Cavell freilich als Repräsentantin Roms begreift. Möglich wäre indes auch, Rom als eine ›Mutter-Stadt‹ im Sinne eines Ortes der Herkunft

---

[64] Vgl. Platon, *Charmides* 176b.
[65] TOS 3, S. 82.
[66] Ebd., S. 83.
[67] Ebd.
[68] Ebd.

bzw. von Heimat zu betrachten). So verwandelt sich der Wolf, der Coriolanus in der Schlacht ist, ausgerechnet in ein Opferlamm. Doch anders als im Falle des Opferlammes par excellence, Jesus Christus, der sich um der Schwäche der Menschen willen opfert, hadert Coriolanus damit, dass diejenigen, für die er sich opfert, schwach sind. Sie haben das Opfer in seinen Augen eigentlich nicht verdient. Zudem hält er sie für notorisch undankbar. Das alles lädt nicht gerade dazu ein, sich in Coriolanus einzufühlen, weswegen Cavell das Stück auch als gescheiterte Tragödie bezeichnet – es fällt schwer, mit dem eigenwilligen Helden mitzuleiden (ihn zu bejammern und angesichts seines Schicksals zu schaudern). Aber Coriolanus opfert sich ja trotz dieser Widerstände und obgleich er befürchtet, sein Opfer könnte womöglich gar nicht als solches wahrgenommen werden. Sein Tod, so seine Furcht, könnte ein ›falscher‹ Tod sein, indem er seinen Lebensfaden nämlich am falschen Ort durchtrennt, nicht in Rom, sondern in Corioli, mithin unter den Augen des Feindes, statt unter denen der durch sein Opfer geretteten Römerinnen und Römer.

Es ist bezeichnend, dass Coriolanus um seine Opferung nicht viele Worte macht, dass seine letzten Worte vielmehr, wie Cavell mutmaßt, von Phasen stöhnenden Schweigens unterbrochen oder auch untermauert werden. Ich hatte im Rahmen meiner Zusammenfassung des Stückes daraufhin gewiesen, dass Coriolanus tiefgreifende Kommunikationsprobleme plagen. Es sind genau diese Probleme, die das Opfer misslingen lassen. Coriolanus kann sich nicht mitteilen und folglich auch nicht verstanden werden, weil er sich vor der Sprache als ultimativem Ausdruck des Menschlichen ekelt. Für ihn sind, wie Cavell festhält, die meisten und wesentlichen Handlungen des Menschen im Grunde kannibalische Akte.[69] In der Schlacht etwa erweist sich Coriolanus selbst als der größte aller Menschenfresser, wenn er seine Feinde mit dem Schwert traktiert, als würden sie mit einem Besteck tranchiert, bevor er sie vertilgt.[70] Der Gipfel des Kannibalismus ist aber die Sprache. Im zirkulären Sprachspiel nehmen wir nämlich gegenseitig unsere Worte wie Nahrungsmittel in den Mund, kauen sie durch und spuken sie wieder aus, nur damit andere sie wieder in sich aufnehmen, um sie nun ihrerseits durchzukauen und auszuspucken und so weiter und so fort. Während die Idee einer Schlacht als Schlachtplatte Coriolanus offenbar behagt, erfüllt ihn der

---

[69] Vgl. ebd., S. 84.
[70] Vgl. ebd., S. 68.

Kannibalismus des Sprechens mit Abscheu und Schrecken. Er ekelt sich vor der gemeinsam geteilten Sphäre der Sprache und seine Invektiven und Schimpftiraden erscheinen in diesem Licht als Versuche, die Sprache im rein aktiven Modus des Ausspuckens zu benutzen – so bemüht er sich also, Sprache so weit als möglich nicht zu erleiden. Überdies lassen sich die ausgespienen Wörter nicht so leicht von anderen wiederaufnehmen, weil sie in ihrer Schärfe und Bitterkeit gleichsam überwürzt und somit schwer verdaulich sind. Eine andere Möglichkeit, den kannibalischen Zirkel der Sprache zu durchbrechen, scheint das Schweigen zu sein. Wer schweigt, vermeidet überdies zu hauchen, d. h. seine Seele (griechisch *psyche*: Hauch) zu veräußern. Der Schweigende scheint seine Substanz nicht veräußern zu müssen, er hält seine Existenz sozusagen im nach außen hin abgedichteten Gefäß seiner selbst verschlossen.

Es fällt auf, dass Coriolanus mit den Patriziern noch einigermaßen taugliche Gespräche zu führen im Stande ist, während er mit dem Volk nicht kommunizieren kann – Abscheu und Hass verstellen ihm hierin den Weg. Mit besonderer Leidenschaft hasst er aber die Volkstribune. Nun sprudelt dieser Hass gewiss nicht allein deswegen so kräftig, weil er auf Gegenseitigkeit beruht und so, im reziproken Austausch feindlicher Gefühle, beständig neue Nahrung erhält; die Intensität des Hasses auf Coriolans Seite rührt, wie mir scheint, vorzüglich daher, dass die Tribune die Stimme des Volkes verkörpern. Dabei ist für Coriolanus der Inhalt der Worte, die aus diesem wohlgemerkt doppelten Mund strömen, nicht so entscheidend wie der Umstand, dass das Volk überhaupt eine Stimme hat. Das bedeutet nämlich, dass Rom nicht mehr nur mit einer Stimme, derjenigen der Patrizier, spricht. Wo aber Polyphonie herrscht, ist für Coriolanus der Untergang nicht weit: »Denn das Integre, das Ganze und Gesunde zerfällt für Coriolan dort, wo zweierlei (oder mehr EB) Stimmen sprechen, zweierlei (oder mehr EB) Münder sich öffnen.«[71] Coriolans Streben zielt unterdessen stets auf das Integere. Ihm persönlich geht es darum, »ein unantastbares Wesen seiner selbst zu bewahren«[72] – und sei es, dass er dafür das Sprechen selbst aufgeben müsste. Dass man durch Schweigen das Veräußern seiner Substanz verhindern könne, ist allerdings, wie Cavell herausstellt, ein Trugschluss. Wir entgehen der Sprache nicht, indem wir schweigen, weil auch das Schweigen

---

[71] Robert Hugo Ziegeler, *Apeirontologie*, Würzburg 2016, S. 69.
[72] Ebd., S. 78.

nicht außerhalb des Sprachspiels steht. In Wahrheit ist es Teil desselben. Für Menschen gibt es schlechterdings kein Jenseits der Sprache: »Silence is not the absence of language.; there is no such absence for human beings; in this respect, there is no world elsewhere.«[73] Es gibt keine andere Welt als diese und in dieser Welt zu leben heißt, mit Schelling gesprochen, sich zu ver-äußern. Coriolanus Sehnsucht nach dem Göttlichen entspricht dem Wunsch, dem Sich-veräußern, dem Konsumiert-werden zu entgehen. (Insofern er in der Schlacht stets der Wolf und nicht das Lamm ist, kennt er den Kannibalismus des Krieges nur als ein konsumierender, sich nährender Akteur, mithin als ein Verzehrender. In der Schlacht gleicht er eben einem Kriegsgott, der nicht verzehrt wird.) Unter der Herrschaft dieses Wunsches zu leben bedeutet indes in letzter Konsequenz, sich nicht auf das Leben einlassen zu können. Coriolanus bleibt aus diesem Grund welt- und menschenfremd, wenigstens bis zu jenem Zeitpunkt, da er sich entschließt, lieber selbst konsumiert zu werden, als Rom den alles verzehrenden Flammen zu übergeben.

Bevor ich zum Schluss komme, sei kurz noch die Frage erwogen, ob sich nicht doch noch eine Möglichkeit denken ließe, wie Coriolans Opfer gelingen möchte. Gelungen wäre sein Opfer dann, wenn Coriolanus nicht nur Rom gerettet, sondern überdies auch einen für ihn gangbaren Weg gefunden hätte, am allgemeinen Sprachspiel und somit an der menschlichen Welt teilzunehmen.

Tatsächlich scheint ein Szenario denkbar, innerhalb dessen Coriolans Opfer eine doppelte Erlösung nach sich zöge: diejenige Roms natürlich, aber auch diejenige des Märtyrers selbst. Das setzt allerdings die Annahme des Opfers durch das römische Volk voraus. Erinnerte es sich dankbar an Coriolanus als des Märtyrers, der Rom rettete und überdies die ehedem verfeindeten Völker der Römer und Volsker einigte, so würde er als Objekt der Lobpreisung (als ein quasi göttliches Objekt also) in der geteilten *memoria*, d.h. im geteilten Raum der Wörter und Gedanken des Volkes weiterleben. So gesehen hätte er, soweit als menschenmöglich, Teil an der Unsterblichkeit.[74] Coriolans Furcht vor einem falschen Tod lässt sich als Indiz dafür

---

[73] Ebd., S. 86.
[74] Wirklich ist auch das natürlich keine Verwandlung in einen Gott, was sich schon allein daran zeigt, dass die hier erlangte ›Unsterblichkeit‹ den Verlust des Lebens voraussetzt. Darüber hinaus wäre eine Art zweiter und dieses Mal endgültiger Tod denkbar, der sich mit dem Vergessen und dem daraus resultierenden Versiegen des Gespräches über den göttlichen Coriolan ereignete.

nehmen, dass seine Opferbereitschaft wenigstens zum Teil auf der Hoffnung ruht, dieses Szenario könne Wirklichkeit werden. Vor dem Hintergrund dieser Möglichkeit scheint sich Coriolanus schlussendlich doch noch der sozialen Sphäre und damit zugleich dem Menschlichen öffnen zu können. Bei genauerer Betrachtung zeigt sich allerdings, dass der vermeintliche Aus- und Durchbruch Coriolans aus seiner narzisstischen Selbsteinkapselung in die soziale Sphäre des Sprachspiels keine echte Erlösung von seinem narzisstischen Gotteskomplex durch Affirmation der Endlichkeit ist, sondern nur eine weitere Variante von Endlichkeits- bzw. Menschlichkeitsverweigerung; denn Coriolanus unterschreibt das Sprachspiel im vorgestellten Szenario ja nur unter den Bedingungen, dass er erstens davon dispensiert ist, weiter aktiv daran teilzunehmen und indem er darin zweitens nur als ein verehrter Gegenstand der Besprechung vorkommt,[75] als ein Erlöser (wie Jesus Christus) nämlich, der als solcher freilich eher dem Gegenstandsbereich des Göttlichen als des Irdischen zugehört.

III Schluss

Ich hatte zu Beginn des Aufsatzes davon gesprochen, dass Cavell mit Shakespeare Fallbeispiele menschlicher Selbstverfehlung analysiert, ebenso wie ich gesagt hatte, dass sie die Negativfolie eines positiven Entwurfes bedeuten. Tatsächlich gibt Cavell Hinweise, wie so ein positiver Entwurf aussehen könnte. Letztlich ist es jedoch an uns, den Leserinnen und Lesern Cavells, im Anschluss an seine Überlegungen weiterzudenken und eigene Schlüsse zu ziehen. In welche Richtung dieses Weiterdenken im Ausgang von *Coriolanus* gehen soll, verrät uns Cavell immerhin:

Coriolanus cannot imagine, or cannot accept, that there is a way of partake of one another, that it is necessary to the formation rather than to the extinction of a community. [...] The play *Coriolanus* asks us to try to imagine it, imagine a beneficial, mutual consumption, arguing in effect that this is what the formation of an audience is.[76]

---

[75] Coriolanus lässt sich nur besprechen, sofern Dankbarkeit der Modus der Relation der Menschen auf ihn hin ist. Genau genommen will er also weniger besprochen als vielmehr angebetet werden.
[76] Ebd.

Siglenverzeichnis

Da es sich bei Cavells Büchern zumeist um Essay- bzw. Aufsatzsammlungen handelt, werden bei Cavell-Zitaten nicht nur die jeweiligen Werke benannt, sondern auch die jeweiligen Texte. Dies geschieht durch Angabe des entsprechenden Buchkapitels. So bedeutet z. B. PoH 4 Pursuits of Happiness 4 (i. e. »The Importance of Importance. The Philadelphia Story«).

AdV	*Der Anspruch der Vernunft. Wittgenstein, Skeptizismus, Moral und Tragödie*, Frankfurt a. M. 2006
AS	*Die andere Stimme. Philosophie und Autobiographie*, Berlin 2002
CHU	*Conditions Handsome and Unhandsome. The Constitution of Emersonian Perfectionism*, Chicago 1991
CoF	*Cavell on Film*, New York 2005
CoR	*The Claim of Reason. Wittgenstein, Skepticism, Morality and Tragedy*, new Edition, Oxford 1999
CoW	*Cities of Words. Pedagogical Letters on a Register of the Moral Life*, Cambridge, Ma. 2004
CR	*The Cavell Reader*, Cambridge, Ma./Oxford, UK, 1996
CW	*Cities of Words. Ein moralisches Register in Philosophie, Film und Literatur*, Zürich 2010
CT	*Contesting Tears. The Hollywood Melodrama of the Unknown Woman*, Chicago 1988
DK	*Disowning Knowledge in Seven Plays of Shakespeare*, updated Edition, Cambridge, Ma. 2003
ETE	*Emerson's Transcendental Etudes*, Stanford, California 2003
IQO	*In Quest of the Orinary. Lines of Skepticism and Romanticism*, Chicago 1988
LDIK	*Little did I know. Excerpts from Memory*, Stanford 2010
MWM	*Must We Mean What We Say? A Book of Essays*, Cambridge, Ma. 1969
MWM uE	*Must We Mean What We Say? A Book of Essays*. Updated Edition, Cambridge, Ma. 2002
NP	*Nach der Philosophie. Essays*, zweite, erweiterte und überarbeitete Auflage, Berlin 2001
PaC	»Psychoanalysis and Cinema: The Melodrama of the Unknown Woman«, in: Joseph H. Smith, William Kerrigan (Hg.), *Images in*

	Our Souls: Cavell, Psychoanalysis, and Cinema, Baltimore 1987, S. 11–43
PDAT	*Philosophy the Day after Tomorrow*, Cambridge, Ma. 2005
PoH	*Pursuits of Happiness. The Hollywood Comedy of Remarriage*, Cambridge, Ma. 1981
PoP	*A Pitch of Philosophy. Autobiographical Exercises*, Cambridge, Ma. 1994
PP	*Philosophical Passages. Wittgenstein, Emerson, Austin, Derrida*, Oxford 1995
SoW	*The Senses of Walden*, expanded Edition, Chicago 1992
SW	*Die Sinne von Walden*, Berlin 2014
TNYUA	*This New Yet Unapproachable America. Lectures after Emerson after Wittgenstein*, Albuquerque, Nm. 1989
TOS	*Themes Out of School. Effects and Causes*, Chicago 1984
TVW	*The World Viewed. Reflections on the Ontology of Film*, Cambridge, Ma. 1971
UG	*Die Unheimlichkeit des Gewöhnlichen – und andere philosophische Essays*, Frankfurt a. M. 2002

Abbildungsnachweise

Maria-Sibylla Lotter
Abbildung 1: *Die schreckliche Wahrheit/The Awful Truth* (1937), Leo McCarey, »Lucy als Dixie Belle«, S. 80 (http://carygrantwonteatyou.com/wp-content/uploads/2014/03/DunneTheAwfulTruth.jpg)

Dimitri Liebsch
Abbildung 1: Szene aus *Le Mépris/Die Verachtung* (1963), Jean-Luc Godard, S. 134
Abbildung 2: Szene aus *Le Mépris/Die Verachtung*, Jean-Luc Godard, S. 134
Abbildung 3: Szene aus *Le Mépris/Die Verachtung*, Jean-Luc Godard, S. 135
Abbildung 4: Szene aus *Le Mépris/Die Verachtung*, Jean-Luc Godard, S. 135

Elisabeth Bronfen
Abbildung 1: *Vertigo*, Alfred Hitchcock, »Der Blick der Nonne als Verkörperung des Tragischen«, S. 216
Abbildung 2: *Gone Girl*, David Fincher, »Der Blick der Heldin als Verkörperung einer Wiedervereinigung«, S. 217
Abbildung 3: *Vertigo*, Alfred Hitchcock, »Die Rückkehr der Heldin aus dem Bereich des Todes«, S. 222
Abbildung 4: *Vertigo*, Alfred Hitchcock, »Die Umarmung des wiedervereinten Paares«, S. 223
Abbildung 5: *Gone Girl*, David Fincher, »Die Rückkehr der Heldin aus dem Bereich des Todes«, S. 224
Abbildung 6: *Gone Girl*, David Fincher, »Die Umarmung des wiedervereinten Paares«, S. 225
Abbildung 7: *Gone Girl*, David Fincher, »Amys imaginierte Leiche«, S. 227

Autorenverzeichnis

Brock, Eike
lehrt und forscht am Institut für Philosophie I der Ruhr-Universität Bochum zu ethisch-ästhetischen Grenzfragen, ebendort Habilitationsprojekt zum Thema Endlichkeits(in)kompetenz bei Stanley Cavell. Veröffentlichungen (Auswahl): *Nietzsche und der Nihilismus*, Berlin/München/Boston 2015; *Philosophie des Hiphop. Performen was an der Zeit ist* (mit J. Manemann), Bielefeld 2018; *Das Böse erzählen. Perspektiven aus Literatur, Film und Philosophie* (Hg. mit A. Honnacker), Münster 2017; *Denken des Horrors – Horror des Denkens. Unheimliches, Erschreckendes und Monströses aus philosophischer Perspektive* (Hg. mit T. Lerchner), (erscheint) Würzburg 2019; *Friedrich Nietzsche. Menschliches, Allzumenschliches* (Hg. mit J. Georg in Reihe »Klassiker Auslegen«), (erscheint) Berlin/Boston 2019. Forschungsschwerpunkte: Nietzsche, Kierkegaard, Stanley Cavell, Ethik und Ästhetik, Philosophie als Lebensform, Philosophie und Psychologie, Philosophie und Popkultur (z. B. Horror und Hiphop).

Bronfen, Elisabeth
ordentliche Professorin am Englischen Seminar der Universität Zürich und Global Distinguished Professor an der New York University. Veröffentlichungen (Auswahl): *Hollywood und das Projekt Amerika. Essays zum Kulturellen Imaginären einer Nation*, Bielefeld 2018; *Stanley Cavell zur Einführung*, Hamburg 2009; *Tiefer als der Tag gedacht. Eine Kulturgeschichte der Nacht*, München 2008. Laufendes Forschungsprojekt: Shakespeare und zeitgenössische TV Serien (»Serial Shakespeare: The Survival and Return of the Bard in American Film and TV«).

Engell, Lorenz
ordentlicher Professor für Medienphilosophie an der Bauhaus Universität Weimar, seit 2008 (zusammen mit B. Siegert) Direktor des internationalen Kollegs für Kulturtechnikforschung und Medienphiloso-

phie, seit 2012 Ehrensenator der Hochschule für Fernsehen und Film München, Veröffentlichungen (Auswahl): *Sinn und Industrie. Einführung in die Filmgeschichte*, Frankfurt a. M. 1992; *Das Gespenst der Simulation. Ein Beitrag zur Überwindung der »Medientheorie« durch Analyse ihrer Logik und Ästhetik*, Weimar 1994; *Bewegen Beschreiben. Theorie zur Filmgeschichte*, Weimar 1995; Bilder des Wandels (= serie moderner film, Bd. 1) Weimar 2003; *Bilder der Endlichkeit* (= serie moderner film, Bd. 5) Weimar 2005; *Playtime. Münchener Film-Vorlesungen*, Konstanz 2010; *Fernsehtheorie zur Einführung*, Hamburg 2012. Forschungsschwerpunkte: Operative Ontologien, Medien-Anthropologie, Film und Fernsehen als philosophische Apparaturen und Agenturen, als mediale Historiographien, als Zeichensysteme. Zahlreiche laufende Forschungsprojekte.

Früchtl, Josef
ordentlicher Professor für Philosophie (Kunst und Kultur) an der Universität Amsterdam. Veröffentlichungen (Auswahl): *Mimesis – Konstellation eines Zentralbegriffs bei Adorno*, Würzburg 1986; *Ästhetische Erfahrung und moralisches Urteil. Eine Rehabilitierung*, Frankfurt a. M. 1996; *Das unverschämte Ich. Eine Heldengeschichte der Moderne*, Frankfurt a. M. 2004 (englische Ausgabe mit Stanford University Press 2009: *The Impertinent Self. A Heroic History of Modernity*); *Vertrauen in die Welt. Eine Philosophie des Films*, München 2013 (englische Ausgabe mit Routledge 2018: *Trust in the World. A Philosophy of Film*).
Forschungsschwerpunkte: Ästhetik (v.a. die Spannungsfelder »Ästhetik und Ethik« sowie »Ästhetik und Politik«), Theorien der Moderne und Postmoderne, Kritische Theorie, Philosophie und Film.

Hampe, Michael
ordentlicher Professor für Philosophie an der ETH Zürich. Seit 2001 (zusammen mit M. Carrier in Bielefeld) Leiter eines Forschungsprojektes zur Geschichte des Naturgesetzbegriffs in der frühen Neuzeit. Veröffentlichungen (Auswahl): *Alfred North Whitehead*, München 1998; *Erkenntnis und Praxis. Zur Philosophie des Pragmatismus*, Frankfurt a. M. 2006; *Eine kleine Geschichte des Naturgesetzbegriffs*, Frankfurt a. M. 2008; *Das vollkommene Leben. Vier Meditationen über das Glück*, München 2009; *Tunguska oder Das Ende der Natur*, München 2011; *Die Lehren der Philosophie. Eine Kritik*, Berlin ³2016. Gegenwärtige Forschungsschwerpunkte: Philosophie und Geschichte der Erfah-

rungswissenschaften, Kritische Theorie und Metaphysik, Wissenschaft und Öffentlichkeit, Techniken der Selbsterkenntnis.

Liebsch, Dimitri
lehrt und forscht an der Ruhr-Universität Bochum. Seit 2009 Mitglied des DFG Netzwerks »Bildphilosophie«. Veröffentlichungen (Auswahl): *Die Geburt der ästhetischen Bildung aus dem Körper der antiken Plastik. Zur Bildungssemantik im ästhetischen Diskurs zwischen 1750 und 1800*, Hamburg 2001; *Visualisierung und Erkenntnis. Bildverstehen und Bildverwenden in Natur- und Geisteswissenschaften* (Hg. mit N. Mößner), Köln 2012; *Auf dem Sprung zum bewegten Bild. Narration, Serie und (proto-)filmische Apparate* (Hg. mit L. C. Grabbe und P. Rupert-Kruse), Köln 2014; *Philosophie des Films* (Hg.), Münster ^{4}2017. Forschungsschwerpunkte: Ästhetik, Bildtheorie, Visual Studies und Philosophie des Films; Erkenntnistheorie; Wissenschaftstheorie der Kulturwissenschaften; Systemtheorie; Methoden der Begriffsgeschichte und Diskursanalyse.

Leeten, Lars
wissenschaftlicher Angestellter am Institut für Philosophie der Universität Hildesheim, ebendort Privatdozent für Philosophie. Veröffentlichung (Auswahl): *Zeichen und Freiheit. Über Verantwortung im theoretischen Denken*, Bielefeld 2010; *Moralische Verständigung. Formen einer ethischen Praxis* (Hg.), Freiburg/München 2013; *Redepraxis als Lebenspraxis. Die diskursive Kultur der antiken Ethik*, (erscheint) Freiburg/München 2019. Forschungsschwerpunkte: Antike Philosophie (frühgriechisches Denken, Sokrates, Platon), Philosophie der gewöhnlichen Sprache (Austin, Wittgenstein, Cavell), Moderne Kontinentalphilosophie (Kant, Hegel, Nietzsche, Foucault, Merleau-Ponty, Levinas), Ethik (antike Ethik, moderne Moralphilosophie, Moralkritik), Ethik und Phänomenologie diskursiver Praktiken (ethisch-moralische Diskurse, universitäre Diskurspraxis), Philosophie und Rhetorik, Geschichte und Geschichtsschreibung der Philosophie.

Lotter, Maria-Sibylla
ordentliche Professorin für Philosophie der Neuzeit, Ethik und Ästhetik am Institut für Philosophie I der Ruhr-Universität Bochum. Zurzeit Fellow am Zentrum für Interdisziplinäre Forschung der Universität Bielefeld (Projekt: »Felix Culpa«? Guilt as culturally productive force). Veröffentlichungen (Auswahl): *Die Metaphysische Kritik des Subjekts.*

Eine Untersuchung von Whiteheads universalisierter Sozialontologie, Hildesheim/Zürich/New York 1996; Stanley Cavell, *Cities of Words. Ein moralisches Register in Philosophie, Film und Literatur*, Zürich 2010 (Übersetzung mit Einleitung); *Scham, Schuld, Verantwortung. Über die kulturellen Grundlagen der Moral*, Berlin ²2016; *Die Lüge. Texte von der Antike bis zur Gegenwart* (Hg.), Stuttgart 2017. Forschungsschwerpunkte: Praktische Philosophie, Ethik des Alltagslebens, Geschichte der Philosophie, Sozialphilosophie und Kulturanthropologie, Philosophie und Kunst, Schuld und Verantwortung, die Wahrheits(un)tugenden, das Verhältnis von künstlerischen und theoretischen Weisen der Welterschliessung.

Nagl, Ludwig
Ao. Universitätsprofessor. i.R. am Institut für Philosophie der Universität Wien. Inhaber mehrerer Gastprofessuren (u.a. an der Harvard University und an der Universitär St. Petersburg). Veröffentlichungen (Auswahl): *Filmästhetik* (Hg.), Berlin/Wien/München 1999; *Stanley Cavell: Nach der Philosophie. Essays* (Hg. mit K. R. Fischer), Berlin 2001; *Religion nach der Religionskritik* (Hg.), Berlin/Wien/München 2003; *Film/Denken – Thinking Film. Film and Philosophy* (Hg. mit E. Waniek und B. Mayr), Wien 2004; *Das verhüllte Absolute. Essays zur zeitgenössischen Religionsphilosophie*, Frankfurt a. M. u. a. 2010; *Ein Filmphilosophie-Symposium mit Robert B. Pippin. Western, Film Noir und das Kino der Brüder Dardenne* (Hg. mit W. Zacharasiewicz), Berlin 2016. Forschungsschwerpunkte: Pragmatismus und Neo-Pragmatismus; Filmästhetik/Filmphilosophie, Philosophie und Psychoanalyse, Religionsphilosophie.

Schuff, Jochen
wissenschaftlicher Mitarbeiter am Institut für Philosophie der Goethe-Universität Frankfurt a. M., Promotion ebendort 2017 mit einer Arbeit zum Kunstverstehen nach Wittgenstein und Cavell (Publikation in Vorbereitung). Wichtigste Veröffentlichung: *Erzählungen und Gegenerzählungen. Terror und Krieg im Kino des 21. Jahrhunderts* (Hg. mit M. Seel), Frankfurt a.M./New York 2016. Forschungsschwerpunkte: Ästhetik, Philosophie der Kunst sowie Sprachphilosophie, insbesondere in Neuzeit und Gegenwart.